29,90 €

Ressourcesinformatiques

# VB.NET

# et Visual Studio 2015

## Les fondamentaux du langage

numerique
programmation

ISBN : 978-2-7460-9831-2
Imprimé en France

**Editions ENI**
ZAC du Moulin Neuf
Rue Benjamin Franklin
44800 St HERBLAIN

Tél. 02.51.80.15.15
Fax 02.51.80.15.16

e-mail : editions@ediENI.com
http://www.editions-eni.com

Auteur : Sébastien PUTIER
Collection **Ressources Informatiques** dirigée par Joëlle MUSSET

# Avant-propos

Visual Basic .NET (couramment appelé VB.NET) est apparu avec la première version de la plateforme .NET, en 2002. Malgré la concurrence de C#, qui a fait son apparition en même temps, ce langage reste une référence chez Microsoft. Ce succès est autant dû aux capacités du langage qu'à son statut d'héritier de Visual Basic : de nombreux développeurs ont en effet fait leurs armes avec Visual Basic, et de nombreux projets à travers le monde étaient (et sont encore) basés sur ce langage.

Cet ouvrage est destiné à tous les développeurs désireux d'appréhender le développement d'applications à l'aide de Visual Basic .NET et Visual Studio 2015.

Vous commencerez par **découvrir la plateforme .NET** au travers de son historique et de la description de ses composants, puis vous verrez la procédure d'installation ainsi que la présentation de l'environnement de développement qu'est **Visual Studio 2015**. La **structure des solutions et projets** est également détaillée de manière à vous familiariser avec les outils à votre disposition.

Une fois cette première étape passée, vous découvrirez les **éléments fondamentaux de VB.NET** et leur application à la **programmation orientée objet** afin d'utiliser au mieux les fonctionnalités offertes par la plateforme .NET. Afin d'être en mesure de diagnostiquer et résoudre les différentes erreurs que vous pourrez rencontrer lors de vos développements, un chapitre est ensuite consacré aux problématiques de **débogage et de gestion d'erreurs**.

Une fois ces notions acquises, vous serez en mesure de prendre en main la conception d'**applications fenêtrées utilisant la technologie WPF**. Lors de vos futurs développements, vous aurez probablement besoin, en plus d'une interface graphique soignée, de travailler avec des données stockées dans des bases de données. Les deux chapitres suivants vous permettront de vous pencher sur la question en traitant d'**ADO.NET** et de **LINQ**. ADO.NET fournit les outils fondamentaux pour la manipulation de données, notamment à l'aide de requêtes SQL. LINQ est une API de plus haut niveau qui offre des possibilités de traitement complexes sur des jeux de données en mémoire ou dans une base de données.

Le format **XML** est aujourd'hui un standard permettant notamment l'échange de données entre applications ou sur le Web. Un chapitre lui est par conséquent dédié afin que vous soyez en mesure de manipuler la structure et le contenu de documents XML.

Enfin, un chapitre traite une partie importante du cycle de vie d'une application : le **déploiement**. Deux technologies intégrées à Visual Studio sont décrites dans le but de vous donner les clés pour mener à bien cette opération : **InstallShield** et **ClickOnce**.

Afin de vous aider dans votre apprentissage et votre perfectionnement, le dernier chapitre de l'ouvrage est un **aide-mémoire** regroupant les différents mots-clés du langage. Chacun est accompagné d'un rapide descriptif et d'un exemple d'utilisation, vous permettant ainsi de toujours avoir à portée de main une **référence rapide et accessible**.

Les éléments à télécharger sont disponibles à l'adresse suivante :
**http://www.editions-eni.fr**
Saisissez la référence ENI de l'ouvrage **RI15NETVB** dans la zone de recherche et validez. Cliquez sur le titre du livre puis sur le bouton de téléchargement.

## Avant-propos

## Chapitre 1
## La plateforme .NET

## Chapitre 2
## Visual Studio 2015



## Chapitre 3
## L'organisation d'une application

## Chapitre 5
## La programmation orientée objet avec VB.NET

**Chapitre 6**
## Débogage et gestion des erreurs

## Chapitre 7
## Développement d'applications Windows

## Chapitre 8
# Accès aux données

## Chapitre 9
## LINQ

## Chapitre 10
## XML



## Chapitre 11
## Déploiement

# Chapitre 1
# La plateforme .NET

## 1. Introduction

Microsoft fournit avec la plateforme .NET un ensemble d'outils et de technologies permettant le développement d'applications ciblant des plateformes variées :

- applications Windows (applications fenêtrées, applications console, services Windows),
- applications et services web,
- applications pour smartphones,
- applications orientées tablettes,
- applications pour systèmes embarqués.

Ces différents types d'applications peuvent être développés grâce à une brique commune : le **framework .NET**. Ce framework est une solution logicielle qui comprend plusieurs composants dédiés au développement ou à l'exécution des applications. Il est fourni par Microsoft pour le système d'exploitation Windows, et est disponible pour d'autres systèmes par l'intermédiaire de solutions logicielles tierces, comme Mono.

Les éléments formant le cœur du framework .NET sont le **CLR** (*Common Language Runtime*), le **DLR** (*Dynamic Language Runtime*) et la **bibliothèque de classes de base** (*Base Class Library*).

Le Common Language Runtime est un environnement qui permet l'exécution du code .NET et assure la gestion de la mémoire. Le code pris en charge par le CLR est couramment appelé code managé.

Le Dynamic Language Runtime est une addition au Common Language Runtime qui fournit des capacités d'exécution de code dynamique. Grâce à lui, des langages dynamiques tels que PHP ou Python peuvent être supportés par le framework .NET.

La Base Class Library est un ensemble de classes qui exposent des fonctionnalités courantes et qui peuvent être utilisées pour tout type d'applications. Elle est constituée de plusieurs briques indépendantes ajoutées progressivement au fil des versions du framework .NET.

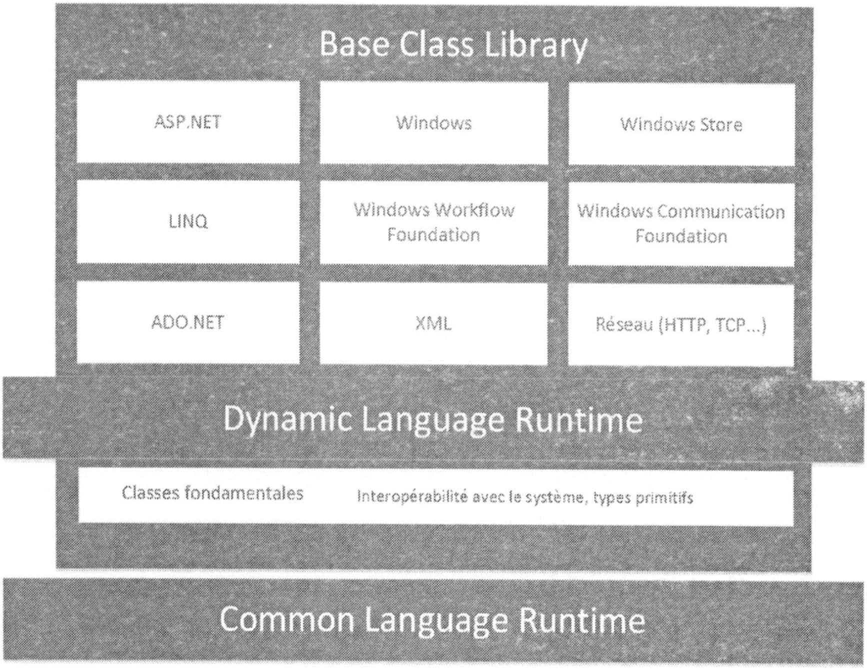

## 2. Historique

Depuis ses débuts, Windows expose ses fonctionnalités aux développeurs au travers d'interfaces de programmation (en anglais API, pour *Application Programming Interface*) afin de permettre la création d'applications. Avec la complexification de Windows, différentes API ont vu le jour et évolué :

- **API Windows (Win16 et Win32)** : ces API constituent le cœur de Windows et sont utilisées directement par le système. Elles sont destinées à être utilisables au plus bas niveau, avec le langage C. L'API Win16 était livrée à partir de Windows 3.1, tandis que l'API Win32 est utilisée depuis Windows 95.
- **MFC** (*Microsoft Foundation Classes*) existe depuis 1992 et encapsule les API Win16 puis Win32 dans une structure orientée objet en C++.
- **COM** (*Component Object Model*) est apparu peu après les MFC pour répondre à une problématique de communications entre processus. Par la suite, la bibliothèque **ATL** (*Active Template Library*) a encapsulé les API COM afin de simplifier leur utilisation.

La plateforme .NET est apparue au début des années 2000 en réponse au problème posé par la complexification de ces API. Elle les unifie et les modernise, tout en permettant leur utilisation par n'importe quel langage possédant une implémentation compatible.

L'unification des API et des modèles de développement a aussi touché le monde du Web. Microsoft fournissait en effet le moteur de script (côté serveur) **ASP** (*Active Server Page*) depuis le milieu des années 90, mais il a été déprécié en faveur d'une brique intégrée au framework .NET : **ASP.NET**. Celle-ci a permis l'amélioration des performances des applications web en introduisant du code compilé, et non plus interprété. Elle a aussi amélioré leur maintenabilité en remplaçant la programmation procédurale typique des langages de script par un modèle de programmation événementiel et orienté objet.

Depuis sa sortie initiale, la plateforme .NET a connu dix versions différentes, dont sept apportent des modifications ou fonctionnalités majeures. Le listing ci-dessous résume ces évolutions (de manière non exhaustive).

**Version 1.0**

Date de sortie : février 2002

IDE associé : Visual Studio .NET 2002

Fonctionnalités associées :

- Développement Windows avec les WinForms.
- Développement Web avec ASP.NET.

**Version 1.1**

Date de sortie : avril 2003

IDE associé : Visual Studio .NET 2003

Fonctionnalités associées :

- Nombreux changements dans l'API.
- Ajout des fournisseurs de données Oracle et ODBC dans la brique ADO.NET (auparavant disponibles sous la forme d'add-on).
- Ajout de contrôles visuels pour le développement ASP.NET (auparavant disponibles sous la forme d'add-on).
- Support du protocole IPv6.
- Première version du .NET Compact Framework à destination des périphériques mobiles.

**Version 2.0**

Date de sortie : janvier 2006

IDE associé : Visual Studio 2005

Fonctionnalités associées :

- Support des systèmes d'exploitation 64 bits.
- Support des classes partielles, permettant la séparation entre le code généré et le code écrit par le développeur.
- Support des méthodes anonymes.
- Introduction des types génériques, qui permettent l'écriture de code adaptable à différents types de données.

**Version 3.0**

Date de sortie : novembre 2006

IDE associé : Visual Studio 2005

Quatre briques majeures sont intégrées au framework .NET :

- WPF (*Windows Presentation Foundation*) pour la définition d'interfaces graphiques.
- WCF (*Windows Communication Foundation*) pour la communication pour l'interopérabilité entre applications.
- WF (*Windows Workflow Foundation*) qui permet la définition de flux de travail automatisables.
- Windows CardSpace pour la gestion d'identité par authentification unique (désormais obsolète).

**Version 3.5**

Date de sortie : novembre 2007

IDE associé : Visual Studio 2008

Fonctionnalités associées :

- Inférence de type.
- LINQ pour la manipulation des données.

**Version 4.0**

Date de sortie : avril 2010

IDE associé : Visual Studio 2010

Fonctionnalités associées :

- Introduction du DLR (*Dynamic Language Runtime*) pour l'interfaçage avec des langages dynamiques.
- Ajout des Parallel Extensions pour la gestion du multithreading et de la parallélisation de l'exécution du code.
- Amélioration des performances du Garbage Collector.

**Version 4.5**

Date de sortie : août 2012

IDE associé : Visual Studio 2012

Fonctionnalités associées :

- Support des applications dédiées à Windows 8.
- Extension de C# et VB.NET pour inclure l'asynchronisme directement dans les langages.
- Nouvelle API pour la communication HTTP.
- Amélioration des performances web avec la minification et l'asynchronisme.

**Version 4.5.1**

Date de sortie : octobre 2013

IDE associé : Visual Studio 2013

Fonctionnalités associées :

- Support des applications dédiées à Windows 8.1.

**Version 4.5.2**

Date de sortie : mai 2014

IDE associé : Visual Studio 2013

Fonctionnalités associées :

– Nouvelles API pour ASP. NET.

**Version 4.6**

Date de sortie : été 2015

IDE associé : Visual Studio 2015

Fonctionnalités associées :

– Unification des API Web dans le framework MVC6.
– .NET Core.
– Compilation des applications Windows Store en code natif avec .NET Native.

## 3. Le Common Language Runtime (CLR)

L'exécution des applications Windows traditionnelles est prise en charge par le système d'exploitation. Ces programmes sont générés par un compilateur qui transforme des instructions écrites dans un langage comme C ou C++ en un fichier binaire contenant des instructions spécifiques à un système d'exploitation et à une architecture de processeur. Dans ce cas, plusieurs exécutables doivent donc être générés pour supporter les différentes configurations matérielles et logicielles des utilisateurs.

Une solution à cette problématique est de produire un exécutable dont le code est générique, indépendant de l'environnement d'exécution. Dans ce contexte, son exécution ne peut pas être confiée directement au système d'exploitation puisqu'il n'est pas en mesure de traiter le code générique. Il est alors nécessaire d'insérer une brique logicielle dans la chaîne d'exécution, entre l'application et le système, afin de traduire le code générique en instructions adaptées à la machine. Un composant logiciel de ce type est appelé **machine virtuelle**.

C'est exactement ce principe qui est utilisé par la plateforme .NET. L'étape de compilation d'une application écrite avec Visual Basic .NET ou Visual C# produit un fichier exécutable dont le contenu est essentiellement écrit dans un langage générique nommé **MSIL** (*Microsoft Intermediate Language*). Lors de son exécution, c'est le **CLR** (*Common Language Runtime*) qui prend en charge ce code et assure le rôle de machine virtuelle. Il traduit à la volée et à la demande les portions de code qui doivent être exécutées afin d'optimiser les ressources utilisées pour assurer cette transformation.

L'utilisation de cette technique nécessite l'installation de la machine virtuelle sur les différents postes de travail devant exécuter l'application. Microsoft fournit une implémentation de cette machine virtuelle pour tous les systèmes Windows, et depuis peu, pour les systèmes Linux et Mac OS grâce à l'initiative .NET Core. Le projet Mono fournit également depuis plusieurs années une implémentation open source de ce composant logiciel.

En plus de cette opération de traduction, le Common Language Runtime fournit un certain nombre de services relatifs à l'exécution du code géré. L'ensemble des fonctionnalités du CLR est schématisé ci-dessous.

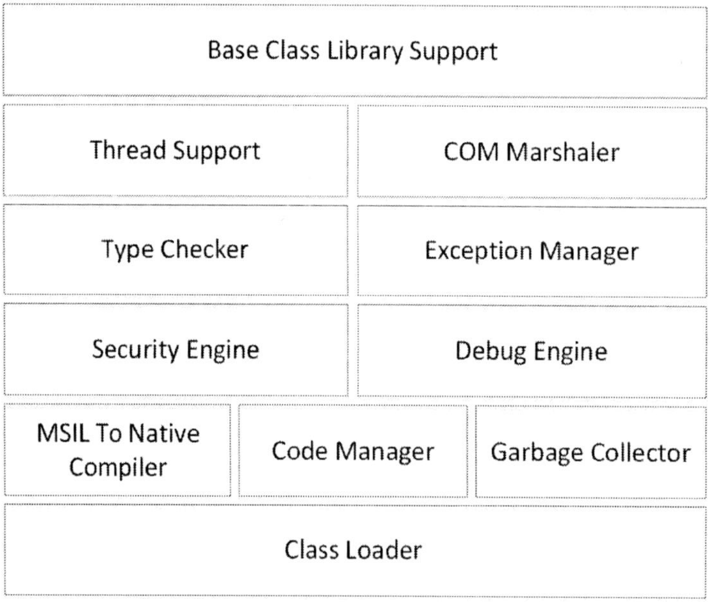

**Class Loader**

Il gère la création et le chargement en mémoire des instances de classes.

**MSIL To Native Compiler**

Ce service convertit le code intermédiaire en code natif.

**Code Manager**

Il gère l'exécution du code.

**Garbage Collector**

Il fournit une gestion automatique de la mémoire en surveillant les objets de l'application et en libérant la mémoire des instances de classe inutilisées et inaccessibles.

**Security Engine**

Il assure la sécurité du système en vérifiant les permissions d'exécution au niveau du code, du dossier de l'application et de la machine.

**Debug Engine**

Il permet le débogage de l'application.

**Type Checker**

Il vérifie la compatibilité des différents types utilisés dans l'application afin de fournir une sécurité au niveau du typage.

**Exception Manager**

Il fournit la gestion individuelle des exceptions pouvant être levées par l'application.

**Thread Support**

Il fournit une encapsulation managée des threads, permettant ainsi le développement d'applications multithread tout en bénéficiant de tous les services fournis par le CLR.

**COM Marshaler**

Il permet la communication entre une application .NET et un composant COM, notamment en effectuant des conversions de types de données automatiques en cas de besoin.

**Base Class Library Support**

Il fournit l'accès à l'ensemble des classes de la Base Class Library.

## 4. La Base Class Library (BCL)

Le framework .NET inclut un ensemble de types de données permettant d'obtenir rapidement une solution à un grand nombre de problématiques pouvant être rencontrées au cours du développement d'une application.

Ces types de données sont organisés sous la forme d'une hiérarchie. Chaque niveau de cette hiérarchie est défini par un **espace de noms** (*namespace*) identifiant un groupement de types. Les espaces de noms sont nommés en concaténant le nom de leur parent, le symbole `.` et leur propre nom, le tout désignant généralement le point commun des fonctionnalités fournies. L'espace de noms `System.Xml` regroupe par exemple un ensemble de classes permettant de traiter des flux de données au format XML.

La BCL contient plusieurs milliers de types, et il est fort probable qu'une grande partie d'entre eux ne soit jamais utilisée dans vos développements. Certains d'entre eux sont en effet très spécifiques et utilisables dans très peu de contextes. C'est notamment le cas des types définis dans les espaces de noms `Microsoft.Build` ou `System.CodeDom` qui permettent respectivement d'interagir avec le moteur MSBuild et de générer du code Visual Basic .NET ou C#.

Parmi les espaces de noms les plus utilisés, on peut trouver notamment :

**System**

C'est l'espace de noms racine pour les fonctionnalités fournies par le système d'exploitation. Il contient notamment la définition des types primitifs de type texte et numériques.

**System.Data**

Il contient l'ensemble des types permettant l'accès aux bases de données.

**System.IO**

Cet espace de noms contient les types permettant l'accès à des flux de données ou à des fichiers.

## 5. Le Dynamic Language Runtime (DLR)

Le **Dynamic Language Runtime** est une surcouche du Common Language Runtime apparue avec la version 4.0 de la plateforme .NET, qui fournit des services facilitant l'implémentation et l'utilisation des langages dynamiques dans l'environnement .NET.

Depuis l'arrivée du DLR, il est possible de définir des variables .NET dont le type est dynamique, c'est-à-dire qu'il n'est pas fixé au moment de l'écriture du code. L'utilisation de cette fonctionnalité peut se révéler extrêmement pratique lorsqu'il est question d'interagir avec des applications écrites avec des langages dynamiques ou lorsque l'on souhaite utiliser certains composants COM. Les types de données renvoyées par ces éléments logiciels ne sont en effet pas forcément connus au moment de l'écriture du code et sont donc difficilement utilisables par un langage dont le typage est purement statique.

L'existence du Dynamic Language Runtime permet par conséquent de fournir une **implémentation de langages dynamiques** comme Python ou Ruby pour la plateforme .NET. Ces deux langages ont d'ailleurs déjà été portés pour .NET sous les noms **IronPython** et **IronRuby**.

Il est également possible grâce au DLR de créer des applications .NET qui peuvent être des hôtes de scripts, c'est-à-dire qu'il est possible d'écrire du code compatible .NET, avec IronPython par exemple, et de l'exécuter à l'intérieur d'une application VB.NET de la même manière qu'il est possible d'écrire des scripts exécutables dans les logiciels Microsoft Access, 3DS Max ou mIRC.

Les types .NET dédiés à l'écriture de code dynamique sont localisés dans l'espace de noms `System.Dynamic`.

## 6. Évolution de la plateforme

Au fil de ses différentes versions, l'environnement .NET s'est enrichi de nombreuses fonctionnalités dont certaines étaient/sont résolument novatrices. Les applications basées sur la plateforme peuvent être exécutées par des ordinateurs de bureau, des tablettes, des navigateurs web, des smartphones ou même dans de l'électronique embarquée. Le nombre de développeurs utilisant les langages basés sur le CLR a également considérablement augmenté, jusqu'à atteindre plusieurs millions.

À ce stade de maturation, de nouvelles problématiques se posent, autant au niveau des équipes de développement de Microsoft qu'au niveau de la communauté de développeurs qui utilisent cette technologie. On trouve notamment parmi ces préoccupations la portabilité du code ou le besoin de modernisation des compilateurs VB.NET et C#. En réaction à ces problématiques, les équipes de développement du framework .NET ont défini et mis en place la brique .NET Core. Ils ont également retroussé leurs manches et écrit un tout nouveau compilateur pour VB.NET et C# : Roslyn.

### 6.1 .NET Core

Le framework .NET a été conçu comme un bloc unique, toujours déployé dans son ensemble. Son cœur contient l'utilisation d'API spécifiques à certains types d'applications et, par conséquent, les environnements qui ne supportent pas ces API doivent utiliser un sous-ensemble de cette brique centrale. Les disparités entre les types d'applications développées avec .NET ont ainsi entraîné des problèmes de factorisation et de portabilité du code.

La solution apportée par Microsoft s'appelle .NET Core. Derrière ce nom se cache une branche issue du framework .NET dont l'objectif est d'offrir une plus grande modularité en brisant l'architecture monolithique de sa bibliothèque de classes. Le code a donc été refactorisé pour obtenir des briques plus petites, chacune centrée sur une fonctionnalité particulière.

Le mode de distribution a également été revu puisque chaque portion de .NET Core est publiée au travers d'un package NuGet. Ceci permet une évolution plus rapide de chaque brique. Chaque équipe de développement peut ainsi utiliser une version spécifique d'un package et la déployer avec son application.

Certains packages sont à ce jour disponibles pour toutes les plateformes, comme la brique Entity Framework, mais le mode de fonctionnement basé entièrement sur .NET Core n'est pour le moment disponible que pour ASP.NET 5, les applications Windows 10 et les .NET Core Console Applications (applications console spécifiquement basées sur .NET Core).

En plus de la portabilité entre les types d'applications, Microsoft a également pris en compte la portabilité entre les systèmes d'exploitation. Le Core CLR est un portage compatible avec Linux et Mac OS X du CLR intégré dans le framework .NET. Les applications .NET sont donc maintenant officiellement supportées sur ces plateformes.

## 6.2 .NET Compiler Platform : Roslyn

Roslyn est le nom de code de la nouvelle plateforme de compilation fournie par Microsoft avec le SDK du framework .NET 4.6. Ce système remplace le compilateur Visual Basic de .NET 4.5, dont le fonctionnement suit le modèle traditionnel des compilateurs : « des fichiers sont fournis en entrée, la magie opère, et la sortie est constituée d'un ou plusieurs fichiers ».

Avec Roslyn, Microsoft a voulu sortir de ce système de type « boîte noire » en transformant le compilateur en fournisseur de données. L'API fournie avec Roslyn permet en effet de récupérer et de manipuler le résultat du traitement effectué par chaque processus de la chaîne de compilation :

- analyse syntaxique,
- analyse sémantique,
- écriture de code MSIL.

La disponibilité de ces données ouvre la porte à des scénarios avancés parmi lesquels on peut compter l'intégration de Visual Basic.NET dans une application en tant que langage de script compilé dynamiquement, ou l'extension d'un environnement de développement pour VB.NET ou C#. Il est également possible d'imaginer des outils d'entreprise permettant de valider la qualité du code écrit, générer de la documentation technique, ou compiler du code généré pour l'intégrer dans une chaîne de compilation plus complexe.

## 6.3 .NET dans le monde open source

Microsoft travaille depuis quelques années avec le monde open source, notamment pour l'intégration de solutions basées sur des systèmes Linux dans Azure. Plus récemment, les technologies Redis ou Docker ont été déployées sur cette plateforme. Mais l'intégration de Microsoft au paysage open source ne se limite pas au cloud Azure. La firme possède une branche qui lui est dédiée, Microsoft Open Tech, qui opère sur des projets tels qu'Apache Cordova ou la création des nouveaux standards du Web avec le W3C.

L'écosystème .NET est également de la partie : Microsoft a annoncé la création de la .NET Foundation lors de la conférence BUILD 2014. Cette structure est dédiée au développement de projets open source basés sur la plateforme .NET. On trouve parmi eux des frameworks initiés par des développeurs indépendants, comme Mvvm Light Toolkit, ou par des entreprises, comme les bibliothèques Xamarin.Auth et Xamarin.Mobile.

Certains projets centraux pour Microsoft ont également été placés sous la gestion de cette fondation : .NET Core et Roslyn en font partie, tout comme Entity Framework ou ASP.NET 5. Leur développement est ainsi contrôlé par Microsoft mais la communauté peut, selon les cas, proposer des corrections de bugs, des fonctionnalités, ou même intervenir directement sur les projets. Avec cette initiative, Microsoft place la plateforme .NET dans la position d'élément important du monde libre, et fédère un nombre important de développeurs autour de ses technologies.

# 7. Une première application avec Visual Basic .NET

Pour découvrir Visual Basic .NET, nous étudierons ici l'écriture d'une application très simple ainsi que le processus de compilation du code. Cette première phase sera suivie d'une étape d'analyse de l'exécutable généré.

## 7.1 Création

Une application VB.NET est construite à partir de fichiers de code source. Ces fichiers sont généralement édités à l'aide d'un environnement de développement comme Visual Studio ou, si vous êtes adeptes des outils open source, MonoDevelop ou SharpDevelop.

Ces fichiers de code source n'étant finalement que des fichiers texte, il est parfaitement possible de les éditer à l'aide de l'application Bloc-Notes de Windows ou de tout autre programme permettant l'ouverture et la modification de fichiers texte. Le logiciel utilisé pour l'édition de ces fichiers ne doit toutefois pas ajouter de code de mise en page comme le feraient les applications de traitement de texte telles que Word, WordPad ou LibreOffice Writer.

Le premier exemple que nous verrons dans cet ouvrage sera une application affichant le traditionnel "Hello World !" dans la fenêtre de ligne de commande. Pour écrire le code source correspondant, il est nécessaire de créer un fichier texte avec l'éditeur de votre choix.

```
Imports System

Module Program
    Sub Main()
        Console.WriteLine("Hello world !")
    End Sub
End Module
```

Ce fichier doit être enregistré avec un nom suffixé par l'extension `.vb`. Cette extension n'est pas obligatoire pour la compilation du programme, mais elle correspond aux conventions utilisées pour le développement d'applications avec VB.NET.

Détaillons à présent le contenu de ce code source :

```
Imports System
```

Cette ligne indique que le code utilise un ou plusieurs types localisés dans l'espace de noms `System`. Sans cette ligne, il serait nécessaire d'utiliser le nom pleinement qualifié de chacun de ces types pour les utiliser. Dans notre cas, nous aurions dû écrire `System.Console.WriteLine("Hello world !")`.

```
Module Program
```

Cette ligne est la définition du module principal de l'application, nommé `Program`. Dans une application VB.NET, toutes les portions de code doivent être contenues dans un module ou une classe. Le code contenu dans ce module est délimité par cette ligne de définition et par la ligne `End Module` associée (ici, la dernière ligne du fichier).

```
Sub Main()
```

Cette ligne définit la fonction principale de notre application. On appelle aussi cette fonction **point d'entrée de l'application**. Elle respecte la norme des applications VB.NET qui précise que le point d'entrée d'un programme est une procédure nommée `Main`. Cet élément peut aussi accepter des paramètres correspondant aux arguments passés à la ligne de commande.

```
Console.WriteLine("Hello world !")
```

Le type `Console` permet la manipulation de la console Windows. Il possède, entre autres, des fonctions dont l'objectif est l'affichage ou la lecture de données dans la fenêtre de ligne de commande. Cette dernière ligne effectue l'affichage du texte "Hello world !" en utilisant la fonction `WriteLine` de la classe `Console`.

## 7.2 Compilation

Le kit de développement logiciel pour le framework .NET (ou SDK .NET) inclut un certain nombre d'outils permettant notamment la compilation des applications écrites avec VB.NET. Le compilateur correspondant au framework .NET 4.6 est un exécutable dont le nom est **vbc.exe** et qui est localisé dans le répertoire *C:\Windows\Microsoft.NET\Framework\v4.0.30319*. L'exécution directe de ce programme à l'aide de la ligne de commande Windows n'est pas recommandée car certaines variables d'environnement peuvent ne pas être définies, ce qui entraînerait un comportement non désiré, voire des erreurs.

L'installation de Visual Studio crée heureusement un raccourci fort utile dans le menu Démarrer de Windows (ou dans le Start Screen si vous utilisez Windows 8.1), nommé **Invite de commandes des outils natifs x86 de VS2015**. Celui-ci pointe sur un fichier .bat qui exécute les instructions nécessaires au positionnement des variables d'environnement indispensables au bon fonctionnement du compilateur, puis ouvre une fenêtre de ligne de commande.

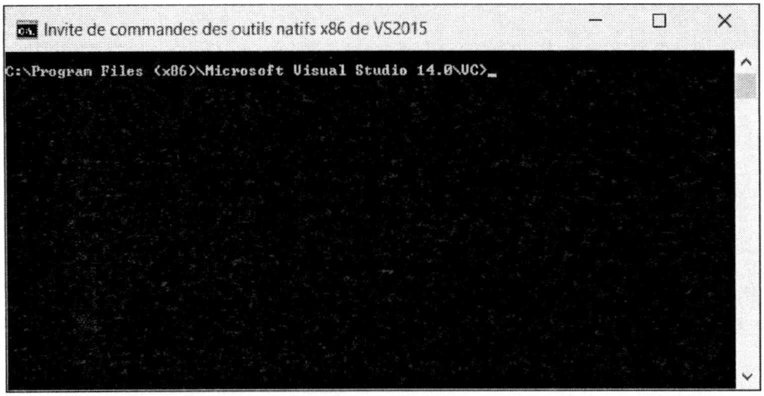


L'exécution de l'instruction `vbc /?` dans cette ligne de commande indique les options utilisables pour la compilation. Les principales sont les suivantes :

```
/out:<nom de fichier>
```

Spécifie le nom du fichier de sortie. Par défaut, son nom correspond au nom du premier fichier fourni.

/target:exe ou /t:exe

Définit que le fichier de sortie est une application console.

/target:winexe ou /t:winexe

Définit que le fichier de sortie est une application fenêtrée pour Windows.

/target:library ou /t:library

Définit que le fichier de sortie est une bibliothèque de classe au format DLL.

/reference:<liste de fichiers>

Cette option indique une liste de fichier à référencer pour la bonne compilation du code. Les noms de fichiers doivent être séparés par des virgules.

La compilation de votre application peut être effectuée en plaçant l'invite de commande dans le répertoire contenant notre fichier source puis en exécutant la commande vbc HelloWorld.vb. Après quelques instants, le compilateur vous rend la main et il est possible de vérifier la présence du fichier exécutable généré. Par défaut, celui-ci est localisé dans le même dossier que le fichier de code source et se nomme HelloWorld.exe.

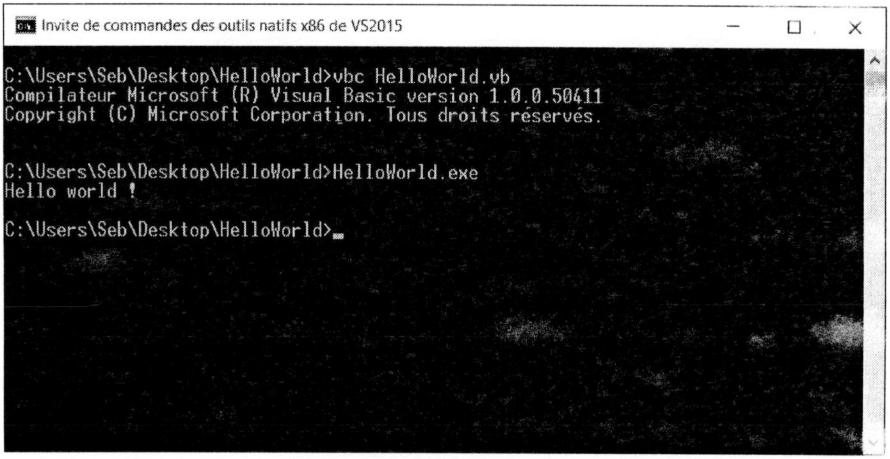

## 7.3 Analyse de l'assembly

Une fois le fichier exécutable généré, il est possible de l'explorer afin de visualiser son contenu. Au préalable, une explication de la structure d'un assembly (c'est le nom donné aux fichiers .dll ou .exe construits par et pour la plateforme .NET) est nécessaire.

### 7.3.1 Structure

Les assemblies .NET ont une capacité de réflexion. Ceci signifie qu'ils sont capables de découvrir le contenu d'un assembly .NET. Ceci s'applique aussi à eux-mêmes : ils sont capables de lire leur propre contenu. Cette fonctionnalité peut exister grâce à la structure même des assemblies générés lors de la compilation d'un code source compatible .NET.

Un assembly est une unité logique de code contenant deux éléments essentiels : les **métadonnées** et le code de l'application sous la forme de **code MSIL**. Les métadonnées contiennent des informations relatives à l'assembly, comme la description de son contenu ou la liste de ses dépendances. L'assembly peut aussi contenir des ressources intégrées, stockées sous forme binaire, ce qui permet de ne pas dissocier le code de ses dépendances externes (images, fichiers audio ou vidéo, etc.).

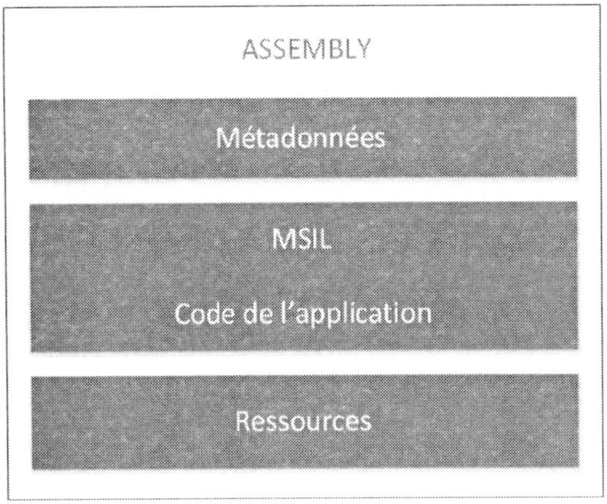

### 7.3.2 Exploration avec ILDASM

Un assembly étant autodescriptif, il est possible avec certains outils de lire ses métadonnées pour obtenir la description du code qu'il contient, puis de lire le code MSIL de l'assembly pour retrouver le contenu de chaque classe, fonction, propriété ou tout autre élément de code. On appelle cette opération le **désassemblage**.

Parmi les outils installés par le kit de développement du framework .NET, on trouve un logiciel fenêtré nommé **IL DASM** (pour *Intermediate Language Disassembler*). Celui-ci exécute exactement les opérations décrites ci-dessus, ce qui permet donc la visualisation du code d'une application .NET sous la forme de code MSIL.

Cet outil est lancé à partir de la commande `ildasm` dans la ligne de commande de Visual Studio. Une fois la fenêtre principale de l'application ouverte, il convient de fournir un assembly .NET à analyser à l'aide du menu **Fichier - Ouvrir**. L'ouverture de l'exécutable HelloWorld.exe affiche le résultat suivant :

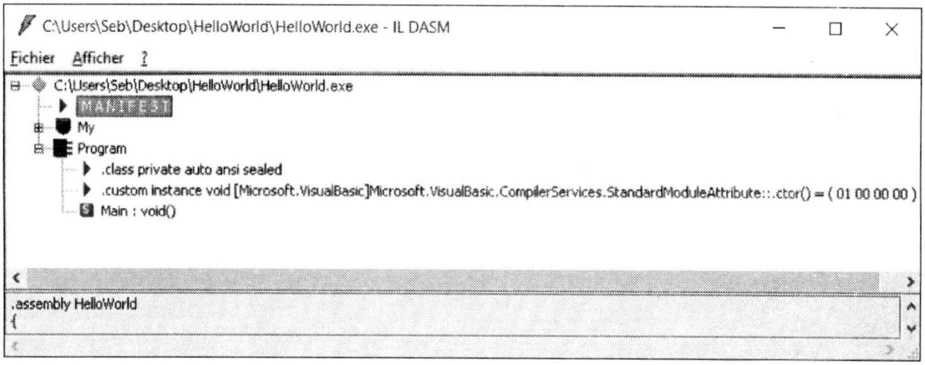


Le contenu de l'assembly est représenté sous la forme d'une arborescence. On trouve dans cette arborescence les deux éléments essentiels décrits plus tôt.

La section **MANIFEST** représente les métadonnées de l'assembly. Un double clic sur cet élément ouvre une fenêtre qui contient ces informations de description.

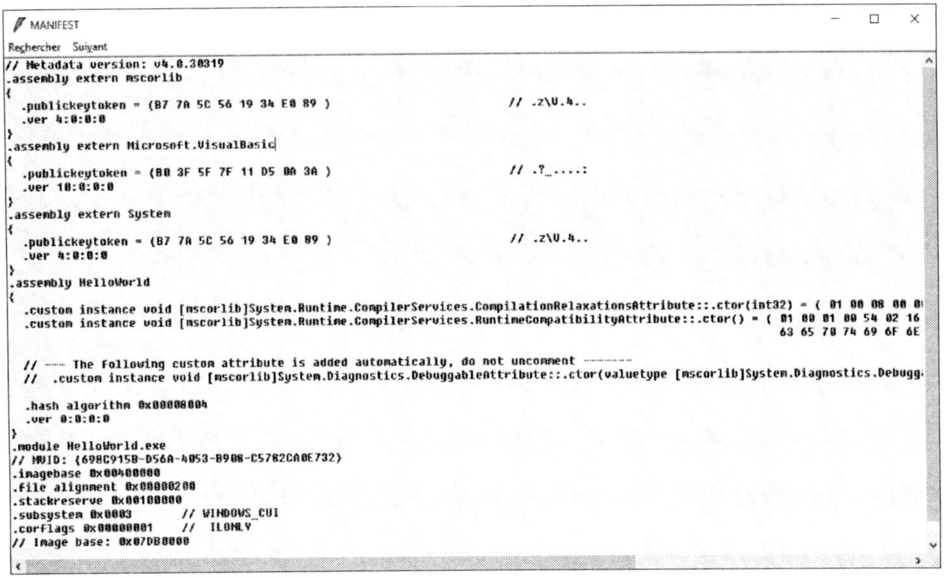

```
// Metadata version: v4.0.30319
.assembly extern mscorlib
{
  .publickeytoken = (B7 7A 5C 56 19 34 E0 89 )                         // .z\V.4..
  .ver 4:0:0:0
}
.assembly extern Microsoft.VisualBasic
{
  .publickeytoken = (B0 3F 5F 7F 11 D5 0A 3A )                         // .?_....:
  .ver 10:0:0:0
}
.assembly extern System
{
  .publickeytoken = (B7 7A 5C 56 19 34 E0 89 )                         // .z\V.4..
  .ver 4:0:0:0
}
.assembly HelloWorld
{
  .custom instance void [mscorlib]System.Runtime.CompilerServices.CompilationRelaxationsAttribute::.ctor(int32) = ( 01 00 08 00 0
  .custom instance void [mscorlib]System.Runtime.CompilerServices.RuntimeCompatibilityAttribute::.ctor() = ( 01 00 01 00 54 02 16
                                                                                                              63 65 70 74 69 6F 6E

  // --- The following custom attribute is added automatically, do not uncomment -------
  //  .custom instance void [mscorlib]System.Diagnostics.DebuggableAttribute::.ctor(valuetype [mscorlib]System.Diagnostics.Debugg

  .hash algorithm 0x00008004
  .ver 0:0:0:0
}
.module HelloWorld.exe
// MVID: {698C915B-D56A-4053-B908-C5782CA0E732}
.imagebase 0x00400000
.file alignment 0x00000200
.stackreserve 0x00100000
.subsystem 0x0003       // WINDOWS_CUI
.corflags 0x00000001    //  ILONLY
// Image base: 0x07DB0000
```

Les trois premiers blocs indiquent que notre application est dépendante des assemblies `mscorlib` en version 4.0.0.0, `Microsoft.VisualBasic` dans sa version 10.0.0.0, et `System` en version 4.0.0.0. Les éléments suivants décrivent l'assembly.

La seconde partie de l'arborescence correspond au code MSIL du programme. Elle affiche les différents types définis dans le code ainsi que leur contenu. Ici, l'exécutable contient le type `Program` que nous avons écrit, ainsi que différents éléments regroupés sous l'espace de noms `My`. Ces derniers sont générés et ajoutés automatiquement par le compilateur Visual Basic .NET. Un double clic sur chacun des éléments enfants d'un type ouvre une fenêtre contenant le code associé.

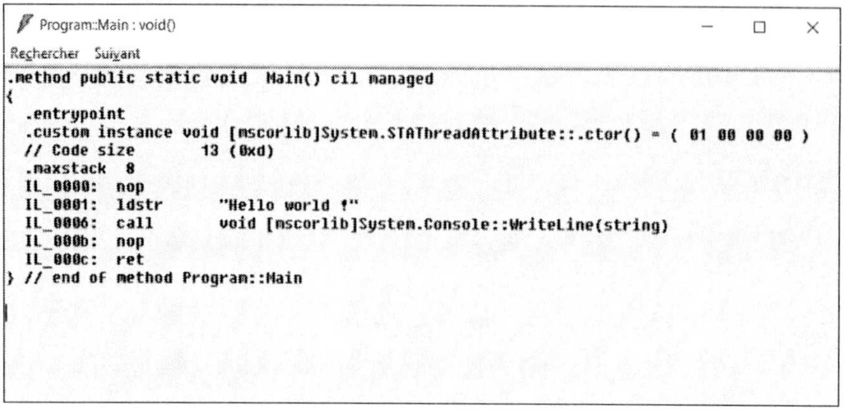


Le code MSIL associé à la fonction `Main` du programme HelloWorld.exe peut être très facilement mis en correspondance avec le code VB.NET écrit plus tôt.

L'instruction `IL_0001` charge la chaîne de caractères sur la pile du système, et l'instruction `IL_0006` appelle la fonction `System.Console.WriteLine` stockée dans la bibliothèque `mscorlib`. Le paramètre attendu pour cette fonction est récupéré à partir de la pile.

# Chapitre 2
# Visual Studio 2015

## 1. Installation et premier lancement

La première étape dans l'utilisation de Visual Studio est son installation sur la machine destinée au développement.

### 1.1 Prérequis

Visual Studio est un environnement de développement qui peut se révéler extrêmement puissant, mais pour tirer pleinement parti de ses fonctionnalités, il est nécessaire que la machine sur laquelle il est installé ait une configuration matérielle et logicielle minimale.

Microsoft indique les valeurs suivantes pour cette configuration :

| | Visual Studio Community 2015 | Visual Studio Professional et Enterprise 2015 |
|---|---|---|
| **Système d'exploitation** | Windows 7 SP1<br>Windows 8.1<br>Windows 8<br>Windows Server 2008 R2 SP1<br>Windows Server 2012<br>Windows Server 2012 R2<br>Windows 10 | |
| **Processeur** | Processeur de 1,6 GHz | |
| **Mémoire vive** | 1 Go de RAM<br>(1,5 Go en cas d'exécution sur un ordinateur virtuel) | |
| **Espace disque disponible** | 4 Go | 10 Go |
| **Vidéo** | Carte vidéo compatible DirectX 9 s'exécutant à une résolution d'affichage de 1024 x 768 | |

Les prérequis pour les différentes éditions Express de Visual Studio 2015 sont similaires. Elles requièrent entre 4 et 5 Go d'espace disque. L'édition Express pour Windows 10, comme son nom l'indique, nécessite quant à elle que le système d'exploitation hôte soit Windows 10.

## 1.2 Éditions de Visual Studio

Visual Studio 2015 est disponible en différentes éditions adaptées à différents contextes. Microsoft les propose en téléchargement à l'adresse suivante :
https://www.visualstudio.com/downloads/download-visual-studio-vs

Les éditions Professional et Enterprise ne sont disponibles qu'à des fins d'évaluation, pour une durée de 90 jours. Passé ce délai, il vous faudra vous procurer une licence d'utilisation auprès de Microsoft.

### 1.2.1 Visual Studio Express

Trois éditions allégées et gratuites existent. Chacune est destinée à un type spécifique d'applications et peut être utilisée à des fins d'apprentissage ou de développement à titre commercial. Ces versions ne présentent en revanche pas tous les outils des versions commerciales de Visual Studio et en cela peuvent être trop légères pour un utilisateur avancé.

#### Visual Studio Express 2015 pour le Web

Cette version permet le développement d'applications web avec ASP.NET.

#### Visual Studio Express 2015 pour Windows 10

Avec cette édition de Visual Studio, il est possible de créer des applications Windows Store qui pourront être diffusées et vendues sur le marché d'applications de Windows.

#### Visual Studio Express 2015 pour Windows Desktop

Cette version est destinée au développement d'applications Windows "classiques". **Elle peut être utilisée pour tous les exemples présents dans cet ouvrage**, mais les fonctionnalités qui seront décrites un peu plus loin ne seront probablement pas toutes disponibles si vous décidez d'utiliser cette édition.

### 1.2.2 Visual Studio Community

Cette déclinaison du produit permet le développement d'applications web, Windows Store et Windows « classiques ». Elle offre également certaines fonctionnalités pour le développement d'applications iOS et Android.

L'édition Community est fournie par Microsoft gratuitement sous certaines conditions. Les équipes travaillant sur des projets open source ou des recherches universitaires peuvent notamment accéder à cet outil gratuitement. Plus généralement, toute personne peut utiliser cet outil sans frais à des fins d'enseignement ou de formation.

Visual Studio 2015 Community peut également être utilisé à des fins commerciales, par des développeurs indépendants ou de petites équipes professionnelles (moins de 250 salariés dans l'entreprise et moins de 1 million de dollars de chiffres d'affaires annuel).

### 1.2.3 Éditions commerciales

Visual Studio 2015 est décliné en trois versions commerciales différentes et adaptées à des problématiques variées.

#### Visual Studio 2015 Test Professional

Cette version est destinée aux professionnels du test d'applications. Elle ne permet pas d'effectuer de développement.

#### Visual Studio 2015 Professional

Cette déclinaison du produit permet le développement d'applications web, Windows Store, Windows « classiques » et Windows Phone.

#### Visual Studio Enterprise

Cette dernière déclinaison de Visual Studio 2015 intègre les fonctionnalités de Visual Studio 2015 Professional et embarque des fonctionnalités avancées telles que l'automatisation des tests d'interface ou la recherche de code dupliqué. Elle inclut également des solutions pointues pour le diagnostic à l'aide de données provenant d'applications en production ainsi que des outils permettant le test de montée en charge des applications web. **C'est cette version de Visual Studio qui est utilisée pour l'écriture de cet ouvrage**.

## 1.3 Installation

L'installation de Visual Studio 2015 requiert :

- le DVD d'installation de Visual Studio ou son équivalent téléchargé sur le site de Microsoft,
- que les prérequis listés au début de ce chapitre soient respectés,

– de la patience ! L'installation complète de Visual Studio Enterprise peut durer plusieurs heures en fonction de la machine, des fonctionnalités sélectionnées et du débit de votre connexion Internet.

Le lancement de l'installation ouvre l'écran suivant :

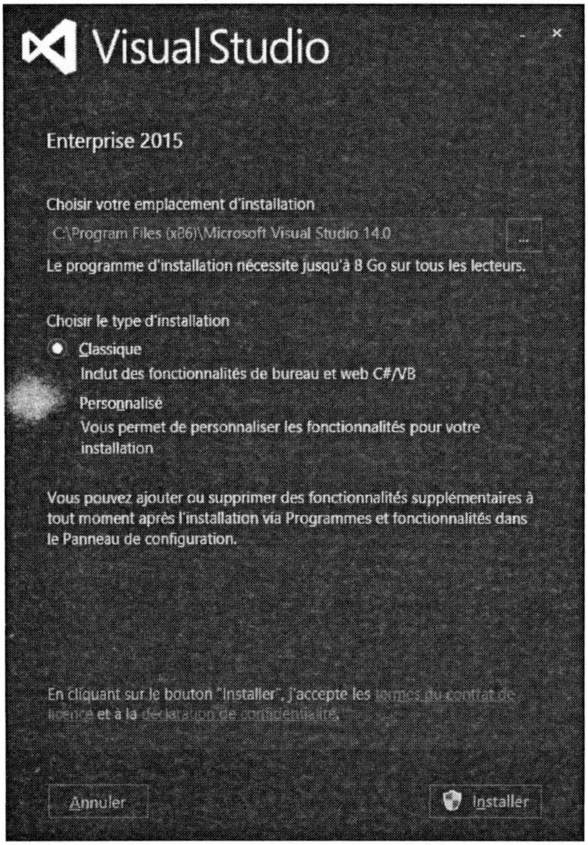


Cet écran propose de modifier le répertoire d'installation du produit et nécessite de votre part que vous lisiez et acceptiez le contrat de licence. L'installation est impossible sans cette acceptation. Il est possible d'effectuer une installation typique : seuls les outils les plus communément utilisés sont sélectionnés et installés. Pour cela, il suffit de sélectionner l'option **Classique** et de cliquer sur le bouton **Installer**.

La décision d'exécuter l'installation paramétrable à l'aide de l'option **Personnalisé** permet quant à elle de faire apparaître l'écran suivant.

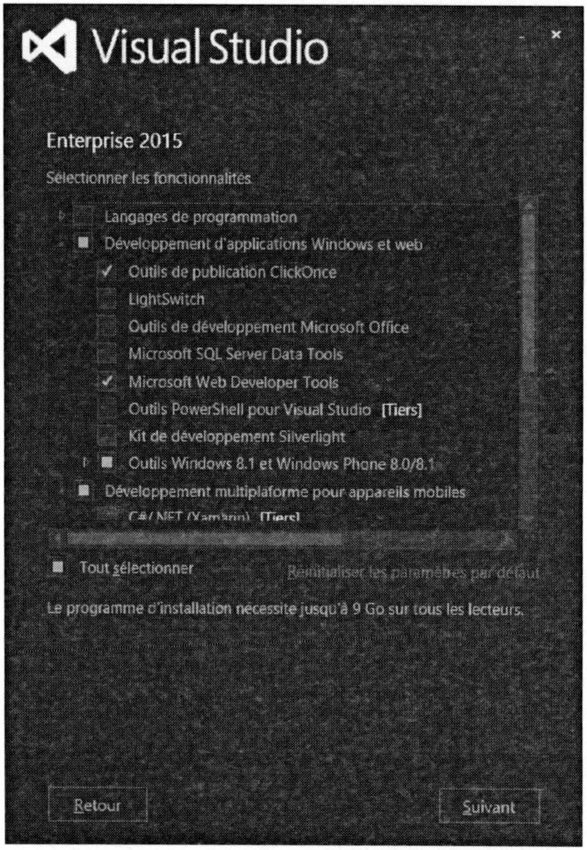


De nombreux outils supplémentaires peuvent être installés afin d'effectuer des développements sur des plateformes comme Silverlight ou Windows Phone. Cet écran permet de visualiser la liste de ces outils ainsi que de les sélectionner. Il est possible d'afficher une infobulle expliquant l'intérêt d'un des éléments de la liste en positionnant le curseur de la souris sur le nom de la fonctionnalité pour laquelle vous souhaitez une information. L'espace disque nécessaire pour l'installation est également indiqué. Cette taille est une estimation et varie en fonction des choix que vous ferez sur cet écran.

**Remarque**

*Les chapitres traitant d'ADO.NET et de LINQ utiliseront tous deux une base de données SQL Server. L'installation du composant additionnel **Microsoft SQL Server Data Tools** est requise pour la bonne marche de votre apprentissage. Le chapitre traitant du déploiement nécessite quant à lui l'installation des **Outils de publication ClickOnce**.*

Une fois la sélection effectuée, un clic sur le bouton **Suivant** affiche la liste des fonctionnalités optionnelles sélectionnées. Cette liste offre la possibilité de consulter le contrat de licence associé à certains composants, comme les outils fournis par Google pour le développement d'applications Android.

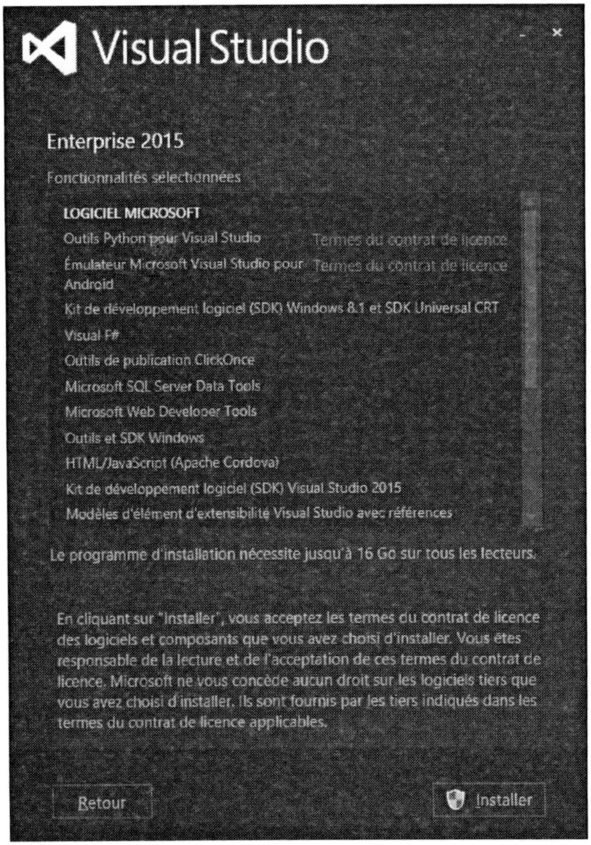

À ce stade, il ne reste qu'à effectuer un clic sur le bouton **Installer** pour lancer le processus d'installation. Celui-ci peut se révéler très long (plusieurs heures !) en fonction des fonctionnalités optionnelles sélectionnées. Certains outils externes, comme le SDK Android, doivent en effet être téléchargés avant leur installation. Le débit de votre connexion Internet peut donc être un facteur important.

Une fois le processus d'installation démarré, l'interface bascule sur un nouvel écran qui indique son avancement.

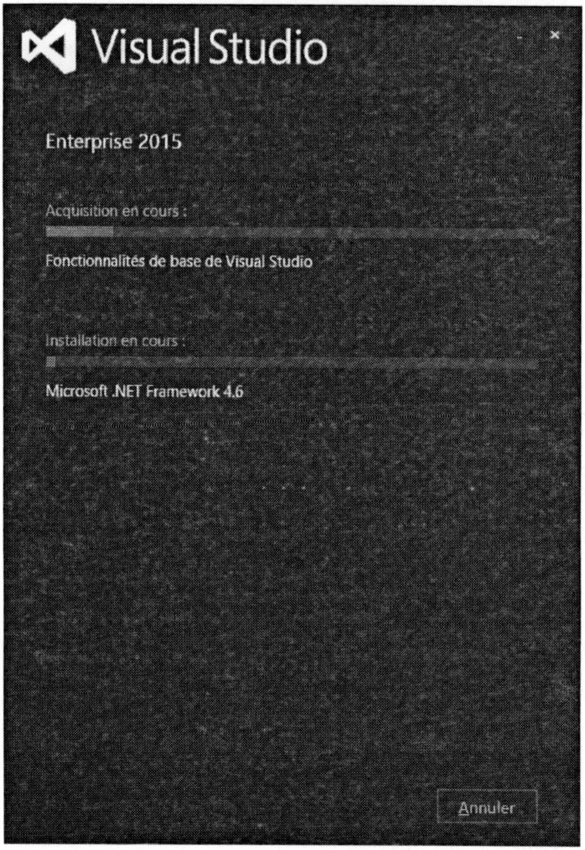

À l'issue de l'installation, l'écran suivant vous informe que l'opération est un succès et peut proposer un redémarrage de la machine (qu'il faut bien entendu accepter).

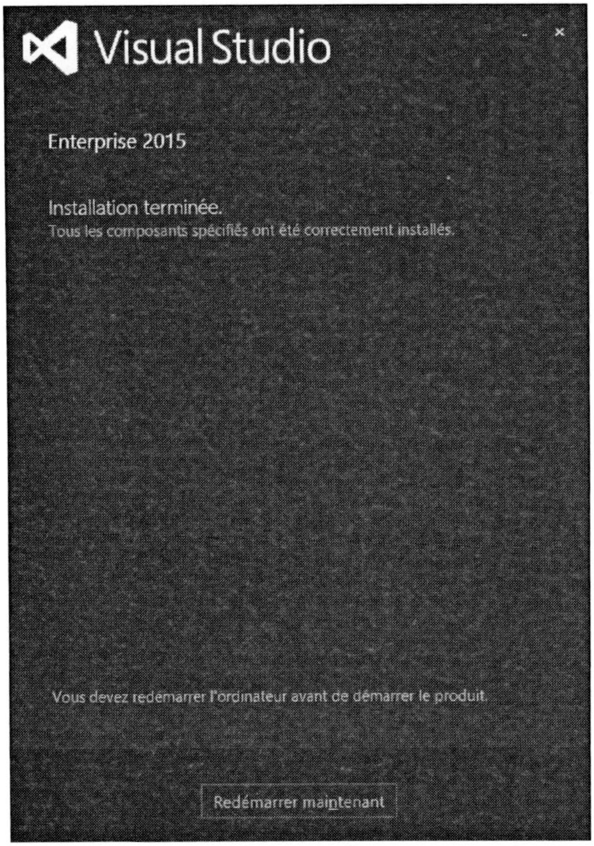

## 1.4 Premier lancement

Un raccourci permettant de lancer Visual Studio a été automatiquement placé dans le menu Démarrer (ou le Start Screen si vous utilisez Windows 8 ou 8.1) pendant l'installation du produit.

Le premier lancement est l'occasion pour le logiciel de vous proposer de personnaliser votre environnement de développement. La première étape de cette personnalisation est la connexion à un compte Microsoft afin d'importer et de sauvegarder vos paramètres Visual Studio.

Cliquer sur le bouton **Se connecter** ouvre une fenêtre de connexion à un compte Microsoft telle que celle que vous pouvez voir lorsque vous accédez à votre boîte aux lettres Microsoft (à l'adresse http://www.outlook.com ou http://www.hotmail.com si vous êtes nostalgique).

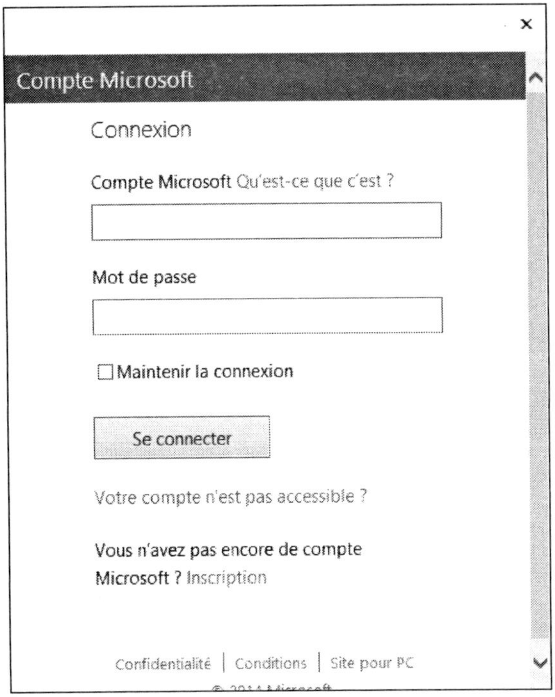

Une fois la connexion établie, Visual Studio demande quelques informations supplémentaires afin de personnaliser un peu plus son interface, et il vous propose également la création d'un compte **Visual Studio Online**. Ce service correspond à une version allégée et en ligne de **Team Foundation Server**. Il inclut la gestion du code à l'aide du contrôle de code source, mais aussi la planification des éléments de travail tout au long de la vie d'un projet.

Une fois cette étape franchie, Visual Studio propose la sélection d'un thème pour l'environnement : **Bleu**, **Clair** ou **Sombre**. Libre à vous !

Sur le même écran, une liste déroulante présente une liste de paramètres de développement prédéfinis. Les exemples et explications de cet ouvrage ont été réalisés avec les paramètres **Visual Basic**.

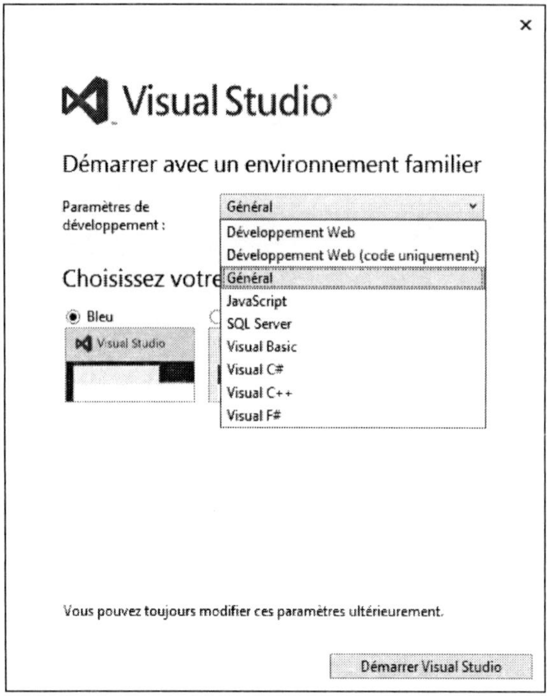


Enfin, après avoir cliqué sur le bouton **Démarrer Visual Studio** et patienté quelques instants pendant la configuration de l'environnement, la page de démarrage de Visual Studio s'affiche.

Cette page permet d'accéder rapidement aux derniers projets ouverts ainsi que de créer ou d'ouvrir un projet. Elle affiche également certaines informations concernant les produits de développement de Microsoft.

Un indicateur placé en haut à droite permet de savoir quel est le compte Microsoft connecté actuellement à Visual Studio.

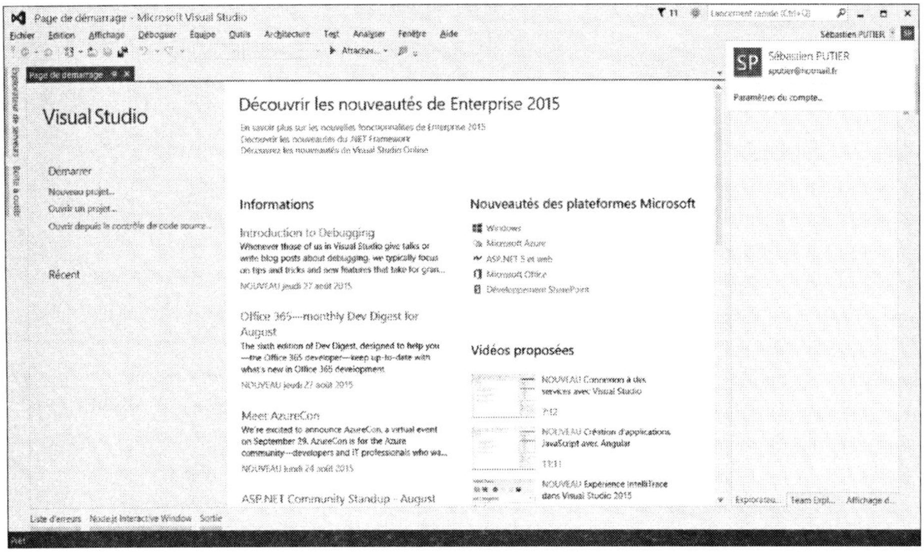


## 2. Description des outils

Visual Studio est constitué de trois types d'éléments répartis dans sa zone d'affichage :

- Le haut de la fenêtre principale est constitué d'une barre de menus et de plusieurs barres d'outils.
- Le centre de la fenêtre principale contient la zone de travail dans laquelle peuvent être affichés, entre autres, un ou plusieurs concepteurs visuels ainsi que des fenêtres d'édition de code.
- Différentes fenêtres secondaires représentant les différents outils à la disposition du développeur.

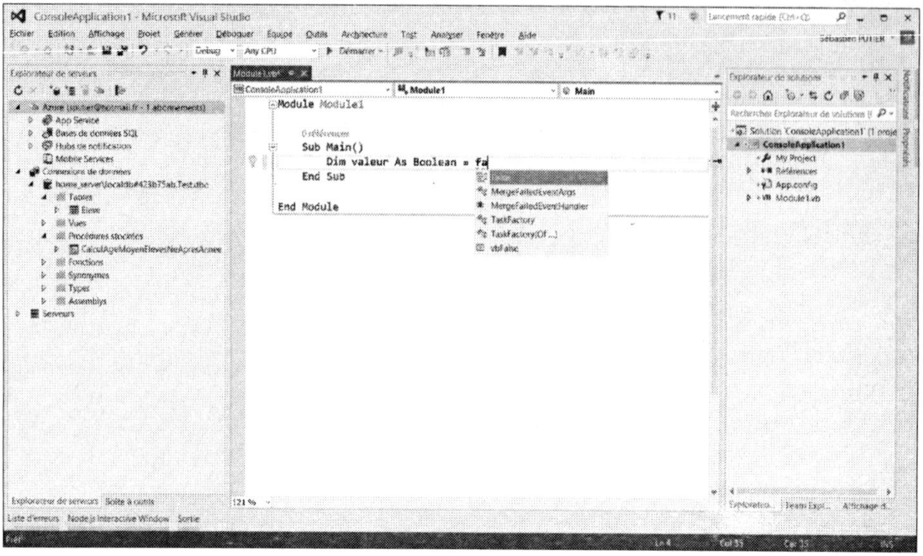

L'environnement de travail peut être géré et adapté par l'utilisation de trois techniques :

– l'ancrage des fenêtres,

– le masquage automatique de fenêtres,

– l'utilisation d'onglets.

L'ancrage d'une fenêtre consiste à l'accrocher à l'un des côtés de la fenêtre principale. Il est aussi possible de rendre une fenêtre flottante, c'est-à-dire qu'elle est positionnée de manière absolue, sans relation avec les autres éléments de l'interface. Ces deux opérations peuvent être réalisées à l'aide du menu contextuel de chacune des fenêtres (qui est ouvert à l'aide d'un clic droit au niveau du titre de la fenêtre) ou par glisser-déposer.

Lors du déplacement d'une fenêtre par glisser-déposer, Visual Studio affiche plusieurs guides. Lorsque l'emplacement de la fenêtre correspond à un ancrage, une prévisualisation de l'espace occupé est affichée à l'aide d'un fond de couleur bleue (peu importe le thème choisi pour Visual Studio).

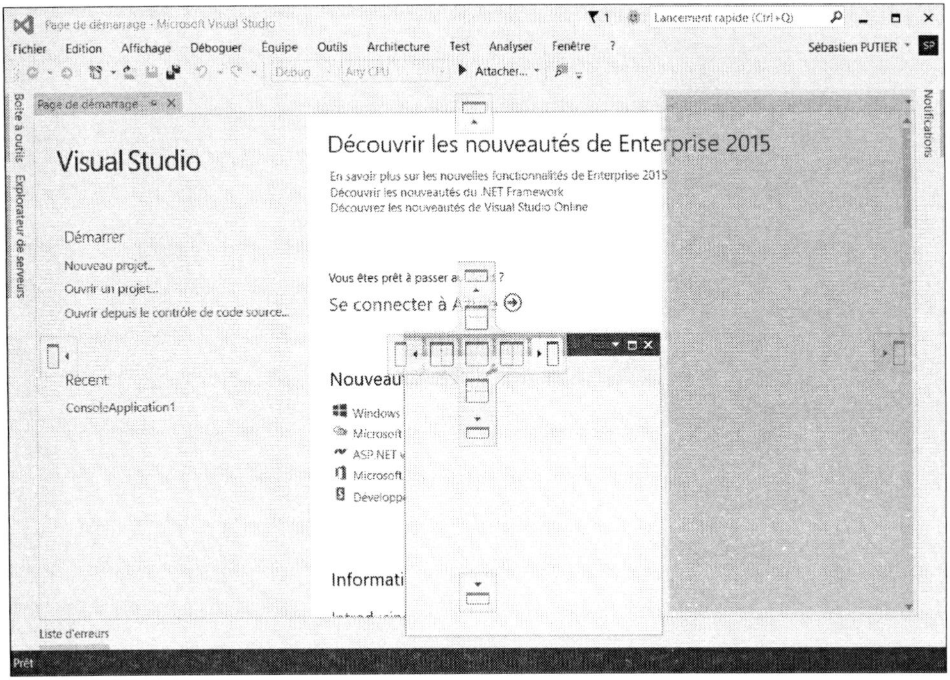


Déposer une fenêtre sur un des guides ancre la fenêtre à la position souhaitée. Si celle-ci est relâchée en dehors d'un guide, la fenêtre devient flottante.

Le masquage automatique de fenêtre ne peut être effectif que sur une fenêtre ancrée. Chaque fenêtre possède en effet dans sa barre de titre un bouton représentant une punaise. Lorsqu'elle est orientée horizontalement, la fenêtre est en mode de masquage automatique.

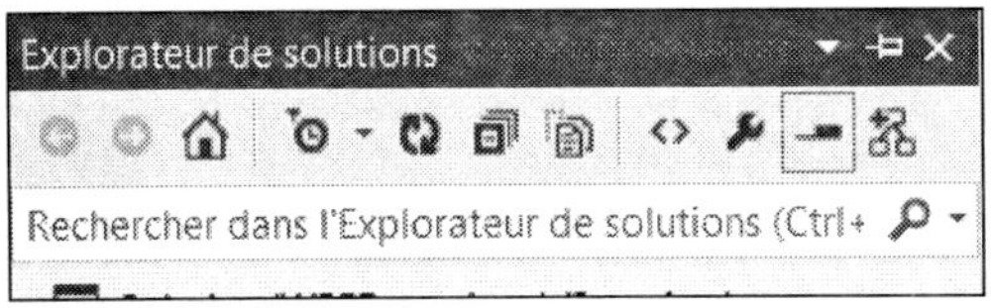

Dans le cas contraire, elle est ancrée à la fenêtre principale de Visual Studio :

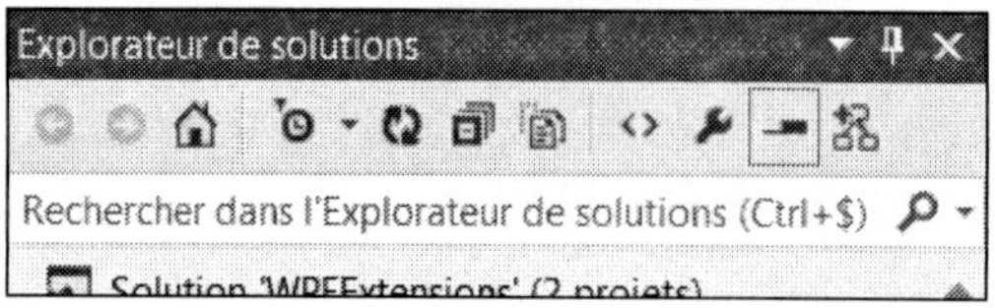


L'utilisation d'onglets permet d'utiliser l'ancrage de fenêtres avec un minimum de perte d'espace de travail. Cette solution consiste en l'utilisation d'une fenêtre ancrée pour l'affichage de plusieurs outils par le biais d'une barre d'onglets.

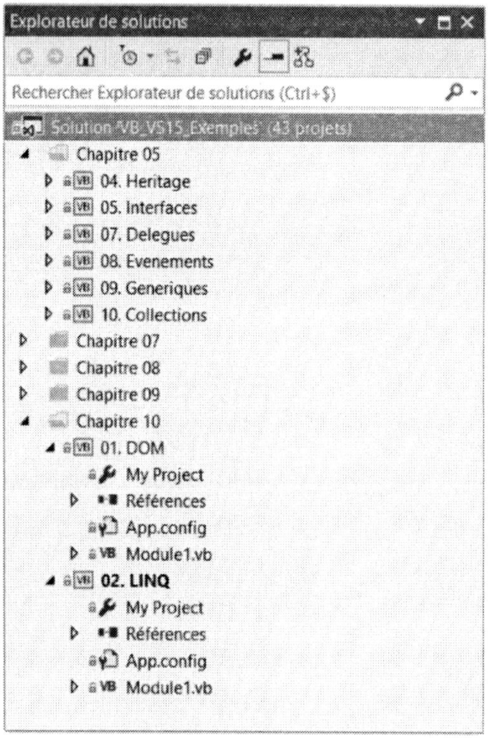

Ce résultat est obtenu en déposant une fenêtre sur une autre fenêtre à l'aide des guides affichés par Visual Studio ou sur la barre de titre de la fenêtre de destination. Visual Studio affiche une prévisualisation incluant l'onglet dans la partie basse.

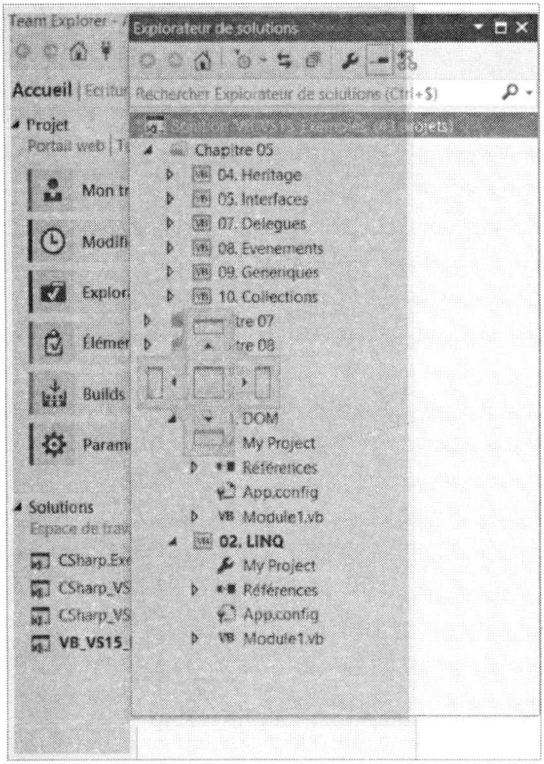


## 2.1 Barres d'outils

Visual Studio dispose de nombreuses barres d'outils adaptées à différents domaines fonctionnels. Leur affichage est personnalisable : le menu contextuel de la zone de barres d'outils affiche un nombre impressionnant de barres d'outils disponibles.

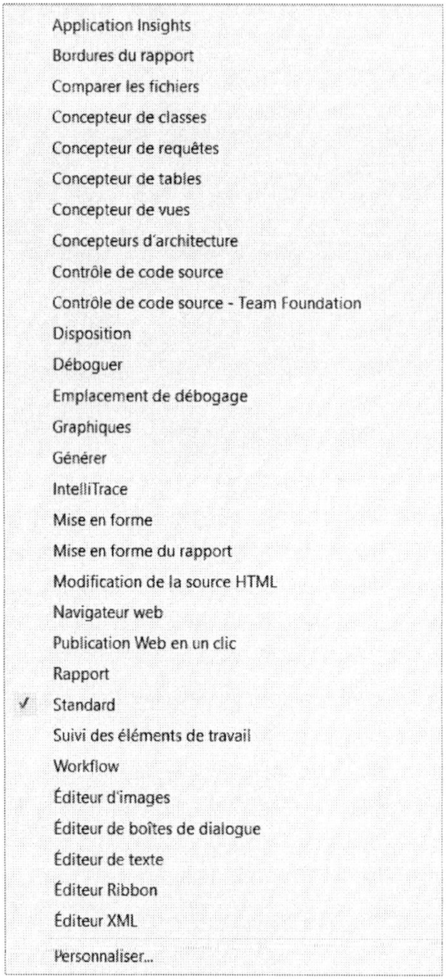


La sélection d'un élément dans cette liste affiche la barre d'outils correspondante dans la zone des barres d'outils. Cette personnalisation est importante, car certains outils peuvent s'avérer inutiles dans certains contextes et particulièrement intéressants à d'autres moments. La barre d'outils **Contrôle de code source - Team Foundation**, par exemple, est complètement inutile si vous n'utilisez pas **Team Foundation Server** ou **Visual Studio Online**, tandis qu'elle pourra se rendre indispensable si vous utilisez un de ces deux outils.

## 2.2 Explorateur de solutions

L'explorateur de solutions est un outil indispensable. Il permet en effet de naviguer dans les différents dossiers et fichiers composant le code source d'une solution. Une solution peut contenir plusieurs projets, qui correspondent eux-mêmes à plusieurs applications et/ou bibliothèques de classes (et/ou applications web, etc.).

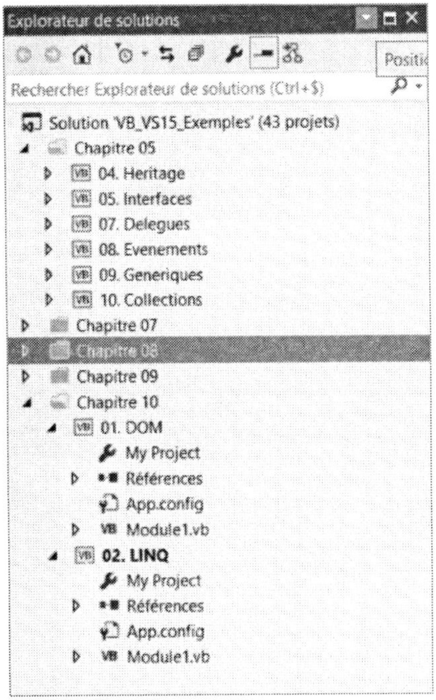


**Remarque**

*L'utilisation de cet outil est décrite en détail dans le chapitre L'organisation d'une application.*

## 2.3 Explorateur d'objets

L'explorateur d'objets permet d'obtenir une vision détaillée de deux groupes d'éléments :

– les projets, espaces de noms et types qui composent la solution active,

– les assemblies, espaces de noms et types qui composent un sous-ensemble du framework .NET.

Cet outil peut être ouvert par l'utilisation du menu **Affichage** - **Explorateur d'objets** ou par la combinaison de touches [Ctrl] **W**, **J**.

Lorsqu'un élément est sélectionné, sa description est affichée dans la partie droite de la fenêtre. Si la sélection porte sur un type contenant plusieurs membres, ces derniers sont également affichés dans la partie droite de la fenêtre.

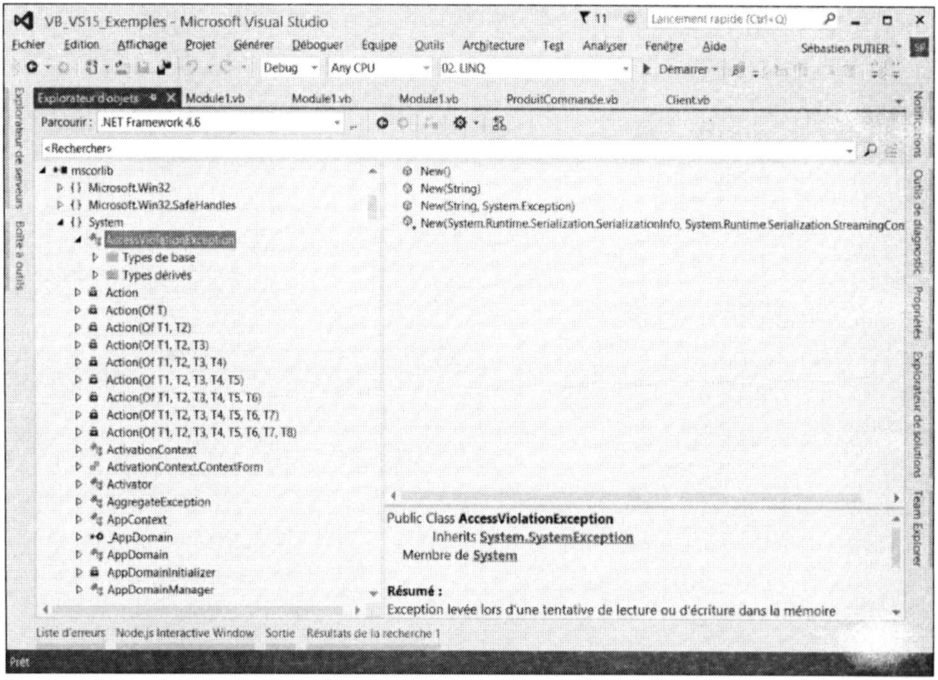

Une zone de saisie permet d'effectuer une recherche parmi les éléments inspectés. Cette recherche peut porter sur tout ou partie d'un nom de classe, d'espace de noms ou même de fonction ou de propriété.

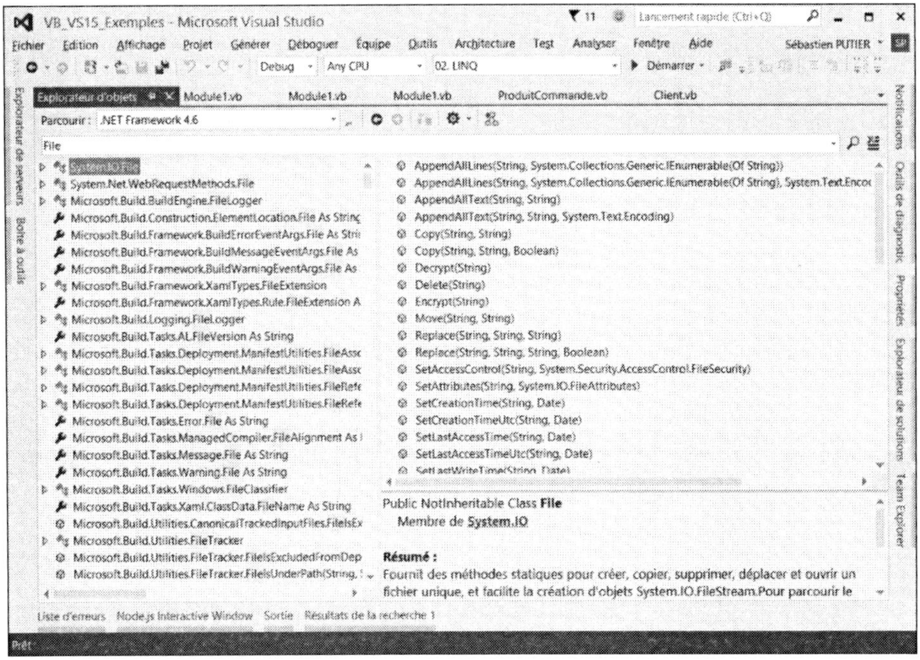


## 2.4 Explorateur de serveurs

L'explorateur de serveurs permet la visualisation et la manipulation de données provenant de différentes sources : base de données, compteurs de performance Windows ou compte Microsoft Azure. Il est ainsi possible d'effectuer des tâches d'administration sur ces différentes sources, comme la création d'une table dans une base de données ou l'ajout d'un site web dans Azure.

Cet outil peut être ouvert par l'utilisation du menu **Affichage** - **Explorateur de serveurs** ou par la combinaison de touches [Ctrl] **W**, **L**.

**Remarque**

*L'administration des services hébergés dans Windows Azure nécessite de posséder un compte sur cette plateforme. Vous pouvez créer un compte d'essai à l'adresse http://azure.microsoft.com/fr-fr/pricing/free-trial/.*

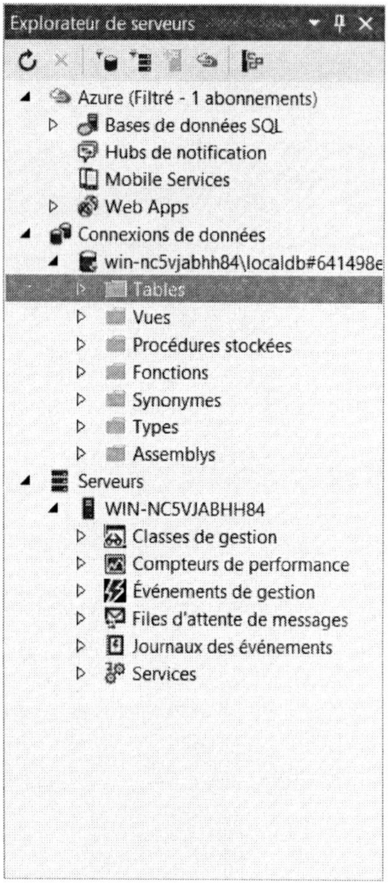

La barre d'outils de cette fenêtre présente plusieurs boutons qui permettent de se connecter à ces différentes sources de données. L'utilisation du bouton **Connexion à la base de données** ouvre une fenêtre qui contient une liste de fournisseurs de données.

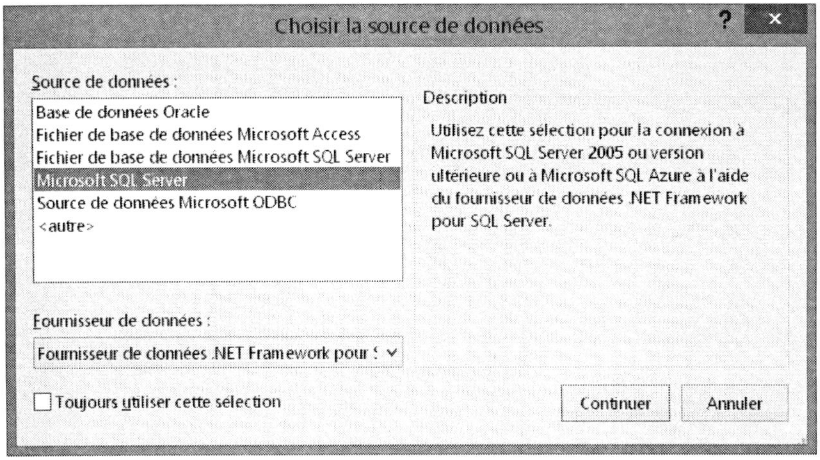


La sélection d'un de ces fournisseurs (ici, SQL Server) ouvre ensuite une fenêtre permettant de saisir et/ou sélectionner le nom d'un serveur de base de données, puis de choisir la base de données sur laquelle la connexion doit être effectuée.

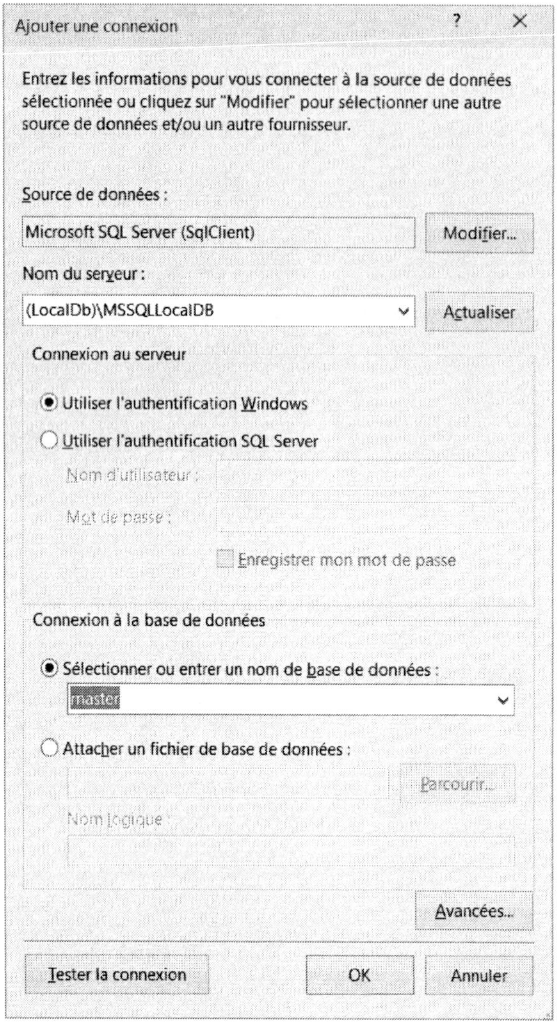


## Remarque

***LocalDb*** *est un mode d'exécution particulier de* ***SQL Server Express*** *introduit dans sa version 2012. Ce mode est destiné aux développeurs d'application. Cette édition de SQL Server (en version 2014) est gratuite et téléchargeable sur le site de Microsoft (à l'heure de l'écriture de ces lignes, à l'adresse suivante : http://www.microsoft.com/fr-FR/download/details.aspx?id=42299).*

Après validation de la sélection, une nouvelle connexion est ajoutée dans l'arborescence de l'explorateur de serveurs.

## 2.5 Fenêtre de propriétés

Certains éléments relatifs à une grande partie des constituants d'une solution peuvent être affichés à l'aide de la **fenêtre de propriétés**. Ces constituants peuvent être issus de l'explorateur de solutions ou correspondre à un composant graphique lors de l'édition d'une fenêtre d'application. Il est également possible d'afficher les propriétés d'un serveur ou d'une table de base de données à partir de l'explorateur de serveurs.

La **fenêtre de propriétés** peut être ouverte en appuyant sur la touche [F4] ou en sélectionnant l'option **Propriétés** présente dans le menu contextuel de nombreux éléments de l'interface de Visual Studio. Ce menu est notamment présent dans le menu contextuel de chacun des fichiers contenus dans un projet.

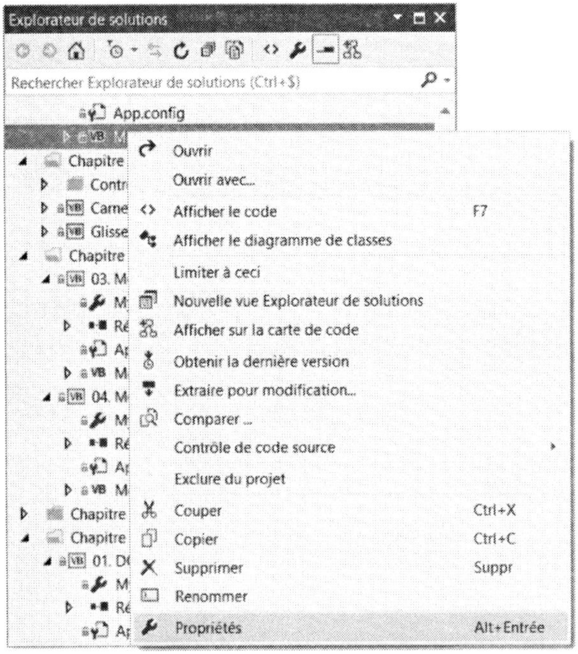

La fenêtre **Propriétés** présente différentes données correspondant au dernier élément sélectionné. Ces éléments sont toujours présentés sous la forme d'une grille dans laquelle la première colonne correspond à un nom de propriété et la seconde colonne correspond à la valeur associée. Cette grille peut être triée par catégorie, ce qui modifie légèrement l'affichage de manière à prendre en compte le groupement des éléments.

La figure ci-dessous montre l'apparence de cette fenêtre lors de l'édition d'un élément graphique dans le concepteur visuel de Visual Studio.

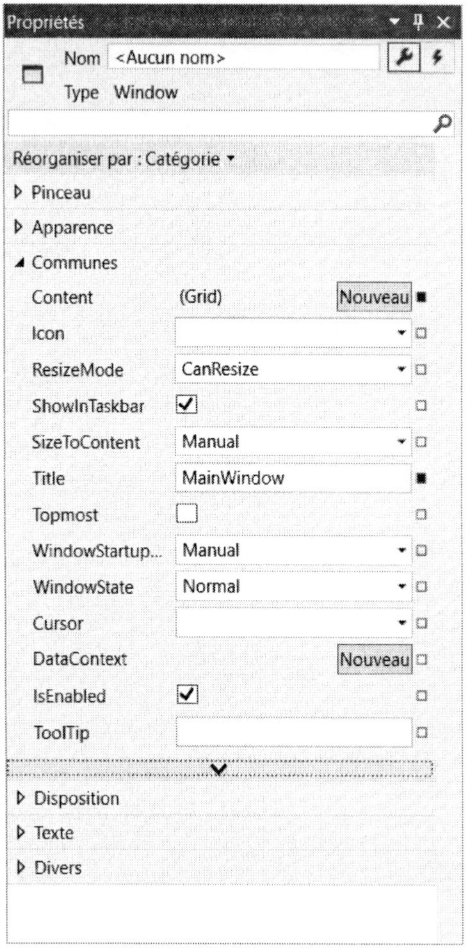

# 2.6 Fenêtre d'édition de code

Cette fenêtre est certainement la plus importante de l'environnement de développement puisque c'est celle qui permet de visualiser et modifier le code source d'une application. Elle intègre de nombreux outils pour accélérer la lecture et l'écriture du code. Plusieurs fichiers peuvent être ouverts simultanément, chacun étant associé à une fenêtre d'édition distincte.

## 2.6.1 Navigation

La fenêtre d'édition de code possède, en plus de la zone de saisie de texte, trois listes déroulantes permettant une navigation rapide entre certaines zones d'une solution.

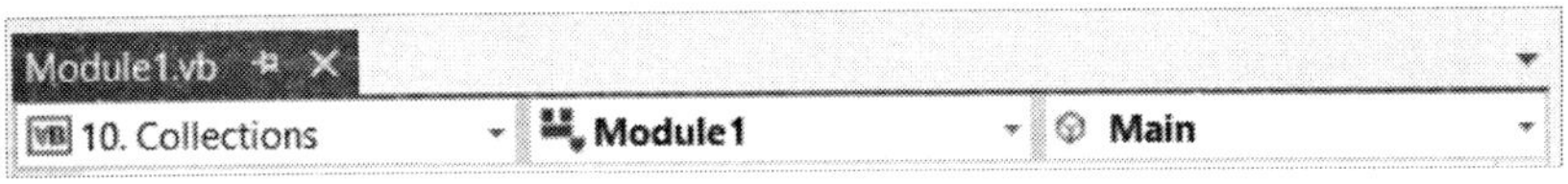


La première de ces listes déroulantes est utilisable lorsqu'un fichier de code est partagé par plusieurs projets à l'intérieur d'une même solution. Elle contient alors la liste des projets associés et permet de se positionner dans le projet sélectionné.

La seconde permet de naviguer entre les différentes définitions de type contenues dans le fichier courant.

La dernière liste contient les noms des différents membres du type sur lequel l'éditeur de texte est positionné. La sélection d'un de ces éléments déplace la vue courante au niveau de la définition du membre.

## 2.6.2 Suivi des modifications

Vous pouvez suivre les modifications des fichiers ouverts dans Visual Studio. Lorsqu'une ligne est modifiée, une bordure de couleur apparaît à sa gauche.

Une bordure de couleur jaune indique que le code a été modifié mais pas encore enregistré. Lorsque le code modifié est enregistré, cette bordure devient verte.

```
Imports System

0 références
Module Program
    0 références
    Sub Main()
        Console.WriteLine("Hello world !")
    End Sub
End Module
```

**Remarque**

*Il est possible d'activer ou désactiver la numérotation des lignes dans l'éditeur à partir de la fenêtre d'options de Visual Studio. Vous pouvez accéder à ce paramètre en utilisant le menu **Outils** - **Options**, puis **Éditeur de texte** - **Basic**. Cochez ou décochez ensuite la case **Numéros de ligne**.*

### 2.6.3 Mise en surbrillance des références

Lorsque le curseur d'édition est placé sur le nom d'une variable, d'une fonction ou d'une classe, chacune des utilisations de cet élément est surlignée dans la fenêtre d'édition.

```
Imports System

0 références
Module Program
    0 références
    Sub Main()
        Dim message As String = "Hello world !"
        Console.WriteLine(message)
    End Sub
End Module
```

### 2.6.4 Refactorisation

Vous pouvez modifier le nom d'un élément de code dans l'éditeur et propager automatiquement la modification à toutes les instructions utilisant cet élément. Cette fonctionnalité, appelée **refactorisation**, est notamment utilisée pour modifier toutes les occurrences d'une variable ou d'une fonction. Cette opération peut être effectuée de deux manières.

#### Avant le renommage

Il faut sélectionner l'option **Refactoriser** - **Renommer** dans le menu contextuel du nom de l'élément à renommer (ou en appuyant sur la touche [F2]). Cet élément ainsi que l'ensemble des références qui lui sont faites sont alors surlignés en vert. La modification de son nom est automatiquement répercutée sur toutes ses occurrences à des fins de prévisualisation.

Une fenêtre est également ouverte par l'utilisation de cette commande. Elle permet de spécifier le comportement que Visual Studio doit adopter relativement à cette action de renommage. C'est également cette fenêtre qui permet de déclencher la modification effective du code.

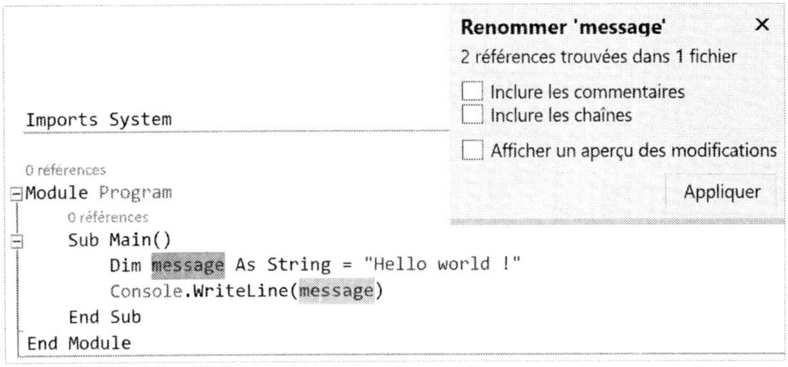


Au clic sur le bouton **Appliquer**, si l'option **Afficher un aperçu des modifications** est cochée, une nouvelle fenêtre permettant d'appliquer ou d'annuler le renommage est ouverte.

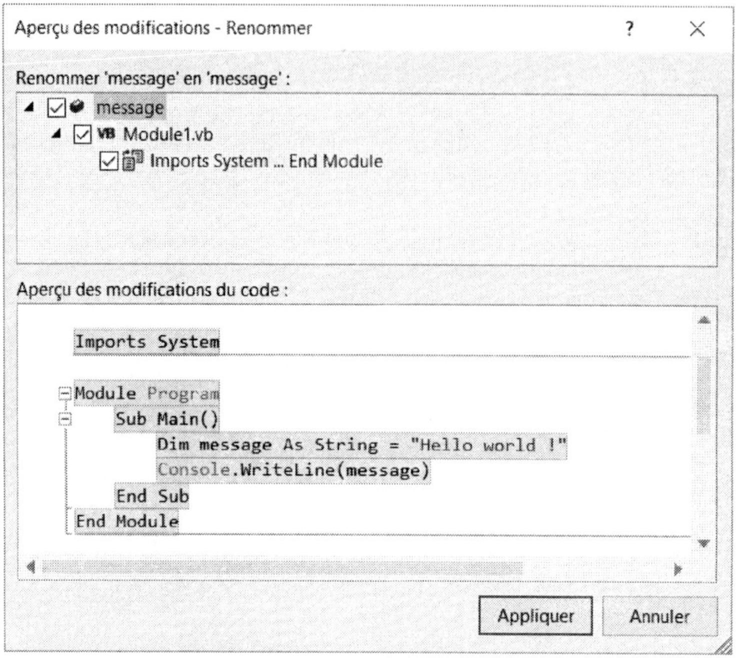


## Après renommage

Cette opération s'effectue en passant le curseur de la souris sur l'ampoule qui apparaît à la gauche de la ligne contenant l'élément renommé après une modification (ou en utilisant le raccourci [Alt] .) puis en sélectionnant l'option **Renommer ... en ...**.

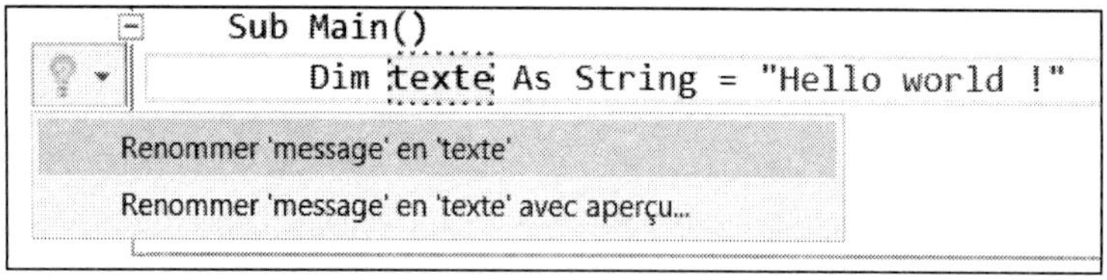


Cette technique permet également d'afficher un aperçu des modifications en utilisant l'option **Renommer avec aperçu**.

### 2.6.5 IntelliSense

**IntelliSense** est le nom de la fonctionnalité d'**autocomplétion** intégrée dans l'éditeur de code de Visual Studio. Elle est contextuelle, c'est-à-dire que les suggestions fournies dépendent des éléments de code précédents. Elle se manifeste par l'apparition d'une liste déroulante au moment de la saisie ou lors de l'utilisation de la combinaison de touches [Ctrl][Espace].

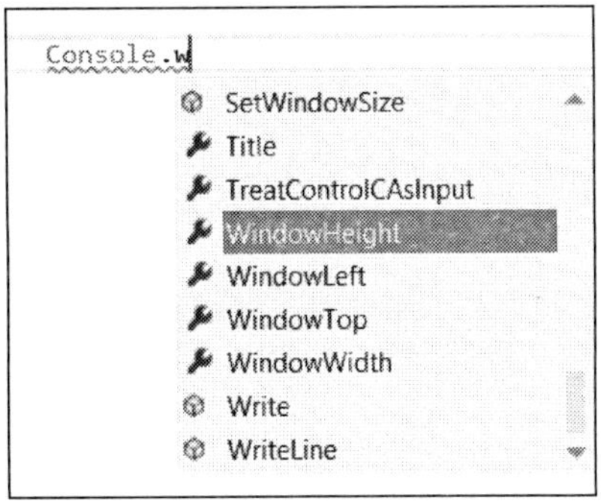


Lorsqu'un élément est en surbrillance dans la liste, un appui sur la touche [Entrée] l'insère à l'emplacement courant du curseur de la souris.

### 2.6.6 Snippets

Les « code snippets » (extraits de code) sont des portions de code qui peuvent être incorporées dans le code source lors de l'édition. Ils permettent d'écrire très rapidement certains morceaux de code dont la forme est toujours la même.

Trois solutions existent pour l'insertion d'un snippet :

- l'utilisation de l'option **Insérer un extrait** du menu contextuel de l'éditeur.
- l'utilisation du raccourci [Ctrl] **K**, **X**.
- la sélection du nom d'un snippet dans la liste fournie par IntelliSense lors de la saisie.

Les deux premières techniques affichent une liste des différents snippets enregistrés dans Visual Studio. La sélection d'un élément de cette liste insère le code. La sélection d'un snippet dans IntelliSense donne exactement le même résultat.

Dans tous les cas, l'éditeur affiche le code ajouté avec certaines zones en surbrillance. Dans l'exemple suivant, le snippet `Property` a été utilisé pour insérer la définition d'une variable et d'une propriété qui lui est associée.

```
Private newPropertyValue As String
0 références
Public Property NewProperty() As String
    Get
        Return newPropertyValue
    End Get
    Set(ByVal value As String)
        newPropertyValue = value
    End Set
End Property
```

La modification du nom de type `String` ainsi que du nom de variable `newPropertyValue` sera répercutée en cascade sur le code du snippet.

# Chapitre 3
# L'organisation d'une application

## 1. Les solutions

Le développement d'une application dans Visual Studio est organisé selon une structure hiérarchique. L'élément de plus haut niveau dans cette structure est la solution.

### 1.1 Présentation

Une solution est un conteneur logique qui regroupe un ensemble de projets distincts pouvant être liés entre eux. Chacun de ces projets contient un ou plusieurs fichiers qui permettront au compilateur de générer un fichier exécutable ou une bibliothèque de classe.

La compilation d'une solution peut donc produire plusieurs applications et/ou fichiers .dll formant un tout cohérent. Le code source d'une application de traitement d'images, comme Paint .NET, pourrait être organisé en une solution dans laquelle un projet permettrait de générer le fichier exécutable et la compilation des autres projets produirait des bibliothèques de classes fournissant les traitements utilisés par l'exécutable.

## 1.2 Création d'une solution

Lorsque l'on travaille avec Visual Basic .NET, la création d'une solution peut être effectuée de deux façons différentes.

La manière la plus évidente pour atteindre ce but est d'utiliser le menu **Fichier** - **Nouveau projet** et de sélectionner le modèle **Nouvelle solution** dans la boîte de dialogue ouverte.

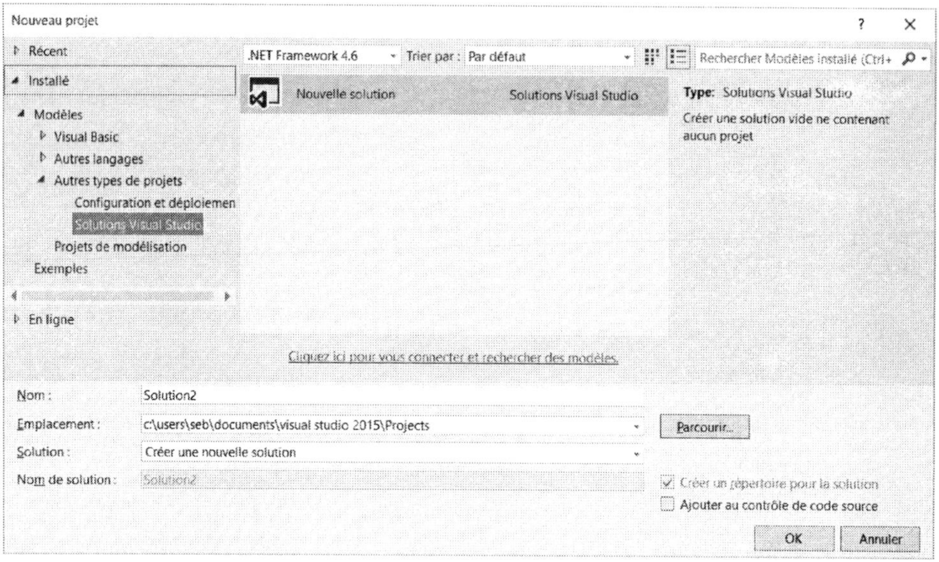


Certaines informations peuvent également être saisies pour obtenir le résultat souhaité :

- Le nom de la solution.
- L'emplacement dans lequel doit être créée la solution.
- Le mode de création de la solution : dans l'instance Visual Studio courante, ce qui ferme au besoin un projet déjà ouvert, ou dans une nouvelle instance Visual Studio.
- L'ajout au contrôle de code source. Cette option, si elle est sélectionnée, nécessite l'existence d'un dépôt dans une solution de gestion de code source, comme **Team Foundation Server** ou **Visual Studio Online**.

Après validation des informations saisies, Visual Studio crée le répertoire indiqué ainsi qu'un fichier `.sln`.

Il est également possible de créer une solution lorsqu'un projet Visual Basic est déjà ouvert dans Visual Studio. Dans ce cas, l'utilisation du menu **Fichier - Ajouter** permet de créer un nouveau projet ainsi qu'une solution utilisée comme conteneur.

## 1.3 Organisation

Une solution peut contenir de nombreux éléments, organisés sous la forme d'une arborescence. Celle-ci peut avoir plusieurs niveaux grâce à l'existence des dossiers de solution. Le nœud racine de l'arborescence est la solution, sauf lorsque la solution ne contient qu'un projet : seul le projet est alors affiché.

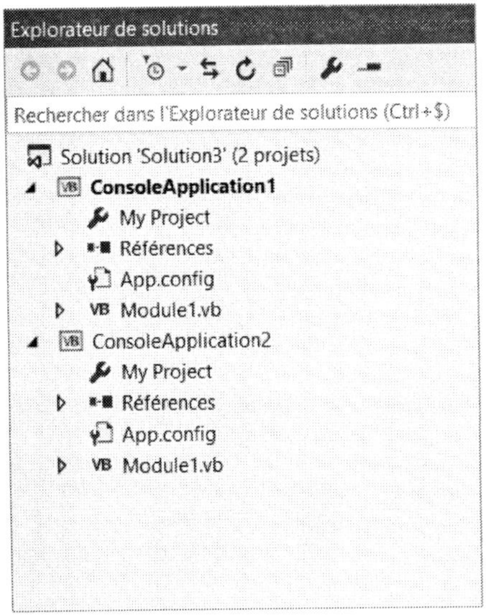

## 1.4 Actions disponibles sur une solution

L'explorateur de solution de Visual Studio permet d'effectuer un grand nombre d'actions sur les solutions.

### 1.4.1 Ajout et suppression d'un projet

L'opération d'ajout d'un projet à une solution est effectuée à l'aide du menu contextuel ouvert lors d'un clic droit sur le nœud racine de l'explorateur de solution. Il convient alors d'utiliser le menu **Ajout** - **Nouveau projet** puis de fournir les paramètres nécessaires à la création du projet dans la fenêtre ouverte. Cette action est également disponible en utilisant le menu **Fichier** - **Ajouter** - **Nouveau projet**.

Il est également possible d'ajouter un projet existant à une solution. Pour cela, il faut procéder aux mêmes opérations que pour la création d'un projet mais sélectionner **Projet existant**. Cet ajout n'effectue pas de copie du projet d'origine. Toute modification aux fichiers du projet sera visible dans les solutions utilisant déjà le projet.

La suppression d'un projet est exécutée par l'option **Supprimer** du menu contextuel qui est ouvert par un clic droit sur la racine d'un projet (et non de la solution). Cette suppression élimine uniquement le projet de la solution : le projet reste enregistré sur le disque. Il peut même être ajouté de nouveau à la solution.

### 1.4.2 Création d'un dossier de solution

Les dossiers de solution sont des éléments logiques de structuration. Ils permettent de grouper des projets en ajoutant un ou plusieurs niveaux de hiérarchisation. Ils peuvent également contenir des fichiers n'appartenant pas à un projet mais qu'il est pertinent d'ajouter à la solution.

Le menu contextuel de la solution contient une option dédiée à l'ajout d'un dossier de solution. Elle se trouve dans **Ajouter** - **Nouveau dossier de solution**.

La création d'un dossier de solution n'est pas répercutée sur le système de fichiers : aucun dossier supplémentaire n'est créé dans le répertoire de la solution.

De la même manière qu'il est possible d'ajouter un projet à la solution, il est possible d'ajouter un projet dans un dossier de solution. Il est également envisageable d'effectuer un glisser/déposer d'un projet de la solution vers un dossier de solution.

### 1.4.3 Chargement et déchargement d'un projet

Il peut parfois être intéressant d'exclure temporairement un projet d'une solution. Pour cela, il convient d'utiliser l'option **Décharger le projet** dans le menu contextuel du projet concerné. Une fois cette action effectué, l'explorateur de solution marque le projet comme non disponible et empêche la modification de chacun des fichiers qu'il contient.

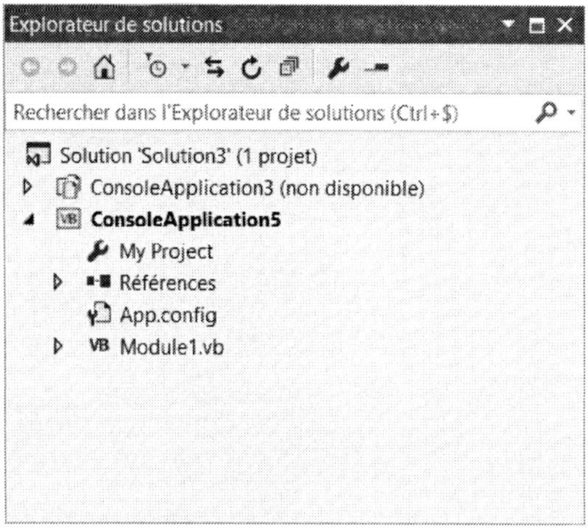


Chaque projet déchargé a un menu contextuel restreint dans lequel on trouve une option permettant le rechargement du projet.

### 1.4.4 Création d'un fichier

Le menu contextuel de la solution offre la possibilité de lui ajouter un fichier par le biais de ses sous-menus **Ajouter - Nouvel élément** et **Ajouter - Élément existant**. Ces deux choix peuvent aussi être exécutés par l'utilisation des raccourcis-clavier [Ctrl][Shift] **A** et [Alt][Shift] **A**.

L'ajout d'un nouvel élément ouvre une boîte de dialogue permettant la sélection du type de fichier à ajouter et la saisie de son nom.

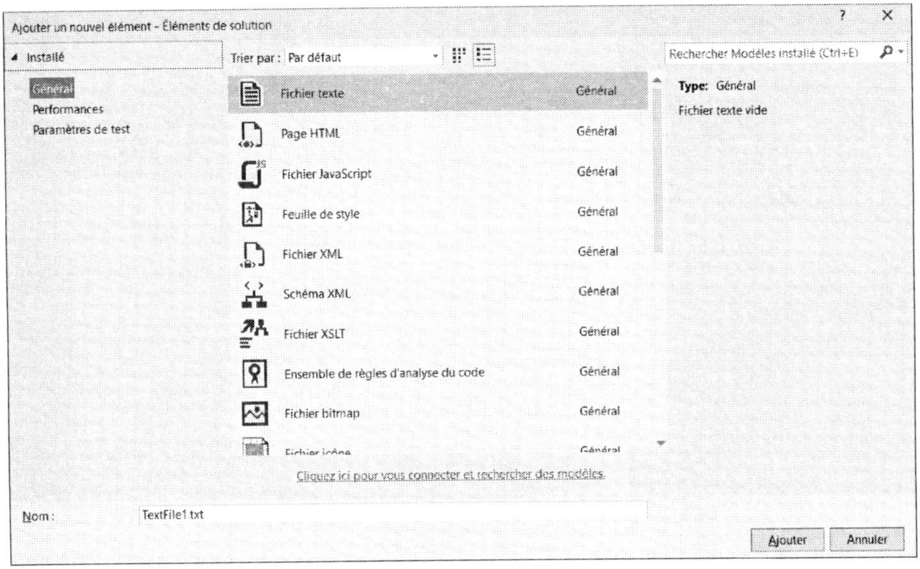


La sélection de l'option d'ajout d'un fichier existant ouvre quant à elle une fenêtre de sélection de fichier classique.

### 1.4.5 Génération de la solution

L'utilisation des options **Générer la solution** et **Regénérer la solution** effectue une compilation de tous les projets de la solution. La différence entre ces deux actions se situe dans la gestion des projets non modifiés depuis la dernière compilation. Lorsqu'un projet n'a pas été modifié, la première option n'effectue pas de recompilation. La seconde option, quant à elle, force la recompilation de tous les projets, qu'ils aient été modifiés ou non.

## 1.5 Configuration de la solution

Les solutions disposent de propriétés permettant d'influer sur leur comportement lors de la génération ou de l'exécution. Ces paramètres peuvent être modifiés à partir de la boîte de dialogue qui est ouverte par l'utilisation du sous-menu **Propriétés** du menu contextuel de la solution.

### 1.5.1 Configuration des projets de démarrage

Cette page de propriétés permet de définir quels projets doivent être exécutés au démarrage de la solution.

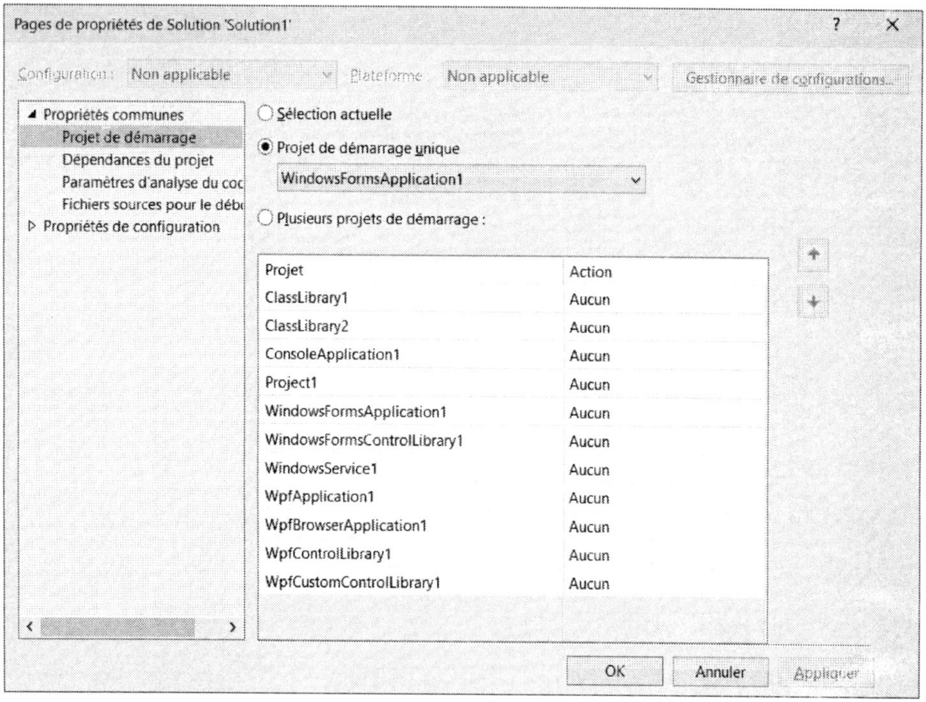

Trois choix sont disponibles pour ce paramètre.

### Sélection actuelle

Cette option indique que le projet en cours d'édition sera lancé au démarrage de la solution.

### Projet de démarrage unique

Une liste déroulante contenant le nom de chacun des projets de la solution est affichée. Le projet sélectionné dans cette liste sera exécuté au démarrage de la solution.

Lorsque cette option est sélectionnée, le nom du projet marqué comme projet de démarrage est affiché en gras dans l'Explorateur de solutions. Il est aussi possible de modifier le projet de démarrage unique directement dans l'explorateur en ouvrant le menu contextuel d'un projet et en utilisant l'option **Définir comme projet de démarrage**.

### Plusieurs projets de démarrage

Une grille présente la liste des projets de la solution. Pour chacun, il est possible de spécifier l'action à effectuer au démarrage de la solution. Trois choix sont possibles pour chaque projet :

- **Aucun**
- **Démarrer**
- **Exécuter sans débogage**

Pour modifier l'ordre de démarrage de chacun des projets sélectionnés, il suffit de modifier l'ordre des éléments dans la grille. Pour cela, deux boutons sont disponibles. Ils permettent respectivement de faire monter et descendre le projet dans la liste.

### 1.5.2 Dépendances du projet

La génération d'un projet peut nécessiter qu'un autre projet ait été généré au préalable. L'écran de gestion des dépendances permet de configurer ces dépendances.

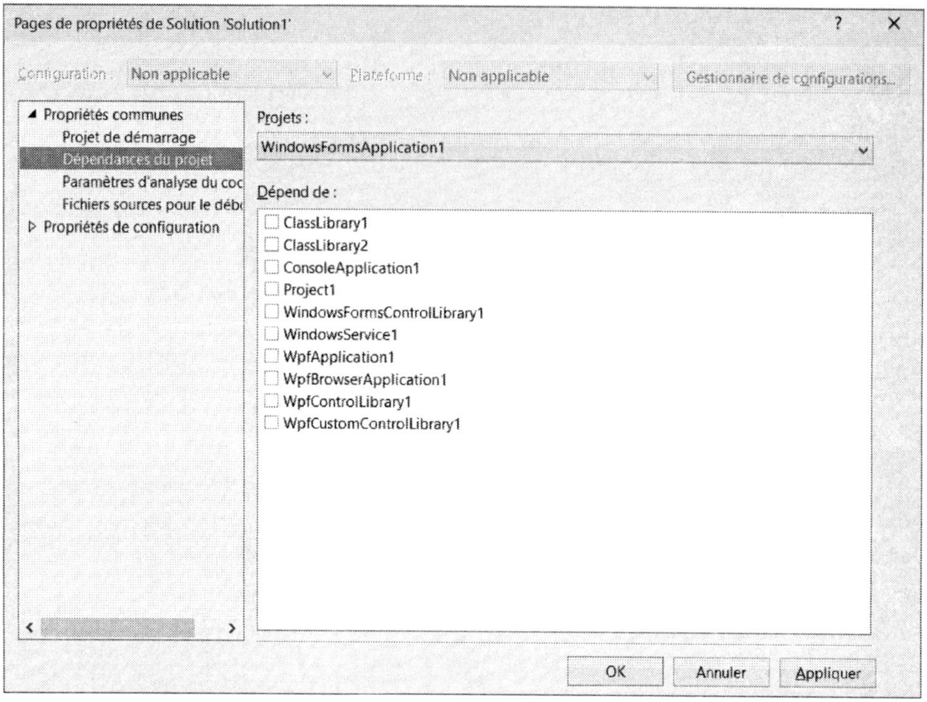


Pour configurer les dépendances d'un projet, il convient de le sélectionner dans la liste déroulante. La liste des autres projets est alors affichée avec, pour chacun d'eux, une case à cocher. Chaque génération d'un projet générera au préalable chacune des dépendances cochées.

### 1.5.3 Paramètres d'analyse du code

Cette page permet de configurer les règles utilisées pour l'analyse du code de chacun des projets de la solution.

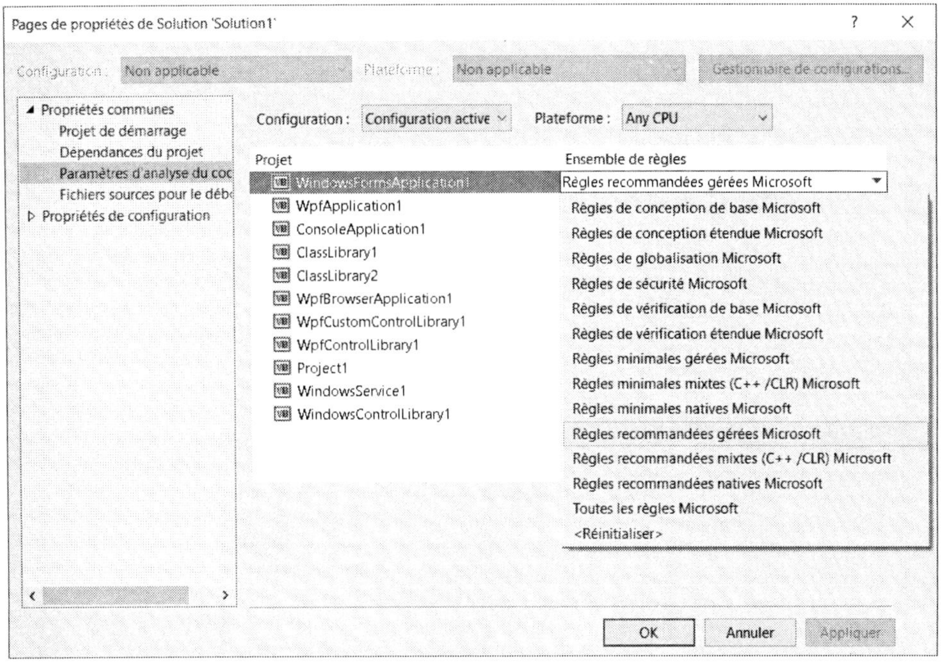


Pour chacun des projets, une liste déroulante permet d'indiquer la règle à appliquer. Chaque erreur ou point à surveiller est ensuite affiché dans la fenêtre **Liste d'erreurs** de Visual Studio. Le détail de chaque règle peut être consulté sur le site MSDN.

**Remarque**

*À l'heure de l'écriture de ces lignes, les règles sont décrites sur la page* ***Référence d'ensemble de règles d'analyse du code*** *à l'adresse suivante :*
*http://msdn.microsoft.com/fr-fr/library/dd264925.aspx*

### 1.5.4 Fichiers sources pour le débogage

Le débogueur de Visual Studio a besoin d'accéder au fichier source du code en cours de débogage. La page de propriétés **Fichiers sources pour le débogage** permet d'indiquer à l'environnement quels sont les dossiers à inspecter pour rechercher ces fichiers de code source.

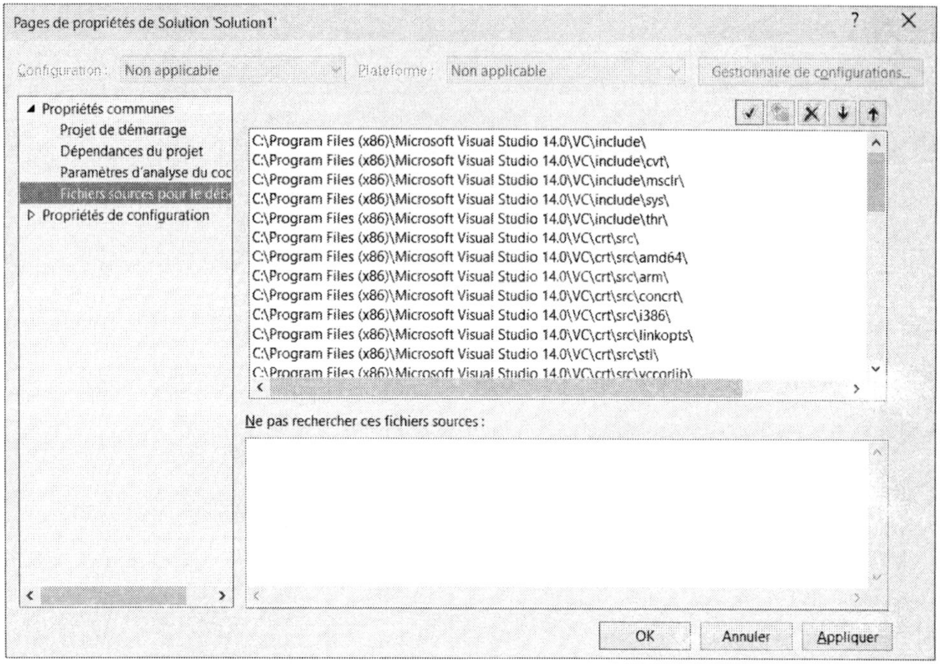


La liste **Répertoires contenant du code source** affiche la liste des répertoires dans lesquels le code source sera recherché. Cette liste peut être gérée à l'aide de la barre d'outils placée au-dessus de la liste.

La liste **Ne pas rechercher ces fichiers sources** permet d'exclure certains fichiers de la recherche.

### 1.5.5 Configuration

Cette dernière page de propriété permet de définir la manière dont seront générés les projets de la solution. Par défaut, deux configurations existent dans Visual Studio : **Debug** et **Release**. La configuration peut être spécifiée au niveau de la solution ou au niveau de chacun des projets.

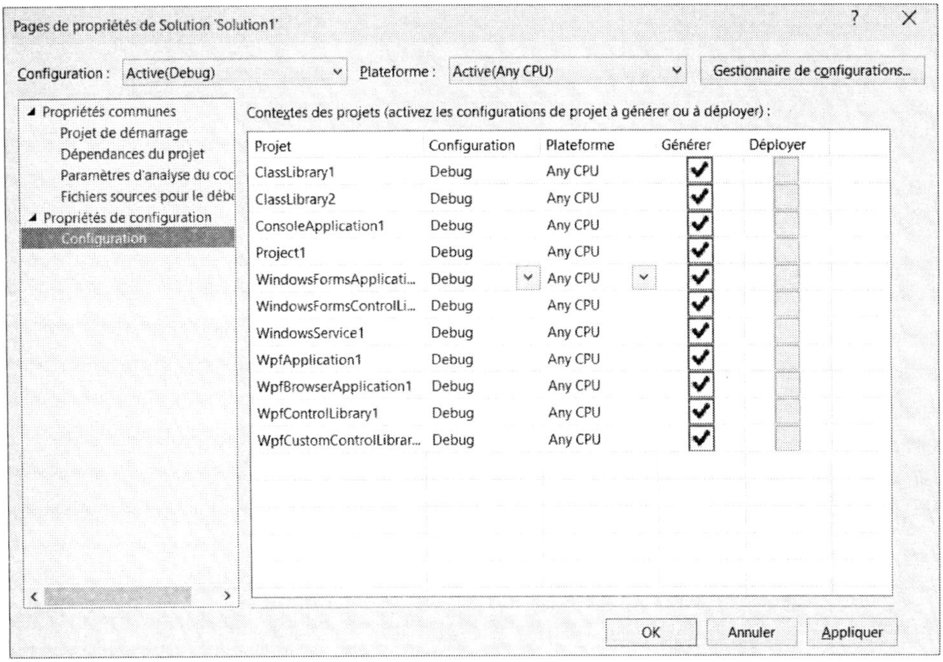


La configuration **Debug** est généralement utilisée pour la phase de développement et de tests, tandis que la configuration **Release** est utilisée pour la génération finale d'un projet.

Il est aussi possible de définir l'architecture matérielle cible au niveau de chacun des projets. Par défaut, la valeur **Any CPU** est sélectionnée, mais il est aussi possible de choisir les valeurs **ARM**, **x86** ou **x64**.

## 2. Les projets

Un projet forme le code source d'une application ou d'une bibliothèque de classes. Il peut contenir des fichiers de code, des fichiers de définition d'interface graphique ou des ressources, graphiques ou non.

### 2.1 Création d'un projet

Dans Visual Studio, la création d'un projet est effectuée à partir de la boîte de dialogue **Nouveau projet**, qui peut être ouverte depuis le menu contextuel d'une solution (**Ajouter** - **Nouveau projet**) ou le menu de Visual Studio (**Fichier** - **Ajouter** - **Nouveau projet**). Dans tous les cas, la création d'un projet nécessite la sélection d'un modèle à partir duquel sa structure est générée.

De nombreux modèles de projets sont fournis par défaut avec Visual Studio. Chacun de ces modèles contient les éléments de base pour la création d'un projet du type correspondant, ainsi que les références les plus utiles pour ce type de projet.

La boîte de dialogue **Nouveau projet**, lorsqu'elle est positionnée sur **Visual Basic** - **Bureau Windows**, contient une liste de douze modèles. Détaillons ces modèles afin de comprendre leur utilité et leurs différences.

#### Application Windows Forms

Ce type de projet permet la construction d'applications Windows fenêtrées traditionnelles en utilisant la technologie **Windows Forms**.

Le modèle de projet ajoute une dizaine de fichiers au projet lors de sa création :

- `App.config` : c'est un fichier utilisant le format XML qui est associé à l'assembly généré par le projet. Il contient des paramètres de configuration de l'application.
- `Form1.vb` et `Form1.Designer.vb` : ces fichiers définissent une fenêtre d'application éditable à l'aide du concepteur visuel de Visual Studio. Le fichier `Form1.Designer.vb` contient le code généré par l'environnement de développement lors de l'édition du formulaire tandis que `Form1.vb` contient le code écrit par le développeur. Ce dernier fichier contiendra entre autres les gestionnaires d'événements relatifs à la fenêtre.

- `Application.Designer.vb` : il contient les instructions nécessaires au démarrage de l'application. Il peut également contenir les gestionnaires d'événements relatifs au cycle de vie de l'application.
- `Application.myapp` : ce fichier contient les propriétés principales de l'application au format XML.
- `AssemblyInfo.vb` : ce fichier de code contient les propriétés de l'assembly produit par la compilation du projet (numéro de version, nom de l'éditeur, etc.).
- `Resources.resx` et `Resources.Designer.vb` : le premier permet d'éditer des ressources d'application, tandis que le second est généré par Visual Studio pour encapsuler l'accès aux ressources.
- `Settings.settings` et `Settings.Designer.vb` : ces fichiers sont utilisés de la même manière que les fichiers de ressources mais sont destinés au stockage de paramètres relatifs à l'utilisateur ou à l'application dans son ensemble.

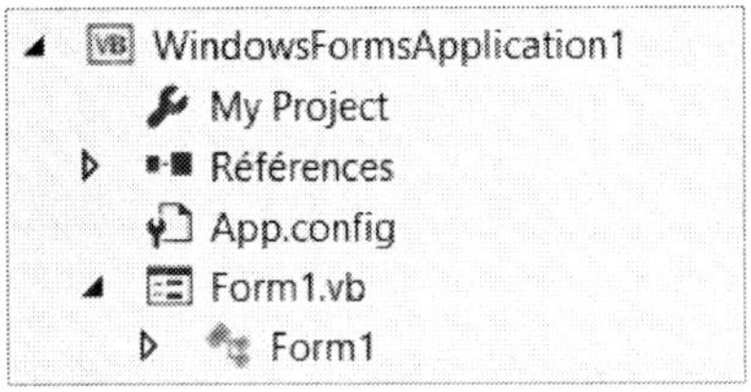


La plupart des fichiers listés plus haut existent physiquement, dans le répertoire de stockage du projet. Ils ne sont néanmoins pas présents dans l'arborescence affichée dans l'explorateur de solutions : ils sont en fait encapsulés par différentes interfaces graphiques accessibles à partir de l'élément **My Project**.

L'arborescence du projet présente également un élément nommé **Références**. C'est un dossier logique, présent dans tous les projets .NET, qui liste les assemblies utilisables dans le projet. Cette liste peut être étendue avec des assemblies provenant du framework .NET ou de sources tierces en fonction des besoins.

## Application WPF

Le type de projet **Application WPF** fournit les bases pour la création d'une application fenêtrée utilisant la technologie **Windows Presentation Foundation**. Le modèle d'application WPF crée un projet contenant onze fichiers.

Les fichiers de description de l'assembly, de gestion des ressources et des paramètres ainsi que le fichier de configuration et les principaux paramètres de l'application sont présents ici aussi et ont le même rôle que dans une application Windows Forms.

Les éléments nécessaires au démarrage de l'application sont localisés dans les fichiers `Application.xaml` et `Application.xaml.vb`.

La fenêtre initiale, nommée par défaut `MainWindow.xaml` contient la description de l'interface graphique à l'aide du langage XAML, tandis que le fichier `MainWindow.xaml.vb` est le fichier de code-behind qui lui est associé. Ce dernier contiendra donc les gestionnaires d'événements relatifs à la fenêtre.

Le dernier fichier généré est nommé `MyWpfExtensions.vb`. Il inclut certaines portions de code utilitaire disponibles pour l'ensemble de l'application.

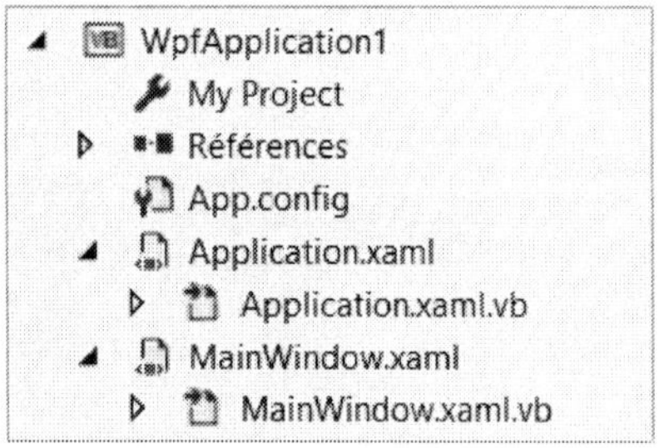


À l'instar des projets Windows Forms, l'arborescence des projets WPF ne présente pas l'ensemble des fichiers générés. La plupart sont indirectement accessibles à travers l'interface graphique ouverte par un double clic sur l'élément **My Project**.

## Application console

Ce type de projet permet la création d'une application utilisable en ligne de commande. Elle ne contient donc aucune interface graphique. Ce point fait sa force mais aussi sa faiblesse : une application console est idéale pour effectuer des tests avec VB.NET sans devoir se soucier de l'interface utilisateur, mais aujourd'hui les interfaces utilisateurs se doivent d'être conviviales et belles. Cette austérité graphique aussi bien que la difficulté d'utilisation liée aux entrées/sorties clavier rendent ce type de projet obsolète.

Un projet de ce type contient initialement neuf fichiers, dont sept sont encapsulés par l'élément **My Project** de l'arborescence. Les deux fichiers restants sont `Module1.vb`, qui contient le point d'entrée de l'application, et un fichier de configuration nommé `App.config`.

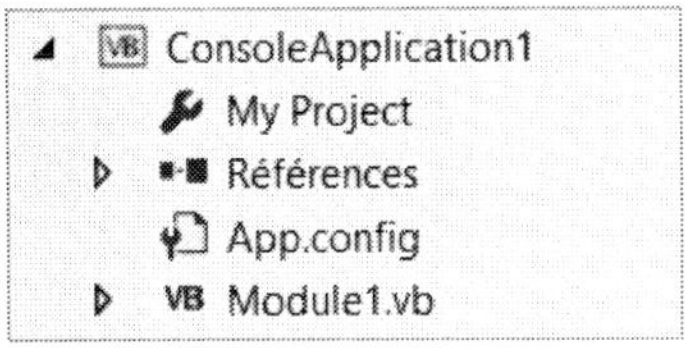


## Projet partagé

Un projet partagé offre la possibilité d'intégrer une même portion de code à plusieurs projets. Tous les projets possédant une référence à un projet partagé peuvent accéder au code qu'il contient, et le résultat de leur compilation intègre en son sein le code en question. Les projets partagés sont donc un moyen parfait de factoriser le code d'une solution, et, en évitant la duplication, ils augmentent la maintenabilité des applications.

À leur création, les projets de ce type sont entièrement vides.

## Bibliothèque de classes

Le modèle de projet **Bibliothèque de classes** a pour objectif la création de fichiers .dll utilisables à partir d'exécutables .NET. Un projet de ce type est extrêmement simple : il contient initialement un fichier de code, nommé par défaut `Class1.vb`, ainsi que les différents fichiers encapsulés par l'élément **My Project** de l'arborescence.

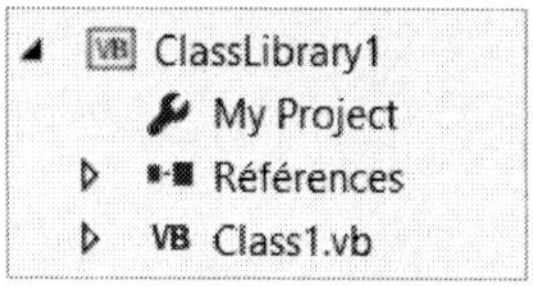


## Bibliothèque de classes (Portable)

Les différentes plateformes capables d'exécuter du code .NET (Windows, Windows Phone, Xbox, Windows Store...) n'utilisent pas exactement les mêmes types mais elles ont toutes une portion du framework .NET en commun. Cette particularité fait qu'une bibliothèque de classes classique ne peut être utilisée que sur une seule plateforme, ceci afin d'éviter tout problème.

Les **bibliothèques de classes portables** (ou **PCL** pour *Portable Class Library*) sont spécialement configurées pour utiliser le sous-ensemble commun à plusieurs plateformes. Au moment de la création du projet, une boîte de dialogue permettant la sélection de ces plateformes est affichée.

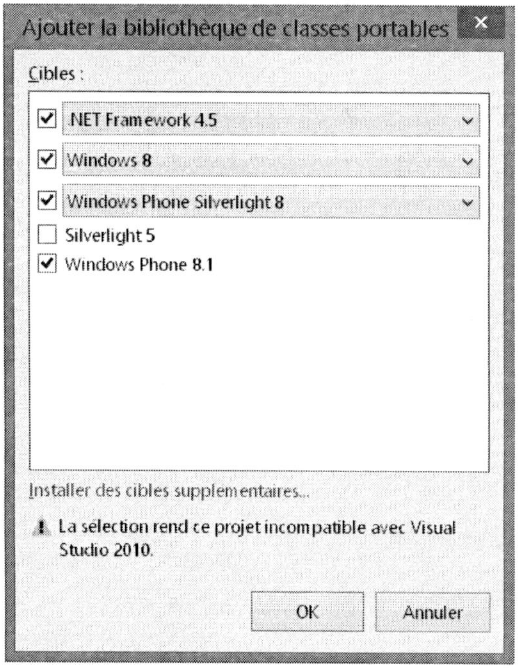

La structure du projet créé est identique à celle d'un projet de bibliothèque de classes traditionnelle.

## Application de navigateur WPF

Les applications WPF peuvent être accessibles à travers un navigateur web sous réserve de l'utilisation d'une configuration spécifique. Le modèle de projet **Application de navigateur WPF** crée la configuration nécessaire ainsi qu'une structure de fichier similaire, mais pas identique, à celle d'une application WPF classique.

Le projet d'application de navigateur WPF comprend un fichier nommé `app.manifest` contenant certains paramètres nécessaires à l'exécution de l'application.

Les fichiers `MainWindow.xaml` et `MainWindow.xaml.vb` sont ici remplacés par un fichier nommé `Page1.xaml` et par le fichier de code-behind qui lui est associé.

Enfin, ce projet contient un fichier dont le nom termine par `_TemporaryKey.pfx`. Ce dernier fichier est destiné à la signature de l'application (en cours de développement) avant son déploiement.

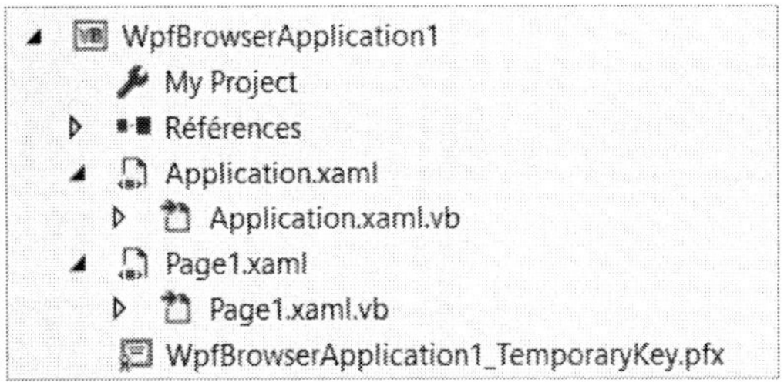


## Bibliothèque de contrôles utilisateur WPF

Un contrôle utilisateur représente une portion d'interface graphique dont l'aspect et le comportement sont externalisés dans un élément réutilisable. Cet élément est composé d'un ou plusieurs contrôles définis dans un fichier `.xaml`. Le comportement de ces composants est codé dans un fichier de code-behind associé au contrôle utilisateur.

Une bibliothèque de contrôles utilisateur contient un ou plusieurs contrôles de ce type et permet ainsi d'étendre la boîte à outils de Visual Studio.

Comme tous les types de projets vus jusqu'ici, un projet **Bibliothèque de contrôles utilisateur** contient un fichier `AssemblyInfo.vb` contenant des informations de description de l'assembly qui sera généré pour le projet. Il comprend également des fichiers destinés à stocker des ressources et des paramètres. Ces différents fichiers sont encapsulés par l'élément **My Project** de l'arborescence.

Un contrôle utilisateur vide est créé par défaut. Les fichiers qui lui sont associés sont `UserControl1.xaml` et `UserControl1.xaml.vb`.

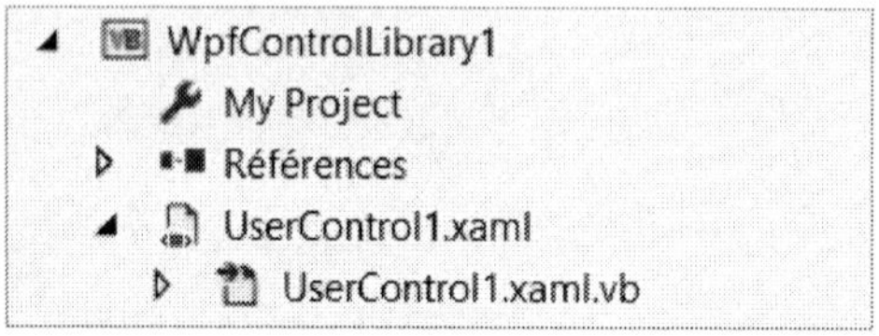


## Bibliothèque de contrôles personnalisés WPF

Tout comme le modèle de projet précédent, le modèle de **Bibliothèque de contrôles personnalisés WPF** permet d'étendre le nombre de composants disponibles pour le développement en créant de toutes pièces de nouveaux contrôles. Il est également possible d'étendre un contrôle existant en lui ajoutant de nouvelles fonctionnalités. Dans tous les cas, il est nécessaire de redéfinir l'aspect visuel du contrôle.

Un projet **Bibliothèques de contrôles personnalisés WPF** comprend, en plus des fichiers de ressources, de paramètres et de description de l'assembly, la définition d'un premier contrôle personnalisé dans un fichier nommé `CustomControl1.vb`. Le code XAML qui définit le visuel de ce contrôle est localisé au sein du fichier `Generic.xaml`, dans un sous-dossier nommé `Themes`. Le nommage de ces deux éléments doit obligatoirement être celui-ci.

Le projet contient également un fichier HTML nommé `Readme.html`, donnant quelques indications concernant l'utilisation du contrôle personnalisé créé par défaut.

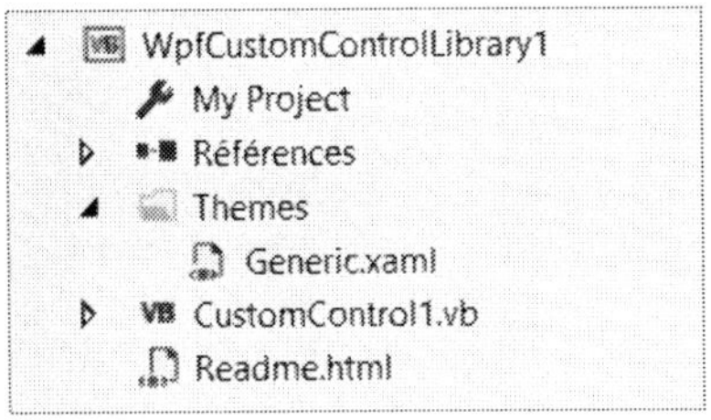


## Service Windows

Ce modèle de projet est conçu pour le développement d'applications exécutées directement par le système d'exploitation, en tâche de fond. Ce type de programme ne possède pas d'interface utilisateur, ce qui implique que les interactions avec l'utilisateur doivent être implémentées séparément, et qu'une couche de communication doit être utilisée pour transmettre et recevoir les informations.

Le fichier `Service1.vb` contient le squelette d'un service Windows et le fichier `Service1.Designer.vb` contient des portions de code source générées automatiquement par Visual Studio.

## Bibliothèque de contrôles Windows Forms

Le modèle **Bibliothèque de contrôles Windows Forms** est l'équivalent du modèle **Bibliothèque de contrôles utilisateur WPF** pour la technologie Windows Forms. Il permet lui aussi de créer de nouveaux contrôles par la combinaison de plusieurs composants existants.

Par défaut, un projet de ce type contient un squelette de contrôle utilisateur. La définition visuelle de ce contrôle est générée par le concepteur visuel de Visual Studio dans le fichier `UserControl1.Designer.vb` tandis que le fichier `UserControl1.vb` est destiné à contenir la logique du contrôle.

Projet vide

Ce type de projet doit être utilisé lorsque vous souhaitez créer votre propre type de projet. Seuls deux fichiers sont créés : le fichier `.vbproj` définissant sa nature et son contenu, et un fichier de configuration par défaut nommé `App.config`.

## 2.2 Propriétés d'un projet

Les projets sont des éléments fondamentaux dans le développement d'applications avec Visual Studio. À ce titre, ils possèdent un grand nombre de propriétés permettant de modifier leur comportement pendant les phases de conception, génération ou exécution des applications. Ces propriétés sont accessibles par l'option du même nom dans le menu contextuel des projets, ou par un double clic sur l'élément **My Project** présent dans l'arborescence du projet. Plusieurs onglets sont disponibles dans la fenêtre de propriétés.

### 2.2.1 Application

Cet onglet présente les propriétés qui concernent le comportement général de l'application.

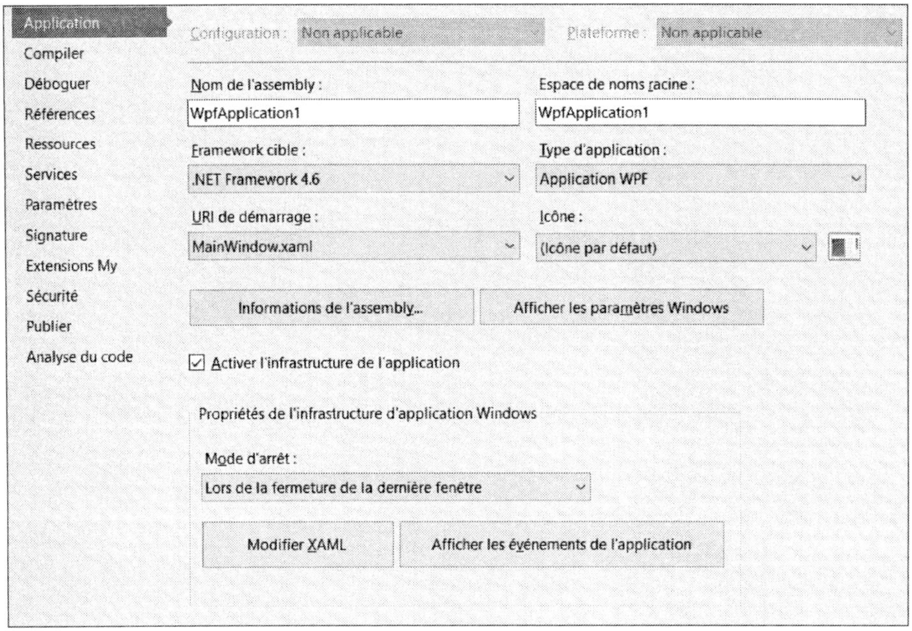


## Nom de l'assembly

La valeur de cette propriété détermine le nom du fichier résultant de la compilation du projet. Par défaut, ce nom est identique à celui du projet, mais il peut être modifié sans affecter le nom du projet.

## Framework cible

La sélection d'une valeur dans cette liste modifie le framework .NET ciblé par le projet. Les fonctionnalités disponibles pour le développement dépendent de cette propriété. Par défaut, sa valeur correspond à celle choisie lors de la création du projet.

### Espace de noms racine

Cette propriété définit l'espace de noms parent de tous les éléments du projet. Chaque fichier de code ajouté au projet se verra automatiquement attribuer un espace de noms correspondant à son emplacement dans la hiérarchie du projet. Par défaut, la valeur de cette propriété correspond au nom du projet.

### Type d'application

Le type d'application correspond au type de fichier généré lors de la compilation. Cette valeur est généralement liée au modèle de projet utilisé et est très rarement modifiée car le type de sortie dépend beaucoup du code source associé au projet.

### URI de démarrage

L'URI de démarrage correspond au chemin relatif de la fenêtre qui doit être ouverte lors du démarrage d'une application WPF. Cette propriété n'est présente que pour les projets de type WPF.

### Formulaire de démarrage

La valeur de cette propriété définit le formulaire Windows Forms qui doit être ouvert automatiquement au démarrage d'une application Windows Forms. Cette propriété n'est disponible que pour les projets d'applications Windows Forms.

### Objet de démarrage

L'objet de démarrage définit le type contenant le point d'entrée de l'application. Cette propriété n'est disponible que pour les types de projets pouvant être exécutés et ne correspondant pas à une application Windows Forms ou WPF : les applications console ou les services Windows, notamment. Dans le cas d'une bibliothèque de classes, cette propriété contient la valeur **(Aucune)**.

## Icône

Cette propriété donne la possibilité de modifier l'icône de l'application afin de personnaliser son affichage dans la barre des tâches ou dans l'explorateur Windows.

## Informations de l'assembly

L'utilisation du bouton **Informations de l'assembly** ouvre une boîte de dialogue qui permet d'éditer le contenu du fichier `AssemblyInfo.vb` à l'aide d'une interface graphique adaptée.

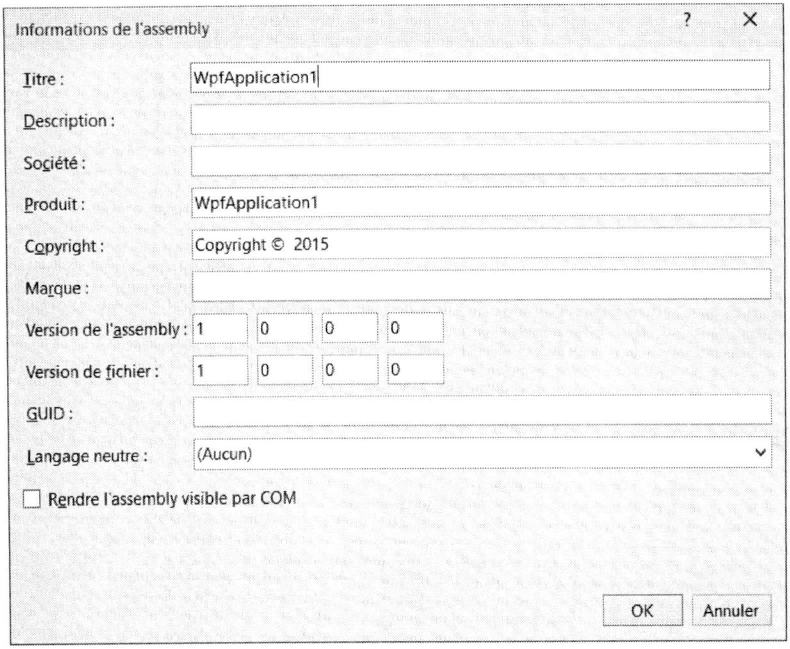


## Afficher les paramètres Windows

L'utilisation de ce bouton crée et ouvre un fichier au format XML nommé `app.manifest`. Ce document inclut des paramètres relatifs à l'exécution de l'application, notamment le type de droits dont l'application a besoin lors de son exécution, ou sa compatibilité avec les différentes versions de Windows.

### Activer l'infrastructure de l'application

La sélection de cette option indique à la plateforme de compilation que l'on souhaite utiliser une infrastructure d'application générée automatiquement. Ainsi, certains éléments de code relatifs au démarrage et à la vie de l'application sont à la charge de Visual Studio. Sans l'utilisation de cette option, le développeur doit lui-même écrire le point d'entrée de l'application, ainsi que la gestion de son cycle de vie.

Cette option n'est disponible que pour les projets générant un fichier exécutable et fenêtré : Windows Forms ou WPF.

Pour les projets d'applications WPF, cette section présente trois éléments :

- Une liste déroulante intitulée **Mode d'arrêt**. Elle permet de définir l'événement qui entraîne la fin du processus Windows associé à l'application.
- Un bouton nommé **Modifier XAML**. Cet élément est une passerelle vers le fichier `Application.xaml` : un clic sur le bouton ouvre ce fichier dans l'éditeur XAML de Visual Studio.
- Un bouton nommé **Afficher les événements de l'application**. Celui-ci permet d'ouvrir le fichier `Application.xaml.vb` dans l'éditeur de Visual Studio, de manière à personnaliser le code des événements d'application.

Pour les projets d'applications Windows Forms, cette section offre la possibilité d'utiliser plusieurs autres options.

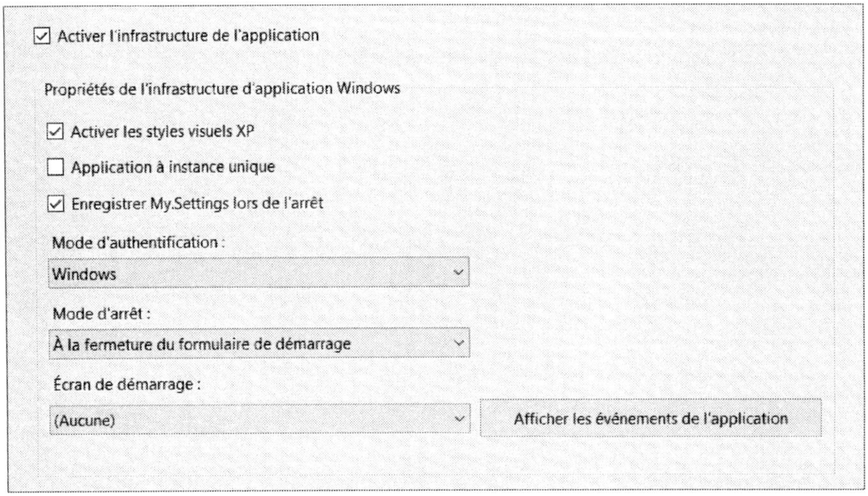


La première option permet d'activer l'utilisation des styles visuels propres à Windows XP dans l'application.

L'option **Application à instance unique** offre au développeur la possibilité de verrouiller l'application de telle sorte qu'il ne puisse y avoir à tout moment qu'une seule instance de celle-ci en cours d'exécution.

**Enregistrer My.Settings lors de l'arrêt** est une option qui permet au développeur de ne pas se soucier de l'enregistrement des paramètres d'application. En effet, si cette option est sélectionnée, les paramètres de l'application sont enregistrés lors de son arrêt.

La sélection du mode d'authentification Windows permet d'intégrer automatiquement l'identification de l'utilisateur connecté. Dans le cas contraire, la gestion de l'authentification doit être intégrée manuellement par le développeur.

La sélection d'un écran de démarrage permet au développeur d'ajouter très simplement un splash screen.

Enfin, le bouton **Afficher les événements de l'application** permet de créer et ouvrir le fichier `ApplicationEvents.vb`, qui pourra contenir différents gestionnaires d'événements relatifs à l'application.

### 2.2.2 Compiler

La page de propriétés **Compiler** présente plusieurs options permettant d'agir sur le processus de génération d'un projet.

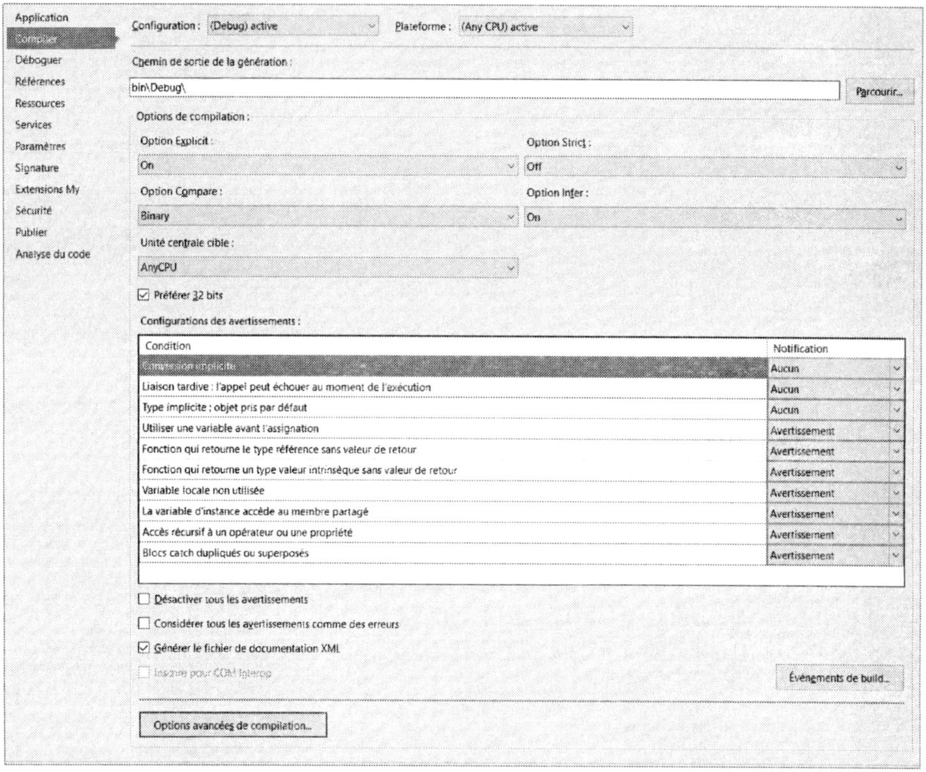


Les deux listes déroulantes **Configuration** et **Plateforme** permettent de définir le couple configuration/plateforme pour lequel les propriétés sont éditées.

## Chemin de sortie de la génération

Ce paramètre indique le sous-répertoire du dossier projet où seront enregistrés les fichiers générés par le compilateur. Par défaut, ce répertoire est **\bin\Debug** ou **\bin\Release** en fonction de la configuration sélectionnée.

## Option Explicit

Cette option permet d'activer ou désactiver la déclaration implicite de variables. Lorsqu'elle a pour valeur **Off**, le compilateur autorise l'utilisation de variables non déclarées. Je vous conseille personnellement de toujours positionner cette valeur sur **On**, ceci réduira fortement les cas d'erreurs liées à une faute de frappe dans un nom de variable.

## Option Strict

Lorsque cette option est désactivée (valeur **Off**), le compilateur Visual Basic autorise certaines conversions de données numériques pouvant entraîner des pertes de données. Il autorise également l'assignation de valeur d'énumérations en ne considérant que les valeurs numériques sous-jacentes, ce qui peut également causer des erreurs. Il assouplit également les règles de validation du code par le compilateur en effectuant implicitement certaines conversions, notamment lors de l'affectation d'une valeur numérique à une variable de type chaîne de caractères.

Pour éviter les différentes erreurs qui pourraient apparaître du fait de ces traitements implicites, je vous conseille de maintenir cette option activée en permanence (valeur **On**).

## Option Compare

Cette option permet de définir le mode de comparaison des chaînes de caractères utilisé par défaut dans l'application. La valeur **Binary** indique que les opérations de comparaison sont effectuées au niveau binaire et sont sensibles à la casse. La valeur **Text** indique quant à elle que les comparaisons utilisent des règles spécifiques à la culture courante et sont insensibles à la casse.

## Option Infer

Cette option permet d'activer ou de désactiver l'inférence de type.

**Remarque**

*La totalité des exemples décrits dans cet ouvrage est écrite et compilée avec les options de compilation suivantes : **Option Explicit** à **On**, **Option Strict** à **On**, **Option Compare** à **Binary** et **Option Infer** à **On**.*

### Unité centrale cible

Cette option offre la possibilité de cibler une architecture de processeur particulière lors de la phase de compilation. Les plateformes cibles disponibles sont **x86** et **x64**. Néanmoins, une troisième cible peut être sélectionnée : **AnyCpu**. Grâce à celle-ci, le fichier binaire généré peut être utilisé sur les plateformes 32 et 64 bits. Lorsque le développeur choisit cette dernière cible, la case à cocher **Préférer 32 bits** est activée. Lorsqu'elle est sélectionnée, l'application sera toujours exécutée en mode 32 bits sur les plateformes x64.

### Configuration des avertissements

Cette section permet de définir le comportement que doit adopter le compilateur Visual Basic face à certains types d'éléments de code potentiellement problématiques. Pour chacun de ces types, il est possible de sélectionner le type de notification associée parmi les valeurs **Aucun**, **Avertissement** et **Erreur**. Il est également possible d'ignorer ces éléments de code en cochant la case **Désactiver tous les avertissements**. Le niveau de notification **Avertissement** peut aussi être ignoré : tous les éléments déclenchant un avertissement sont modifiés pour déclencher une erreur. Pour cela, il faut cocher la case **Considérer tous les avertissements comme des erreurs**.

### Générer le fichier de documentation XML

Le compilateur VB.NET est capable de générer un fichier de documentation à partir de commentaires spécialement formatés présents dans le code source. Ce fichier peut ensuite être traité par des outils annexes, comme **Sandcastle**, pour générer une documentation au format HTML (ou autre). La sélection de cette option indique au compilateur que ce fichier XML doit être généré à chaque génération du projet.

## Inscrire pour COM Interop

Cette option indique au compilateur qu'une bibliothèque de classes doit être générée de manière à être compatible avec l'environnement COM.

## Événements de build

Les événements de build permettent d'exécuter une ou plusieurs commandes avant ou après la compilation du projet. Ces deux événements sont souvent utilisés pour copier des fichiers vers le répertoire du projet courant ou d'un autre projet. Un clic sur le bouton **Événements de build** ouvre une fenêtre destinée à l'édition des commandes exécutées lorsque ces événements sont déclenchés.

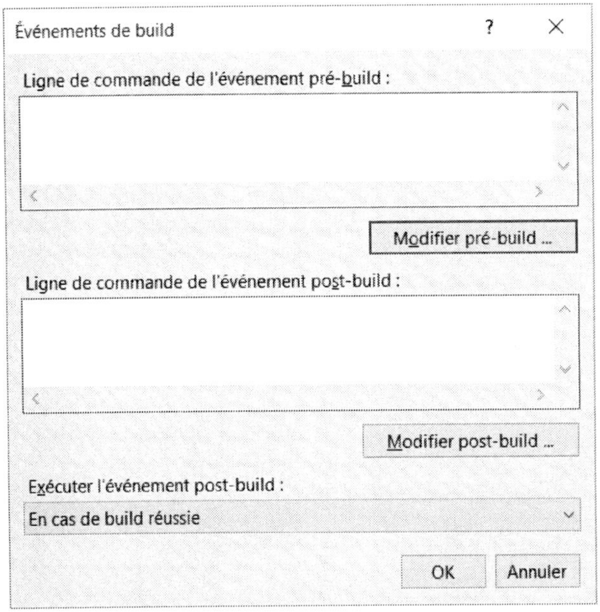


Les commandes peuvent être saisies dans les zones de texte prévues à cet effet. Les boutons **Modifier pré-build** et **Modifier post-build** ouvrent une boîte de dialogue qui fournit des macros supplémentaires afin de simplifier l'écriture de scripts.

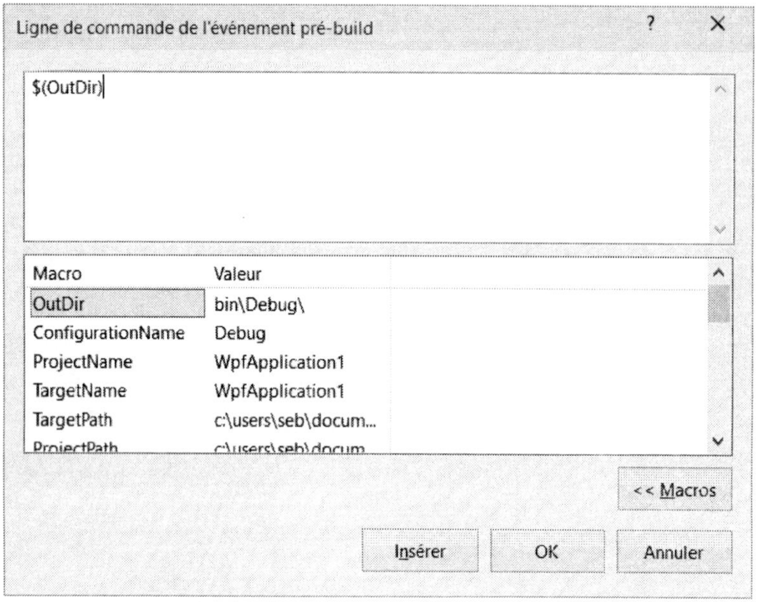


Un double clic sur une des macros insère une valeur spéciale dans la ligne de commande. Cette valeur sera évaluée lorsque l'événement en cours d'édition sera déclenché. La grille contenant les macros permet également d'avoir une prévisualisation des valeurs qu'elles retournent.

## Options avancées de compilation

Le bouton **Options avancées de compilation** ouvre une fenêtre permettant d'agir sur le code binaire généré par le compilateur.

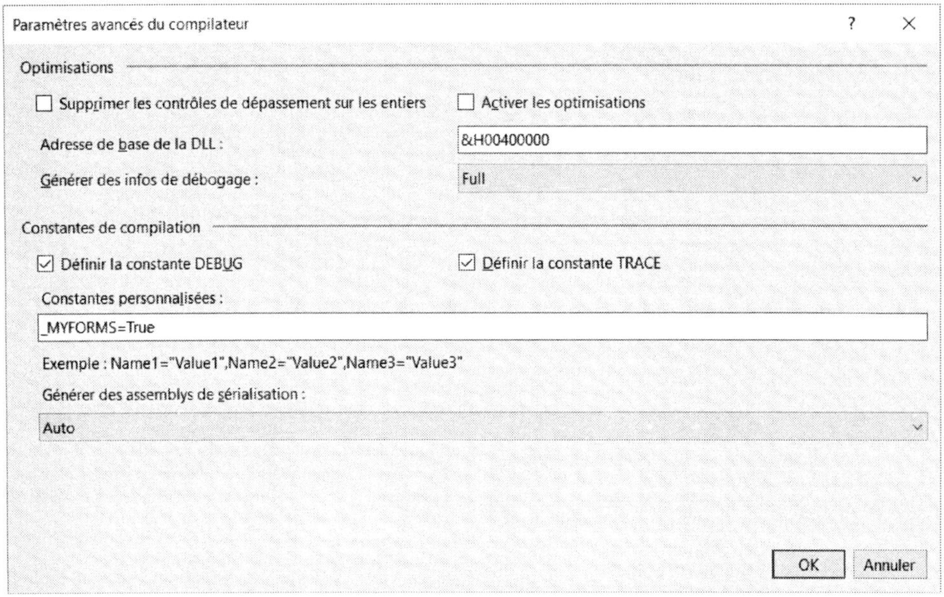


## Supprimer les contrôles de dépassement sur les entiers

Le framework .NET effectue par défaut certaines vérifications sur les nombres entiers afin d'éviter les problématiques de dépassement de capacité. Plus concrètement, ce mécanisme permet de déclencher une erreur lorsqu'une valeur affectée à une variable n'est pas supportée par le type de la variable. Prenons l'exemple d'une variable de type `Byte`, qui peut contenir une valeur comprise entre 0 et 255. Lorsque l'on essaie d'affecter la valeur 300 à cette variable, le mécanisme de vérification déclenche une erreur d'exécution afin d'éviter le traitement de valeurs erronées. Lorsque la case **Supprimer les contrôles de dépassement sur les entiers** est cochée, le framework .NET n'effectue pas ces vérifications. Ceci peut apporter une amélioration de performances, mais la sécurité du code s'en trouve affaiblie. Cette option doit donc être utilisée avec précaution.

### Activer les optimisations

Le compilateur Visual Basic est capable d'effectuer certaines optimisations sur l'assembly généré, de sorte que sa taille soit diminuée, et son code plus performant. Ces optimisations sont effectuées lorsque la case **Activer les optimisations** est cochée. Il est en revanche à noter que ce processus est susceptible de réorganiser le code compilé, ce qui peut entraîner des difficultés lors du débogage. Il est donc conseillé d'activer cette option lorsque le code du projet est finalisé.

### Adresse de base de la DLL

Cette option permet d'éditer l'adresse de base utilisée par une bibliothèque de classes au format hexadécimal.

### Générer des infos de débogage

Cette option permet de définir le type d'informations de débogage générées lors de la phase de compilation du projet. Ces éléments sont par la suite utilisés par le débogueur de Visual Studio.

### Constantes de compilation

Cette section permet de spécifier une ou plusieurs constantes qui peuvent être évaluées par des directives préprocesseur `#If`. Certaines portions de code peuvent ainsi être compilées uniquement si un symbole de compilation est défini.

Lorsque la case **Définir la constante DEBUG** est cochée, une constante de compilation nommée `DEBUG` est automatiquement définie. De la même manière, une constante de compilation nommée `TRACE` peut être définie en cochant la case **Définir la constante TRACE**.

Il est également possible de définir des constantes de compilation personnalisées de manière à contrôler plus finement les éléments inclus ou exclus du processus de génération.

## Générer des assemblys de sérialisation

Indique au compilateur le comportement à adopter face aux opérations de sérialisation et de désérialisation d'objets du projet.

### 2.2.3 Déboguer

Cette page de propriétés permet l'édition de paramètres relatifs à l'exécution de l'application générée par la compilation du projet.

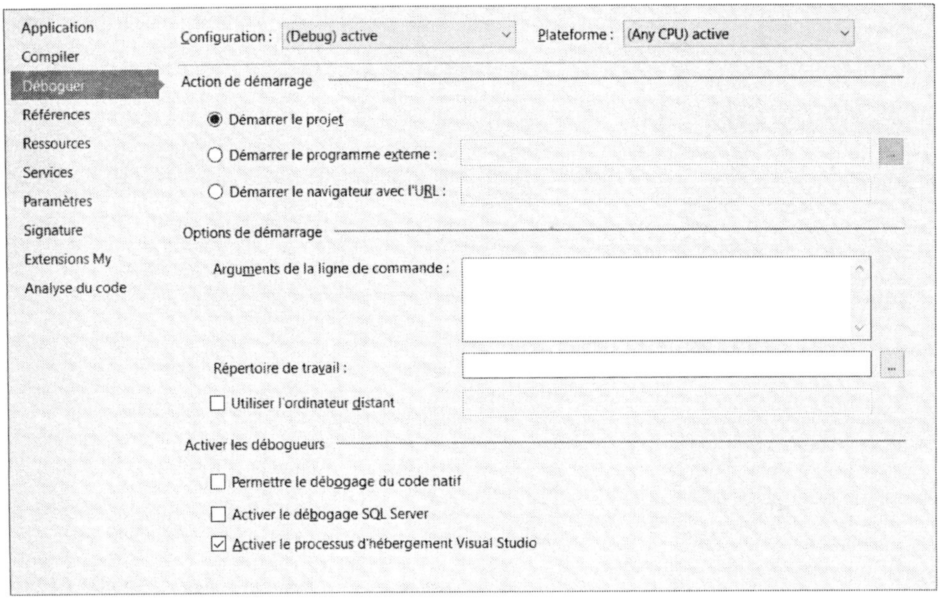


## Action de démarrage

Cette propriété détermine le comportement qui sera adopté par Visual Studio après la compilation de l'application et après l'exécution des commandes post-build, si elles existent.

Trois choix sont proposés :

- **Démarrer le projet** : cette option indique que le projet généré doit être exécuté.
- **Démarrer le programme externe** : exécute une application qui fait appel au code généré. Ce choix peut être particulièrement utile pour le débogage du code d'une bibliothèque de classe.
- **Démarrer le navigateur avec l'URL** : ce dernier choix est utilisé pour le débogage d'applications web ou d'applications de navigateur WPF. Lorsque ce choix est sélectionné, Visual Studio lance le navigateur par défaut de la machine à l'adresse indiquée.

### Options de démarrage

Il est possible de préciser pour l'application sélectionnée une liste d'arguments pour l'action de démarrage. Ceux-ci doivent être saisis dans la zone **Arguments de la ligne de commande**.

Le **Répertoire de travail**, qui est par défaut le répertoire de l'application, peut également être modifié afin de placer l'application dans un contexte particulier.

Enfin, la case à cocher **Utiliser l'ordinateur distant** autorise le débogage d'une application s'exécutant sur une autre machine. Lorsque cette option est sélectionnée, il est nécessaire de saisir le nom de la machine distante.

### Activer les débogueurs

Les différentes options proposées permettent d'activer l'utilisation de débogueurs supplémentaires, en complément du débogueur intégré à Visual Studio.

### 2.2.4 Références

Il est possible de lier plusieurs assemblies par des relations de dépendance. Dans un projet, on crée ces relations par l'intermédiaire des références : le projet courant a besoin de chacun des assemblies référencés pour être exécuté. L'onglet **Références** permet de visualiser et modifier les références du projet.

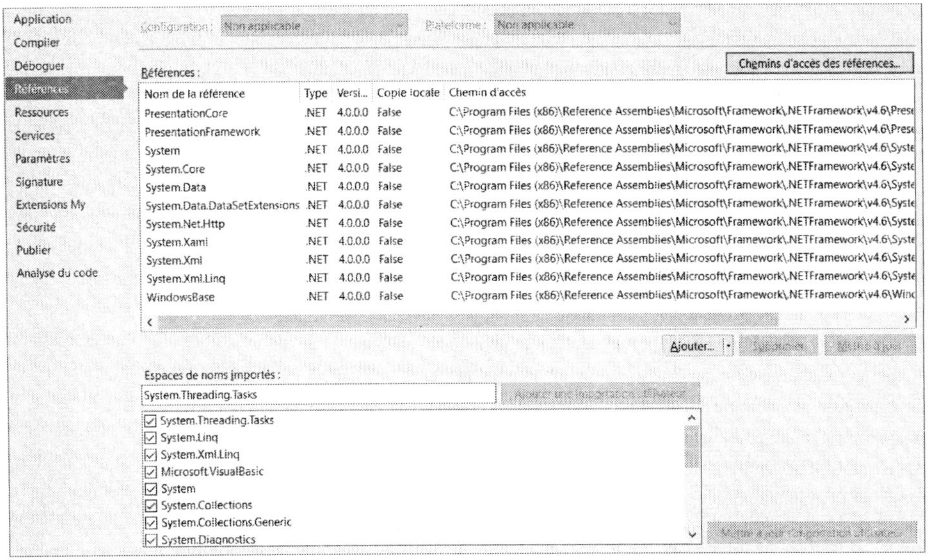

Une première liste présente l'ensemble des références ajoutées au projet courant. Celles-ci peuvent être modifiées à l'aide des boutons **Ajouter**, **Supprimer** et **Mettre à jour** placés en dessous.

Le bouton **Chemin d'accès aux références** ouvre une nouvelle fenêtre qui affiche et permet de modifier la liste des dossiers dans lesquels Visual Studio doit rechercher les références. Par défaut cette liste est vide, mais Visual Studio recherche systématiquement les assemblies référencés dans le **Global Assembly Cache** (le dossier contenant les assemblies du framework .NET).

La seconde liste montre quant à elle l'ensemble des références importées automatiquement dans chaque fichier de code Visual Basic.

### 2.2.5 Ressources

Les ressources permettent d'externaliser certains éléments d'une application. Ces éléments peuvent être des chaînes de caractères, des images, ou tout autre type de données qu'il peut être pertinent de stocker en dehors du code source afin de simplifier leur recherche et éventuellement leur modification. Une même ressource peut être utilisée à plusieurs endroits, ce qui facilite également la maintenance en évitant les données dupliquées.

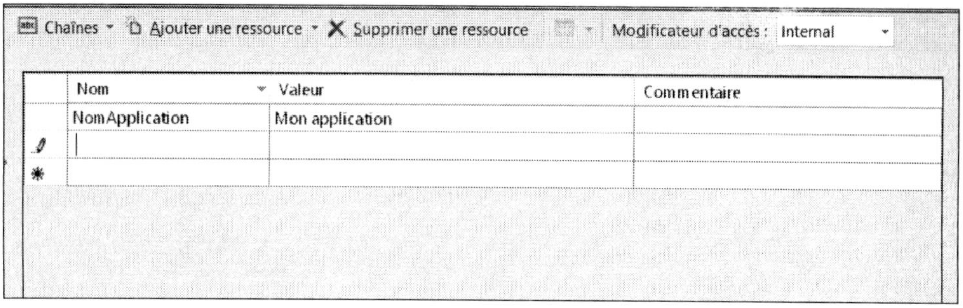


L'éditeur de ressources stocke les données qui lui sont fournies dans le fichier **Resources.resx** que vous avez pu repérer dans les différents modèles de projets.

Chaque ressource est identifiée par un nom qui sera utilisé dans le code pour récupérer la valeur associée.

La ressource `NomApplication` définie ci-dessus pourra être utilisée dans le code de la manière suivante :

```
Dim app As String = My.Resources.NomApplication
```

### 2.2.6 Paramètres

Les paramètres d'application sont utilisés d'une manière similaire aux ressources, mais ils correspondent au fichier **Settings.settings**. Ils permettent de stocker des paramètres relatifs à une application ou à l'utilisateur de l'application. Ils sont, par exemple, couramment utilisés pour stocker les préférences des utilisateurs : tailles de polices, éléments affichés ou masqués, etc.

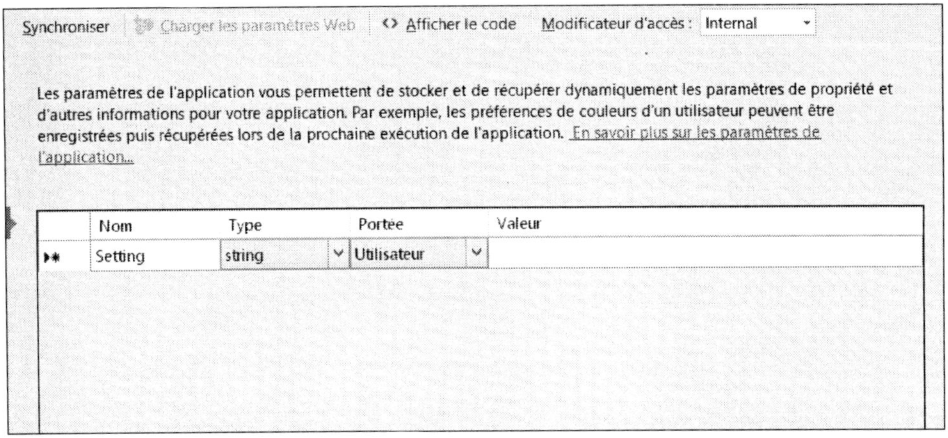


Pour chaque paramètre, il est nécessaire de fournir un nom qui l'identifiera de manière unique, un type de données, ainsi qu'une portée et une valeur. La portée peut être de deux types :

- **Application** : le paramètre est en lecture seule pendant l'utilisation de l'application.
- **Utilisateur** : le paramètre peut être modifié pendant l'exécution.

Contrairement aux ressources, les paramètres ne sont pas chargés automatiquement. Pour effectuer cette opération, il faut utiliser la méthode `Reload` de l'objet `Settings`.

```
My.Settings.Reload()
```

On accède ensuite à la valeur du paramètre de la même manière que pour les ressources :

```
'En écriture
My.Settings.TaillePolice = 14
'En lecture
Dim taillePolice As Integer = My.Settings.TaillePolice
```

Enfin, les paramètres modifiés peuvent être sauvegardés de la manière suivante :

```
My.Settings.Save()
```

# Chapitre 4
# Les bases du langage

## 1. Introduction

Comme tous les langages de programmation, Visual Basic .NET impose certaines règles au développeur. Ces règles se manifestent au travers de la syntaxe du langage mais elles couvrent le large spectre fonctionnel proposé par VB.NET. Avant d'explorer en profondeur les fonctionnalités du langage au chapitre suivant, nous étudierons donc les notions essentielles et fondamentales de VB.NET : la création de données utilisables par une application et le traitement de ces données.

## 2. Les variables

Les données utilisables dans un programme VB.NET sont représentées par des variables. Une variable est un espace mémoire réservé auquel on assigne arbitrairement un nom et dont le contenu est une valeur dont le type est fixé. On peut manipuler ce contenu dans le code en utilisant le nom de la variable.

## 2.1 Nommage des variables

La spécification du langage établit quelques règles à prendre en compte lorsque l'on nomme une variable :

- Le nom d'une variable ne peut comporter que des chiffres, des caractères de l'alphabet latin, accentués ou non, le caractère ç ou les caractères spéciaux suivants : _ µ
- Le nom d'une variable ne peut en aucun cas commencer par un chiffre. Il peut en revanche en comporter un ou plusieurs à toute autre position.
- Le langage est insensible à la casse, c'est-à-dire qu'il ne fait aucune distinction entre majuscules et minuscules : les variables `unevariable` et `uneVariable` sont équivalentes.
- Un nom de variable ne peut pas excéder 511 caractères. Il n'est évidemment pas recommandé d'avoir des noms de variable aussi longs, le maximum en pratique étant plus souvent de l'ordre de la trentaine de caractères.
- Le nom d'une variable ne peut pas être un mot-clé du langage. Il est toutefois possible d'encadrer un mot-clé par les caractères [ et ] pour utiliser un nom de variable similaire.

Les noms de variables suivants sont acceptés par le compilateur Visual Basic :

- `maVariable`
- `maVariableNumero1`
- `[Next]` (`Next` est un mot-clé de VB.NET)
- `µn3_VàRïäbl3`

De manière générale, il est préférable d'utiliser des noms de variables explicites, c'est-à-dire permettant de savoir à quoi correspond la valeur stockée dans la variable, comme `nomClient`, `montantAchat` ou `ageDuCapitaine`.

## 2.2 Type des variables

Une des caractéristiques de VB.NET est la notion de typage statique : chaque variable correspond à un type de données et ne peut en changer. De plus, ce type doit être déterminable au moment de la compilation.

### 2.2.1 Types valeurs et types références

Les différents types utilisables avec VB.NET peuvent être décomposés en deux familles : les types valeurs et les types références. Cette notion peut être déconcertante au premier abord, puisqu'une variable représente justement une donnée et donc une valeur. Ce concept est en fait lié à la manière dont est stockée l'information en mémoire.

Lorsque l'on utilise une variable de type valeur, on accède directement à la zone mémoire stockant la donnée. Au moment de la création d'une variable de type valeur, une zone mémoire de la taille correspondant au type est allouée. Chaque octet de cette zone est automatiquement initialisé avec la valeur binaire 00000000. Notre variable aura donc une suite de 0 pour valeur binaire.

Dans le cas d'une variable de type référence, le comportement est différent. La zone mémoire allouée à notre variable contient une adresse mémoire à laquelle est stockée la donnée. On passe donc par un intermédiaire pour accéder à notre donnée. L'adresse mémoire est initialisée avec une valeur spéciale qui ne pointe sur rien, tandis que la zone mémoire contenant les données n'est pas initialisée. Elle sera initialisée lorsque la variable sera instanciée. Dans le même temps, l'adresse mémoire stockée dans notre variable sera mise à jour.

Une variable de type référence pourra donc ne contenir aucune donnée, tandis qu'une variable de type valeur aura forcément une valeur correspondant par défaut à une suite de 0 binaires.

Cette différence de fonctionnement a une conséquence importante : la copie de variable se fait par valeur ou par référence, ce qui signifie qu'une variable de type valeur sera effectivement copiée, tandis que pour un type référence, c'est l'adresse contenue par la variable qui sera copiée, et il sera donc possible d'agir sur la donnée réelle indifféremment à partir de chacune des variables pointant sur ladite donnée.

### 2.2.2 Types intégrés

Le framework .NET embarque plusieurs milliers de types différents utilisables par les développeurs. Parmi ces types, nous en avons une quinzaine que l'on peut considérer comme fondamentaux : ce sont les types intégrés (aussi nommés types primitifs). Ce sont les types de base à partir desquels sont construits les autres types de la BCL ainsi que ceux que le développeur crée dans son propre code. Ils permettent de définir des variables contenant des données très simples.

Ces types ont comme particularité d'avoir chacun un alias intégré au langage.

#### Types numériques

Ces types permettent de définir des variables numériques entières ou décimales. Ils couvrent des plages de valeurs différentes et ont chacun une précision spécifique. Certains types seront donc plus adaptés pour les calculs entiers, d'autres pour les calculs dans lesquels la précision décimale est très importante, comme les calculs financiers.

Les différents types numériques sont énumérés ci-dessous avec leurs alias ainsi que les plages de valeurs qu'ils couvrent.

| Type .NET | Alias VB | Plage de valeurs couverte | Taille en mémoire |
|---|---|---|---|
| System.Byte | Byte | 0 à 255 | 1 octet |
| System.SByte | SByte | -128 à 127 | 1 octet |
| System.Int16 | Short | -32768 à 32767 | 2 octets |
| System.UInt16 | UShort | 0 à 65535 | 2 octets |
| System.Int32 | Integer | -2147483648 à 2147483647 | 4 octets |
| System.UInt32 | UInteger | 0 à 4294967295 | 4 octets |
| System.Int64 | Long | -9223372036854775808 à 9223372036854775807 | 8 octets |
| System.UInt64 | ULong | 0 à 18446744073709551615 | 8 octets |
| System.Single | Single | ±1,5e-45 à ±3,4e38 | 4 octets |

| Type .NET | Alias VB | Plage de valeurs couverte | Taille en mémoire |
|---|---|---|---|
| System.Double | Double | ±5,0e-324 à ±1,7e308 | 8 octets |
| System.Decimal | Decimal | ±1,0e-28 à ±7,9e28 | 16 octets |

Les types numériques primitifs sont tous des types valeurs. Une variable de type numérique et non initialisée par le développeur aura pour valeur par défaut 0.

**Remarque**

*.NET 4 a apporté le type `System.Numerics.BigInteger` afin de manipuler des entiers d'une taille arbitraire. Ce type est aussi un type valeur, mais il ne fait pas partie des types intégrés.*

## Types textuels

Il existe dans la BCL deux types permettant de manipuler des caractères Unicode et des chaînes de caractères Unicode : `System.Char` et `System.String`. Ces types ont respectivement pour alias VB.NET `Char` et `String`.

Le type `Char` est un type valeur encapsulant les mécanismes nécessaires au traitement d'un caractère Unicode. Par conséquent, une variable de type char est stockée en mémoire sur 2 octets.

Les valeurs de type `Char` doivent être encadrées par les caractères `"  "` et suffixées par le caractère `c` (qui les différencie ainsi des chaînes de caractères) : `"a"c`.

Le type `String` manipule en interne des tableaux d'objets de type `Char` pour permettre le traitement de chaînes pouvant représenter jusqu'à 4 Go, soit 2147483648 caractères. Contrairement aux types intégrés vus jusqu'ici, le **type String est un type référence**, ce qui signifie donc qu'une variable de ce type peut ne pas avoir de valeur.

Une chaîne de caractères s'écrit entre les caractères `"  "` : `"une chaîne de caractères sympathique et un peu longue"`.

Pour utiliser le caractère " dans une variable de type `Char` ou `String` sans causer une erreur de compilation, il est nécessaire de le doubler : `"le ""deuxième"" mot est entre guillemets"`.

D'autres caractères doivent être représentés à l'aide de constantes VB.NET particulières. Le tableau suivant résume les constantes qui peuvent être utilisées.

| Constante VB.NET | Caractère associé |
|---|---|
| `vbBack` | Retour arrière |
| `vbCr` | Retour chariot |
| `vbLf` | Saut de ligne |
| `vbCrLf` | Concaténation d'un retour chariot et d'un saut de ligne |
| `vbNewLine ( = vbCrLf )` | Concaténation d'un retour chariot et d'un saut de ligne |
| `vbNullChar` | Caractère nul |
| `vbNullString` | Chaîne de caractères nulle |
| `vbTab` | Tabulation |
| `vbVerticalTab` | Tabulation verticale |

Il est à noter que les chaînes de caractères sont invariables, c'est-à-dire qu'elles ne peuvent pas être modifiées. Heureusement, le framework nous permet de le faire mais à un certain prix. Chaque modification effectuée sur une chaîne de caractères entraîne la création d'une nouvelle chaîne incluant la modification. Ce comportement, transparent pour nous, peut entraîner des problèmes de performance lorsqu'il est question de traitements importants sur ce type d'objets. Il est donc important de connaître cette subtilité afin d'éviter ce type de problèmes.

### Type booléen

Une valeur booléenne représente un état vrai ou faux. Le type `Boolean` est essentiel au développement car c'est lui qui va permettre d'effectuer des vérifications de conditions.

Les valeurs booléennes "vrai" et "faux" s'écrivent respectivement `True` et `False`.

## Tableaux

Une variable de type tableau est une variable contenant plusieurs éléments d'un même type. Il est possible d'accéder à chacun de ces éléments en utilisant un index entier supérieur ou égal à 0. La première valeur stockée dans un tableau a toujours pour index 0.

Un tableau peut avoir plusieurs dimensions. Il est en général difficile d'utiliser un tableau à plus de trois dimensions car il n'est pas évident de se représenter un objet en quatre ou cinq dimensions dans un espace en trois dimensions.

La déclaration d'une variable de type tableau s'effectue en suffixant le nom de la variable par l'opérateur "parenthèses" : `()`.

```
Dim tableau() As Integer
```

La variable `tableau` déclarée ici ne peut pas être utilisée en l'état. En effet, les tableaux sont des types références. Sans initialisation, la variable n'a donc aucune valeur.

L'initialisation de notre tableau est effectuée en indiquant l'index maximal qu'il doit gérer. Cette action peut être effectuée de trois manières différentes :

- en indiquant l'index maximal du tableau au moment de la déclaration, entre les parenthèses définissant le tableau :

```
Dim tableau(10) As Integer
```

- en utilisant l'instruction `ReDim` pour indiquer l'index maximal du tableau après sa déclaration :

```
Dim tableau() As Integer
ReDim tableau(10)
```

- en utilisant l'instruction `New` suivie du type d'éléments du tableau ainsi que de son index maximal :

```
Dim tableau() As Integer = New Integer(10)
```

Ici, notre tableau peut contenir onze éléments, indexés de 0 à 10.

Il est aussi possible d'initialiser un tableau en fournissant directement les valeurs qu'il doit contenir. Cette initialisation est effectuée à l'aide de l'opérateur new suivi des différents éléments à assigner au tableau. Dans ce cas, il n'est pas nécessaire de préciser la longueur du tableau, elle est déduite automatiquement du nombre d'éléments passés lors de l'initialisation.

```
Dim tabEntiers() As Integer = New Integer(){ 1 , 7, 123, 201 }
```

Ici, la variable `tabEntiers` est un tableau d'entiers contenant quatre éléments.

## 2.3 Déclaration des variables

La première étape dans l'utilisation d'une variable est sa déclaration. Si une variable est utilisée sans avoir été déclarée, le compilateur renvoie une erreur. La déclaration du tableau précédent montre qu'une variable est associée à un type. Détaillons maintenant la syntaxe de déclaration d'une variable.

La syntaxe générale de déclaration d'une variable est la suivante :

```
<Nom de la variable> [, Nom d'une seconde variable] As <Type de
la variable> [ = valeur initiale]
```

On spécifie la valeur de la variable à l'aide de l'opérateur d'affectation =. Si la valeur initiale de la variable n'est pas définie à la déclaration, la variable aura pour valeur `Nothing`, qui correspond à la valeur par défaut du type concerné.

Comme évoqué précédemment, pour un type référence, la variable n'aura pas de valeur tandis que pour un type valeur, son contenu correspondra à une initialisation en mémoire avec une suite de 0 binaires. Pour un numérique, la représentation de ce 0 binaire sera 0, pour un booléen, ce sera `false`, pour un `char`, ce sera le caractère nul ('\0').

```
Dim maChaineDeCaracteres As String = "Ceci est une chaîne de caractères"

Dim caractere As Char = "a"c

Dim nombreEntier1 as Integer = 4
```

## 2.4 Portée des variables

On parle de portée d'une variable quand il est question de savoir dans quelle portion du code une variable est utilisable. En VB.NET elle correspond au bloc de code dans lequel elle est déclarée.

Ce bloc de code peut être un module, une classe, une fonction ou une procédure, une structure de contrôle à l'intérieur d'une fonction, ou même un projet. Ce dernier comportement est important à connaître, car il permet notamment la création d'éléments de code accessibles dans la totalité d'une application.

À l'intérieur d'une fonction, une variable n'est utilisable qu'à partir de la ligne suivant sa déclaration.

Une variable déclarée à l'intérieur d'une classe ou d'un module peut aussi, en fonction des modificateurs d'accès utilisés lors de la déclaration, être utilisable en dehors de l'élément conteneur.

## 2.5 Modificateurs d'accès

Les modificateurs d'accès sur les variables déclarées au niveau d'une classe permettent de déterminer la visibilité des variables à l'extérieur de la classe.

Les différents modificateurs utilisables sont, du plus restrictif au moins restrictif :

- `Private` : la variable est utilisable uniquement à l'intérieur de la classe dans laquelle elle est déclarée.
- `Protected` : la variable est utilisable à l'intérieur de la classe dans laquelle elle est déclarée ainsi que toutes ses classes filles.
- `Friend` : la variable est utilisable dans toutes les classes de l'assembly qui contient la déclaration de la variable.
- `Protected Friend` : la variable est utilisable dans toutes les classes de l'assembly qui contient sa déclaration ainsi que dans toutes les classes filles de la classe à laquelle elle appartient.
- `Public` : la variable est utilisable sans restriction.

## 2.6 Inférence de type

L'inférence de type est la capacité du compilateur Visual Basic à déterminer le type d'une variable en fonction de la valeur qui lui est assignée. On utilise cette fonctionnalité du langage en omettant le type dans la déclaration d'une variable.

```
Dim nomClient = "Jean"
```

Ici, le compilateur détermine automatiquement que le type de la variable `nomClient` est `String` :

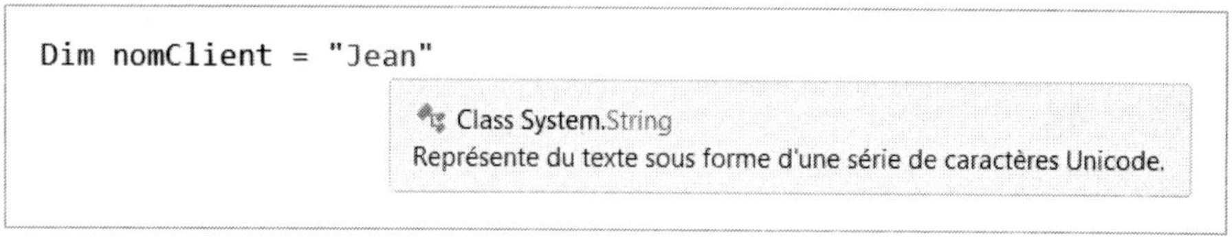


Il peut être tentant de penser que le type de notre variable est dynamique puisque nous ne l'avons pas défini explicitement. Le type est pourtant fixé de la même manière que si nous avions utilisé explicitement le type `String`. Le compilateur refuse d'ailleurs d'assigner une valeur d'un autre type à notre variable (lorsque l'option **Strict** est activée).

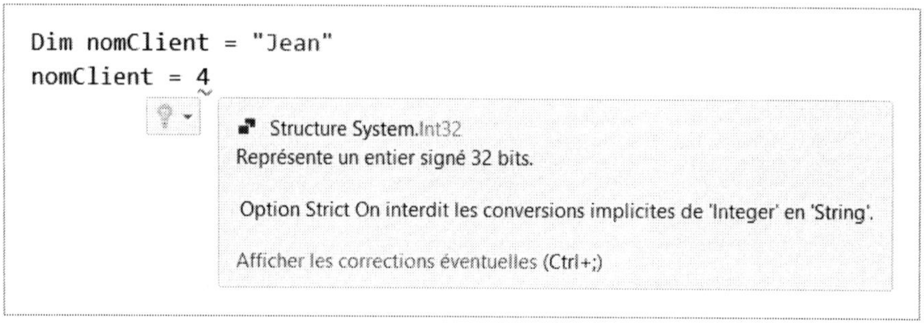


**Remarque**

*Le comportement de cette portion de code est différent lorsque l'option de compilation* ***Strict*** *est désactivée : la valeur 4 est implicitement transformée en chaîne de caractères pour permettre l'affectation.*

Pour utiliser l'inférence de type, il faut respecter deux règles :

– La variable doit être locale, c'est-à-dire qu'elle doit être déclarée à l'intérieur d'une fonction.

– Il est obligatoire d'assigner une valeur à la variable au moment de sa déclaration. Sans cela, le compilateur ne peut pas déterminer le type de la variable et retourne une erreur.

## 3. Les constantes

Lors de l'écriture d'une application, il arrive que l'on utilise des valeurs déterminées qui ne sont pas amenées à être modifiées. Un exemple typique est la constante mathématique $\pi$. Cette valeur est définie comme suit dans la classe `Math` du framework .NET :

```
Public Const PI As Double = 3.14159
```

Cette instruction est une déclaration de variable à laquelle on a ajouté le mot-clé `Const`. L'utilisation de ce mot-clé permet de sceller la valeur de `PI`.

Il est possible de définir des constantes calculées à partir d'autres constantes :

```
Public Const PI2 As Double = 2 * Math.PI
```

## 4. Les opérateurs

Les opérateurs sont des mots-clés du langage permettant l'exécution de traitements sur des variables, valeurs de retour de fonctions ou valeurs littérales (les opérandes).

La combinaison d'opérateurs et d'opérandes constitue une expression qui sera évaluée à l'exécution et retournera un résultat dépendant des différents éléments qui la composent.

Nous avons déjà vu l'opérateur d'affectation = qui permet d'assigner une valeur à une variable. Celle-ci peut être une variable, une valeur littérale, le résultat d'une fonction ou le résultat d'une expression.

Les différents autres opérateurs peuvent être classés en six familles relatives au type de traitement qu'ils permettent d'effectuer.

## 4.1 Les opérateurs d'accès

Le langage Visual Basic définit plusieurs modes d'accès aux données des objets qu'il permet de manipuler. Chacun de ces modes utilise un opérateur particulier.

### 4.1.1 Accès simple : . (point)

VB.NET utilise le symbole . (point) pour permettre l'accès aux membres d'un objet, ou éventuellement d'un type.

```
'Ici, on utilise l'opérateur . pour accéder
'au membre "Nom" de la variable "personne"

Dim nomEleve As String = personne.Nom
```

### 4.1.2 Accès avec nullité conditionnelle : ?

Avec Visual Basic, l'accès à un membre d'un objet de type référence dont la valeur est `Nothing` déclenche une erreur d'exécution.

```
'Si la variable personne vaut Nothing,
'une erreur d'exécution est déclenchée

Dim nomEleve As String = personne.Nom
```

Il arrive donc souvent que le code accédant à un membre « à risque » soit encapsulé dans un bloc qui teste la valeur de l'objet principal avant d'accéder à son membre.

Cette technique peut s'avérer lourde, notamment lorsqu'il est nécessaire d'imbriquer plusieurs tests pour accéder à une donnée. Visual Basic, dans sa version 2015, apporte parmi ses nouveautés la possibilité d'utiliser l'opérateur ? pour simplifier l'écriture de ce type de code. Il peut en effet être combiné à l'opérateur d'accès simple ou l'opérateur d'accès indexé pour retourner `Nothing` si l'objet « père » vaut `Nothing`.

```
Dim nomEleve As String = personne?.Nom
```

Dans l'exemple ci-dessus, si la variable personne est initialisée, la variable `nomEleve` contient la valeur de `personne.Nom`. En revanche, si la variable `personne` vaut `Nothing`, aucune erreur d'exécution n'est levée et la variable `nomEleve` a pour valeur `Nothing`.

### 4.1.3 Accès indexé : ()

L'opérateur d'accès indexé offre la possibilité d'accéder à une valeur contenue dans une variable en fournissant un index. L'utilisation de variables de type tableau implique généralement l'utilisation de cet opérateur pour la lecture ou la modification des données qu'il contient.

```
Dim tableau(10) As Integer
tableau(0) = 123
```

L'opérateur d'accès avec nullité conditionnelle vu plus haut peut également être utilisé pour sécuriser l'accès à un élément d'un tableau.

```
'Si tableau vaut Nothing, aucune erreur n'est générée
'et la variable valeur vaut Nothing

Dim valeur As String = tableau?(0)
```

## 4.2 Les opérateurs arithmétiques

Les opérateurs arithmétiques permettent d'effectuer des calculs sur leurs opérandes.

| Opérateur | Nom de l'opération | Exemple | Résultat |
|---|---|---|---|
| + | Addition | 2 + 3 | 5 |
| - | Soustraction | 2 – 3 | -1 |
| * | Multiplication | 2 * 3 | 6 |
| / | Division | 2 / 3 | 0.66666 |
| \ | Division entière | 2 \ 3 | 0 |
| Mod | Modulo (reste de la division entière) | 2 % 3 | 2 |
| ^ | Puissance | 2 ^ 3 | 8 |

Ces opérateurs sont principalement utilisés avec des opérandes numériques, mais certains types modifient le comportement de ces opérateurs afin d'exécuter des traitements plus en accord avec leur logique.

## 4.3 Les opérateurs de comparaison

Les opérateurs de comparaison permettent de définir des expressions dont le résultat est une valeur booléenne. Ils sont principalement utilisés pour l'évaluation de conditions dans les structures de contrôles.

| Opérateur | Nom de l'opération | Exemple | Résultat |
|---|---|---|---|
| = | Égalité | 10 = 20 | False |
| <> | Inégalité | 10 <> 20 | True |
| > | Supériorité | 10 > 20 | False |
| >= | Supériorité ou égalité | 10 >= 20 | False |
| < | Infériorité | 10 < 20 | True |
| <= | Infériorité ou égalité | 10 <= 20 | True |
| Is | Égalité de références d'objets | Obj1 is Obj2 | True si les deux variables font référence au même objet. |
| IsNot | Inégalité de références d'objets | Ob1 IsNot Obj2 | True si les deux variables font référence à des objets différents. |
| TypeOf ... Is ... | Comparaison du type d'une variable | TypeOf var1 Is String | True si var1 est une chaîne de caractères. var1 doit être d'un type référence. |

| Opérateur | Nom de l'opération | Exemple | Résultat |
|---|---|---|---|
| `Like` | Comparaison de chaînes de caractères | `var1 Like "Vi*ual"` | `True` si `var1` est une chaîne qui commence par "Vi" et finit par "ual" : Virtual, Visual. |

## 4.4 L'opérateur conditionnel

L'opérateur `If` de Visual Basic .NET simplifie l'écriture du code en permettant d'éliminer des blocs de code liés à des branchements conditionnels. Cet opérateur peut être utilisé de deux manières différentes, qui ont également deux objectifs différents.

### 4.4.1 Opérateur ternaire : If(prédicat, valeur1, valeur2)

L'opérateur ternaire renvoie une valeur en fonction d'une expression booléenne. Il accepte pour cela trois opérandes qui sont, dans l'ordre :

- une expression booléenne,
- une expression dont la valeur est renvoyée si l'expression booléenne vaut `True`,
- une expression dont la valeur est renvoyée lorsque l'expression booléenne vaut `False`.

Le type de données renvoyé par les deux dernières expressions doit être identique. Dans le cas contraire, le compilateur génère une erreur de compilation.

Le format d'une expression utilisant l'opérateur ternaire est le suivant :

```
If(<expression booléenne>, <expression à évaluer si true>,
<expression à évaluer si false>)
```

L'assignation d'une chaîne de caractères en fonction d'un nombre peut être effectuée à l'aide de l'opérateur ternaire de la manière suivante :

```
Dim nbClients As Integer = 98
Dim libelle As String = If(nbClients < 100,
"Moins de 100 clients", "Au moins 100 clients")

'Affiche "Moins de 100 clients"
Console.WriteLine(libelle)

nbClients = 120
libelle = If(nbClients < 100, "Moins de 100 clients",
"Au moins 100 clients")

'Affiche "Au moins 100 clients"
Console.WriteLine(libelle)
```

### 4.4.2 Opérateur de fusion de valeur nulle : If(valeur1, valeur2)

Cet opérateur accepte deux opérandes et renvoie le premier des deux dont la valeur n'est pas `Nothing`. Son premier opérande doit être de type référence, le cas contraire entraînant une erreur de compilation.

```
Dim ville As String
Dim libelle As String = If(ville, "non définie")

'Affiche "non définie"
Console.WriteLine(libelle)

ville = "LYON"
libelle = If(ville, "non définie")

'Affiche "LYON"
Console.WriteLine(libelle)
```

## 4.5 Les opérateurs logiques

À l'exception de l'opérateur `Not`, les opérations logiques permettent de combiner plusieurs expressions renvoyant un booléen, comme des expressions de comparaison.

### 4.5.1 Négation : Not

L'opérateur de négation permet d'inverser une valeur booléenne. Cette valeur peut être représentée par un littéral, une variable ou une expression renvoyant une valeur booléenne.

```
Dim booleen1 As Boolean = True
Dim booleen2 As Boolean = Not booleen1
'A ce stade, booleen2 vaut False

Dim comparaison As Boolean = Not (booleen1 = booleen2)
'booleen1 = booleen2 renvoie False, donc comparaison vaut True
```

### 4.5.2 ET logique : And

L'opérateur ET logique permet de combiner deux expressions afin de déterminer si elles sont toutes les deux vraies.

```
Dim booleen1 As Boolean = True
Dim booleen2 As Boolean = False

Dim comparaison1 As Boolean = booleen1 And booleen2
'comparaison1 vaut False

booleen2 = True
Dim comparaison2 As Boolean = booleen1 And booleen2
'comparaison2 vaut True
```

### 4.5.3 OU logique : Or

L'opérateur OU logique permet de combiner deux expressions afin de déterminer si au moins une des deux expressions est vraie.

```
Dim booleen1 As Boolean = True
Dim booleen2 As Boolean = False

Dim comparaison As Boolean = booleen1 Or booleen2
'comparaison vaut True
```

### 4.5.4 OU exclusif : Xor

L'opérateur OU exclusif permet de combiner deux expressions afin de déterminer si une seule de ces expressions est vraie.

```
Dim booleen1 As Boolean = True
Dim booleen2 As Boolean = False

Dim comparaison1 As Boolean = booleen1 Xor booleen2
'comparaison1 vaut True

booleen2 = True
Dim comparaison2 As Boolean = booleen1 Xor booleen2
'comparaison2 vaut False
```

### 4.5.5 ET conditionnel : AndAlso

L'opérateur ET conditionnel permet de combiner deux expressions afin de déterminer si elles sont toutes deux vraies.

Le second opérande passé à cet opérateur ne sera évalué que si le premier opérande est évalué comme vrai.

```
Dim booleen1 As Boolean = False
Dim booleen2 As Boolean = True

Dim comparaison1 As Boolean = booleen1 AndAlso booleen2
'comparaison1 vaut False, et booleen2 n'est pas évalué

booleen1 = True
Dim comparaison2 As Boolean = booleen1 AndAlso booleen2
'comparaison2 vaut true
```

### 4.5.6 OU conditionnel : OrElse

L'opérateur OU conditionnel permet de combiner deux expressions afin de déterminer si au moins une des deux est vraie.

Le second opérande passé à cet opérateur ne sera évalué que si le premier opérande est évalué comme faux.

```
Dim booleen1 As Boolean = True
Dim booleen2 As Boolean = True

Dim comparaison1 As Boolean = booleen1 OrElse booleen2
'comparaison1 vaut True, et booleen2 n'est pas évalué

booleen1 = False
Dim comparaison2 As Boolean = booleen1 OrElse booleen2
'comparaison2 vaut True
```

## 4.6 Les opérateurs binaires

Les opérateurs binaires ne peuvent être appliqués que sur des types numériques entiers. Ils effectuent sur leurs opérandes des opérations logiques au niveau des bits.

### 4.6.1 ET binaire : And

L'opérateur ET binaire effectue un ET logique sur chacun des bits des opérandes. Le résultat de l'expression est une valeur de type `Integer`. Effectuons l'opération suivante :

```
Dim resultat As Integer = 21 And 57
```

| | **Opérande 1** | **Opérande 2** | **Résultat** |
|---|---|---|---|
| Base 10 | 21 | 57 | 17 |
| Base 2 (valeur binaire) | 00010101 | 00111001 | 00010001 |

### 4.6.2 OU binaire : Or

L'opérateur OU binaire effectue un OU logique sur chacun des bits des opérandes. Le résultat de l'expression est une valeur de type `Integer`. Effectuons l'opération suivante :

```
Dim resultat As Integer = 21 Or 57
```

| | Opérande 1 | Opérande 2 | Résultat |
|---|---|---|---|
| Base 10 | 21 | 57 | 61 |
| Base 2 (valeur binaire) | 00010101 | 00111001 | 00111101 |

### 4.6.3 OU exclusif : Xor

L'opérateur OU exclusif binaire effectue un OU exclusif sur chacun des bits des opérandes. Le résultat de l'expression est une valeur de type `Integer`.

```
Dim resultat As Integer = 21 Xor 57
```

| | Opérande 1 | Opérande 2 | Résultat |
|---|---|---|---|
| Base 10 | 21 | 57 | 44 |
| Base 2 (valeur binaire) | 00010101 | 00111001 | 00101100 |

### 4.6.4 Négation : Not

L'opérateur négation binaire inverse la valeur de chacun des bits de son opérande. Effectuons l'opération suivante :

```
Dim resultat As Integer = Not 21
```

| | Opérande | Résultat |
|---|---|---|
| Base 10 | 21 | -22 |
| Base 2 (valeur binaire) | 00010101 | 11111111111111111111111111101010 |

L'opérateur de négation renvoie une valeur du même type que son opérande : ici, `Integer`. Ce type est codé sur 32 bits, ce qui explique la longueur du résultat renvoyé.

### 4.6.5 Décalage vers la droite : >>

Cet opérateur décale vers la droite les bits composant le premier opérande du nombre de positions spécifiées par le second opérande. Effectuons l'opération suivante :

```
Dim resultat As Integer = 21 >> 2
```

| | Opérande 1 | Opérande 2 | Résultat |
|---|---|---|---|
| Base 10 | 21 | 2 | 5 |
| Base 2 (valeur binaire) | 00010101 | | 00000101 |

### 4.6.6 Décalage vers la gauche : <<

Cet opérateur décale vers la gauche les bits composant le premier opérande du nombre de positions spécifiées par le second opérande. Effectuons l'opération suivante :

```
Dim resultat As Integer = 21 << 2
```

| | Opérande 1 | Opérande 2 | Résultat |
|---|---|---|---|
| Base 10 | 21 | 2 | 84 |
| Base 2 (valeur binaire) | 00010101 | | 01010100 |

## 4.7 Les opérateurs de concaténation

Visual Basic offre la possibilité d'effectuer des concaténations de chaînes à l'aide de deux opérateurs différents : + et `&`. Ces opérateurs offrent la même fonctionnalité mais leur comportement est différent.

L'opérateur + peut être utilisé pour les concaténations car il est redéfini par le type `String`. Son fonctionnement varie en fonctionnement de ses opérandes :

- Lorsque les deux opérandes sont des chaînes de caractères, le résultat qu'il renvoie est la concaténation de ces chaînes, comme attendu.

- Lorsque le mode **Strict** est désactivé et que l'un de ses opérandes est une valeur numérique, le runtime .NET essaie de convertir la chaîne de caractères en `Double` et renvoie le résultat de l'addition des deux nombres. Si la variable destinée à recevoir la somme est de type `String`, le résultat de l'addition est automatiquement converti en chaîne de caractères pour l'affectation.

Le fonctionnement de l'opérateur `&` est nettement plus simple : chaque opérande est converti en chaîne de caractères si nécessaire, et le résultat de l'opération est la concaténation des opérandes convertis.

# 5. Les structures de contrôle

Les structures de contrôle permettent de créer un flux de traitement complexe. Il existe deux types de structures de contrôle :

- Les structures conditionnelles, qui exécutent un traitement en fonction d'une condition.
- Les structures de boucles, qui exécutent plusieurs fois un même traitement.

## 5.1 Les structures conditionnelles

Deux structures conditionnelles existent. Elles permettent de modifier le flux d'exécution du programme en fonction de la réalisation de conditions.

### 5.1.1 If ... Else ... End If

La structure `If ... Else ... End If` accepte comme paramètre une expression renvoyant une valeur booléenne, comme une expression de comparaison. Si la condition est respectée, le bloc de code correspondant est exécuté. Si elle ne l'est pas, trois possibilités s'offrent à nous :

- Un bloc `Else` est défini juste après le bloc `If`, et dans ce cas le code de ce bloc est exécuté.

– Un ou plusieurs blocs `Else If` existent après le `If`, et chaque expression de condition est exécutée jusqu'à ce qu'une d'entre elles renvoie `True`. À ce stade, le bloc de l'instruction `Else If` (ou `Else`, éventuellement) est exécuté.

– Aucun bloc `Else` ou `Else If` n'existe, et l'exécution du code reprend à la sortie du bloc `If`.

La syntaxe de cette structure est la suivante :

```
If (<expression de condition>) Then
    'Placer ici le code à exécuter si l'expression renvoie True
[ Else If (<expression de condition 2>) Then

    'Placer ici le code à exécuter si la première expression
    'renvoie false et la seconde expression renvoie true
]
[Else If ... ]
[ Else
    'Placer ici le code à exécuter si aucune des expressions
    'des blocs If et Else If ne renvoie True
]
End If
```

L'utilisation de blocs `Else If` ou `Else` est facultative. Mais, très logiquement, un bloc `Else` ou `Else If` ne peut exister sans un bloc `If ...` initial.

Cette structure peut avoir des dizaines de blocs `Else If` associés, mais elle ne peut avoir qu'un seul bloc `Else`.

### 5.1.2 Select Case ... End Select

La structure `Select Case ... End Select` choisit une branche d'exécution en fonction d'un argument et de tests de valeurs de celui-ci. L'argument passé à cette structure doit être de l'un des types suivants :

– `Boolean` ou `Nullable(Of Boolean)`

– `Char` ou `Nullable(Of Char)`

– `String`

- un des types numériques : `Byte`, `SByte`, `Short`, `UShort`, `Integer`, `UInteger`, `Single`, `Double`, `Decimal`, `Long` ou `ULong` ou un type `Nullable` correspondant (comme `Nullable(Of Integer)`)
- `Date`
- énumération (cf. section Les énumérations du chapitre La programmation orientée objet avec VB.NET)
- `Object`

Le corps de cette structure est composé d'étiquettes `Case` permettant chacune de tester un ou plusieurs prédicats. Il est aussi possible d'avoir une étiquette `Case Else` qui gère les cas qui ne sont pas explicitement testés.

La syntaxe générale de la structure `Select Case` est la suivante :

```
Select Case <argument>
    Case <prédicat 1>
          'placer ici les traitements à effectuer
    Case <prédicat 2>
          'placer ici les traitements à effectuer
    [ Case ... ]
    [ Case Else
          'placer ici les traitements à effectuer
          'si notre valeur n'a pas de Case associé]
End Select
```

En Visual Basic, contrairement à d'autres langages comme C++, il est impossible d'exécuter un traitement dans une étiquette et de continuer en exécutant le code de l'étiquette suivante. Lorsque le code d'une étiquette `Case` est exécuté, l'exécution du programme continue à partir de l'instruction suivant le bloc `Select Case`.

Une expression est associée à chaque étiquette `Case`. Plusieurs types de prédicats peuvent être utilisés afin de gérer finement le flux d'exécution :

- Expressions de comparaison : `Case <opérateur> <valeur>`
- Valeurs exactes : `Case <valeur> [, <valeur2>, ... ]`
- Intervalle de valeurs : `Case <valeur1> To <valeur2>`

Ci-dessous un exemple de structure `Select Case` montrant l'utilisation de ces différents types de prédicats.

```
Dim age As Integer = 29
Select Case age

     'Cette première étiquette gère les valeurs inférieures à 18
    Case < 18
        Console.WriteLine("Encore un peu jeune...")

     'Cette étiquette gère le cas où la variable age vaut 18
    Case 18
        Console.WriteLine("Enfin adulte !")

     'Cette étiquette gère le cas où la variable age vaut 19 ou 20
    Case 19, 20
        Console.WriteLine("Fin de l'école, début de la vie active")

     'Cette étiquette gère les valeurs comprises entre 21 et 65
    Case 21 To 65
        Console.WriteLine("Encore {0} ans avant la retraite !", 65 - age)

     'Cette étiquette gère les valeurs supérieures à 65
    Case > 65
        Console.WriteLine("Profitons de la retraite !")
End Select
```

Ce code produira la sortie suivante :

```
Encore 36 ans avant la retraite !
```

## 5.2 Les structures d'itération

Il est souvent intéressant de répéter le même traitement sur plusieurs variables, comme les éléments d'un tableau. Pour cela, VB.NET fournit quatre types de structures capables d'exécuter en boucle un traitement.

### 5.2.1 For ... Next

La structure `For ... Next` est utilisée lorsque le nombre d'itérations à effectuer est connu avant de commencer l'exécution. Cette structure est déclarée avec deux arguments séparés par le mot-clé `To` :

- **une instruction d'initialisation** d'une variable "compteur" qui est exécutée avant de commencer les itérations.
- **une valeur de fin pour la variable "compteur"**. La variable "compteur" est incrémentée ou décrémentée (en fonction de la valeur de fin) à chaque itération. Lorsque cette valeur finale est atteinte, l'exécution de la boucle est interrompue et le programme se poursuit à l'instruction qui suit la fin de cette structure. La valeur de fin fournie est très souvent liée à la longueur d'un tableau que l'on souhaite parcourir.

La syntaxe pour l'écriture de boucles `For ... Next` est la suivante :

```
For <nom de variable> = <valeur initiale> To <valeur finale>
    'Code à exécuter à chaque itération
Next
```

En règle générale, l'utilisation d'une boucle `For` ressemble à ceci :

```
Dim nombreIterations As Integer = 7
For i = 0 To nombreIterations
    'Code à exécuter à chaque itération
Next
```

### 5.2.2 While ... End While

La structure `While ... End While` est utilisée principalement lorsque le nombre d'itérations est complètement inconnu avant le début de l'exécution de la boucle, mais elle peut néanmoins être utilisée lorsque ce nombre est connu. Elle accepte comme argument une expression booléenne. La boucle terminera son exécution lorsque cette condition renverra la valeur `False`.

Une boucle `While` s'écrit de la manière suivante :

```
While <prédicat>
    'Traitement à exécuter à chaque itération
End While
```

### 5.2.3 Do ... Loop

La structure `Do ... Loop` est utilisée lorsqu'une itération au minimum doit être exécutée et que le nombre total d'itérations est inconnu avant le début de l'exécution. Elle peut être utilisée avec deux types d'évaluations de prédicats :

– "Tant qu'une condition est vraie". La syntaxe associée est la suivante :

```
Do
    'Instructions à exécuter à chaque itération
Loop While <prédicat>
```

– "Jusqu'à ce qu'une condition soit vraie". La syntaxe varie légèrement : on utilise le mot-clé `Until` au lieu de `While`.

```
Do
    'Instructions à exécuter à chaque itération
Loop Until <prédicat>
```

Il est également possible de modifier une boucle `Do ... Loop` de sorte que l'évaluation de la condition soit effectuée avant l'exécution, et non après. Dans ce cas, il est tout à fait possible que les instructions contenues dans la boucle ne soient jamais exécutées, dans le cas où le prédicat est réalisé avant même la première itération.

```
Do Until <prédicat>
    'Instructions à exécuter à chaque itération
Loop
```

### 5.2.4 For Each ... Next

Les boucles `For Each ... Next` sont des structures un peu particulières. Elles permettent d'itérer sur les éléments d'une collection. La collection utilisée doit respecter une condition : implémenter l'interface `IEnumerable`. Cette interface est notamment implémentée par les tableaux.

**Remarque**

*Le concept d'interfaces est traité dans le chapitre suivant, à la section Les interfaces.*

La syntaxe de cette structure est la suivante :

```
For Each <nom de variable> As <type> In <collection>)
    'Traitements à exécuter à chaque itération
Next
```

L'écriture de boucles `For Each` n'étant pas forcément évident, un exemple concret sera probablement plus parlant.

```
Dim arcEnCiel() As String = new String() {
"rouge", "orange", "jaune", "vert", "bleu", "indigo", "violet" }

For Each couleur As String In arcEnCiel
    Console.WriteLine(couleur)
Next
```

### 5.2.5 Contrôler l'exécution d'une boucle

Dans certaines circonstances, il peut être intéressant d'interrompre l'exécution d'une boucle. Le langage Visual Basic définit un mot-clé particulier pour atteindre cet objectif : `Exit`. Pour chaque type de boucle, il convient de coupler ce mot-clé avec un mot-clé particulier :

- Boucle `For ... Next` : `Exit For`
- Boucle `While ... End While` : `Exit While`
- Boucle `Do ... Loop` : `Exit Do`
- Boucle `For Each ... Next` : `Exit For`

```
Dim i As Integer = 0

'Création d'une boucle infinie
While True
    If i = 5 Then
        Exit While
    End If

    i = i + 1
End While
```

Il est également possible de stopper un traitement dans une boucle pour passer directement à l'itération suivante. Pour cela, on utilise le mot-clé `Continue`, lui aussi couplé à un mot-clé représentant le type de boucle sur laquelle on agit.

- Boucle `For ... Next` : `Continue For`
- Boucle `While ... End While` : `Continue While`
- Boucle `Do ... Loop` : `Continue Do`
- Boucle `For Each ... Next` : `Continue For`

```
For i = 0 To 20
    If i = 5 Then
        Continue For
    End If

    'Traitements spécifiques aux nombres différents de 5
Next
```

## 5.3 Autres structures

Il existe trois autres structures en VB.NET : `Using ... End Using`, `GoTo` et `With ... End With`.

### 5.3.1 Using ... End Using

La structure `Using ... End Using` est une aide syntaxique destinée à l'usage d'objets implémentant l'interface `IDisposable`. Les classes qui implémentent cette interface font généralement usage d'une ou plusieurs ressources externes, comme des fichiers. Ces ressources sont libérées par la méthode `Dispose`.

Le type `FileStream` représente un flux de données lié à un fichier. Il implémente l'interface `IDisposable` de manière à pouvoir libérer les ressources utilisées lorsque le traitement est terminé.

Sans l'instruction `Using`, le code permettant son utilisation ressemble à celui-ci :

```
Dim stream As FileStream = New FileStream("C:\monfichier.txt",
FileMode.Open)

'Traitements...

stream.Dispose()
```

Ce type de code est sujet à problèmes car il ne donne pas l'assurance que la méthode `Dispose` sera toujours appelée. Le flux d'exécution peut en effet être interrompu par une erreur, ou l'appel peut même être omis par le développeur.

La réécriture de ce code à l'aide d'un bloc `Using` donne le résultat suivant :

```
Using stream As FileStream = New FileStream("C:\monfichier.txt",
FileMode.Open)
    'Traitements...
End Using
```

L'appel à la méthode `Dispose` est généré par le compilateur de sorte à être systématiquement effectué, même dans le cas d'une erreur d'exécution. De plus, il est impossible pour le développeur d'omettre l'appel à cette méthode puisque c'est le compilateur qui gère cet appel.

Pour ces raisons, l'utilisation de structures `Using ... End Using` est considéré comme une des bonnes pratiques de Visual Basic.NET.

### 5.3.2 GoTo

La structure `GoTo` est un héritage du BASIC. Elle permet d'effectuer des sauts dans l'exécution du code, du point d'exécution courant vers une étiquette prédéfinie. Du fait qu'elle complique la lecture du code, cette structure est peu utilisée dans le code VB.NET, mais elle peut parfois se révéler très pratique, notamment pour sortir de traitements très complexes.

On l'utilise de la manière suivante :

```
<nom d'étiquette>:

'Traitements
GoTo <nom d'étiquette>
```

L'instruction GoTo peut également se trouver avant la définition d'étiquette.

```
        Console.WriteLine("Exécutons du code...")

        GoTo etiquette
        Console.WriteLine("entre le GoTo et l'étiquette")

etiquette:
        Console.WriteLine("après la définition de l'étiquette")
```

Ce code produit la sortie suivante :

```
Exécutons du code...

après la définition de l'étiquette
```

### 5.3.3 With ... End With

Cette structure offre la possibilité d'effectuer une série d'opérations sur une même variable sans avoir besoin de spécifier le nom de cette variable plusieurs fois.

Considérons le cas d'une variable nommée `client`, et possédant de nombreuses variables membres qu'il est nécessaire d'initialiser. L'écriture classique du code permettant cette opération est le suivant :

```
Dim client As Client
client.Nom = "John DOE"
client.Adresse = "1 rue des camélias"
client.Ville = "LYON"
client.Telephone = "04 05 06 04 05"
```

Avec l'utilisation de la structure `With ... End With`, ce code devient :

```
With client
    .Nom = "John DOE"
    .Adresse = "1 rue des camélias"
    .Ville = "LYON"
    .Telephone = "04 05 06 04 05"
End With
```

Chaque utilisation d'une variable membre de client située à l'intérieur du bloc `With` est effectuée sans nommer explicitement la variable à utiliser.

## 6. Les fonctions

Les fonctions sont un élément central dans le développement avec VB.NET. En effet, toutes les instructions d'une application écrite avec ce langage doivent être placées dans des fonctions.

Chaque fonction représente une unité de traitement réutilisable pouvant avoir un ou plusieurs paramètres et retournant une valeur.

L'écriture de fonctions permet de structurer le code en découpant de manière logique les fonctionnalités développées. Il est recommandé, pour une bonne lisibilité et une bonne maintenabilité, de limiter la longueur des fonctions. Nombre de développeurs préconisent ainsi une longueur n'excédant pas les dimensions d'un écran. Cette longueur est toute relative, mais peut ainsi convenir à chacun. Cette règle n'est évidemment pas absolue mais elle peut aider, notamment dans le cas d'un travail en équipe, à la relecture et au débogage.

Pour tenir cet objectif, il est nécessaire de limiter les responsabilités des fonctions : chacune effectue un type de tâche uniquement.

### 6.1 Écriture d'une fonction

La syntaxe générale pour l'écriture d'une fonction est la suivante :

```
<modificateur d'accès> Function <Nom de méthode>( [paramètre 1,
[paramètre 2]...]) As <type de retour>
    'Traitements
    Return <valeur>
End Function
```

Le couple nom de méthode/liste de paramètres définit la signature de la fonction. C'est elle qui va permettre au compilateur de reconnaître l'existence d'une fonction lors de son appel.

Le type de retour de la fonction peut être n'importe quel type accessible par le code de la fonction.

Une fonction retourne systématiquement une valeur. Si aucune valeur n'est renvoyée explicitement par la fonction, celle-ci retourne `Nothing`. Pour retourner une valeur, on peut utiliser le mot-clé `Return` suivi de la valeur à renvoyer. L'exécution d'une instruction utilisant ce mot-clé interrompt le déroulement de la fonction. Lorsque ce comportement n'est pas souhaitable, il est possible d'assigner une valeur à la variable implicite ayant le même nom que la fonction courante. Dans ce cas, cette valeur est retournée lorsque le déroulement de la fonction est arrivé à son terme.

```
Public Function CalculerAgeDuCapitaine() As Integer
    CalculerAgeDuCapitaine = 42

    'Traitements...
End Function
```

```
Public Function RecupererTypeJour() As String
    If Date.Today.Day Mod 2 = 0 Then
        Return "JOUR PAIR"
    End If
End Function
```

Ici, la fonction `RecupererTypeJour` peut être problématique. En effet, elle ne retourne explicitement une valeur que lorsque le jour courant est pair. En l'état, le cas "jour impair" renvoie `Nothing`. Le compilateur indique d'ailleurs ce problème en émettant un avertissement.

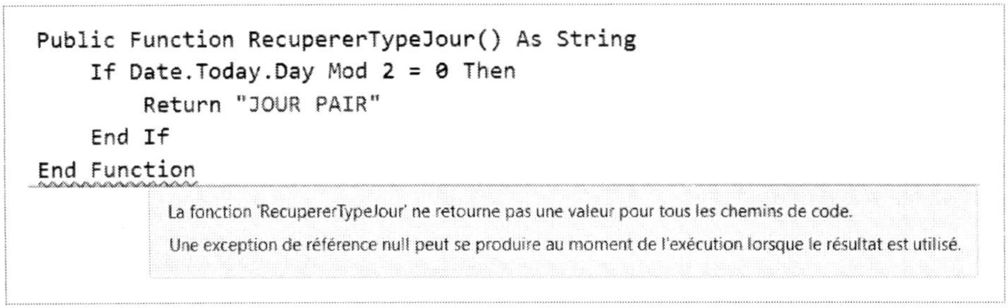


Corrigeons donc cette méthode afin d'éliminer ce cas problématique :

```
Public Function RecupererTypeJour() As String
    If Date.Today.Day Mod 2 = 0 Then
        Return "JOUR PAIR"
    End If
```

```
    'Ici, on gère tous les cas autres, donc les jours impairs
    Return "JOUR IMPAIR"
End Function
```

Cette fois, le processus de compilation se termine sans encombre.

## 6.2 Paramètres de fonction

Il est fréquent de devoir effectuer des traitements dépendant de données particulières. Pour cela, les fonctions peuvent avoir des paramètres.

Les paramètres sont des variables locales à une fonction, mais dont la valeur est fournie à partir d'un appel à cette fonction. On déclare un paramètre en précisant son type et son nom.

```
Public Function CalculerPrixTTC(prixHT As Decimal) As Decimal
    'Application de la TVA à 20%
    Return prixHT * 1.2D
End Function
```

**Remarque**

*Le compilateur considère automatiquement la valeur 1.2 comme étant de type `Double`. L'option **Strict** étant définie à **On**, le compilateur refuse la multiplication d'un `Double` et d'un `Decimal`. On force donc le type de la valeur numérique en la suffixant par la lettre D pour le type `Decimal`.*

Nous pouvons appeler notre fonction de la manière suivante :

```
Dim prix As Decimal = CalculerPrixTTC(10.25D)
```

### Paramètres optionnels

Il est possible d'ajouter des paramètres optionnels à notre fonction, c'est-à-dire des paramètres que le développeur pourra choisir de ne pas valoriser au moment de l'appel de la fonction. Pour utiliser cette fonctionnalité, il est obligatoire de marquer chaque paramètre optionnel avec le mot-clé `Optional` ainsi que de leur fournir une valeur par défaut.

Les paramètres optionnels doivent être les derniers paramètres déclarés dans la signature de la fonction.

Modifions la fonction précédente de manière à avoir deux paramètres optionnels correspondant au taux de TVA et à une réduction à appliquer sur le prix TTC :

```
Public Function CalculerPrixTTC(prixHT As Decimal, Optional
tauxTVA As Decimal = 0.2D, Optional montantReduction As Decimal =
0) As Decimal
    'Application de la TVA et de la réduction
    Return prixHT * (1 + tauxTVA) - montantReduction
End Function
```

Il est maintenant possible d'appeler cette fonction des manières suivantes :

```
'Application de la TVA par défaut
Dim prix As Decimal = CalculerPrixTTC(10.25D)

'Application d'une TVA à 10%
Dim prix2 As Decimal = CalculerPrixTTC(10.25D, 0.1D)

'Application d'une TVA à 10% et d'une réduction de 1
Dim prix3 As Decimal = CalculerPrixTTC(10.25D, 0.1D, 1D)
```

## Paramètres nommés

Pour calculer un prix TTC avec une TVA de 20 %, soit la TVA par défaut, et une remise spécifique, nous avons la possibilité d'appeler la méthode `CalculerPrixTTC` en spécifiant la valeur de tous les paramètres. Mais ceci induit une redondance inutile au niveau du paramètre optionnel `tauxTVA`. Cette redondance deviendrait d'autant plus inutile et difficile à maintenir que le nombre de paramètres optionnels augmenterait.

L'utilisation de paramètres nommés est tout indiquée pour résoudre ce problème.

Il est en effet possible de ne spécifier que les paramètres optionnels dont nous avons besoin en précisant le nom des paramètres en même temps que leur valeur.

Pour la méthode `CalculerPrixTTC`, ceci donnerait l'appel suivant :

```
Dim prix As Decimal = CalculerPrixTTC(10.25D, montantReduction:=1D)
```

Il est aussi possible de spécifier le nom de tous les paramètres passés, et de modifier l'ordre des paramètres dans l'appel, comme montré ci-dessous :

```
Dim prix As Decimal = CalculerPrixTTC(tauxTVA:=0.1D,
montantReduction:=1D, prixHT:=10.25D)
```

## Paramètres variables

Certaines fonctions doivent pouvoir accepter un nombre variable de paramètres. C'est notamment le cas de la fonction `Main` d'une application console.

En effet, dans le cas d'une application console, la fonction Main prend en paramètres tous les arguments fournis à l'application. Or il est impossible de savoir à l'avance quels seront les arguments passés.

Dans un cas comme celui-ci, on définit dans la fonction un paramètre particulier, de type tableau et annoté avec le mot-clé `ParamArray`. Lors de l'appel à cette fonction, il est ainsi possible de spécifier un nombre variable de valeurs qui sont regroupées dans un seul paramètre.

```
Public Function AdditionnerPlusieursEntiers(ParamArray entiers()
As Integer) As Integer
    Dim resultat As Integer = 0

    For compteur = 0 To entiers.Length - 1
        resultat = resultat + entiers(compteur)
    Next

    Return resultat
End Function
```

Cette fonction est utilisée des manières suivantes :

```
Dim resultatAddition As Integer = AdditionnerPlusieursEntiers(1,
5, 123, 4, -5)
Dim resultatAddition2 As Integer = AdditionnerPlusieursEntiers(1, 5)

Dim resultatAddition3 As Integer = AdditionnerPlusieursEntiers()
```

Il n'est possible de définir qu'un seul paramètre variable par fonction. Il est toutefois autorisé de définir des paramètres obligatoires avant le paramètre variable.

```
Public Function AdditionnerPlusieursEntiersAUnNombre(unNombre As
Integer, ParamArray entiers() As Integer) As Integer
    Dim resultat As Integer = unNombre

    For compteur = 0 To entiers.Length - 1
        resultat = resultat + entiers(compteur)
    Next

    Return resultat
End Function
```

Cette fonction est appelée de la même manière que la précédente, mais il est obligatoire de passer au moins un entier en paramètre lors de son appel.

## Paramètres passés par valeur : ByVal

Par défaut, en Visual Basic, les paramètres d'une fonction sont passés par valeur. Ceci signifie que les paramètres manipulés dans le corps de la fonction sont des copies des valeurs passées lors d'un appel à la fonction :

- Pour un paramètre de type valeur, toute modification effectuée dans le corps de la fonction n'est pas répercutée au niveau de la valeur passée lors de l'appel de fonction.
- Pour un paramètre de type référence, c'est une copie de l'adresse qui est passée. Il est donc possible de modifier la valeur des membres du paramètre dans le corps de la fonction, ce qui laisse la valeur de l'adresse mémoire inchangée. En revanche, la réinitialisation de la valeur du paramètre à l'aide de l'opérateur `New` modifie l'adresse mémoire associée à la variable. Dans ce cas, les modifications ne peuvent être répercutées en dehors du corps de la fonction, la variable originale étant toujours associée à l'adresse mémoire initiale.

Il est possible de rendre ce comportement explicite par l'utilisation du mot-clé `ByVal` devant chaque paramètre devant être passé par valeur :

```
Public Function CalculerPrixTTC(ByVal prixHT as Decimal, ByVal
tauxTVA as Decimal, ByVal montantReduction as Decimal) as Decimal

End Function
```

### Paramètres passés par référence : ByRef

Certains cas d'utilisations peuvent toutefois nécessiter de modifier une des valeurs passées en paramètre à une fonction. Il est par exemple envisageable que la fonction de calcul de prix TTC ci-dessus modifie la valeur de la remise appliquée lorsque celle-ci est trop importante. Pour effectuer cette opération, VB.NET définit le mot-clé `ByRef`. De la même manière que le mot-clé `ByVal`, il doit être placé devant la définition de chaque paramètre concerné :

```
Public Function CalculerPrixTTC(prixHT As Decimal, tauxTVA As
Decimal, ByRef montantReduction As Decimal) As Decimal
    'Si la réduction est supérieure à 20% du prix HT,
    'on plafonne le montant à 20% de ce prix
    If montantReduction > prixHT * 0.2D Then
        montantReduction = prixHT * 0.2D
    End If

    'Application de la TVA
    Return prixHT * (1 + tauxTVA) - montantReduction
End Function
```

Cette fonction est appelée par l'utilisation du code suivant :

```
Dim montantReduction As Decimal = 4
Dim prixTTC As Decimal = CalculerPrixTTC(40, 0.2D, montantReduction)
```

## 6.3 Procédures

Il est possible d'écrire des fonctions particulières ne renvoyant pas de valeur. Ces fonctions sont appelées procédures.

En pratique, on définit les procédures à l'aide du mot-clé `Sub`, et sans fournir de type de retour. L'utilisation de cette syntaxe permet au compilateur de savoir qu'il n'est pas possible de placer un appel à une procédure à un endroit ou une valeur est attendue (assignation ou calcul, par exemple).

```
Public Sub UneProcedure()
    'Traitements

    'Mot-clé facultatif dans une procédure
    Return
End Sub
```

Dans une procédure, le mot-clé `Return` est totalement facultatif. Il peut néanmoins être intéressant d'utiliser ce mot-clé dans l'optique de raccourcir un traitement, notamment en fonction du contexte.

```
Public Sub AllumerLaLumiere()
    Dim lumiereEstAllumee As Boolean = False
    If lumiereEstAllumee = True Then
        Return
    End If

    'Si on arrive ici, la lumière est forcément éteinte
    AppuyerSurInterrupteur()
    lumiereEstAllumee = True
End Sub
```

## 6.4 Surcharges

Le langage Visual Basic.NET permet de définir plusieurs fonctions ou procédures ayant le même nom mais des signatures différentes, c'est-à-dire que les paramètres qu'elles peuvent accepter doivent différer de manière significative : le nombre ou le type des paramètres doit être différent. Ces fonctions sont appelées "surcharges".

```
Public Function Additionner(nombre1 As Integer, nombre2 As
Integer) As Integer
    Return nombre1 + nombre2
End Function

Public Function Additionner(nombre1 As Integer, nombre2 As
Integer, nombre3 As Integer) As Integer
    Return nombre1 + nombre2 + nombre3
End Function
```

Ces deux fonctions peuvent tout à fait coexister : le compilateur VB.NET est capable de savoir quelle fonction exécuter en fonction du nombre de paramètres passés dans l'appel.

```
Public Function Additionner(nombre1 As Integer, nombre2 As Integer,
nombre3 As Integer) As Integer
    Return nombre1 + nombre2 + nombre3
End Function

Public Function Additionner(nombre1 As Integer, nombre2 As Integer,
Optional nombre3 As Integer = 0) As Integer
    Return nombre1 + nombre2 + nombre3
End Function
```

Ici, on obtient une erreur de compilation. En effet, si l'on effectuait un appel à la fonction `Additionner` avec trois paramètres, le compilateur serait dans l'incapacité de savoir quelle surcharge appeler.

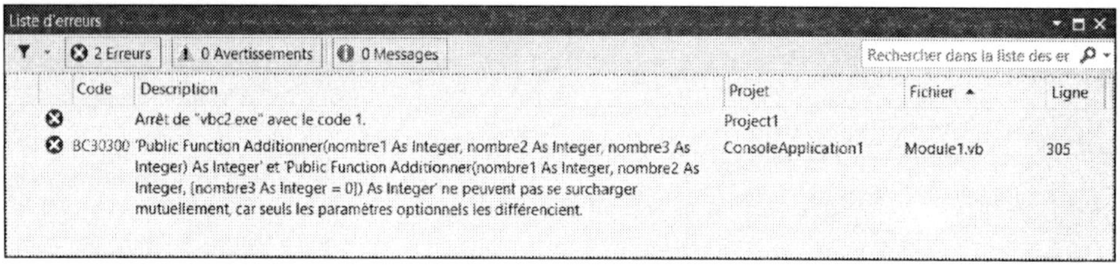


Il est en revanche tout à fait possible d'écrire le code suivant :

```
Public Function Additionner(nombre1 As Integer, nombre2 As Integer)
As Integer
    Return nombre1 + nombre2
End Function

Public Function Additionner(nombre1 As Decimal, nombre2 As Decimal)
As Decimal
    Return nombre1 + nombre2
End Function
```

Le compilateur est capable de savoir que la première fonction doit être exécutée lorsque l'on additionne deux entiers, et que la seconde fonction est adaptée pour additionner des nombres décimaux.

# 7. Les attributs

Les attributs sont des éléments de code qui permettent de fournir des informations relatives à d'autres éléments d'une application.

Ils sont enregistrés dans les **métadonnées** d'un assembly pendant l'étape de compilation et peuvent être lus une fois la compilation terminée. Ils peuvent décrire un assembly, fournir des informations au débogueur ou donner une indication sur l'utilisation d'un élément de code. Il est possible de placer des attributs sur bon nombre d'éléments de code. Ceux-ci sont listés dans l'énumération `System.AttributeTargets` et incluent notamment les assemblies, les classes et les méthodes.

Un attribut est défini en plaçant dans le code le nom de son type entre les symboles < et >. Par convention, les types d'attributs ont un nom terminant par `Attribute`, mais il est possible, au moment de leur utilisation, de raccourcir ce nom en omettant le suffixe. Les deux déclarations de classe ci-dessous ont donc exactement les mêmes effets.

```
<ObsoleteAttribute>
Public Class Client

End Class
```

```
<Obsolete>
Public Class Client

End Class
```

## La réflexion

Le framework .NET inclut un jeu de classes et de méthodes permettant de lire les métadonnées des assemblies, dont les attributs font partie. Elles se trouvent principalement dans l'espace de noms `System.Reflection`. Les possibilités offertes par ces types permettent la mise en œuvre de scénarios avancés, comme l'utilisation de classes non connues de l'application lors de la phase de compilation (principe du Plugin) ou la création de systèmes de mappage objet-relationnel (transformation automatique de données issues de bases de données en objets .NET et inversement).

# Chapitre 5
# La programmation orientée objet avec VB.NET

## 1. Principes de la programmation orientée objet

La notion d'objet est omniprésente lorsque l'on développe avec Visual Basic .NET. Nous allons donc voir dans un premier temps ce que représente cette notion, puis nous verrons comment la mettre en œuvre.

La programmation procédurale, telle que pratiquée avec des langages comme C ou Pascal, définit un programme comme un flot de données qui seront transformées, au fil de l'exécution, par des procédures et des fonctions. Aucun lien fort n'existe entre des données et actions.

La programmation orientée objet (POO) introduit la notion d'ensembles cohérents de données et d'actions en transposant au monde du développement des concepts communs et intuitifs issus du monde qui nous entoure.

En effet, nous utilisons au quotidien des objets ayant tous des propriétés et des actions qui leur sont associées. Ils peuvent également interagir ou être composés les uns par les autres, ce qui permet de former des systèmes complexes.

Une infinité d'analogies existe pour matérialiser ce concept, mais nous choisirons pour cette introduction celle de l'automobile, à la fois suffisamment simple et suffisamment complexe pour illustrer parfaitement les notions associées à la POO.

Une voiture a des propriétés qui lui sont propres, comme sa marque ou sa couleur, ainsi que des actions qui lui sont associées, comme le fait de démarrer, de freiner ou d'allumer les feux, et elle peut déclencher des événements, comme l'allumage d'un voyant du tableau de bord en cas de problème mécanique.

L'existence de ces éléments dans le code Visual Basic se traduit par l'écriture de classes. Une classe est un modèle qui définit les propriétés et actions de chacun des objets qui seront créés à partir de lui. L'étape de création d'un objet s'appelle l'instanciation. Dans le cas de notre analogie, on peut considérer qu'une classe est un plan de voiture qui sera livré aux usines. L'instanciation correspond quant à elle à l'étape de fabrication. Comme dans une usine, il est possible de construire une infinité d'objets à partir du même modèle.

L'exécution de l'action d'allumage des feux sur une voiture implique des éléments qui sont masqués à l'utilisateur : ils sont sous le capot et ne sont pas destinés à être utilisés séparément. Ceci va nous permettre d'introduire un des trois piliers de la POO : l'encapsulation.

### L'encapsulation

Chaque objet expose les données et les fonctions qui permettent aux autres objets d'interagir avec lui, et seulement celles-ci. Toutes les données propres au fonctionnement de l'objet et inutiles dans le cadre des interactions avec l'extérieur sont masquées. L'objet se comporte ainsi comme une boîte noire exposant seulement certaines données et fonctionnalités dont l'utilisation ne pourra pas corrompre l'état de l'objet.

Dans le cas de notre analogie, on pourrait dire qu'un objet Voiture expose la donnée *Niveau de carburant* en lecture et écriture, la donnée *Etat des feux* en lecture seule et la fonctionnalité *Allumage des feux*, entre autres.

On constate que l'état des feux ne peut être modifié que par l'exécution de l'action *Allumage des feux*, ce qui permet de garantir que l'état des feux correspond à l'état du levier d'allumage correspondant. D'autre part, le niveau d'essence peut être modifié en remplissant ou en vidant le réservoir directement, ce qui ne peut pas corrompre l'état interne de notre véhicule, l'état *En panne* étant certes désagréable, mais parfaitement logique et prévisible.

Pour définir le second fondement de la POO, il est possible de présenter l'automobile comme étant un concept générique à partir duquel tous les modèles sont conçus. Toutes les voitures ont le même fonctionnement logique, malgré des détails de conception différents : elles ont toutes quatre roues, un volant, un moteur ainsi qu'une carrosserie dans laquelle tous ces éléments sont imbriqués. Ainsi, dans le contexte de la POO, nous pouvons dire que toute voiture hérite des propriétés et fonctionnalités de notre automobile générique.

## L'héritage

L'héritage définit une relation de type "est un" entre deux classes. Cette relation signifie qu'une classe expose les mêmes fonctionnalités et données qu'une autre classe, en ajoutant potentiellement ses propres fonctionnalités. En général, on utilise l'héritage pour implémenter la notion de spécialisation.

Dans notre cas, il serait possible de dire qu'une voiture de type 4x4 "est une" automobile, tout comme il serait possible de dire qu'une voiture de type traction "est une" automobile. On peut donc définir la classe `Automobile` comme étant la classe de base de laquelle héritent les classes `Voiture4x4` et `VoitureTraction`. Les deux classes filles peuvent ainsi bénéficier des fonctionnalités implémentées dans `Automobile` et implémenter les fonctionnalités spécifiques au mode de fonctionnement qu'elles utilisent.

L'héritage est une notion profondément intégrée dans .NET, et donc dans VB.NET. En effet, tous les types héritent, directement ou non, de la classe `System.Object` qui est, par conséquent, la classe mère de toutes les classes et qui n'hérite donc d'aucune classe. Cette relation d'héritage est implicite : si une classe n'hérite pas explicitement d'une autre classe, alors elle hérite de `System.Object`.

Lorsqu'une classe est la classe fille dans une relation d'héritage, on dit d'elle qu'elle est dérivée de sa classe parente.

**Le polymorphisme**

Le dernier concept fondamental de la POO est en lien direct avec l'héritage. Le polymorphisme est en effet la capacité d'un objet à être vu sous plusieurs formes. Mais ces formes ne sont pas aléatoires. Elles dépendent directement de la hiérarchie d'héritage dont fait partie l'objet. Chaque classe peut donc être vue sous sa forme propre, mais aussi sous celle de sa classe mère ainsi que de toutes les classes "ancêtres" de sa classe mère. Chaque objet a donc au minimum deux formes possibles : celle définie par sa classe, ainsi que celle définie par le type `Object`.

Dans le cas d'héritage que nous venons de voir, il est donc possible de dire qu'un objet `VoitureTraction` est aussi accessible sous la forme d'un objet de type `Automobile` et d'un objet de type `System.Object`. Ce comportement permet de créer des fonctionnalités relatives aux objets de type `VoitureTraction` et `Voiture4x4` en ciblant les objets de type `Automobile`.

## 2. Les classes et structures

L'utilisation d'objets étant au cœur de la POO, nous commencerons par voir comment les créer, de la déclaration de la classe ou de la structure qui servira de modèle jusqu'à l'instanciation. Nous verrons aussi comment ajouter des propriétés et fonctionnalités à nos objets.

### 2.1 Classes

La majorité des types définis dans le framework .NET sont des classes, aussi est-il très important de comprendre comment les manipuler.

#### 2.1.1 Déclaration

Une classe se définit et est utilisée au travers de son nom. Il faut respecter certaines règles pour ce nommage, sous peine de se retrouver dans l'impossibilité de compiler. Les possibilités d'utilisation de la classe sont quant à elle définies par le modificateur d'accès associé.

## Nom d'une classe

Le nom d'une classe n'est valide que s'il respecte les règles suivantes :

– Il ne contient que des caractères alphanumériques ou le caractère _.

– Il ne commence pas par un chiffre.

Par convention, il est d'usage de nommer les classes en respectant le style UpperCamelCase (aussi appelé PascalCase), c'est-à-dire que la première lettre de chaque mot composant le nom de la classe doit être en majuscule, tandis que le reste est écrit en minuscule. Toutes les classes du framework .NET respectent cette convention.

`MaClasse`, `MurEnBrique` ou `PorteManteau` sont des noms respectant la casse UpperCamelCase.

`ecranPlat` est un nom accepté mais ne respectant pas cette convention.

## Syntaxe

Une classe est déclarée en utilisant le mot-clé `Class` suivi d'un nom et d'un bloc de code terminé par l'instruction `End Class`.

La syntaxe générale de déclaration d'une classe est la suivante :

```
<modificateur d'accès> Class <nom de la classe>
    [Inherits <Classe de base>]
    [Implements <Interface1>, <Interface2>, ...]

End Class
```

**Remarque**

*Les notions de classe de base et d'interface seront étudiées aux sections intitulées L'héritage et Les interfaces.*

Les classes sont des types références, ce qui signifie que les variables dont le type est une classe ont par défaut une valeur nulle. Ce comportement est important à connaître car il implique qu'il faut instancier un objet pour initialiser la variable. La notion d'instanciation est étudiée un peu plus loin dans ce chapitre (cf. section Utilisation des classes et des structures).

## Modificateurs d'accès

Les modificateurs d'accès sont des mots-clés définissant la visibilité de la classe pour le reste du code. Les différents modificateurs d'accès disponibles pour les classes sont les suivants, du plus restrictif au moins restrictif :

- `Private` : ce modificateur n'est autorisé que dans le cas de classes imbriquées, la classe étant dans ce cas uniquement visible par le type qui la contient (voir exemple ci-dessous).
- `Protected` : ce modificateur n'est autorisé que dans le cas de classes imbriquées, la classe étant dans ce cas visible par le type qui la contient et par ses types dérivés (voir l'exemple ci-dessous).
- `Friend` : la classe est visible par toutes les classes définies dans l'assembly.
- `Protected Friend` : la classe est visible par toutes les classes définies dans l'assembly et visible par une classe extérieure à l'assembly uniquement si cette dernière en hérite.
- `Public` : la classe est visible par n'importe quel autre type, dans n'importe quel assembly.

**Remarque**

*Lorsqu'aucun modificateur d'accès n'est spécifié dans la déclaration, le compilateur marque la classe comme étant `Friend`.*

Exemple de classe imbriquée avec visibilité `Private` :

```
Public Class Voiture
    Private Class Transmission

    End Class
End Class
```

Dans le cas décrit ci-dessus, la classe `Transmission` ne sera utilisable que par `Voiture`. Si le modificateur est remplacé par `Protected`, `Transmission` devient accessible par `Voiture` et ses classes filles uniquement.

### Variables d'instance

Les classes représentent des ensembles cohérents de données et d'actions. Il est donc possible de déclarer des variables dans les classes. On les appelle variables membres, ou membres d'instances. On les déclare de la même manière que les variables d'une fonction, à l'exception du fait qu'on peut leur assigner une visibilité.

Par défaut, si aucun modificateur d'accès n'est spécifié pour une variable, le compilateur considère que la variable est marquée comme `Private`.

```
Public Class Voiture
    'Déclaration d'une variable membre publique
    Public kilometrage as Integer
End Class
```

Pour utiliser une variable d'instance, il suffit de préfixer le nom de la variable par le nom de l'objet sur lequel vous voulez agir et l'opérateur point (`.`). Ici, pour modifier le kilométrage de notre voiture, on peut écrire :

```
'maFerrari est évidemment de type Voiture
maFerrari.kilometrage = 42
```

## 2.1.2 Constructeur et destructeur

Tout comme les objets physiques, les objets utilisés en VB.NET ont un cycle de vie défini. Celui-ci commence par l'instanciation de l'objet et se termine par son nettoyage par le Garbage Collector. Pour exécuter des instructions pendant chacune de ces opérations, il existe deux méthodes spécifiques : le constructeur et le destructeur.

### Constructeur

Un constructeur est une procédure spéciale, obligatoirement nommée `New`, permettant l'instanciation d'un objet.

Toutes les classes possèdent au moins un constructeur (à l'exception des classes abstraites que nous verrons à la section L'héritage), qu'il soit défini dans le code ou non. Si aucun constructeur n'est déclaré explicitement, le compilateur crée un constructeur vide n'acceptant aucun paramètre appelé constructeur par défaut.

Il est très souvent utile de définir un constructeur afin d'initialiser les variables membres de la classe.

La syntaxe permettant d'écrire un constructeur est la suivante :

```
<modificateur d'accès> Sub New([<paramètre1>, <paramètre2>...])

End Sub
```

Il est possible de surcharger les constructeurs, ce qui permet d'initialiser l'objet de plusieurs manières différentes en fonction du contexte d'utilisation.

```
Public Class Voiture
    Private kilometrage As Decimal
    Private couleur As String

    Public Sub New()
    End Sub

    Public Sub New(kilometrageVoiture As Decimal)
        kilometrage = kilometrageVoiture
    End Sub

    Public Sub New(kilometrageVoiture As Decimal, couleurVoiture As String)
        kilometrage = kilometrageVoiture
        couleur = couleurVoiture
    End Sub
End Class
```

Il est possible de déclarer un ou plusieurs constructeurs avec les modificateurs d'accès `Private` ou `Protected`. Ceci peut s'avérer très utile lorsqu'il est nécessaire de maîtriser complètement les instanciations d'une classe, comme dans le cas de l'implémentation du patron de conception *Singleton*.

**Remarque**

*Le patron de conception Singleton permet de s'assurer que le nombre maximum d'instances d'une classe est à tout moment 1.*

## Destructeur (ou finaliseur)

La destruction d'un objet est une opération automatique dans une application .NET. Le Garbage Collector (GC) surveille la totalité des instances créées tout au long de l'exécution de l'application, et marque comme orphelin chaque objet qui n'est plus utilisé. Lorsque le système a besoin de mémoire, le GC détruit les objets qu'il considère comme nettoyables en appelant leur destructeur s'ils en ont un.

Un destructeur est donc une autre méthode particulière dont la signature est imposée. Son nom doit être `Finalize`, il ne peut accepter aucun paramètre et, comme le constructeur, n'a pas de type de retour.

Cette méthode, si elle est implémentée, doit exécuter le code nécessaire à la libération d'éventuelles ressources non managées qui n'auraient pas été libérées précédemment, comme des fichiers ou des connexions à des bases de données.

Le destructeur d'une classe s'écrit ainsi :

```
Protected Overrides Sub Finalize()
    'Insérer ici le code permettant de nettoyer les ressources
    'utilisées par l'objet

End Sub
```

Il est impossible de prévoir quand le GC détruira un objet particulier, mais il est toutefois possible de lui demander d'effectuer une collecte des objets inutilisés et de libérer la mémoire qui peut l'être. Cette opération est coûteuse en termes de ressources pour un gain qui peut être très faible (de quelques Ko à plusieurs dizaines de Mo en fonction du contexte). Pour lancer cette collecte, il suffit d'exécuter la méthode statique `Collect` de la classe GC :

```
GC.Collect()
```

**Remarque**

*Pour connaître le nombre d'octets alloués à une application en mémoire, il est possible d'utiliser le code suivant :*

```
Dim memoireUtilisee as Long = GC.GetTotalMemory(False)
```

L'imprédictibilité du GC pousse donc les développeurs à isoler le code de nettoyage dans une méthode appelée explicitement quand l'objet n'est plus utilisé.

Cette méthode s'appelle en général `Dispose` et fait partie de l'implémentation du patron de conception **Disposable**.

```
Public Sub Dispose()
    'Code de libération des ressources
End Sub
```

L'appel de cette méthode pouvant être omis par le développeur utilisant la classe, il convient de l'appeler à partir du destructeur afin d'être certain que la ressource sera libérée.

Un problème peut alors se poser : la méthode `Dispose` peut être appelée une fois explicitement dans le code et une seconde fois implicitement via le destructeur. Il faut donc mettre en place un mécanisme permettant d'exécuter plusieurs fois la méthode `Dispose` sans causer d'erreur.

```
Public Class Voiture
    Private estNettoye As Boolean = False

    Public Sub Dispose()
        If Not estNettoye Then
            'Code de nettoyage
            estNettoye = True
        End If
    End Sub

    Protected Overrides Sub Finalize()
        Dispose()
    End Sub
End Class
```

Une autre solution est d'indiquer au GC qu'il n'est plus nécessaire d'appeler le destructeur de l'objet une fois qu'il a été nettoyé.

```
Public Sub Dispose()
    'Code de libération des ressources

    GC.SuppressFinalize(Me)
End Sub
```

### 2.1.3 Classes partielles

La version 2005 de Visual Basic .NET (arrivée avec .NET 2.0) a introduit la notion de classes partielles afin de mieux gérer la génération automatique de code. En effet, les interfaces graphiques Windows Forms sont entièrement créées à l'aide de code VB.NET. La présence de code généré et de code écrit par les développeurs dans le même fichier était donc source de problèmes. Avec les classes partielles, il est possible de scinder une classe en plusieurs portions pouvant être réparties dans plusieurs fichiers.

Il est ainsi possible de générer le code d'une interface graphique Windows Forms ou de classes d'accès aux données tout en laissant la possibilité d'étendre ce code sans créer de nouvelles classes ou entraîner des situations de conflits entre le code généré et le code du développeur.

On déclare une classe partielle de la même manière qu'une classe normale, mais en préfixant le mot-clé `Class` par le mot-clé `Partial`. Toutes les parties d'une classe partielle doivent être déclarées avec le même nom dans le même assembly et dans le même espace de noms. Si ces conditions ne sont pas respectées, le compilateur considérera les différentes parties comme des classes différentes, ce qui n'est évidemment pas l'effet attendu.

```
Partial Public Class Voiture
    Public kilometrage As Decimal
End Class

Partial Public Class Voiture
    Public couleur As String
End Class
```

À la compilation, ces deux déclarations seront fusionnées. Ainsi, il sera possible d'écrire :

```
'la variable auto est de type Voiture
auto.kilometrage = 42042.0
auto.couleur = "Bleu ciel"
```

## 2.2 Structures

Les structures sont, comme les classes, des ensembles cohérents de données et de fonctionnalités. Elles sont similaires aux classes mais ont comme principale différence d'être des **types valeurs**.

Cette différence implique des comportements différents, notamment le fait qu'une variable de type structure ne peut pas avoir de valeur nulle. Lors de la déclaration d'une variable de type structure, chacun de ses membres est initialisé à sa valeur par défaut.

On déclare une structure presque de la même manière qu'une classe, mais en utilisant le mot-clé `Structure`.

```
<modificateur d'accès> Structure <nom de la structure>

End Structure
```

Les structures héritent toutes implicitement de la classe `System.ValueType`, elle-même héritant de la classe `System.Object`, mais elles ne peuvent pas hériter d'une autre classe ou structure. Elles ne peuvent pas avoir de destructeur et ne peuvent pas avoir de constructeur sans paramètre. Toutefois, il n'est pas obligatoire de définir un constructeur dans une structure.

```
Public Structure Voiture
    public kilometrage as Integer
End Structure
```

Pour initialiser notre voiture, on peut écrire :

```
Dim maFerrari as Voiture
maFerrari.kilometrage = 42
```

Il est à noter qu'au même titre que les classes, il est possible de définir des structures partielles. Celles-ci sont rarement utilisées car les objets de type structure sont la plupart du temps des conteneurs légers destinés à grouper quelques variables ayant une relation entre elles.

## 2.3 Méthodes

Une méthode est une fonction ou une procédure définie dans une classe ou une structure. Elle définit une fonctionnalité associée à l'objet et peut manipuler les variables de l'objet afin de modifier son état.

### 2.3.1 Création

Pour définir une méthode, il suffit d'écrire une procédure ou une fonction à l'intérieur d'une définition de type.

```
Public Class Voiture
    Private estDemarree As Boolean

    Public Sub Demarrer()
        estDemarree = True
        Console.WriteLine("VROUUUUUM")
    End Sub
End Class
```

Une fois définie, une méthode peut, comme une variable, être appelée sur un objet grâce à l'opérateur point (`.`), sous réserve que le modificateur d'accès de la méthode l'autorise.

```
maFerrari.Demarrer()
```

Plusieurs méthodes peuvent avoir le même nom, mais elles doivent se distinguer par leurs arguments. On dit alors que ces méthodes sont surchargées.

La distinction entre les différentes surcharges ne se fait pas sur le nom des arguments. Les points importants sont :

- le nombre des arguments,
- le type des arguments,
- l'ordre des arguments.

```
Public Sub Demarrer()
End Sub

Public Sub Demarrer(allumerFeux As Boolean)
End Sub

Public Sub Demarrer(allumerFeux As Boolean, activerEssuieGlaces as Boolean)
```

```
End Sub

Public Sub Demarrer(activerEssuieGlaces As Boolean, allumerFeux As Boolean)
End Sub
```

Écrire ces quatre méthodes dans la même classe est tout à fait valide, même si la dernière a un intérêt très limité puisqu'elle possède exactement les mêmes paramètres que la troisième. Chaque appel de méthode sera lié à la bonne déclaration au moment de la compilation, en fonction des paramètres passés dans l'appel.

### 2.3.2 Méthodes partielles

La version 2008 du langage (arrivée avec .NET 3.5) a amené les méthodes partielles pour la même raison que les classes partielles ont fait leur apparition dans la version 2005. La génération de code **LINQ to SQL** se fait à l'aide de classes partielles qui permettent au développeur d'ajouter des fonctionnalités au code généré. La notion de méthodes partielles permet en plus d'ajouter des traitements dans le code généré, mais sans le modifier.

Le principe des méthodes partielles est relativement simple : une première partie de la méthode est définie avec le mot-clé `Partial` mais elle ne possède pas de bloc de code associé. Ceci permet au compilateur de savoir que la méthode est susceptible d'avoir une implémentation dans une autre partie de la classe.

Les méthodes partielles doivent être définies dans des classes partielles. Dans le cas contraire, le compilateur génère une erreur.

Les méthodes partielles ne peuvent pas être des fonctions. En effet, le code appelant cette fonction dépendrait d'elles pour fonctionner convenablement, ce qui ne correspond pas à la logique d'extension de fonctionnalité décrite ci-dessus.

Pour la même raison, le modificateur d'accès qui leur est associé doit obligatoirement être `Private`.

```
Partial Class Voiture
    Private Partial Sub AuDemarrage()
    End Sub

    Sub Demarrer()
        AuDemarrage()
    End Sub
End Class
```

La seconde partie de la méthode peut être définie dans le même fichier ou dans un autre, mais toujours dans la même classe partielle. Elle doit avoir la même signature que la première partie, sans le mot-clé `Partial`.

```
Partial Class Voiture
    Private Sub AuDemarrage()
        Console.WriteLine("VROUUUUUM")
    End Sub
End Class
```

Ainsi, à l'appel de la méthode `Demarrer`, le moteur vrombit !

Si la deuxième partie de cette méthode n'est pas présente, alors la méthode partielle n'a pas d'implémentation. Dans ce cas, le compilateur supprime la définition de la méthode partielle ainsi que les appels à cette méthode.

### 2.3.3 Méthodes d'extension

Les méthodes d'extension permettent de rajouter des fonctionnalités à des classes ou des structures existantes sans en modifier le code. Ce type de méthode est tout à fait adapté à l'extension des classes du framework .NET telles que la classe `String`. En effet, ces classes ne sont pas modifiables et il arrive fréquemment que l'on souhaite leur adjoindre une fonctionnalité.

Avant Visual Basic 2008, la fonctionnalité était définie dans une classe ou un module utilitaire et appelée de manière conventionnelle.

```
Dim estPalindrome As Boolean =
objetUtilitaire.EstUnPalindrome(maChaine)
```

Tout comme les méthodes utilitaires décrites ci-dessus, les méthodes d'extension sont écrites à l'extérieur de la classe étendue. Elles sont en revanche utilisables de la même manière que les méthodes de la classe étendue.

Une méthode d'extension doit respecter une convention d'écriture stricte :

- Elle doit être définie dans un module.
- Elle doit être décorée avec un attribut du type `System.Runtime.CompilerServices.ExtensionAttribute`.
- Son premier paramètre (obligatoire) doit être du type étendu.

Dans cet exemple, nous ajoutons une méthode à la classe `String` permettant de tester si un mot est un palindrome, c'est-à-dire s'il peut se lire indifféremment de gauche à droite ou de droite à gauche.

```
Public Module StringExtensions

    <System.Runtime.CompilerServices.Extension()>
    Public Function EstPalindrome(ByVal motATester As String) As Boolean
        If motATester = Nothing Then
            Return False
        End If

        Dim motInverse As String = ""
        For i As Integer = motATester.Length - 1 To 0
            motInverse = motInverse + motATester(i)
        Next

        Return motInverse.Equals(motATester)
    End Function

End Module
```

Si nous utilisons ensuite une variable de type `String`, la méthode `EstPalindrome` est disponible et suggérée par IntelliSense.

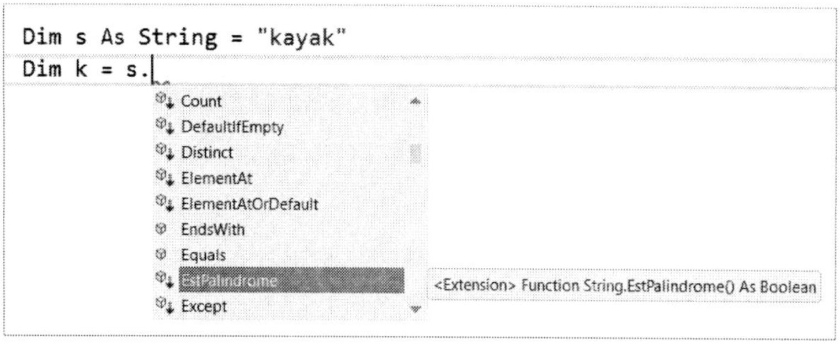

**Remarque**

*Les méthodes d'extension sont repérées dans la liste par une icône différente des méthodes classiques ainsi que par la précision "<Extension>" dans le texte d'information associé.*

### 2.3.4 Méthodes opérateurs

Les méthodes opérateurs permettent de redéfinir un opérateur standard du langage pour l'utiliser sur des types définis par le développeur.

Dans le cas de deux collections de voitures, redéfinir l'opérateur + permettrait de fusionner les collections.

Prenons deux objets de type `CollectionDeVoitures` définis comme ci-dessous et essayons de les additionner :

```
Structure CollectionDeVoitures
    Public nombreDeVoitures As Integer
    Public prixEstime As Integer
End Structure
```

```
Dim collection1, collection2, collectionResultat As CollectionDeVoitures

collection1.nombreDeVoitures = 14
collection1.prixEstime = 2420000

collection2.nombreDeVoitures = 8
collection2.prixEstime = 1240000

collectionResultat = collection1 + collection2
                      (variable locale) collection1 As CollectionDeVoitures
                      L'opérateur '+' n'est pas défini pour les types 'Module2.CollectionDeVoitures' et 'Module2.CollectionDeVoitures'.

Console.WriteLine("La nouvelle collection contient {0} voitures et son prix est estimé à {1} €",
                  collectionResultat.nombreDeVoitures,
                  collectionResultat.prixEstime)
```

Le compilateur ne sait pas comment additionner ces deux éléments et nous le fait savoir en affichant une erreur bloquante pour la compilation. Rajoutons une redéfinition de l'opérateur + à notre structure :

```
Public Shared Operator +(collection1 As CollectionDeVoitures,
collection2 As CollectionDeVoitures) As CollectionDeVoitures
    Dim resultat As CollectionDeVoitures
    resultat.nombreDeVoitures = collection1.nombreDeVoitures +
```

```
collection2.nombreDeVoitures
    resultat.prixEstime = collection1.prixEstime +
collection2.prixEstime
    Return resultat
End Operator
```

Après cet ajout, l'erreur de compilation disparaît et l'exécution du code affiche le résultat suivant :

```
La nouvelle collection contient 22 voitures et son prix est estimé
à 3660000 €
```

## 2.4 Propriétés

Les classes peuvent contenir des données publiques sous la forme de variables membres, mais afin de respecter le concept d'encapsulation, il est préférable d'exposer des propriétés plutôt que des variables. En effet, les propriétés permettent d'exécuter du code à chaque accès en lecture ou écriture. Ceci permet de valider les données et ainsi maintenir l'objet dans un état cohérent.

### 2.4.1 Lecture et écriture

Une propriété est identifiée par le mot-clé `Property` et contient deux blocs de code identifiés par les mots-clés `Get` et `Set`. Le bloc `Get` est exécuté à la lecture de la propriété tandis que le bloc `Set` est exécuté lorsque l'on accède en écriture à la propriété.

Une propriété ressemble à ceci :

```
Private _kilometrage As Integer

Property Kilometrage() As Integer
    Get
        Return _kilometrage
    End Get

    Set(ByVal Value As Integer)
        If Value > _kilometrage Then
            _kilometrage = Value
        Else
            Console.WriteLine("Le kilométrage d'une voiture ne
```

```
peut pas diminuer")
        End If
    End Set
End Property
```

Afin de respecter le principe d'encapsulation, la variable `_kilometrage` est marquée `Private`. La propriété est quant à elle automatiquement marquée `Public` par le compilateur lorsqu'aucun modificateur d'accès n'est spécifié.

On pourra remarquer le paramètre `Value` que l'on trouve dans le bloc `Set`. Celui-ci représente la valeur assignée à la propriété. Un test a également été ajouté dans le bloc `Set` afin de valider la valeur passée à la propriété.

### 2.4.2 Lecture seule

Il peut être intéressant pour la cohérence d'un objet de n'exposer une propriété qu'en lecture seule. Dans notre cas, on peut dire que le kilométrage d'une voiture ne doit être modifié que par le fonctionnement interne de la voiture. Protéger la variable d'instance `_kilometrage` en l'exposant uniquement à travers une propriété en lecture seule paraît donc être une excellente solution.

Pour cela, il suffit de déclarer la propriété avec le mot-clé `ReadOnly`, et sans bloc `Set`. Sans ce bloc, toute tentative d'assignation à la propriété se traduit par une erreur de compilation. Notre kilométrage est sauf !

```
Private _kilometrage As String

Public ReadOnly Property Kilometrage() As String
   Get
        Return _kilometrage
    End Get
End Property
```

### 2.4.3 Écriture seule

Dans de très rares cas, il peut être utile de définir une propriété en écriture seule. Par exemple, on peut avoir besoin de définir une propriété `MotdePasse` dans une classe `Utilisateur`. Il n'est clairement pas souhaitable que ce mot de passe puisse être lu. Une propriété en écriture seule semble donc tout indiquée pour l'implémenter.

On implémente une propriété en écriture seule en utilisant le mot-clé `WriteOnly` et en omettant le bloc `Get`.

```
Private _motDePasse As String

Public WriteOnly Property MotDePasse() As String
    Set(ByVal Value As String)
        _motDePasse = Value
    End Set
End Property
```

### 2.4.4 Propriétés automatiques

Lorsqu'aucune logique particulière ne doit être associée aux accesseurs `Get` et `Set` d'une propriété, il peut être intéressant d'utiliser les propriétés automatiques, arrivées avec Visual Basic 2010 et .NET 3.5. On déclare ces éléments en utilisant un raccourci syntaxique pour la définition de propriétés.

Une propriété automatique est déclarée comme une fonction membre, mais en utilisant le mot-clé `Property` en lieu et place du mot-clé `Function`. Ajoutons une propriété `Couleur` à notre `Voiture` :

```
Public Property Couleur() As String
```

Comme cette propriété n'accède pas explicitement à une variable membre, il n'est pas nécessaire d'en déclarer pour stocker la valeur qui lui est affectée. Dans les coulisses, le compilateur en créera une et générera le corps des blocs `Get` et `Set`. Ci-dessous, une représentation VB du code IL généré par le compilateur.

```
Private _couleur As String

Public Property Couleur() As String
    Get
        Return _couleur
    End Get
    Set(ByVal Value As String)
        _couleur = Value
    End Set
End Property
```

Comme pour les variables membres, il est également possible d'initialiser une propriété automatique en ajoutant une assignation à la suite de la déclaration :

```
Public Property Couleur() As String = "Vert"
```

### 2.4.5 Propriétés automatiques en lecture seule

La possibilité d'initialiser une propriété au moment de sa déclaration procure à VB.NET la capacité de créer des propriétés automatiques en lecture seule. Sans initialisation, une propriété automatique en lecture seule n'aurait en effet aucune utilité.

Ce type de propriété est déclaré de la même manière qu'une propriété automatique avec initialisation. La seule différence est l'ajout du mot-clé `ReadOnly` pour obtenir une propriété en lecture seule. La propriété `Couleur` définie plus haut peut être déclarée en lecture seule de la manière suivante :

```
Public ReadOnly Property Couleur() As String = "Vert"
```

Ci-dessous, une représentation VB.NET du code IL généré par le compilateur.

```
Private ReadOnly _couleur As String

Public Property Couleur() As String
    Get
        Return _couleur
    End Get
End Property
```

Le code IL du constructeur de la classe contenant la propriété se voit également modifié pour inclure une instruction initialisant la variable membre `_couleur`.

Le mot-clé `Readonly` utilisé pour la déclaration de la variable membre générée indique que celle-ci n'est modifiable que dans le constructeur de la classe qui la contient.

### 2.4.6 Propriétés indexées

Les propriétés indexées, aussi nommées indexeurs ou propriétés par défaut, permettent un accès de type tableau à un ensemble d'éléments. Elles acceptent pour cela un ou plusieurs paramètres.

On déclare une propriété indexée en utilisant la syntaxe suivante :

```
<modificateur d'accès> Property <Nom>(paramètre1, [paramètre2,
paramètre3...]) As <type>
    Get
        'Implémentation
    End Get
    Set
        'Implémentation
    End Set
End Property
```

Une implémentation (parfaitement inutile) de propriété indexée (en lecture seule) pourrait être la suivante :

```
Public Class Voiture
    Public ReadOnly Property Roues(numeroRoue As Integer)
        Get
            Return "Roue n°" + numeroRoue
        End Get
    End Property
End Class
```

Cette propriété indexée peut ensuite être utilisée de la manière suivante :

```
'voiture est de type Voiture
Console.WriteLine(voiture.Roues(2))
```

Ce qui affiche : `Roue n° 2`

## 2.5 Membres statiques

Les membres statiques (ou membres partagés) d'une classe sont des variables, propriétés ou méthodes qui ne sont pas spécifiques à une instance de la classe mais à la classe elle-même. Un membre statique existe en un seul exemplaire. On accède à un membre partagé en utilisant le nom du type auquel il est associé. Le compilateur VB.NET autorise néanmoins l'utilisation de membres partagés à travers des objets, mais il déclenche un avertissement.

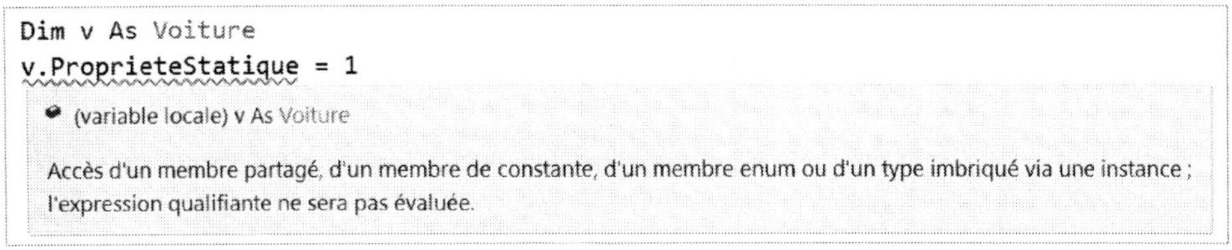


Un membre statique ne peut pas accéder à un membre d'instance de sa classe sauf si on lui fournit l'objet dont on veut utiliser le membre.

On définit un membre partagé en utilisant le mot-clé `Shared` après le modificateur d'accès.

Ici, nous considérerons que le nombre de roues est une caractéristique identique pour toutes les voitures. Il est donc possible d'ajouter une propriété statique en lecture seule définissant ce nombre dans la classe `Voiture` :

```
Public Shared ReadOnly Property NombreDeRoues As Integer = 4
```

Pour utiliser cette propriété, nous écrirons :

```
Dim nombre As Integer = Voiture.NombreDeRoues
```

Il en va de même pour tous les types de membres qu'une classe ou une structure peut avoir.

**Remarque**

*Le mot-clé `Shared` ne peut pas être combiné avec le mot-clé `Const`, les constantes étant des types particuliers de membres statiques.*

## 2.6 Utilisation des classes et des structures

Le cas général d'utilisation d'une classe ou d'une structure passe par la construction d'un objet. Une fois créé, il est possible de lire ou d'écrire des données dans l'objet, ainsi que d'exécuter les méthodes qui lui sont associées.

### 2.6.1 Instanciation

L'instanciation d'un objet à partir d'une classe se fait en utilisant le mot-clé new :

```
'Voiture est une classe

'Déclaration de la variable. Comme Voiture est une classe,
'auto a une valeur nulle
Dim auto As voiture

'Instanciation de l'objet auto. Celui-ci est maintenant utilisable
 auto = new Voiture()
```

Pour les structures, les choses sont un peu différentes. Comme une structure est un type valeur, une variable de type structure n'a pas une valeur nulle au moment de sa déclaration, et chacun de ses membres prend la valeur par défaut de son type.

```
'Voiture est une structure

'Déclaration de la variable
Dim auto as Voiture
```

Si un constructeur a été défini pour le type structure, alors il est possible d'initialiser notre objet de la même manière que l'on instancie un objet à partir d'une classe.

```
Dim auto as Voiture

'Le constructeur du type a un paramètre : kilometrage as Integer
auto = new Voiture(42)
```

### 2.6.2 Initialisation

L'initialisation d'un objet est un processus dont les éléments sont la construction d'une instance et l'affectation de valeurs à ses propriétés. Classiquement, on initialise les propriétés d'un objet de la manière suivante :

```
Dim auto As Voiture = new Voiture()
auto.Couleur = "Rouge"
auto.Kilometrage = 12500
auto.Prix = 20000
```

Afin de simplifier ce processus qui peut vite devenir fastidieux, il est possible d'utiliser un initialiseur : celui-ci permet de créer notre objet et d'initialiser tout ou partie de ses propriétés publiques en une seule instruction.

```
Dim auto As Voiture = new Voiture() With { .Couleur = "Rouge",
.Kilometrage = 12500 }
auto.Prix = 20000
```

### 2.6.3 Types anonymes

Durant le développement d'une application, il est souvent utile de créer de petits objets qui seront utilisés dans une ou deux fonctions tout au plus. Ces objets ont une durée de vie très courte et n'ont plus ou moins aucune responsabilité vis-à-vis du fonctionnement de l'application.

Créer des classes comme modèles pour ces objets est donc une contrainte n'apportant pas vraiment de valeur à l'application.

Depuis Visual Basic 2008, il n'est plus nécessaire de créer des types spécifiques pour ces objets. En effet, les types anonymes ont exactement le rôle décrit ci-dessus.

On peut créer un objet de type anonyme en utilisant presque exactement la même syntaxe que nous avons vue pour les initialiseurs. Il suffit juste de ne pas spécifier de nom de type après le mot-clé `New`, et déclarer chacune de nos propriétés en donnant leur nom et leur valeur.

```
New { .Couleur = "Rouge", .Kilometrage = 12500 }
```

Par contre, un problème se pose : comment déclarer la variable qui va contenir cet objet ?

Eh bien, nous sommes typiquement dans le cas où l'inférence de type trouve toute sa valeur. En effet, le compilateur VB.NET est capable de générer un type d'après les propriétés que nous avons spécifiées pour la création de notre objet. Ce type inconnu durant la phase de développement prendra alors vie durant la compilation et notre variable sera liée au même moment à ce nouveau type.

Pour le vérifier, faisons un essai :

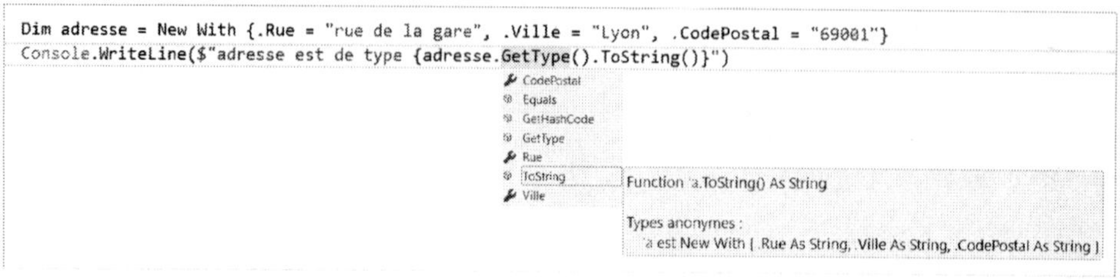


Avant même la compilation, Visual nous montre que notre type est bien reconnu comme anonyme et qu'il possède bien trois propriétés de type `String`. Il possède aussi quatre méthodes que vous aurez peut-être reconnues : ce sont les méthodes fournies par la classe `System.Object`. En effet, comme toutes les classes, notre type anonyme hérite lui aussi de la classe `Object`.

Ces méthodes sont les seules que pourra avoir notre objet, car il est impossible de définir une méthode dans un objet anonyme.

Le résultat de l'exécution de notre code est le suivant :

```
adresse est de type ConsoleApplication1.VB$AnonymousType_0`3
[System.String,System.String,System.String]
```

On peut constater que le compilateur a effectivement généré un type (au nom un peu barbare) et qu'il a bien lié la variable `adresse` à ce type. Par contre, instancier une variable de type anonyme ne veut pas nécessairement dire que le compilateur générera une classe pour cette variable. Il cherchera d'abord un type qu'il a généré qui correspond à la variable que nous souhaitons créer, et en créera un si aucun ne correspond.

Pour comprendre quels critères sont utilisés par le compilateur, créons quelques variables et comparons le résultat avec notre résultat précédent :

```
'2 variables déclarées exactement de la même manière
Dim adresse = New With {.Rue = "rue de la gare", .Ville = "Lyon", .CodePostal = "69001"}
Dim adresseIdentique = New With {.Rue = "rue de la gare", .Ville = "Lyon", .CodePostal = "69001"}
'4 propriétés au lieu de 3
Dim adresseNombre = New With {.Numero = 15, .Rue = "rue de la gare", .Ville = "Lyon", .CodePostal = "69001"}
'Une propriété avec un nom différent
Dim adresseNom = New With {.Rue = "rue de la gare", .Ville = "Lyon", .CP = "69001"}
'CodePostal et Ville ont été interchangés
Dim adresseOrdre = New With {.Rue = "rue de la gare", .CodePostal = "69001", .Ville = "Lyon"}
'CodePostal est maintenant un entier
Dim adresseType = New With {.Rue = "rue de la gare", .Ville = "Lyon", .CodePostal = 69001}


Console.WriteLine($"adresse est de type {adresse.GetType().ToString()}")
Console.WriteLine($"adresseIdentique est de type {adresseIdentique.GetType().ToString()}")
Console.WriteLine($"adresseNombre est de type {adresseNombre.GetType().ToString()}")
Console.WriteLine($"adresseNom est de type {adresseNom.GetType().ToString()}")
Console.WriteLine($"adresseOrdre est de type {adresseOrdre.GetType().ToString()}")
Console.WriteLine($"adresseType est de type {adresseType.GetType().ToString()}")
```

Le résultat est le suivant :

```
adresse est de type ConsoleApplication1.VB$AnonymousType_0`3
[System.String,System.String,System.String]
adresseIdentique est de type ConsoleApplication1.VB$AnonymousType_0`3
[System.String,System.String,System.String]
adresseNombre est de type ConsoleApplication1.VB$AnonymousType_1`4
[System.Int32,System.String,System.String,System.String]
adresseNom est de type ConsoleApplication1.VB$AnonymousType_2`3
[System.String,System.String,System.String]
adresseOrdre est de type ConsoleApplication1.VB$AnonymousType_3`3
[System.String,System.String,System.String]
adresseType est de type ConsoleApplication1.VB$AnonymousType_0`3
[System.String,System.String,System.Int32]
```

Les deux premières variables sont du même type, mais toutes les autres ont un type différent. On en déduit donc que les critères de choix sont les suivants :

- le nom des propriétés,
- le nombre de propriétés,
- l'ordre de définition des propriétés,
- le type des propriétés.

## 3. Les espaces de noms

Le code d'une application peut très vite contenir plusieurs dizaines, centaines ou milliers de types différents. Afin d'organiser le projet, il est tout à fait possible de créer une structure hiérarchique de dossiers regroupant les types par utilité ou contexte d'utilisation. En plus de cette organisation physique, il est possible de créer une organisation logique à l'aide du concept d'espace de noms (*namespace* en anglais).

### 3.1 Nomenclature

Un espace de noms est composé de plusieurs identificateurs séparés par l'opérateur point (`.`), chacun des identificateurs faisant office de conteneur logique. Voyons quelques exemples d'espaces de noms :

```
System
System.Windows
System.Data.SqlClient
```

Ces trois espaces de noms font partie du framework .NET. `System` contient les types de base de .NET, comme les types primitifs, `System.Windows` est le conteneur logique des types de base pour la création d'applications fenêtrées. Enfin `System.Data.SqlClient` contient les types de la brique ADO.NET spécifiques aux bases de données SQL Server.

En plus de l'aide à la structuration, l'utilisation d'espaces de noms permet d'avoir plusieurs types dont le nom est identique : pour éviter toute ambiguïté entre ces types, il est possible d'utiliser le nom pleinement qualifié du type que l'on souhaite utiliser. Ce nom complet est la concaténation de l'espace de noms, de l'opérateur point (`.`) et du nom du type.

Le framework .NET comprend plusieurs classes nommées `DataGrid`. Celles-ci se trouvant dans des espaces de noms différents, il est possible de faire référence à chacun de ces types sans ambiguïté de la manière suivante :

```
Dim grilleWpf As System.Windows.Controls.DataGrid

Dim grilleWindowsForms  As System.Windows.Forms.DataGrid
```

Pour inclure un type dans un espace de noms, il suffit de déclarer le type à l'intérieur d'un bloc `Namespace`.

```
Namespace MonApplication
    Namespace MonApplication
    Public Class LecteurFluxRss
        'Implémentation
    End Class
    Namespace MonApplication
End Namespace
```

Il est également possible d'imbriquer des espaces de noms. Implicitement, dans un projet Visual Basic .NET, ceci est effectué pour chaque déclaration d'un espace de noms. En effet, un espace de noms global, associé à l'application, est généré automatiquement lors de la compilation du projet. Cet espace de noms racine peut être configuré dans la page de propriétés du projet, à la section **Application**, et correspond par défaut au nom du projet. Il est à noter que la valeur de l'espace de noms racine peut être vide.

La qualification complète de chaque namespace peut être obtenue en préfixant son nom avec le nom de son parent et l'opérateur point (`.`).

```
Namespace Data
    Namespace Models

    End Namespace
End Namespace
```

Ici, le nom complet associé au namespace `Models` est en fait `Data.Models`, et même, en tenant compte de l'espace de noms racine du projet (`ConsoleApplication1` par exemple), `ConsoleApplication1.Data.Models`.

## 3.2 Le mot-clé Imports

Très souvent, il ne sera pas nécessaire d'utiliser ce nom complet explicitement. Il est en effet possible de déclarer dans le code que nous souhaitons utiliser les classes d'un ou plusieurs espaces de noms particuliers à l'aide du mot-clé `Imports`.

Ainsi, si l'on souhaite utiliser les classes de l'espace de noms `System.Windows.Forms`, on pourra écrire le code suivant :

```
Imports System.Windows.Forms

Public Class MaClasse
    Private Sub CreerDataGrid()
        Dim maGrille As DataGrid

        '...

        'On peut aussi utiliser le type DataGrid de l'espace
        'de noms System.Windows.Controls en spécifiant
        'le nom complet
        Dim maGrilleWpf As System.Windows.Controls.DataGrid
    End Sub
End Class
```

Il est important de noter que plusieurs espaces de noms sont importés automatiquement dans chaque fichier de code. Ceux-ci sont configurables dans la page de propriétés du projet, à la section **Références**.

Le mot-clé `Imports` peut également être utilisé pour simplifier l'utilisation d'éléments statiques. Les membres statiques sont en effet utilisés au travers du nom du type auquel ils appartiennent, ce qui peut amener à de nombreuses répétitions. L'instruction suivante utilise deux membres de la classe `System.Math` pour calculer la valeur du cosinus de $\pi$.

```
'L'instruction Imports suivante est optionnelle
'lorsque l'espace de noms System est importé automatiquement
Imports System

Public Class MaClasse
    Private Sub ExecuterCalcul()
          Dim cosPi As Double = Math.Cos(Math.PI)
          '...
    End Sub
End Class
```

L'utilisation du mot-clé `Imports` suivie du nom d'un type permet de s'affranchir de l'utilisation du nom de ce type dans le fichier de code. L'exemple précédent pourrait ainsi être réécrit de la manière suivante :

```
Imports System
Imports System.Math

Public Class MaClasse
    Private Sub ExecuterCalcul()
          Dim cosPi As Double = Cos(PI)
          '...
    End Sub
End Class
```

**Remarque**

*Attention ! L'importation d'éléments statiques peut amener à un manque de lisibilité du code, voire à certains conflits empêchant la compilation. Il pourrait en effet être difficile, pour le développeur comme pour le compilateur, de déterminer à quelle classe appartient une fonction utilisée dans ce contexte.*

# 4. L'héritage

L'héritage permet de représenter et implémenter une relation de spécialisation entre une **classe de base** et une **classe dérivée**. Il permet donc la transmission des caractéristiques et comportement du type de base vers le type dérivé, ainsi que leur modification.

## 4.1 Mise en œuvre

Pour déclarer une relation d'héritage entre deux classes, il est nécessaire de modifier la déclaration de celle que l'on veut définir comme étant la classe dérivée. Cette modification consiste en l'ajout du mot-clé `Inherits` et du nom de la classe de base à la ligne suivant la déclaration du type :

```
Public Class ClasseDeBase
    Public Identifiant as Integer

    Public Sub AfficherIdentifiant()
```

```
            Console.WriteLine(Identifiant)
        End Sub
    End Class

    Public Class ClasseDerivee
        Inherits ClasseDeBase
    End Class
```

**Remarque**

*À l'inverse d'autres langages comme le C++, VB.NET n'autorise pas à faire dériver un type de plusieurs classes de base.*

Une fois que cette relation d'héritage est mise en place, il est parfaitement possible d'écrire le code suivant :

```
Dim monObjet As ClasseDerivee = new ClasseDerivee()
monObjet.Identifiant = 42
monObjet.AfficherIdentifiant()
'Affiche 42 dans la console
```

En effet, `ClasseDerivee` peut accéder aux membres `Public`, `Friend` et `Protected` de sa classe de base, dont la variable `Identifiant` et la méthode `AfficherIdentifiant`.

## 4.2 Les mots-clés Me, MyBase et MyClass

Le mot-clé `Me` renvoie l'instance courante de la classe dans laquelle il est utilisé. Il permet par exemple de passer une référence de l'objet courant à un autre objet.

```
Namespace MeEtBase
    Public Class Voiture

        Public Longueur As Decimal

        'Constructeur de la classe Voiture
        Public Sub New()
            'Les 2 lignes suivantes ont exactement le même
            'rôle puisque Me renvoie l'objet courant

            Longueur = 4.2D
```

```
            Me.Longueur = 4.2D

            'La ligne suivante écrit dans la console le
            'résultat de l'appel Me.ToString()
            '("MeEtBase.Voiture", dans ce cas)

            Console.WriteLine(Me)
        End Sub
    End Class
End Namespace
```

Le mot-clé `MyBase` permet quant à lui de faire référence à l'objet courant, mais sous la forme de sa classe de base. Ce mot-clé n'est pas utilisable seul : il doit obligatoirement être utilisé pour faire référence à un membre de la classe de base. Il n'est donc pas possible d'écrire le code suivant :

```
Console.WriteLine(MyBase)
```

Le compilateur nous renvoie en effet une erreur assez explicite :

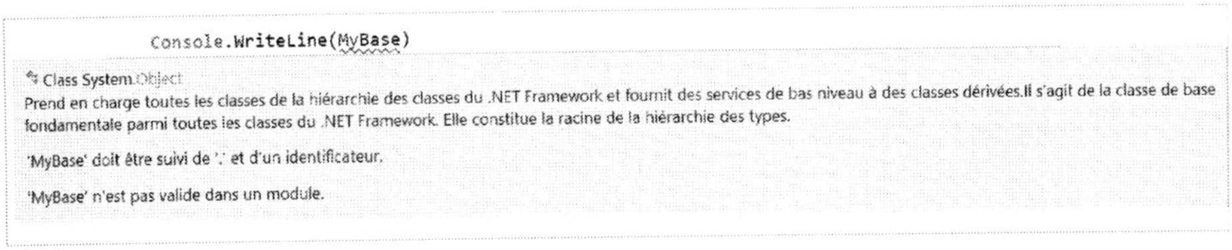


En revanche, il est possible d'écrire ceci :

```
Console.WriteLine(MyBase.ToString())
```

On pourrait s'attendre à ce que le résultat affiché dans la console soit le type de la classe de base (`System.Object`), ce qui n'est pas le cas puisque nous obtenons "MeEtBase.Voiture". L'explication est très simple, et nous allons la détailler tout de suite.

Tout d'abord, le code de la méthode `ToString()` de la classe `System.Object` dont la classe `Voiture` hérite implicitement est le suivant :

```
Public Overridable Function ToString() As String
    return GetType().ToString()
End Function
```

**Remarque**

*Le mot-clé `Overridable` et son rôle sont traités à la section Redéfinition et masquage.*

La méthode `GetType` appelée par cette méthode renvoie le type instancié, donc le type "réel" de l'objet, et non le type sous la forme duquel nous voyons l'objet. Le résultat de l'appel à `MyBase.ToString()` est donc parfaitement logique.

## 4.3 Redéfinition et masquage

Dans une relation d'héritage, il peut être nécessaire de modifier un comportement pour l'adapter aux caractéristiques d'une classe dérivée. Deux manières de faire sont disponibles avec Visual Basic .NET : la redéfinition et le masquage. Ces deux techniques correspondent à la réécriture d'une fonction dans une classe enfant, mais on les utilise dans des contextes différents.

### 4.3.1 Redéfinition de méthode

La redéfinition d'une méthode est applicable lorsque la méthode est définie dans la classe mère avec le mot-clé `Overridable`. Ce mot-clé indique que la méthode a été pensée pour pouvoir être redéfinie.

Considérons une classe de base `Personne` définissant une méthode marquée comme `Overridable`.

```
Public Class Personne
    'Public Overridable Sub Conduire()
        'Code pour conduire en respectant le code de la route
    'End Sub
End Class
```

La méthode `Conduire` est marquée comme `Overridable` car certains types de personnes peuvent potentiellement exécuter la même action de manière différente. Une personne lambda doit conduire en respectant le code de la route, un pilote conduit de manière à effectuer son trajet le plus rapidement possible et un conducteur de bus doit s'arrêter fréquemment pour laisser monter ou descendre des passagers.

Dans une classe `Pilote` héritant de `Personne`, il faudrait donc redéfinir la méthode `Conduire` pour tenir compte de cette différence. Pour cela, il faut réécrire la méthode avec son code spécifique dans la classe `Pilote`, et la marquer avec le mot-clé `Overrides`.

```
Public Class Pilote
    Inherits Personne
    Public Overrides Sub Conduire()
        'Code pour conduire le plus vite possible
    End Sub
End Class
```

La méthode marquée avec `Overrides` doit avoir la même signature et la même visibilité que la méthode de la classe de base.

### 4.3.2 Masquage de méthode

Le masquage de méthode est similaire à la redéfinition, mais ses effets sont différents (ceux-ci seront étudiés à la section suivante Différence entre redéfinition et masquage). Il permet de réécrire une méthode dans une classe dérivée, mais pour le masquage, on utilise le mot-clé `Shadows` au lieu du mot-clé `Overrides`.

```
Public Class Pilote
    Inherits Personne
    Public Shadows Sub Conduire()
        'Code pour conduire le plus vite possible
    End Sub
End Class
```

Il n'est pas nécessaire que la méthode soit marquée comme `Overridable` par la classe de base pour la masquer.

### 4.3.3 Différence entre redéfinition et masquage

Bien que ces deux notions paraissent identiques, elles sont légèrement différentes dans leur effet.

La classe `Personne` définit deux méthodes, `Conduire_Overrides` et `Conduire_Shadows`. La classe `Pilote` hérite de `Personne` et redéfinit la première méthode, tandis qu'elle va masquer la seconde.

```
Public Class Personne
    Public Overridable Sub Conduire_Overrides()
        Console.WriteLine("Je conduis en respectant le code de la route")
    End Sub

    Public Sub Conduire_Shadows()
        Console.WriteLine("Je conduis en respectant le code de la route")
    End Sub
End Class

Public Class Pilote
    Inherits Personne
    Public Overrides Sub Conduire_Overrides()
        Console.WriteLine("Je conduis le plus vite possible pour gagner")
    End Sub

    Public Shadows Sub Conduire_Shadows()
        Console.WriteLine("Je conduis le plus vite possible pour gagner")
    End Sub
End Class
```

## Redéfinition

Exécutez le code suivant :

```
Dim personne as Personne = new Personne()
personne.Conduire_Overrides()

Dim pilote As Pilote = new Pilote()
pilote.Conduire_Overrides()

Dim personnePilote as Personne = new Pilote()
personnePilote.Conduire_Overrides()
```

Le résultat de cette exécution est le suivant :

```
Je conduis en respectant le code de la route
Je conduis le plus vite possible pour gagner
Je conduis le plus vite possible pour gagner
```

## Masquage

Exécutez maintenant le code suivant :

```
Dim personne as Personne = new Personne()
personne.Conduire_Shadows()

Dim pilote as Pilote = new Pilote()
pilote.Conduire_Shadows()

Dim personnePilote as Personne = new Pilote()
personnePilote.Conduire_Shadows()
```

Le résultat de cette exécution est le suivant :

```
Je conduis en respectant le code de la route
Je conduis le plus vite possible pour gagner
Je conduis en respectant le code de la route
```

On constate une différence au niveau du résultat de la troisième opération. La clé est dans cette instruction :

```
Dim personnePilote as Personne = new Pilote()
```

La méthode `Personne.Conduire_Override` est marquée comme `Overridable`. La présence de ce mot-clé déclenche le processus suivant :

- Au moment de son exécution, le CLR inspecte le type concret de la variable `personnePilote`. Ici, ce type est `Pilote`.
- Il recherche la méthode substituée `Conduire_Overrides` dans le type concret `Pilote`.

À ce stade, deux possibilités :

- La méthode est trouvée, et il l'exécute.
- La méthode n'est pas trouvée et dans ce cas le CLR recommence en considérant que le type concret est la classe mère du type inspecté, et ce jusqu'à trouver la méthode cherchée.

Lorsque l'on utilise l'opérateur `Shadows` sur une méthode, on coupe l'arbre de recherche.

Si la méthode `Personne.Conduire_Shadows` est marquée comme `Overridable`, on exécute la recherche en commençant par le type de la variable. Ici, la recherche débute donc dans la classe `Personne`.

Si la méthode n'était pas marquée comme `Overridable` au départ, on exécute simplement la méthode de la classe manipulée, ici, `Personne.Conduire_Shadows`.

**Remarque**

*Ces concepts peuvent paraître compliqués à appréhender à première vue, mais les manipuler rend la chose plus simple. N'hésitez pas à écrire du code avec des relations d'héritage pour mieux l'assimiler.*

## 4.4 Imposer ou interdire l'héritage

Dans certains cas, il peut être intéressant de placer certaines contraintes sur une classe afin de limiter les conditions de son utilisation, notamment imposer ou interdire l'héritage de cette classe. Avec Visual Basic.NET, il est possible de le faire à l'aide de deux mots-clés : `MustInherit` et `NotInheritable`.

### Les classes abstraites

Les classes abstraites sont des types définis comme non instanciables. Elles ne sont donc utilisables qu'au travers de classes dérivées.

Ces types sont utilisés pour centraliser des éléments de code communs à plusieurs types ou pour fournir des fonctionnalités de base devant être complétées dans un type dérivé. Ils peuvent contenir tous les éléments de code d'une classe "normale" : méthodes, propriétés, variables membres...

Les classes abstraites peuvent aussi contenir des méthodes abstraites, c'est-à-dire dont l'implémentation n'est pas fournie. Il est alors nécessaire que chaque type dérivé fournisse sa propre implémentation de la méthode.

La syntaxe de déclaration d'une classe abstraite nécessite d'ajouter le mot-clé `MustInherit` avant le nom de la classe.

```
<modificateur d'accès> MustInherit Class <nom de classe>

End Class
```

Les fonctions, procédures et propriétés abstraites sont quant à elles déclarées à l'aide du mot-clé `MustOverride` :

```
<modificateur d'accès> MustOverride Function <nom de fonction>() As <type>

<modificateur d'accès> MustOverride Sub <nom de procédure>()

<modificateur d'accès> MustOverride Property <nom de propriété>() As <type>
```

Ci-dessous un exemple de classe abstraite possédant une méthode abstraite, et dont une classe hérite :

```
Public MustInherit Class ClasseAbstraite
    Public MustOverride Sub MethodeAbstraite()
End Class

Public Class ClasseDerivee
     Inherits ClasseAbstraite

    public Overrides Sub MethodeAbstraite
        'Implémentation de la méthode
    End Sub
End Class
```

## Les classes scellées

Les classes scellées fonctionnent à l'inverse des classes abstraites : elles sont forcément instanciables (elles ne peuvent pas être définies avec le mot-clé `MustInherit`), mais il est impossible d'en hériter. Pour cette raison, il est impossible de définir un de ses membres comme `MustOverride` ou `Overridable`, puisqu'il serait de toute façon impossible de lui fournir une implémentation dans une classe dérivée.

La syntaxe de déclaration d'une classe scellée nécessite d'ajouter le mot-clé `NotInheritable` avant le nom de la classe.

```
<modificateur d'accès> NotInheritable <nom de classe>
{
}
```

## 4.5 Transtypage

Le transtypage est un des points fondamentaux de la programmation orientée objet avec Visual Basic .NET, car il est une des clés pour la bonne mise en œuvre du polymorphisme. C'est en effet lui qui permet de visualiser un objet sous plusieurs formes.

En fonction du contexte d'utilisation, il peut être implicite ou explicite. Les conversions implicites sont effectuées automatiquement lorsqu'elles sont nécessaires. Elles ne peuvent être effectuées que lorsque deux conditions sont réunies :

- Les types source et destination sont compatibles : les deux types sont liés par une relation d'héritage, ou une opération de conversion implicite vers le type destination a été définie dans le type source.
- La conversion d'un type vers l'autre n'entraîne aucune perte de données.

Des transtypages implicites peuvent être effectués, entre autres, d'un type numérique `Short` vers `Integer`, car aucune perte de données ne sera occasionnée, ou d'un type dérivé vers un type de base, car l'objet du type dérivé est forcément un objet du type de base.

```
Dim valeurShort As Short = 12
Dim valeurInt As Integer = valeurShort
```

```
'Le type Pilote hérite de Personne
Dim pilote As Pilote = new Pilote()
Dim personne As Personne = pilote
```

En revanche, l'écriture des lignes de code suivantes cause une erreur de compilation :

```
Dim valeurInt As Integer = 12
Dim valeurShort As Short = valeurInt
```

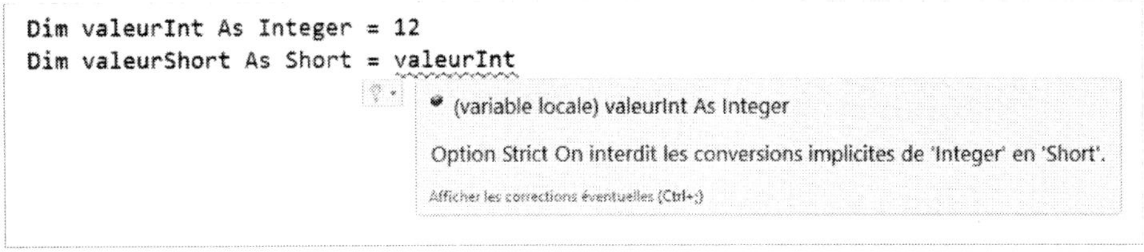


En effet, même si l'on sait que la valeur 12 peut parfaitement être contenue dans un `Short`, le compilateur détecte une possible perte de données sur la conversion du type `Integer` (4 octets) vers `Short` (2 octets). Il est ici requis d'utiliser un **cast** (transtypage explicite) afin de valider l'intention du développeur.

Cette opération est effectuée à l'aide de l'opérateur de transtypage `CType`, qui prend en paramètre l'objet source et le type de destination. Dans le cas mentionné ci-dessus, la correction est la suivante :

```
Dim valeurInt As Integer = 12
Dim valeurShort As Short = CType(valeurInt, Short)
```

Visual Basic .NET définit également certains opérateurs spécifiques liés aux types primitifs. Ceux-ci sont listés ci-dessous :

| Opérateur | Type de destination |
|---|---|
| CBool | Boolean |
| CByte | Byte |
| CChar | Char |
| CDate | Date |
| CDbl | Double |
| CDec | Decimal |

| Opérateur | Type de destination |
|---|---|
| CInt | Integer |
| CLng | Long |
| CObj | Object |
| CSByte | SByte |
| CShort | Short |
| CSng | Single |
| CStr | String |
| CUInt | UInteger |
| CULng | ULong |
| CUShort | UShort |

Ces opérateurs acceptent tous un paramètre : l'objet source qui doit être converti.

Il est donc possible de réécrire le code précédent pour utiliser l'opérateur `CShort`.

```
Dim valeurInt As Integer = 12
Dim valeurShort As Short = CShort(valeurInt)
```

Le cas est légèrement plus compliqué pour effectuer un transtypage de la classe `Personne` vers la classe `Pilote`. Il faut en effet que l'objet de type `Personne` contienne déjà un objet de type `Pilote` pour pouvoir retourner vers ce type.

Le code suivant génère une erreur d'exécution :

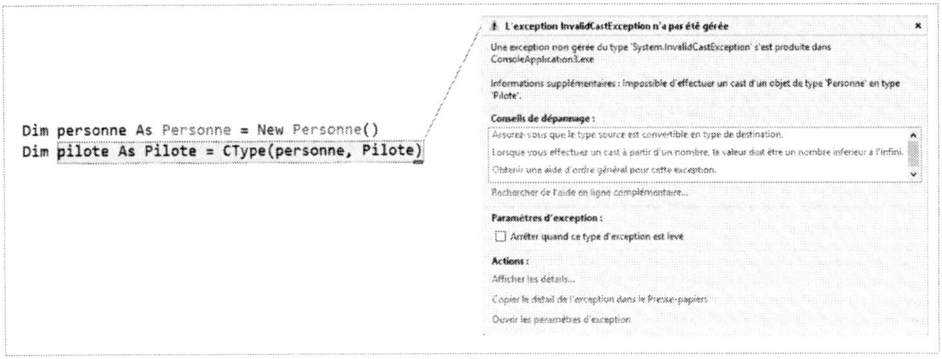


Pour éliminer cette erreur, il faudrait avoir le code suivant :

```
Dim personne As Personne = new Pilote()
Dim pilote as Pilote = CType(personne, pilote)
```

# 5. Les interfaces

Pour manipuler différents types d'objets possédant des fonctionnalités similaires, il est possible d'utiliser un contrat définissant les données et comportements communs à ces types. En VB.NET, on appelle ce contrat une interface.

Une interface est un type qui possède uniquement des membres publics. Ces membres ne possèdent pas d'implémentation : c'est les types qui respecteront ce contrat qui implémenteront chacun des membres.

Les interfaces représentent une couche d'abstraction particulièrement utile pour rendre une application modulaire, puisqu'elles permettent d'utiliser n'importe quelle implémentation pour un même contrat.

## 5.1 Création

Les interfaces sont déclarées d'une manière similaire aux classes, les différences étant les suivantes :

- Il faut utiliser le mot-clé `Interface` au lieu de `Class`.
- Seuls les membres destinés à être visibles publiquement doivent être définis dans l'interface, et aucun modificateur de visibilité n'est autorisé sur ces membres.
- Aucun des membres de l'interface ne peut avoir d'implémentation.

La syntaxe générale pour la création d'une interface est la suivante :

```
<modificateur d'accès> Interface <nom> [: interfaces de base ]

End Interface
```

**Remarque**

*Par convention, avec Visual Basic.NET, le nom des interfaces est préfixé par un I (i majuscule).*

Considérons le cas de la lecture de fichiers audio. Il est tout à fait possible de lire des fichiers aux formats MP3, WAV, OGG, MWA, et bien d'autres encore. La lecture de chacun de ces formats nécessitant un décodage particulier, il semble pertinent de créer une classe pour chacun des types de fichiers supportés par une application : `LecteurAudioMp3`, `LecteurAudioOgg`, etc.

Il est fort probable que ces classes soient très similaires et doivent être utilisées dans les mêmes circonstances, ce qui fait donc de cet ensemble un candidat parfait à la création d'une interface commune aux différents types.

Une interface possible pour ces différentes classes pourrait être la suivante :

```
Public Interface ILecteurAudio
    ReadOnly Property LectureEnCours As Boolean

    ReadOnly Property EstEnPause As Boolean

    Sub Lire(cheminFichier As String)

    Sub Pause()
```

```
    Sub ReprendreLecture()

    Sub Arret()
End Interface
```

`LectureEnCours` et `EstEnPause` sont deux propriétés marquées avec le mot-clé `ReadOnly`. Dans ce contexte, celui-ci signifie que les classes implémentant l'interface doivent fournir au minimum la lecture publique pour ces deux éléments.

Toutes les méthodes définies dans l'interface seront elles aussi obligatoirement présentes dans toute classe implémentant l'interface.

## 5.2 Utilisation

Pour utiliser une interface, il faut tout d'abord déclarer la relation entre classe et interface. Pour ceci, on utilise le mot-clé `Implements` suivi du nom de l'interface à la ligne suivant la définition du type :

```
<modificateur d'accès> Class <nom>
    Implements <nom interface> [, <nom interface2> ...]

End Class
```

La déclaration de la classe `LecteurMp3` serait donc la suivante :

```
Public Class LecteurMp3
    Implements ILecteurAudio

End Class
```

Visual Studio indique que la compilation du code de l'interface et de la classe, à ce stade, produit très exactement six erreurs.

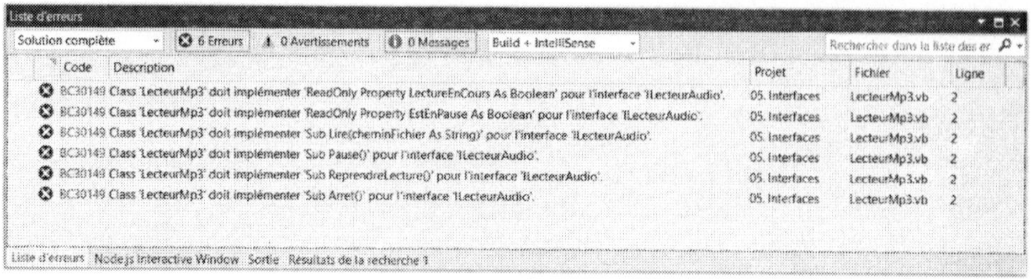


Le compilateur VB.NET indique très clairement que les membres d'interface n'ont pas été implémentés dans la classe `LecteurMp3`. Pour corriger ces erreurs, il faut déclarer les différents éléments indiqués comme étant des implémentations de l'interface `ILecteurAudio`.

Chacun des membres doit être implémenté avec une visibilité publique et avec la même signature que celle définie par l'interface. Chacune de ces implémentations doit également être associée à l'élément d'interface correspondant avec une clause `Implements`, suivie du nom de l'élément d'interface.

```
Public <déclaration de propriété ou méthode> Implements
<nom d'interface>.<nom de l'élément implémenté>

'...
```

Il n'est pas nécessaire que le nom de l'élément implémenté soit identique au nom de l'élément d'interface qui lui est associé. En effet, le compilateur Visual Basic effectue automatiquement le mappage entre ces éléments.

L'outil de refactorisation de Visual Studio peut simplifier cet exercice en créant un squelette d'implémentation. Il offre également la possibilité de prévisualiser les modifications correspondant à la génération de ce squelette.

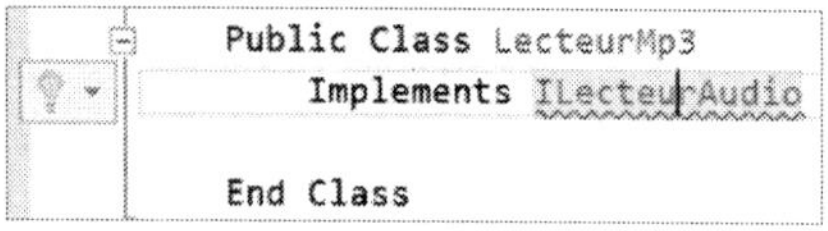

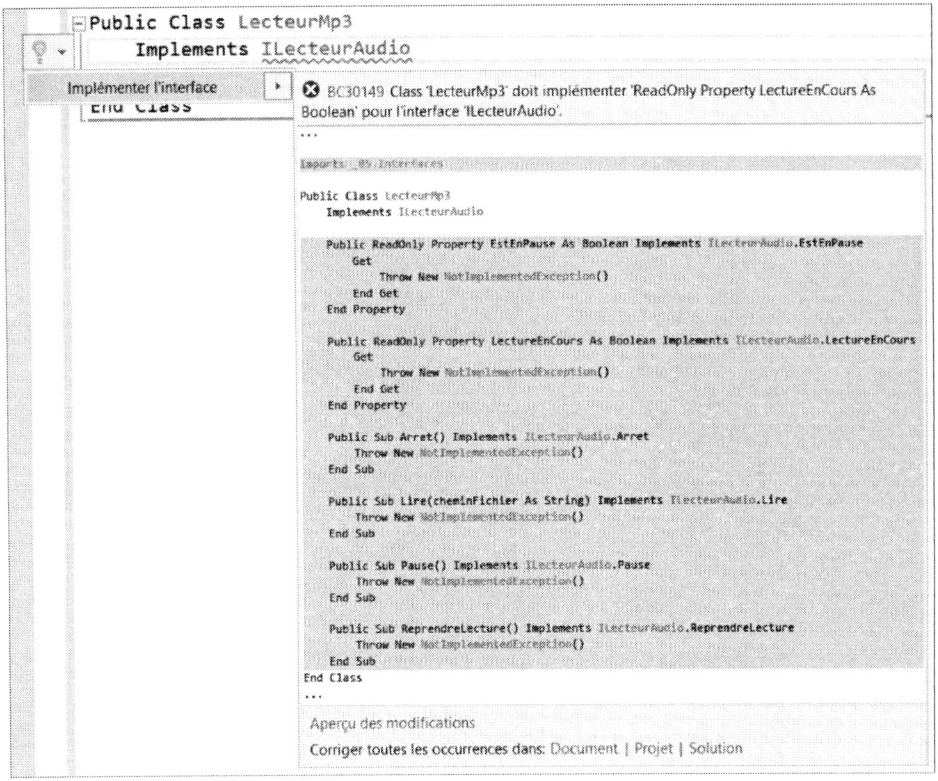


Utiliser cet outil génère le code suivant :

```
Public Class LecteurMp3
    Implements ILecteurAudio

    Public ReadOnly Property EstEnPause As Boolean Implements
ILecteurAudio.EstEnPause
        Get
            Throw New NotImplementedException()
        End Get
    End Property

    Public ReadOnly Property LectureEnCours As Boolean Implements
ILecteurAudio.LectureEnCours
        Get
            Throw New NotImplementedException()
        End Get
```

```
    End Property

    Public Sub Arret() Implements ILecteurAudio.Arret
        Throw New NotImplementedException()
    End Sub

    Public Sub Lire(cheminFichier As String) Implements
ILecteurAudio.Lire
        Throw New NotImplementedException()
    End Sub

    Public Sub Pause() Implements ILecteurAudio.Pause
        Throw New NotImplementedException()
    End Sub

    Public Sub ReprendreLecture() Implements
ILecteurAudio.ReprendreLecture
        Throw New NotImplementedException()
    End Sub
End Class
```

Une fois cette opération effectuée, chacun des membres de l'interface `ILecteurAudio` possède une implémentation (non fonctionnelle en l'état) dans la classe `LecteurMp3`.

Plusieurs interfaces dont certains membres ont une signature identique peuvent être implémentées par une même classe. Dans ce cas, deux possibilités sont envisageables : les interfaces partagent la même implémentation, ou plusieurs implémentations différentes doivent cohabiter.

Les exemples suivants s'appuient sur les deux interfaces `ILecteurAudio` et `ILecteurVideo` décrites ci-dessous.

```
Public Interface ILecteurAudio
    Sub Lire(cheminFichier As String)
End Interface

Public Interface ILecteurVideo
    Sub Lire(cheminFichier As String)
End Interface
```

Lorsqu'il est souhaitable qu'une implémentation soit associée à différentes interfaces, il suffit d'indiquer l'ensemble des membres d'interfaces implémentés par l'élément à sa suite.

```
Public Class LecteurMultimedia
    Implements ILecteurAudio, ILecteurVideo

    Public Sub Lire(cheminFichier As String) Implements
LecteurAudio.Lire, ILecteurVideo.Lire

    End Sub
End Class
```

Lorsque chaque interface doit avoir sa propre implémentation, il convient de définir plusieurs éléments et de les associer aux interfaces correspondantes.

```
Public Class LecteurMultimedia
    Implements ILecteurAudio, ILecteurVideo

    Public Sub ILecteurAudio_Lire(cheminFichier As String)
Implements ILecteurAudio.Lire

    End Sub

    Private Sub ILecteurVideo_Lire(cheminFichier As String)
Implements ILecteurVideo.Lire

    End Sub
End Class
```

Dans ce dernier cas, le code suivant exécutera l'implémentation associée à l'interface `ILecteurAudio`.

```
Dim t As ILecteurAudio = New LecteurMultimedia t.Lire("C:\music.mp3")
```

## 6. Les modules

Les modules Visual Basic sont des éléments de code semblables aux classes. Comme elles, les modules sont des conteneurs pour des variables, des procédures ou des fonctions. Il est également complètement envisageable de déclarer des types dans un module.

En revanche, le comportement de ces deux types d'éléments diffère sensiblement au niveau de leur utilisation. Alors qu'il peut exister de multiples instances d'une classe, un module ne peut quant à lui exister qu'en un seul exemplaire dans la vie de l'application. Cette instance est créée automatiquement au démarrage de l'application, et est toujours manipulée en utilisant son nom.

La déclaration d'un module est effectuée à l'aide du mot-clé `Module` :

```
Module <Nom module>

End Module
```

## 7. Les énumérations

Une énumération est un type de données représentant un ensemble fini de valeurs constantes pouvant être utilisées dans les mêmes circonstances. L'utilisation d'énumérations permet de manipuler des alias lisibles pour des valeurs numériques entières.

La déclaration d'une énumération doit être faite en utilisant la syntaxe suivante :

```
<modificateur d'accès> Enum <nom> [As <type numérique entier>]
    <nom de constante 1> [ = <valeur numérique entière>]
    <nom de constante 2> [ = <valeur numérique entière>]
    ...
End Enum
```

La syntaxe de déclaration d'une énumération permet de définir le type des données sous-jacentes. Si ce type de données n'est pas spécifié explicitement, le compilateur utilise le type `Integer`.

Le framework .NET définit un nombre important d'énumérations. Parmi elles, on trouve le type `System.Windows.Visibility`, qui définit l'état visuel d'un contrôle WPF. Sa définition est la suivante :

```
public Enum Visibility As Byte
    Visible = 0
    Hidden = 1
    Collapsed = 2
End Enum
```

On utilise une valeur d'énumération en écrivant le nom de l'énumération suivi de l'opérateur point (`.`) et du nom d'une constante d'énumération.

Pour masquer un contrôle `System.Windows.Grid`, on peut par exemple écrire ceci :

```
'grid est un objet de type System.Windows.Grid
grid.Visibility = System.Windows.Visibility.Collapsed
```

# 8. Les délégués

Un délégué est un type représentant une référence à une méthode. Grâce aux délégués, il est possible de spécifier qu'un paramètre de méthode doit être une fonction possédant une liste de paramètres et un type de retour précis. Il est ensuite possible d'appeler cette fonction dans le corps de notre méthode sans la connaître à l'avance.

## 8.1 Création

La déclaration d'un délégué utilise le mot-clé `Delegate` suivi d'une signature complète de procédure ou de fonction. Le nom spécifié dans cette signature est le nom du type délégué créé.

```
'Création d'un délégué pour une fonction prenant
'deux paramètres de type double et renvoyant un double

Public Delegate Function OperationMathematique(operande1 As
Double, operande2 As Double) As Double
```

Le code ci-dessus crée un nouveau type utilisable dans l'application : `OperationMathematique`.

## 8.2 Utilisation

Le type OperationMathematique est utilisable pour toute variable ou paramètre de méthode. Une variable de ce type peut être utilisée comme une méthode, c'est-à-dire que l'on peut lui fournir des paramètres et récupérer sa valeur de retour.

```
Public Function ExecuterOperationMathematique(
                   operationAEffectuer As OperationMathematique,
                   operande1 As Double,
                   operande2 As Double) As Double
    Return operationAEffectuer(operande1, operande2)
End Function
```

Il convient ensuite d'appeler la méthode ExecuterOperationMathematique en lui fournissant des paramètres convenables. Pour cela, il faut d'abord créer une méthode correspondant à la signature du délégué.

```
Private Function Additionner(operande1 As Double, operande2 As
Double) As Double
    Return operande1 + operande2
End Function
```

Une fois cette méthode créée, il faut passer son nom comme valeur du paramètre operationAEffectuer, précédé de l'opérateur AddressOf. Ce dernier permet d'indiquer au compilateur qu'il doit lier l'adresse mémoire de la fonction Additionner à l'appel de la méthode ExecuterOperationMathematique.

```
Dim resultatAddition As Double =
ExecuterOperationMathematique(AddressOf Additionner, 143, 18)

Console.WriteLine(resultatAddition)
```

## 8.3 Expressions lambda

Une expression lambda est une fonction ou procédure anonyme pouvant être utilisée à tout endroit où une valeur est attendue pour un délégué.

La déclaration d'une expression lambda est semblable à une déclaration de méthode "standard". Il existe néanmoins certaines différences :

- Aucun nom n'est fourni pour cet élément de code.
- Ses paramètres n'ont pas toujours besoin d'être typés : seuls les noms des paramètres doivent être fournis lorsque leur type peut être déduit de l'utilisation de l'expression lambda.

La signature d'une expression lambda doit être identique à celle du délégué qui est attendu à l'emplacement de son appel.

Ci-dessous, la syntaxe pour déclarer une expression lambda associée à une procédure ou à une fonction.

```
Sub (nom_paramètre1 [ As <type>], ...])
    'instructions
End Sub

Function (nom_paramètre1 [ As <type>], ...])
    'instructions
End Function
```

Lorsqu'une expression lambda ne contient qu'une instruction, il est possible d'utiliser une syntaxe simplifiée.

```
Sub (nom_paramètre1 [ As <type>], ...]) Instruction à exécuter

Function (nom_paramètre1 [ As <type>], ...]) Expression
retournant une valeur
```

L'appel de la méthode `ExecuterOperationMathematique` écrite plus haut pour l'exécution d'une addition peut être réécrit de la manière suivante :

```
Dim addition As OperationMathematique = Function(op1, op2)
                                           Return op1 + op2
                                        End Function


Dim resultatAddition As Double =
```

```
ExecuterOperationMathematique(addition, 143, 18)
Console.WriteLine(resultatAddition)
```

La déclaration de la variable `addition` peut être simplifiée de la manière suivante :

```
Dim addition As OperationMathematique = Function(op1, op2) op1 + op2
```

## 9. Les événements

Les événements sont au cœur du développement d'applications Windows avec VB.NET. Ils permettent de baser la logique de l'application sur une série de procédures et fonctions exécutées lorsque l'un de ses composants demande l'exécution. C'est par exemple le cas avec les composants graphiques : ceux-ci peuvent déclencher des événements lorsque l'utilisateur effectue une action comme la sélection d'un élément dans une liste ou un clic sur un bouton.

### 9.1 Déclaration et déclenchement

Avec Visual Basic, la déclaration d'un événement est effectuée avec une seule instruction. Celle-ci utilise le mot-clé `Event` et permet de définir des paramètres afin de passer des données de l'élément déclencheur jusqu'aux gestionnaires d'événements associés à l'événement.

La syntaxe de déclaration est par conséquent très simple :

```
<modificateur d'accès> Event <nom>([paramètre 1 as <type>, ... ])
```

Un événement déclenché suite à l'ajout d'une chaîne de caractères dans une liste pourrait ainsi être défini de la manière suivante :

```
Public Event ElementAjoute(nouvelElement As String)
```

Il est également possible de spécifier les paramètres acceptés par un événement en utilisant un intermédiaire : un délégué. Les paramètres de l'événement seront ainsi les mêmes que ceux définis par le délégué. Cette technique offre la possibilité de partager une signature pour différents éléments, ce qui améliore la lisibilité et simplifie l'écriture.

La syntaxe de déclaration d'événement est dans ce cas la suivante :

```
<modificateur d'accès> Event <nom>() As <Type de délégué>
```

C'est ce type de déclaration qui est majoritairement utilisé dans le framework .NET. Les types qu'il définit génèrent fréquemment des événements associés au type de délégué `EventHandler`. Ce dernier est défini de la manière suivante :

```
Public Delegate Sub EventHandler(sender As Object, e As EventArgs)
```

Le paramètre `sender` correspond à l'objet qui a généré l'événement, tandis que le paramètre de type `EventArgs`, nommé `e`, est utilisé pour fournir des informations aux méthodes qui traitent l'événement. Si aucune valeur ne doit être passée aux gestionnaires d'événements, il est possible d'utiliser une instance de la classe `EventArgs`, mais dans le cas contraire, il est pertinent de passer un objet d'un type hérité de la classe `EventArgs`.

**Remarque**

*Il existe aussi le type de délégué générique* `EventHandler(Of TEventArgs)`, *qui permet le passage d'informations lorsque l'événement est déclenché. Les génériques sont étudiés un peu plus loin dans ce chapitre.*

Utiliser le type `EventHandler` ou sa contrepartie générique `EventHandler(Of TEventArgs)` permet de garder une certaine cohérence entre les événements de l'application et les événements générés par les classes du framework .NET.

La déclaration d'un événement déclenché à la fin d'un calcul de factures peut être écrite de la manière suivante :

```
Public Event CalculFacturesTermine() As EventHandler
```

L'événement est déclenché à l'aide du mot-clé `RaiseEvent` suivi de son nom et des valeurs qui doivent être passés en paramètre des gestionnaires qui lui sont associés.

Le déclenchement de l'événement est positionné à l'endroit où l'on souhaite exécuter le code des gestionnaires liés à l'événement, dans notre cas, à la fin de l'exécution de la méthode `CalculFactures` de la classe `Facturation`.

```
Public Class Facturation
    'Déclaration de l'événement
    Public Event CalculFacturesTermine As EventHandler

    Public Sub CalculFactures()
        'Code potentiellement long effectuant le calcul
        'Ici, nous simulons ce calcul en
        'incrémentant un compteur de 1 à 1000
        For i As Integer = 0 To 1000
            i = i + 1
        Next

        'Déclenchement de l'événement
        Dim args As EventArgs = New EventArgs()
        RaiseEvent CalculFacturesTermine(Me, args)
    End Sub
End Class
```

Ce code est, en l'état, parfaitement fonctionnel. Il présente néanmoins un défaut potentiel. Un événement ne peut être déclenché qu'à l'intérieur du type qui le définit. À première vue, ici, aucun problème. Il faut néanmoins prendre en compte la possibilité que la classe `Facturation` soit impliquée dans une relation d'héritage en tant que classe mère : dans ce cas, la classe enfant ne pourrait pas déclencher l'événement `CalculFacturesTermine`. Pour contourner cette limitation, une simple petite astuce peut être mise en place : il suffit de placer le déclenchement de l'événement dans une méthode protégée, accessible aux classes enfants. Celles-ci pourront donc l'exécuter et n'auront donc pas besoin de déclencher directement l'événement.

Une fois réécrite pour tenir compte de cette modification, la classe `Facturation` a l'aspect suivant :

```
Public Class Facturation
    'Déclaration de l'événement
    Public Event CalculFacturesTermine As EventHandler

    Public Sub CalculFactures()
        'Code potentiellement long effectuant le calcul
        'Ici, nous simulons ce calcul en
        'incrémentant un compteur de 1 à 1000
        For i As Integer = 0 To 1000
            i = i + 1
        Next
```

```
        'Déclenchement de l'événement
        Dim args As EventArgs = New EventArgs()
        DeclencherCalculsFacturesTermine(Me, args)
    End Sub
    Protected Sub DeclencherCalculsFacturesTermine(sender As
Object, args As EventArgs)
        RaiseEvent CalculFacturesTermine(sender, args)
    End Sub
End Class
```

## 9.2 Gestion des événements

Avant de gérer l'événement `CalculFacturesTermines`, exécutons notre méthode de calcul des factures :

```
Dim fact As Facturation = new Facturation()
fact.CalculFactures()
```

Ce code fonctionne parfaitement, mais aucun gestionnaire n'étant associé à l'événement, son déclenchement n'a aucun effet. Visual Basic définit deux techniques différentes pour associer gestionnaires et événements :

- La création d'une variable avec le mot-clé `WithEvents`, et l'utilisation de clauses `Handles`.
- L'association manuelle avec l'opérateur `AddHandler`.

### L'utilisation des mots-clés WithEvents et Handles

La déclaration d'une variable membre (dans une classe ou un module) avec le mot-clé `WithEvents` indique au compilateur Visual Basic qu'il est possible d'associer des événements générés par cette variable à des fonctions ou procédures à l'aide de clauses `Handles`.

Ce type de déclaration utilise la syntaxe suivante :

```
<modificateur d'accès> WithEvents <nom> as <type>
```

Une fois cette déclaration écrite, il est possible de marquer une méthode respectant la signature d'un événement comme gestionnaire de cet événement. Pour cela, la signature de la méthode est suffixée par le mot-clé Handles suivi du nom de la variable, de l'opérateur point (.) et du nom de l'événement. Il est par ailleurs possible de gérer différents événements avec la même méthode en plaçant la liste de ces événements, séparés par des virgules, à la suite du mot-clé Handles.

La gestion de l'événement CalculFacturesTermine défini précédemment peut ainsi être effectuée de la manière suivante :

```
Public Class TestGestionnaires
    Private WithEvents objFacturation As New Facturation()

    Sub GestionnaireFinCalculFactures(sender As Object, args As
EventArgs) Handles objFacturation.CalculFacturesTermine

        'Code exécuté lors du déclenchement
        'de l'événement CalculFacturesTermine
        Console.WriteLine("Le calcul des factures est terminé")

    End Sub
End Class
```

Cette méthode, très explicite et simple d'utilisation, a pourtant un inconvénient qui peut se révéler très important : elle est statique. Elle ne peut en effet pas être utilisées avec des variables créées dynamiquement, ce qui limite ses scénarios d'utilisation. Elle reste néanmoins très utilisée, notamment pour la gestion des événements issus de composants graphiques.

## L'association manuelle des gestionnaires d'événements

Lorsque des événements générés par des objets créés dynamiquement doivent être gérés, il est nécessaire d'adopter une approche différente. Les opérateurs AddHandler et RemoveHandler permettent de contrôler finement et dynamiquement l'association des gestionnaires d'événements. Leur syntaxe d'utilisation est la suivante :

```
AddHandler <nom de variable>.<événement>, AddressOf <nom de méthode>
RemoveHandler <nom de variable>.<événement>, AddressOf <nom de méthode>
```

Avec l'utilisation de l'opérateur `AddHandler`, la gestion de l'événement `CalculFacturesTermine` est définie comme suit :

```
Public Class TestGestionnaires
    Private objFacturation As Facturation

    Public Sub New()
        objFacturation = New Facturation()
        AddHandler objFacturation.CalculFacturesTermine,
AddressOf GestionnaireFinCalculFactures
    End Sub

    Sub GestionnaireFinCalculFactures(sender As Object, args As
EventArgs)

        'Code exécuté lors du déclenchement
        'de l'événement CalculFacturesTermine
        Console.WriteLine("Le calcul des factures est terminé")

    End Sub
End Class
```

La suppression d'un gestionnaire d'événements est similaire à son ajout. Pour comprendre le fonctionnement de ces éléments, exécutons le code suivant :

```
Dim fact As Facturation = New Facturation()

AddHandler fact.CalculFacturesTermine, AddressOf gestionnaire_
GestionnaireFinCalculFactures
fact.CalculFactures()

RemoveHandler fact.CalculFacturesTermine, AddressOf gestionnaire_
GestionnaireFinCalculFactures
fact.CalculFactures()
```

L'exécution de cette portion de code affiche le message "*Le calcul des factures est terminé.*" une seule fois, puisque le second calcul est effectué après déréférencement du gestionnaire d'événements.

## 10. Les génériques

Les génériques sont des éléments de programme capables de s'adapter de manière à fournir les mêmes fonctionnalités pour différents types de données.

Ils ont été introduits avec l'arrivée du framework .NET 2.0 dans l'objectif de fournir des services adaptés à plusieurs types de données tout en gardant un typage fort.

Les frameworks .NET 1.0 et 1.1 fournissaient la classe `ArrayList` pour la gestion de listes dynamiques. Ce type, quoique très pratique, avait l'inconvénient de ne contenir que des objets de type `System.Object`, ce qui induisait un nombre important de transtypages dont il était souhaitable de se passer. Les génériques sont la réponse apportée par Microsoft à ce problème : la classe `List(Of T)` remplace avantageusement (dans la plupart des cas) la classe `ArrayList` en permettant de définir le type des objets qu'elle contient. Ceci simplifie le code tout en le rendant plus sûr puisque le développeur élimine une grosse partie des problèmes potentiels de transtypage.

Les éléments génériques sont reconnaissables au mot-clé `Of` présent entre parenthèses dans leurs noms. Ce mot-clé est immédiatement suivi par les noms de types associés à une instance d'un élément générique.

Les génériques seront ici étudiés au travers du développement d'un type permettant de gérer une file d'éléments. Les files sont des collections suivant le principe FIFO (*First In, First Out*) : il n'est possible d'accéder qu'au premier élément de la collection, et lorsque l'on ajoute un élément, celui-ci est automatiquement placé en dernière position dans la collection. Un type similaire existe dans le framework .NET : `System.Collections.Generic.Queue(Of T)`.

### 10.1 Classes

Les classes génériques sont conçues pour manipuler d'une manière unifiée plusieurs types de données. Ces types sont désignés par un ou plusieurs alias dans le nom de la classe, et les types concrets sont assignés à ces alias à l'instanciation d'un objet générique.

### 10.1.1 Définition d'une classe générique

Pour créer une classe générique, il faut définir une classe, lui adjoindre des parenthèses, et placer entre celles-ci le mot-clé `Of` suivi d'un ou plusieurs alias de types séparés par des virgules. Ces alias permettent de manipuler des variables fortement typées sans en connaître préalablement le type concret.

```
Public Class ListeFIFO(Of TElement)

End Class
```

**Remarque**

*Par convention, les alias de types sont préfixés par la lettre T (pour Type).*

La déclaration d'une classe générique ayant la capacité de gérer deux types de données simultanément pourrait être écrite de la manière suivante :

```
Public Class ListeDoubleFIFO(Of TElement1, TElement2)

End Class
```

### 10.1.2 Utilisation d'une classe générique

Pour instancier un type générique, il faut utiliser l'opérateur `New` suivi du nom du type générique. Les alias de type doivent être remplacés par des noms de types concrets.

```
Dim liste as ListeFIFO(Of String) = New ListeFIFO(Of String)()
```

Cette instanciation indique que chaque élément marqué par l'alias de type `TElement` dans la classe `ListeFIFO` sera traité comme étant de type `String`. Ce comportement n'est valable que pour l'instance définie ici. Il est parfaitement possible de définir une autre instance manipulant des entiers ou des fichiers (`System.IO.File`).

**Remarque**

*Il est aussi possible de définir des structures génériques. Leur déclaration est similaire à celle des classes génériques. La différence réside dans l'utilisation du mot-clé `Structure` en lieu et place du mot-clé `Class`.*

## 10.2 Interfaces

Une interface générique permet de définir un contrat d'utilisation indépendant du type de données manipulé par les classes qui l'implémentent.

### 10.2.1 Définition d'une interface générique

La définition d'une interface générique est semblable à la définition d'une interface normale. La différence réside dans le fait qu'il est nécessaire d'associer un ou plusieurs types paramètres après le nom de l'interface, comme pour la déclaration d'une classe générique.

```
Public Interface IListeFIFO(Of TElement)

End Interface
```

**Remarque**

*La convention d'écriture de .NET indique que le nom des interfaces, qu'elles soient génériques ou non, commence par un I (i majuscule).*

La définition des membres de l'interface peut faire référence à chacun des types paramètres de l'interface, sans obligation de le faire. En ajoutant deux signatures de méthodes à l'interface pour ajouter et enlever un élément, la définition du type `IListeFIFO(Of TElement)` ressemble à ceci :

```
Public Interface IListeFIFO(Of TElement)
    Sub AjouterElement(elementAAjouter As TElement)

    Function EnleverElement() As TElement
End Interface
```

Ces signatures utilisent toutes deux le type paramètre `TElement`. Une classe qui implémente cette interface en précisant que le type paramètre est `String` (`IListeFIFO(Of String)`) doit implémenter ces méthodes en utilisant le même type.

### 10.2.2 Utilisation d'une interface générique

Les interfaces génériques sont utilisées de la même manière que les interfaces normales, mais il faut évidemment spécifier quels sont ses types paramètres.

```
Public Class ListeEntiers
    Implements IListeFIFO(Of Integer)

    Public Sub AjouterElement(elementAAjouter As Integer)
Implements IListeFIFO(Of Integer).AjouterElement

        'implémentation concrète de la méthode

    End Sub

    Public Function EnleverElement() As Integer Implements
IListeFIFO(Of Integer).EnleverElement

        'implémentation concrète de la méthode

    End Function
End Class
```

Dans le cas de la classe `ListeFIFO(Of TElement)`, il est pertinent que le type paramètre de l'interface soit le même que celui utilisé lors de l'instanciation d'un objet. Il est tout à fait possible d'écrire la déclaration de classe suivante pour arriver à ce résultat.

```
Public Class ListeFIFO(Of TElement)
    Implements IListeFIFO(Of TElement)
```

L'implémentation complète (et non optimisée) de la classe à ce stade peut être la suivante :

```
Public Class ListeFIFO(Of TElement)
    Implements IListeFIFO(Of TElement)

    'Création d'un tableau vide
    Private tableauInterne(-1) As TElement

    Public Sub New()
    End Sub

    Public Sub AjouterElement(elementAAjouter As TElement)
Implements IListeFIFO(Of TElement).AjouterElement
```

```
        Dim tableauTemporaire As TElement()
        ReDim tableauTemporaire(tableauInterne.Length)

        tableauInterne.CopyTo(tableauTemporaire, 0)
        tableauTemporaire(tableauInterne.Length) = elementAAjouter

        tableauInterne = tableauTemporaire
    End Sub

    Public Function EnleverElement() As TElement Implements
IListeFIFO(Of TElement).EnleverElement
        Dim resultat As TElement = tableauInterne(0)

        Dim tableauTemporaire As TElement()
        ReDim tableauTemporaire(tableauInterne.Length - 2)

        For i = 1 To tableauInterne.Length - 1
            tableauTemporaire(i - 1) = tableauInterne(i)
        Next

        tableauInterne = tableauTemporaire

        Return resultat
    End Function
End Class
```

## 10.3 Contraintes

Les éléments génériques ont la capacité de s'adapter à la manipulation de plusieurs types de données. Il peut toutefois être pertinent de restreindre le jeu de types paramètres utilisables pour satisfaire certains besoins logiques ou techniques. Le compilateur est capable de vérifier que les types paramètres d'éléments génériques répondent bien aux contraintes fixées. Lorsque l'une des contraintes n'est pas respectée, une erreur de compilation est générée.

Cinq types de contraintes peuvent être fixés sur les types paramètres et peuvent être combinés.

## As { Class }

Cette contrainte spécifie que le type paramètre doit être un type référence : classe, tableau ou délégué.

```
Public Class ListeFIFO(Of TElement As { Class })

End Class
```

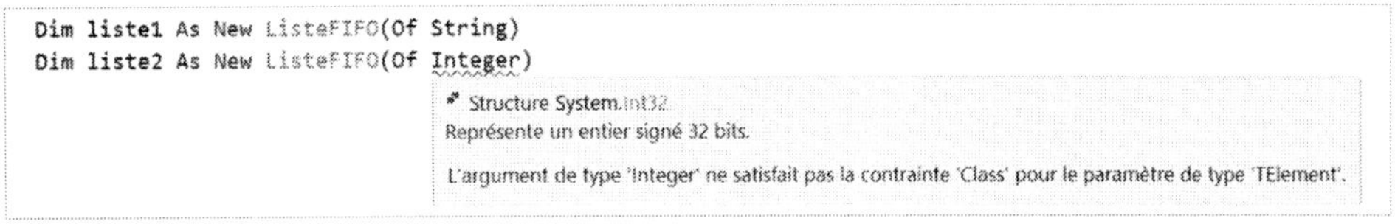


## As { Structure }

Cette contrainte impose l'utilisation d'un type valeur comme type paramètre.

```
Public Class ListeFIFO(Of TElement As { Structure })

End Class
```

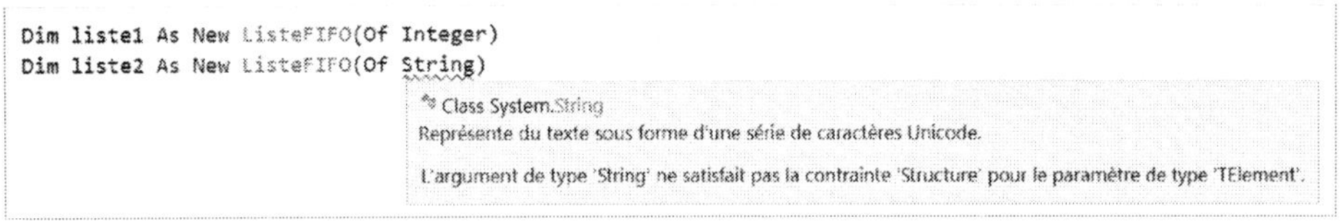


## As { New }

Lorsque cette contrainte est appliquée, le type paramètre concerné doit avoir un constructeur sans paramètre public. Elle est utilisée lorsque la classe générique doit pouvoir instancier des objets du type paramètre.

```
Public Class ListeFIFO(Of TElement As { New })

End Class
```

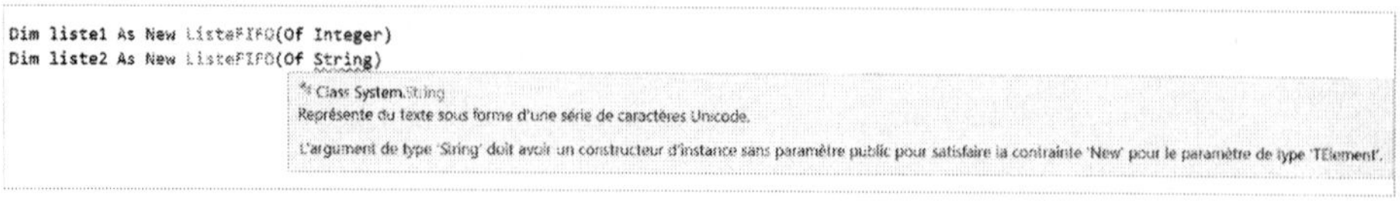


## As { <type> }

Cette contrainte indique que le type paramètre concerné doit être ou dériver du type spécifié.

```
Public Class ListeFIFO(Of TElement As { Attribute })

End Class
```

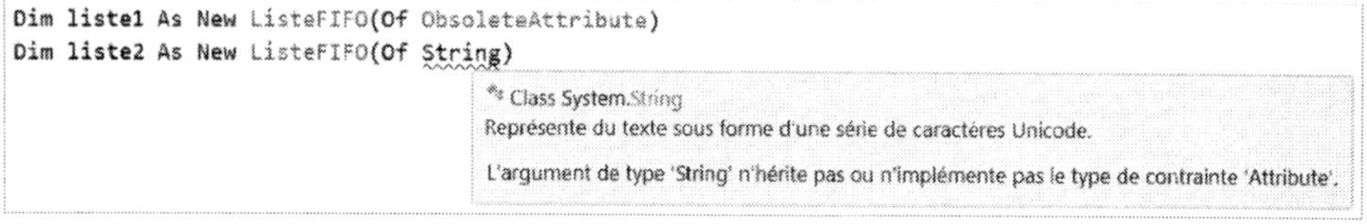


Lorsque le type générique possède plusieurs types paramètres, il est parfaitement envisageable de définir une contrainte sur l'un d'eux indiquant que son type doit être ou doit dériver d'un autre type paramètre.

```
Public Class CoupleDeValeurs(Of TValeur1, TValeur2 As {TValeur1})

End Class
```

## As { <interface> }

Cette dernière contrainte force l'utilisation d'un type paramètre implémentant une interface particulière.

```
Public Class ListeFIFO(Of TElement As { IComparable })

End Class
```

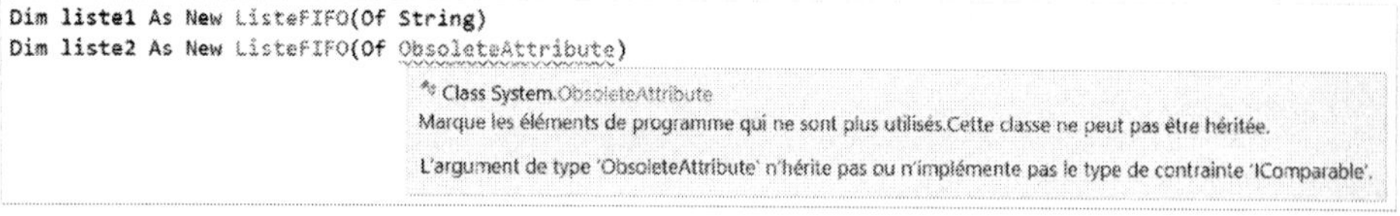

### Combinaison de contraintes

Il est possible de combiner les contraintes de manière à obtenir un contrôle plus fin sur les types paramètres.

```
Public Class ListeFIFO(Of TElement As {Class, IComparable, New})

End Class
```

Certaines contraintes sont incompatibles entre elles ou utilisables une seule fois par type paramètre. Lorsqu'un cas problématique est décelé, une erreur de compilation est levée.

```
Public Class ListeFIFO(Of TElement As {Structure, New})
```

La contrainte 'New' et la contrainte 'Structure' ne peuvent pas être combinées.

## 10.4 Méthodes

Les méthodes génériques sont des méthodes possédant un ou plusieurs types paramètres. Elles peuvent ainsi effectuer le même traitement sur plusieurs types de données.

Ces méthodes peuvent être définies dans des types génériques ou non, ce qui peut s'avérer pratique pour l'écriture de méthodes génériques utilitaires placées dans des classes statiques non génériques.

### 10.4.1 Définition d'une méthode générique

Comme pour la définition d'une classe ou d'une interface, les méthodes génériques sont très similaires à leur contrepartie non générique. La différence réside dans l'ajout de types paramètres à leur signature.

La classe `ListeFIFO` peut ainsi fournir une méthode générique `EnleverElement(Of TResultat)` renvoyant un élément transtypé du type paramètre de la classe vers le type paramètre de la méthode.

```
Public Function EnleverElement(Of TResultat)() As TResultat
    'L'alias de type TElement est défini au niveau de la classe
    'On utilise la méthode non générique EnleverElement pour récupérer
    'un élément de type TElement
    Dim element As TElement = EnleverElement()

    'On effectue le transtypage en utilisant l'alias de type TResultat
    'comme type "destination"


    Dim resultat As TResultat = CType(element, TResultat)

    Return resultat
End Function
```

Malgré son apparente simplicité, le code de cette méthode génère une erreur de compilation au niveau du transtypage :

```
Dim resultat As TResultat = CType(element, TResultat)
                                   (variable locale) element As TElement
                                   Impossible de convertir une valeur de type 'TElement' en 'TResultat'.
```

Cette erreur signifie que le compilateur ne connaît pas de point commun entre les deux types permettant une conversion. Pour résoudre ce problème, il convient d'ajouter une contrainte sur la méthode générique afin de spécifier que `TResultat` est un type dérivé de `TElement`, ce qui permet au compilateur de valider la justesse du transtypage.

```
Public Function EnleverElement(Of TResultat As {TElement})() As
TResultat
    Dim element As TElement = EnleverElement()
    Dim resultat As TResultat = CType(element, TResultat)

    Return resultat
End Function
```

### 10.4.2 Utilisation d'une méthode générique

Les méthodes génériques sont utilisées de la même manière que les méthodes normales. Comme tous les éléments génériques, il suffit de leur adjoindre un ou plusieurs types paramètres afin de les utiliser.

```
'Instanciation d'une liste d'objets.
Dim liste = New ListeFIFO(Of Object)

'Ajout d'un objet de type string
liste.AjouterElement("chaine 1")

'Récupération de l'objet sous la forme d'un string à l'aide
'de la méthode générique EnleverElement(Of TResultat)
Dim chaine As String = liste.EnleverElement(Of String)()

Console.WriteLine("Mon objet est la chaîne'{0}'", chaine)
```

## 10.5 Événements et délégués

De la même manière que des alertes sont levées lorsque les files d'attente deviennent trop longues aux caisses d'un supermarché, il peut être intéressant de générer un événement lorsque le nombre d'éléments devient trop important dans notre liste. Ici, l'événement sera déclenché lorsque la liste contiendra plus de dix éléments.

Tout d'abord, il faut définir un délégué qui prendra comme paramètre l'élément ajouté ayant déclenché l'alerte.

```
Public Delegate Sub GestionnaireAlerteNombre(Of
TElementAjoute)(dernierElementAjoute As TElementAjoute)
```

L'événement est déclaré de la manière suivante :

```
Public Event AlerteNombreElements As GestionnaireAlerteNombre(Of
TElement)
```

Le type `TElement` utilisé dans la déclaration de cet événement est celui utilisé comme type paramètre pour la classe. Le type utilisé dans le gestionnaire d'événements sera ainsi toujours adapté à l'objet `ListeFIFO` instancié.

Une fois l'événement créé, il faut le déclencher quand le nombre d'éléments devient trop important. Pour cela, on définit une méthode `Protected` dont le but est de déclencher l'événement, et on modifie le code de la méthode `AjouterElement` pour l'appeler si besoin.

```
Protected Sub DeclencheAlerteNombre(dernierElementAjoute As
TElement)
    RaiseEvent AlerteNombreElements(dernierElementAjoute)
End Sub
```

```
Public Sub AjouterElement(elementAAjouter As TElement) Implements
IListeFIFO(Of TElement).AjouterElement
    Dim tableauTemporaire As TElement()
    ReDim tableauTemporaire(tableauInterne.Length)

    tableauInterne.CopyTo(tableauTemporaire, 0)
    tableauTemporaire(tableauInterne.Length) = elementAAjouter

    tableauInterne = tableauTemporaire

    If tableauInterne.Length > 10 Then
        DeclencheAlerteNombre(elementAAjouter)
    End If
End Sub
```

Enfin, nous pouvons associer un gestionnaire à une instance de la liste et vérifier que l'événement est lancé.

```
Sub Main()
    Dim liste As ListeFIFO(Of String) = New ListeFIFO(Of String)

    'Ajout du gestionnaire d'événement0
    AddHandler liste.AlerteNombreElements, AddressOf
liste_AlerteNombreElements

    For i = 0 To 9
        liste.AjouterElement("chaine " & i)
    Next

    Console.WriteLine("10 éléments sont dans la liste.")
    Console.WriteLine("Ajout d'un élément perturbateur...")
    liste.AjouterElement("élément perturbateur")

    Console.ReadLine()
End Sub

Private Sub liste_AlerteNombreElements(dernierElementAjoute As
String)
    Console.WriteLine("Il y a plus de 10 éléments dans la liste !
Le dernier est '{0}'", dernierElementAjoute)
End Sub
```

Ce code affiche le résultat suivant :

```
10 éléments sont dans la liste.
Ajout d'un élément perturbateur...
Il y a plus de 10 éléments dans la liste ! Le dernier est 'élément
perturbateur'
```

# 11. Les collections

Il est fréquent qu'une application doive manipuler de grandes quantités de données. Pour ceci, le framework .NET fournit plusieurs structures de données, regroupées sous l'appellation de collections. Celles-ci sont adaptées à différents types de situations : le stockage désordonné de données disparates, le stockage de données par type, le stockage de données par nom...

## 11.1 Types existants

Les différentes classes permettant la gestion des collections sont regroupées dans deux espaces de noms :

- `System.Collections`
- `System.Collections.Generic`

Le premier comporte les types "classiques", tandis que le second comporte les classes génériques équivalentes permettant de travailler avec des objets fortement typés.

### 11.1.1 Array

La classe `Array` ne se trouve pas dans l'espace de noms `System.Collections`, mais elle peut tout de même être considérée comme une collection. Elle implémente en effet plusieurs interfaces propres aux collections : `IList`, `ICollection` et `IEnumerable`. Cette classe est la classe de base pour tous les tableaux utilisés en Visual Basic .NET.

Cette classe n'est néanmoins pas très utilisée directement : on lui préfère dans la majorité des cas la syntaxe intégrée au langage.

La classe Array étant abstraite, il n'est pas possible de l'instancier avec l'opérateur New. Pour cela, on utilisera l'une des surcharges de la méthode statique Array.CreateInstance.

```
Dim tableau As Array = Array.CreateInstance(GetType(Integer), 5)
```

Cette déclaration de variable est équivalente à celle-ci :

```
Dim tableau(4) As Integer
```

### 11.1.2 ArrayList et List(Of T)

La classe ArrayList et sa contrepartie générique List(Of T) sont des évolutions de la classe Array. Elles apportent certaines améliorations par rapport aux tableaux :

- La taille d'un objet ArrayList ou List(Of T) est dynamique et s'ajuste en fonction des besoins.
- Ces classes apportent des méthodes pour l'ajout, l'insertion ou la suppression d'un ou plusieurs éléments.

En revanche, les listes n'ont qu'une dimension, ce qui peut compliquer certains traitements.

Les collections de type ArrayList peuvent aussi poser des problèmes de performance car elles ne manipulent que des éléments de type Object, ce qui implique de nombreux transtypages. On leur préfère souvent l'utilisation de tableaux fortement typés ou de listes génériques (List(Of T)) qui assurent, elles aussi, un typage fort.

La classe ArrayList peut être instanciée à l'aide d'un de ses trois constructeurs. Le premier ne prend aucun paramètre : l'objet créé aura ainsi une capacité initiale de zéro et sera dimensionné automatiquement lors du premier ajout d'un élément. Ce dimensionnement étant coûteux en termes de ressources, il est préférable, quand la taille finale de la liste est connue, d'utiliser le second constructeur qui prend comme paramètre une valeur numérique indiquant la capacité initiale de l'objet. Le troisième et dernier constructeur permet quant à lui d'instancier un objet ArrayList en fournissant une collection source, à partir de laquelle il doit être initialement rempli.

En cours d'utilisation, il est possible d'obtenir le nombre d'éléments dans un `ArrayList` en utilisant la propriété `Count`. La propriété `Capacity` renvoie quant à elle le nombre d'éléments que la collection peut contenir dans son état courant. Ces deux valeurs varient en fonction des ajouts et suppressions d'éléments.

Le code suivant illustre le fonctionnement de la classe `ArrayList` :

```
Sub Main()
    Dim liste As ArrayList = New ArrayList()
    Console.WriteLine("Nombre d'éléments dans la liste : {0}",
liste.Count)
    Console.WriteLine("Capacité initiale de la liste : {0}",
liste.Capacity)
    Console.WriteLine()

    For i = 0 To 9
        liste.Add("chaîne " & i)
    Next

    Console.WriteLine("Le nombre d'éléments dans la liste est
maintenant {0}", liste.Count)
    Console.WriteLine("Sa capacité est maintenant {0}",
liste.Capacity)

    Console.WriteLine("Les éléments présents dans la liste sont :")

    For Each chaine As String In liste
        'Le caractère représenté par la constante vbTab est
        'une tabulation, permettant d'indenter notre liste d'éléments
        Console.WriteLine(vbTab & chaine)
    Next
    Console.WriteLine()

    Console.WriteLine("Ajout de 10 nouveaux éléments dans la liste")

    For i = 10 To 19
        liste.Add("chaîne " & i)
    Next

    Console.WriteLine("Le nombre d'éléments dans la liste
est maintenant {0}", liste.Count)
    Console.WriteLine("Sa capacité est maintenant {0}", liste.Capacity)
    Console.WriteLine()

    Dim chaineIndex3 As String = CStr(liste(3))
    Dim chaineIndex4 As String = CStr(liste(4))
```

```
    Dim chaineIndex5 As String = CStr(liste(5))
    Dim chaineIndex6 As String = CStr(liste(6))
    Console.WriteLine("La chaîne à l'index 3 de la liste est '{0}'",
chaineIndex3)
    Console.WriteLine("La chaîne à l'index 4 de la liste est '{0}'",
chaineIndex4)
    Console.WriteLine("La chaîne à l'index 5 de la liste est '{0}'",
chaineIndex5)
    Console.WriteLine("La chaîne à l'index 6 de la liste est '{0}'",
chaineIndex6)
    Console.WriteLine()

    Console.WriteLine("Suppression des éléments aux index 3, 4, 5 et 6")
    liste.RemoveRange(3, 4)

    chaineIndex3 = CStr(liste(3))
    chaineIndex4 = CStr(liste(4))
    chaineIndex5 = CStr(liste(5))
    chaineIndex6 = CStr(liste(6))
    Console.WriteLine("Les chaînes aux index 3, 4, 5 et 6 sont
maintenant '{0}', '{1}', '{2}' et '{3}'", chaineIndex3, chaineIndex4,
chaineIndex5, chaineIndex6)
    Console.WriteLine()

    Console.WriteLine("Insertion de la chaîne 'élément inséré' à
l'index 3")
    liste.Insert(3, "élément inséré")

    chaineIndex3 = CStr(liste(3))
    chaineIndex4 = CStr(liste(4))
    chaineIndex5 = CStr(liste(5))
    chaineIndex6 = CStr(liste(6))

    Console.WriteLine("Les chaînes aux index 3, 4, 5 et 6 sont
maintenant '{0}', '{1}', '{2}' et '{3}'", chaineIndex3, chaineIndex4,
chaineIndex5, chaineIndex6)
    Console.WriteLine()

    Console.WriteLine("Suppression de tous les éléments de la liste")
    liste.Clear()

    Console.WriteLine("Le nombre d'éléments dans la liste est
maintenant {0}", liste.Count)
    Console.WriteLine("Sa capacité est maintenant {0}", liste.Capacity)

    Console.ReadLine()
End Sub
```

Il affiche le résultat suivant :

```
Ajout de 10 éléments dans la liste
Le nombre d'éléments dans la liste est maintenant 10
Sa capacité est maintenant 16
Les éléments présents dans la liste sont :
        chaîne 0
        chaîne 1
        chaîne 2
        chaîne 3
        chaîne 4
        chaîne 5
        chaîne 6
        chaîne 7
        chaîne 8
        chaîne 9

Ajout de 10 nouveaux éléments dans la liste
Le nombre d'éléments dans la liste est maintenant 20
Sa capacité est maintenant 32

La chaîne à l'index 3 de la liste est 'chaîne 3'
La chaîne à l'index 4 de la liste est 'chaîne 4'
La chaîne à l'index 5 de la liste est 'chaîne 5'
La chaîne à l'index 6 de la liste est 'chaîne 6'

Suppression des éléments aux index 3, 4, 5 et 6
Les chaînes aux index 3, 4, 5 et 6 sont maintenant
'chaîne 7', 'chaîne 8', 'chaîne 9' et 'chaîne 10'

Insertion de la chaîne 'élément inséré' à l'index 3
Les chaînes aux index 3, 4, 5 et 6 sont maintenant
'élément inséré', 'chaîne 7', 'chaîne 8' et 'chaîne 9'

Suppression de tous les éléments de la liste
Le nombre d'éléments dans la liste est maintenant 0

Sa capacité est maintenant 32
```

Le code ci-dessus fonctionne exactement de la même manière en remplaçant la ligne :

```
Dim liste As ArrayList = New ArrayList
```

par la ligne suivante utilisant la collection générique `List(Of T)` :

```
Dim liste As List(Of string) = New List(Of String)
```

Afin de profiter au maximum de cette liste générique, il est recommandé d'éliminer tous les transtypages permettant de lire les valeurs dans la liste. Ils ne sont en effet plus nécessaires, l'objet `List(Of String)` renvoyant déjà des objets de type `String`.

```
Dim chaineIndex3 As String = CStr(liste(3))
```

devient alors :

```
Dim chaineIndex3 As String = liste(3)
```

### 11.1.3 Hashtable et Dictionary(Of TKey, TValue)

Les classes `Hashtable` et son équivalent générique `Dictionary(Of TKey, TValue)` permettent de stocker des objets en fournissant pour chacun un identifiant unique. Celui-ci peut être une chaîne de caractères, un numérique, un objet `Type` ou tout autre objet. Les données peuvent par la suite être récupérées à l'aide de leur identifiant grâce aux indexeurs implémentés dans ces deux collections.

Ces types implémentent aussi la méthode `ContainsKey`, permettant de savoir si un identifiant existe dans la collection. Cette méthode peut s'avérer très pratique car tout accès à une clé qui n'existe pas génère une exception.

Le code ci-dessous montre le fonctionnement de la classe `Hashtable` :

```
Sub Main()
    Dim collection As Hashtable = New Hashtable()
    Console.WriteLine("Le nombre d'éléments initial est {0}",
collection.Count)
    Console.WriteLine()

    Console.WriteLine("Ajout de 10 éléments")
    For i = 0 To 9
        collection.Add(i, "chaîne " & i)
    Next

    Console.WriteLine("Le nombre d'éléments est {0}", collection.Count)
    Console.WriteLine()

    Console.WriteLine("Les éléments dans la collection sont :")
```

```
    For Each identifiant As Integer In collection.Keys
        Dim valeur As String = CStr(collection(identifiant))
        Console.WriteLine(vbTab & "Clé : {0} - Valeur : {1}",
identifiant, valeur)
    Next

    Console.WriteLine()

    Console.WriteLine("Suppression de l'élément dont la clé est 3")
collection.Remove(3)

    Dim cleExiste As String
    If (collection.ContainsKey(3)) Then
        cleExiste = "OUI"
    Else
        cleExiste = "NON"
    End If

    Console.WriteLine("La clé 3 existe-t-elle ? {0}", cleExiste)
    Console.WriteLine("Le nombre d'éléments est {0}", collection.Count)
    Console.WriteLine()

    Console.WriteLine("Suppression de tous les éléments")
    collection.Clear()
    Console.WriteLine("Le nombre d'éléments est {0}", collection.Count)

    Console.ReadLine()
End Sub
```

Ce code produit le résultat suivant :

```
Le nombre d'éléments initial est 0

Ajout de 10 éléments
Le nombre d'éléments est 10

Les éléments dans la collection sont :
        Clé : 9 - Valeur : chaîne 9
        Clé : 8 - Valeur : chaîne 8
        Clé : 7 - Valeur : chaîne 7
        Clé : 6 - Valeur : chaîne 6
        Clé : 5 - Valeur : chaîne 5
        Clé : 4 - Valeur : chaîne 4
        Clé : 3 - Valeur : chaîne 3
        Clé : 2 - Valeur : chaîne 2
        Clé : 1 - Valeur : chaîne 1
        Clé : 0 - Valeur : chaîne 0
```

```
Suppression de l'élément dont la clé est 3
La clé 3 existe-t-elle ? NON
Le nombre d'éléments est 9

Suppression de tous les éléments
Le nombre d'éléments est 0
```

Ce code peut être adapté très simplement pour utiliser un objet de type `Dictionary` en lieu et place de l'objet `Hashtable`.

Il suffit en effet de remplacer la ligne suivante :

```
Dim collection As Hashtable = New Hashtable()
```

par celle-ci :

```
Dim collection As Dictionary(Of Integer, String) =
New Dictionary(Of Integer, String)
```

Le type `Dictionary` étant fortement typé, il n'est plus nécessaire d'effectuer de transtypage pour récupérer une valeur de type `String`. La ligne suivante :

```
Dim valeur As String = CStr(collection(identifiant))
```

devient donc :

```
Dim valeur As String = collection(identifiant)
```

### 11.1.4 Stack et Stack(Of T)

Les piles (*stack* en anglais) sont des collections suivant le principe LIFO (*Last In, First Out*) : il n'est possible d'accéder qu'au dernier élément de la collection, et lorsque l'on ajoute un élément, celui-ci est automatiquement placé en dernière position de la collection.

Une analogie courante pour représenter ces objets est une pile d'assiettes. Chaque assiette ajoutée est posée en haut de la ligne, et lorsque l'on souhaite enlever une assiette de la pile, on prend celle qui se trouve au-dessus des autres. La dernière posée est la première à sortir de la pile.

Les trois principales opérations disponibles pour ces deux types sont :

- `Push`, pour ajouter un élément au sommet de la pile.
- `Peek`, pour récupérer l'élément au sommet de la pile sans l'ôter de la collection.
- `Pop`, pour récupérer le dernier élément de la pile en le supprimant de la collection.

### 11.1.5 Queue et Queue(Of T)

Les files (*queue* en anglais) suivent le même principe que les piles, mais un point majeur les différencie : les files suivent le principe FIFO (*First In, First Out*), ce qui signifie que le premier élément ajouté sera le premier à sortir de la file.

L'analogie évidente que l'on peut utiliser pour illustrer ce principe est la file d'attente : la première personne arrivée est la première à sortir de la file d'attente pour être accueillie à un guichet ou une caisse.

Comme les classes `Stack` et `Stack(Of T)`, les types `Queue` et `Queue(Of T)` implémentent trois méthodes principales :

- `Enqueue`, pour ajouter un élément à la fin de la file.
- `Peek`, pour récupérer le premier élément de la file sans le supprimer de la collection.
- `Dequeue`, pour récupérer le premier élément de la file et l'enlever de la collection.

## 11.2 Choisir un type de collection

Il est très important d'identifier les besoins relatifs à une collection d'objets avant d'en choisir le type. En effet, la structure d'une classe entière, voire plus, peut dépendre d'un type de collection.

Voici une liste de points à prendre en considération pour choisir le type adapté à votre besoin :

- S'il est nécessaire de pouvoir accéder par index à un élément de la collection, optez pour un tableau, un `ArrayList` ou une `List(Of T)`.
- Si vous devez stocker des couples "clé unique & élément", utilisez une `Hashtable` ou un `Dictionary(Of TKey, TValue)`.
- Si vous devez accéder aux éléments dans l'ordre dans lequel ils ont été placés dans la collection, utiliser une `Queue` ou sa contrepartie générique. Si vous devez accéder aux éléments dans l'ordre inverse, utilisez une `Stack` ou une `Stack(Of T)`.
- Si vous devez stocker des éléments triés, utilisez les classes `ArrayList` ou `HashTable`, ou éventuellement les collections plus avancées `SortedSet`, `SortedList` ou `SortedList(Of TKey, TValue)`.

## 12. Les objets intrinsèques

Dans les projets Visual Basic, de nombreux objets sont disponibles de manière automatique, sans avoir à les instancier. Ils sont accessibles à l'aide du mot-clé `My` et encapsulent notamment l'accès à certaines informations relatives à l'environnement d'exécution, ainsi qu'aux ressources et aux paramètres de l'application.

Les objets exposés dépendent toutefois du type de projet utilisé. Il ne serait en effet pas cohérent de pouvoir utiliser `My.Forms`, qui permet d'accéder aux différentes fenêtres d'une application Windows Forms, dans une application console.

### My.Application

Il permet d'obtenir des informations relatives à l'application en cours d'exécution. Ceci inclut notamment l'identité de l'assembly, les paramètres linguistiques utilisés ou les arguments de ligne de commande passés lors du démarrage de l'application.

Cet objet est disponible pour les types de projets suivants :

- bibliothèque de classes,
- application console,
- service Windows,
- application Windows Forms,
- bibliothèque de contrôles Windows Forms,
- application WPF,
- application de navigateur WPF.

## My.Computer

Il est notamment utilisé pour la récupération d'informations relatives à la machine qui exécute l'application, mais il fournit également un accès à des fonctionnalités de lecture audio, de manipulation du système de fichiers ou d'utilisation de la base de registre.

Cet objet est disponible pour les types de projets suivants :

- bibliothèque de classes,
- application console,
- service Windows,
- application Windows Forms,
- bibliothèque de contrôles Windows Forms,
- application WPF,
- application de navigateur WPF.

### My.Resources

Il encapsule l'accès aux ressources créées dans le projet. Chaque clé de ressource est ainsi associée à une propriété de l'objet.

Cet objet est disponible pour les types de projets suivants :

- bibliothèque de classes,
- application console,
- service Windows,
- application Windows Forms,
- bibliothèque de contrôles Windows Forms,
- application WPF,
- application de navigateur WPF,
- bibliothèque de contrôles WPF,
- bibliothèques de contrôles WPF personnalisés.

### My.Settings

Il encapsule l'accès aux paramètres créés dans le projet. Chaque paramètre est ainsi associé à une propriété de l'objet.

Cet objet est disponible pour les types de projets suivants :

- bibliothèque de classes,
- application console,
- service Windows,
- application Windows Forms,
- bibliothèque de contrôles Windows Forms,
- application WPF,
- application de navigateur WPF,
- bibliothèque de contrôles WPF,
- bibliothèques de contrôles WPF personnalisés.

### My.User

Il fournit des données concernant l'identité de l'utilisateur exécutant l'application. Lorsque l'application n'utilise pas d'authentification, ces informations sont issues de la session Windows courante.

Cet objet est disponible pour les types de projets suivants :

- bibliothèque de classes,
- application console,
- service Windows,
- application Windows Forms,
- bibliothèque de contrôles Windows Forms,
- application WPF,
- application de navigateur WPF.

### My.WebServices

Cet objet expose une instance de chaque Web Service référencé dans le projet.

Il est disponible pour les types de projets suivants :

- bibliothèque de classes,
- application console,
- service Windows,
- application Windows Forms,
- bibliothèque de contrôles Windows Forms.

### My.Forms

Chaque propriété de cet objet permet d'accéder à une instance d'un formulaire de l'application.

Cet objet est disponible pour les types de projets suivants :

- application Windows Forms,
- bibliothèque de contrôles Windows Forms.

## 13. La programmation asynchrone

Il est de plus en plus nécessaire de développer des applications réactives et capables d'effectuer plusieurs tâches simultanément. Le framework .NET a apporté des solutions à ce problème depuis ses débuts avec les classes `Thread` ou `BackgroundWorker`, entre autres. Avec le framework .NET 4.0 sont arrivées la classe `Task` et sa contrepartie générique `Task(Of TResult)`. Ces types ont simplifié le travail du développeur en permettant de gérer simplement le lancement ou l'attente de l'exécution de blocs de code, mais en fournissant aussi le moyen d'exécuter plusieurs traitements asynchrones à la suite.

L'arrivée de Visual Basic 2015 a encore simplifié la tâche du développeur avec l'intégration de l'asynchronisme directement dans le langage. En effet, les mots-clés `Async` et `Await` permettent d'écrire du code asynchrone de manière séquentielle, comme du code... synchrone !

### 13.1 Les objets Task

Les classes `Task` et `Task(Of TResult)` permettent l'exécution de code asynchrone en encapsulant l'utilisation de threads.

#### Fonctionnement des threads

Les threads sont des unités d'exécution qui peuvent travailler, selon l'architecture de la machine, en parallèle ou en pseudo parallèle (chaque thread s'exécute pendant une petite durée puis cède sa place à un autre thread, qui cédera de nouveau sa place à un autre thread, etc.). C'est le système d'exploitation qui décide du temps processeur alloué à chaque thread. Pour cette raison, il est impossible de prévoir exactement à quel moment sera exécutée une instruction placée dans un thread.

## Création d'un objet Task

Avant toute utilisation, les objets Task doivent être instanciés. Pour cela, huit constructeurs sont à disposition, et ils ont tous comme premier paramètre un délégué (de type Action ou Func). Ce délégué correspond à la portion de code qui doit être exécutée dans un thread séparé. Le traitement est ensuite lancé à l'aide de la méthode Start de l'objet Task.

```
Sub Main()
    Console.WriteLine("Ce code est exécuté dans le thread
principal dont l'identifiant est {0}",
System.Threading.Thread.CurrentThread.ManagedThreadId)

    'actionAExecuter est définie à l'aide d'une expression lambda
    Dim actionAExecuter As Action = Sub() Console.WriteLine("Ce
code est exécuté dans un thread séparé dont l'identifiant est {0}",
System.Threading.Thread.CurrentThread.ManagedThreadId)

    Dim Task As Task = New Task(actionAExecuter)
    Dim task2 As Task = New Task(actionAExecuter)

    Task.Start()
    task2.Start()

    Console.ReadLine()
End Sub
```

Le même code est ici exécuté deux fois, dans deux threads distincts. Le résultat de cette portion de code est le suivant :

```
Ce code est exécuté dans le thread principal dont l'identifiant est 11
Ce code est exécuté dans un thread séparé dont l'identifiant est 7
Ce code est exécuté dans un thread séparé dont l'identifiant est 12
```

Lors d'une nouvelle exécution, le résultat ne sera pas forcément exactement le même. En effet, deux nouveaux threads seront créés et la valeur de la propriété Thread.CurrentThread.ManagedThreadId relative à chacun de ces threads sera probablement différente.

L'utilisation de la classe `Task(Of TResult)` permet pour sa part de récupérer un résultat de traitement fortement typé. Le code suivant additionne les nombres entiers de 1 à 10000 dans un thread séparé et renvoie le résultat. Celui-ci est affiché à l'aide de la propriété `Result` de la classe `Task(Of TResult)`.

```
Sub Main()
    Traitement()
    Console.ReadLine()
End Sub

Private Sub Traitement()
    Dim tacheCalcul As Task(Of Long) =
        New Task(Of Long)(Function()
                                Dim result As Long = 0
                                For i = 1 To 10000
                                    result += i
                                Next
                                Return result
                            End Function)

    tacheCalcul.Start()
    Console.WriteLine(tacheCalcul.Result)
End Sub
```

L'utilisation de cette propriété attend de manière synchrone la fin de l'exécution du traitement pour afficher son résultat. Afin de garder la notion d'asynchronisme, il est possible d'utiliser la méthode `ContinueWith`, qui crée une nouvelle tâche en lui donnant comme paramètre d'entrée la tâche précédente.

```
Private Sub Traitement()
    Dim tacheCalcul As Task(Of Long) =
    New Task(Of Long)(Function()
                            Dim result As Long = 0
                            For i = 1 To 10000
                                result += i
                            Next
                            Return result
                        End Function)

    tacheCalcul.ContinueWith(Sub(tachePrecedente)
Console.WriteLine(tachePrecedente.Result))
    tacheCalcul.Start()
End Sub
```

## 13.2 Écrire du code asynchrone avec Async et Await

Le mot-clé Await permet d'attendre la fin de l'exécution d'une Task démarrée. Pendant cette attente, l'application rend la main aux threads nécessitant du temps processeur, notamment pour maintenir l'interface graphique réactive.
Le code placé à la suite d'une instruction utilisant ce mot-clé est exécuté après la fin de l'exécution du traitement asynchrone, comme s'il était placé dans une méthode ContinueWith.

La tâche devant être attendue peut être de type Task ou Task(Of TResult). Ce dernier type doit être utilisé lorsque le code exécuté par la tâche renvoie une valeur. Si la valeur est de type Integer, alors la tâche doit être de type Task(Of Integer).

```
'À la fin de l'exécution, la variable resultat contient 1
Dim resultat As Integer =
    Await Task(Of Integer).Run(Function()
                                   Return 1
                               End Function)
```

Toute méthode contenant une instruction utilisant Await doit utiliser le mot-clé Async dans sa déclaration. Un appel à une méthode marquée avec ce mot-clé peut potentiellement être effectué à l'aide du mot-clé Await, mais pour cela, il faut modifier la signature de cette méthode asynchrone de manière à ce qu'elle renvoie un objet Task ou Task(Of TResult).

Le code suivant est une réécriture du code vu précédemment. La méthode Traitement ne renvoie ici pas d'objet Task car elle est appelée à partir de la méthode Main de l'application, or il est strictement interdit d'utiliser un mot-clé Async ou Await dans cette méthode.

```
Private Async Sub Traitement()

    'Dim tacheCalcul As Task(Of Long) =
    Dim resultat As Long =
        Await New Task(Of Long)(Function()
                                    Dim result As Long = 0
                                    For i = 1 To 10000
                                        result += i
                                    Next
```

```
                                    Return result
                                End Function)

    Console.WriteLine(resultat)

End Sub
```

# Chapitre 6
# Débogage et gestion des erreurs

## 1. Les différents types d'erreurs

Aucun logiciel n'est exempt de bogues, et aucun développeur n'écrit de code sans faire la moindre faute de frappe ou la moindre erreur de typage. Malgré toute l'attention que les développeurs portent à leur œuvre, ces erreurs sont inévitables. Il est donc nécessaire de pouvoir les identifier et les corriger.

### 1.1 Erreurs de compilation

Les erreurs de compilation sont des erreurs empêchant la génération d'un assembly à partir du code. Ces erreurs sont souvent des erreurs de syntaxe, mais elles peuvent aussi être liées à la mauvaise utilisation d'un objet, d'une méthode ou de tout autre élément de code.

Ces erreurs sont détectées durant la compilation, évidemment, mais aussi durant l'écriture du programme. En effet, Visual Studio analyse le code en permanence de manière à fournir un maximum d'informations le plus tôt possible, ce qui diminue la difficulté et le coût de la correction de chacune des erreurs.

## Affichage dans la fenêtre d'édition

Les erreurs détectées par l'analyse permanente sont affichées directement dans la fenêtre d'édition. Les portions de code générant des erreurs sont marquées par un soulignement rouge. Une info-bulle précisant l'erreur peut être affichée sur chacune de ces portions.

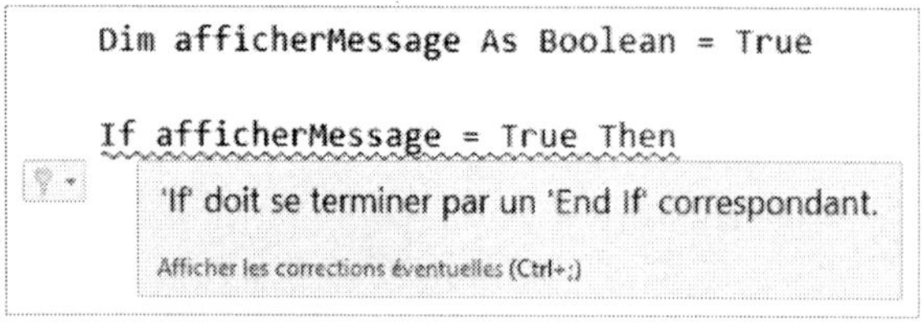


## Fenêtre Liste d'erreurs

Les erreurs détectées au moment de la compilation sont affichées dans la fenêtre **Liste d'erreurs**. Celle-ci peut être ouverte par l'utilisation des menus **Affichage** puis **Liste d'erreurs**.

Pour chacune des erreurs rencontrées, des informations permettant sa localisation sont affichées, ceci afin de permettre une correction plus rapide.

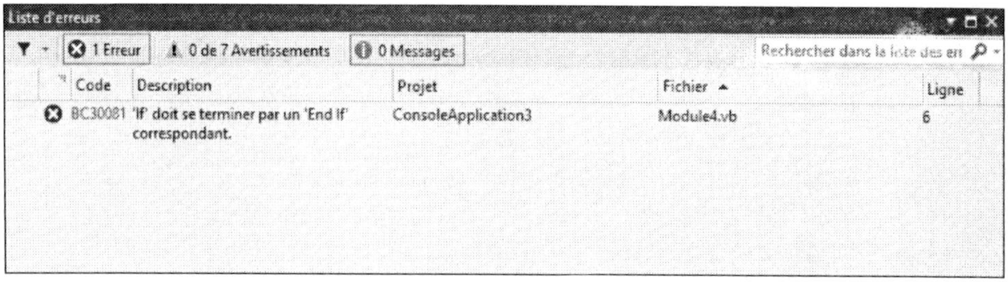


Le double clic sur chacune des erreurs mentionnées dans cette fenêtre positionne l'éditeur de code à l'emplacement concerné.

## 1.2 Erreurs d'exécution

Ces erreurs sont celles pouvant se produire une fois l'assembly généré et le code exécuté. Ces erreurs sont désignées par le terme "**exceptions**".

Ce type d'erreur peut être déclenché par un environnement d'exécution ne correspondant pas aux conditions attendues, ou par une erreur de logique. La cause peut donc être un fichier inexistant, la saturation de la mémoire de la machine ou la recherche du douzième élément d'un tableau n'en contenant que 11.

En phase de débogage de l'application, ces erreurs sont indiquées très explicitement par Visual Studio. En effet, lorsqu'une exception se produit, le débogueur met en pause l'exécution de l'application et affiche une fenêtre incluant la description de l'erreur.

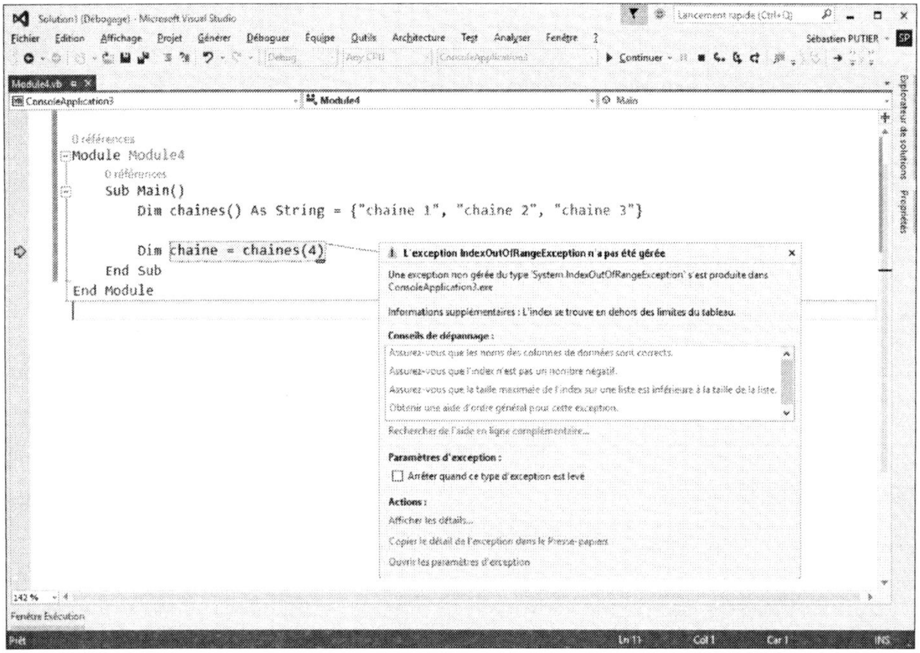

## 2. Utilisation des exceptions

Le déclenchement d'une exception permet d'interrompre le flux normal d'exécution de l'application tout en fournissant des informations sur l'erreur qu'elle représente. Sans intervention du développeur pour la gérer, elle se propage automatiquement en remontant la pile des appels jusqu'au point d'entrée de l'application où elle peut causer sa fermeture complète.

### 2.1 Création et déclenchement d'exceptions

Les exceptions sont représentées par des objets héritant de la classe `System.Exception`. Elles peuvent être générées (levées) à tout endroit de l'application.

#### 2.1.1 La classe Exception

La classe `System.Exception` est la classe de base de toutes les exceptions. Ses membres lui permettent de contenir de nombreuses informations relatives à l'erreur en cours de propagation. La plupart de ces membres sont valorisés automatiquement lorsqu'une exception est levée. Parmi ceux-ci, on trouve notamment la propriété `StackTrace` qui contient des informations particulièrement intéressantes pour localiser la source de l'exception.

L'instanciation d'un objet de type `Exception` peut être réalisée à l'aide de trois constructeurs :

```
Public Sub New()

Public Sub New(message As String)

Public Sub New(message As String, innerException As Exception)
```

Le paramètre `message` correspond à un libellé personnalisé permettant de comprendre l'erreur lorsqu'elle est traitée loin de sa source. On peut par la suite retrouver ce libellé en consultant la propriété `Message` de l'exception.

Le paramètre `innerException` permet quant à lui d'encapsuler une exception que l'on traite dans une nouvelle exception que l'on génère.

### 2.1.2 Le mot-clé Throw

Instancier un objet de type `Exception` ne suffit pas à lever l'exception. Pour ce faire, il est nécessaire d'exécuter une instruction `Throw` en fournissant l'objet `Exception` à lever.

```
Public Sub CompterJusqua(nombre As Integer)
    If nombre < 0 Then
        Dim message As String = String.Format("Impossible de
compter de 0 à {0}", nombre)
        Dim erreur As Exception = New Exception(message)
        Throw erreur
    End If

    'Ce code ne sera exécuté que si aucune exception n'a été levée
    For i = 0 To nombre
        Console.WriteLine(i)
    Next
End Sub
```

Si la valeur du paramètre `nombre` est inférieure à 0, une exception est levée, interrompant le flux d'exécution normal du programme. Elle pourra être gérée dans la méthode appelant la procédure `CompterJusqua`, ou plus loin dans la pile des appels.

### 2.1.3 Exceptions spécialisées

Dans certains cas, il peut être intéressant de lever des exceptions spécifiques à un type de comportement. Ceci peut permettre d'identifier très rapidement des erreurs simples à corriger mais peu évidentes à identifier, de localiser la zone de l'application à partir de laquelle l'exception a été levée, ou encore de fournir des informations particulières pour traiter l'erreur.

Le framework .NET fournit un certain nombre de types d'exception adaptés à des circonstances particulières. Voici ci-dessous une liste de quelques-uns de ces types.

- `NotImplementedException` : lancée par défaut dans tout squelette de code généré par Visual Studio. Signifie qu'une portion de code n'a pas encore été implémentée.

- `StackOverflowException` : lancée par le CLR lorsque le nombre d'éléments dans la pile d'appels devient trop important. Se produit typiquement lors d'un appel récursif.
- `SqlException` : lancée par les classes d'accès aux bases de données SQL Server, notamment lorsqu'une requête SQL est incorrecte.
- `DivideByZeroException` : lancée lorsqu'un calcul impliquant une division par zéro est effectué.
- `OutOfMemoryException` : lancée lorsque l'application a besoin d'un espace mémoire que le système n'est pas en mesure d'allouer.

## 2.2 Gérer les exceptions

Le déclenchement d'une exception pouvant causer la fin de l'exécution d'une application, il est nécessaire pour le développeur de savoir les traiter convenablement.

En effet, il est souvent souhaitable que l'exécution d'une application puisse se poursuivre en cas d'erreur, en dégradant éventuellement les fonctionnalités si les circonstances l'exigent.

### 2.2.1 La structure Try ... Catch ... End Try

Le seul moyen d'intercepter une exception en Visual Basic est d'utiliser la structure `Try ... Catch ... End Try`. Cette structure est constituée de deux parties :

- un bloc `Try` qui permet de définir un jeu d'instructions "à risque",
- un ou plusieurs blocs `Catch` permettant de spécifier le code à exécuter en cas d'exception.

La syntaxe générale d'utilisation de cette structure est la suivante :

```
Try
    'Jeu d'instructions à risque
Catch <nom de variable> As <type d'exception>
    'Instructions permettant de traiter les exceptions
[ autre(s) bloc(s) catch ... ]
End Try
```

Lorsqu'une des instructions placées dans le bloc `Try` déclenche une exception, le système examine chacun des blocs `Catch` et exécute le code contenu dans le **premier bloc catch** dont le type d'exception correspond à l'erreur levée.

Dans ce cas, une fois l'erreur traitée dans le bloc `Catch`, la méthode continue son exécution à partir de la ligne suivant la fin de l'instruction `Try ... Catch ... End Try`.

Lorsque plusieurs types d'exceptions doivent être gérés, il est important de réfléchir à l'ordre dans lequel les blocs sont placés. En effet, si l'on a deux blocs gérant les types `Exception` et `FileNotFoundException` placés dans cet ordre, le bloc exécuté dans le cas d'une `FileNotFoundException` sera le bloc… gérant le type `Exception` !

Visual Studio est d'ailleurs tout à fait capable de nous prévenir de ce problème :

```
Try
    Dim contenu As String = My.Computer.FileSystem.ReadAllText("C:\fichier.txt")
Catch ex As Exception

Catch ex As System.IO.FileNotFoundException

End Try
```

> Le bloc 'Catch' n'a jamais été atteint, car 'FileNotFoundException' hérite de 'Exception'.
> Afficher les corrections éventuelles (Ctrl+;)

Ceci s'explique aisément par le fait que le type `FileNotFoundException` hérite du type `Exception`. L'exception levée est donc bien du type `Exception` et est donc gérée par le premier bloc.

Pour éviter ce problème, il faut placer les blocs correspondant aux types les plus spécialisés d'abord, et finir par ceux des types les moins spécialisés.

```
Try
    Dim contenu As String = My.Computer.FileSystem.ReadAllText("C:\fichier.txt")
Catch ex As System.IO.FileNotFoundException

Catch ex As Exception

End Try
```

### 2.2.2 Les filtres d'exception

Dans certains cas, l'exécution d'un traitement relatif à une exception ne doit être déclenchée que si certaines conditions sont rencontrées. Pour cela, la solution la plus évidente est l'insertion de tests dans un bloc Catch.

```
Try
    'Génération d'un nombre entier aléatoire
    Dim random As New Random()
    Dim nombre As Integer = random.Next()

    Console.WriteLine("Au hasard : {0}", nombre)

    'Si ce nombre est pair
    If nombre Mod 2 = 0 Then
        Throw New Exception("Le nombre est pair.")
        'Sinon
    Else
        Throw New Exception("Le nombre est impair.")
    End If
Catch ex As Exception
    If ex.Message.Contains(" pair") Then
        Console.WriteLine("Traitement de l'exception : le nombre est pair")
    Else
        Console.WriteLine("Traitement de l'exception : le nombre n'est pas pair")
    End If
End Try
```

L'exemple présenté ici ne comporte que deux cas très simples de traitements, mais ils peuvent parfois être nombreux. Les erreurs COM se présentent notamment sous la forme d'un seul type d'exception : COMException. C'est la propriété HResult de l'objet COMException qui porte l'information indiquant le type d'erreur qui s'est produit. Il est dans ce cas très facile de se retrouver avec un bloc Catch très long, et par conséquent difficilement maintenable.

Les filtres d'exception offrent la possibilité de cloisonner le traitement de chacune de ces exceptions dans un bloc Catch à l'aide du mot-clé When suivi d'un prédicat renvoyant une valeur booléenne.

L'exemple précédent peut être réécrit pour tirer parti de cette fonctionnalité de la manière suivante :

```
Try
    'Génération d'un nombre entier aléatoire
    Dim random As New Random()
    Dim nombre As Integer = random.Next()

    Console.WriteLine("Au hasard : {0}", nombre)

    'Si ce nombre est pair
    If nombre Mod 2 = 0 Then
        Throw New Exception("Le nombre est pair.")
        'Sinon
    Else
        Throw New Exception("Le nombre est impair.")
    End If
Catch ex As Exception When ex.Message.Contains(" pair")
    Console.WriteLine("Traitement de l'exception : le nombre est pair")
Catch ex As Exception When ex.Message.Contains("impair")
    Console.WriteLine("Traitement de l'exception : le nombre n'est pas pair")
End Try
```

Il est bien évidemment possible de combiner l'utilisation de blocs `Catch` « simples » et de blocs utilisant des filtres d'exceptions pour couvrir un maximum d'erreurs d'exécution. Il faut néanmoins prendre en compte le fait qu'un seul bloc `Catch` peut être exécuté, qu'un filtre lui soit associé ou non.

### 2.2.3 Le bloc Finally

Certains traitements doivent être effectués après l'exécution correcte d'une portion de code, mais aussi lorsqu'une exception est levée. Ces traitements peuvent correspondre notamment à une libération de ressource, à une notification de l'utilisateur ou à un enregistrement de données.

Pour cela, l'utilisation d'une structure `Try ... Catch ... End Try` peut s'avérer fastidieuse puisqu'une duplication de code est nécessaire : au minimum une instruction identique à la fin des blocs `Try` et `Catch`. Cette situation n'étant pas optimale, l'utilisation d'un bloc `Finally` est préconisée afin de simplifier l'écriture, la lecture et la maintenance du code.

Ce type de bloc est ajouté à la fin d'une structure `Try ... Catch ... End Try` de la manière suivante :

```
Try
    '...
Catch ...
    '...
Finally
    'Traitements à effectuer systématiquement
End Try
```

Il est également possible d'ajouter un bloc `Finally` après un bloc `Try` seul. En effet, dans certains cas, il est pertinent de ne pas vouloir intercepter une exception mais de vouloir tout de même exécuter un jeu d'instruction.

La structure `Using` fait notamment usage de cette technique : lors de la compilation, elle est transformée en une structure `Try ... Finally`. Le bloc `Finally` contient alors un appel à la méthode `Dispose` de la variable utilisée dans le bloc `Using` initial.

Considérons la portion de code suivante :

```
Using stream As FileStream =
    New FileStream("C:\monfichier.txt", FileMode.Open)

    'Traitements

End Using
```

Après compilation, l'assembly généré contient un code intermédiaire équivalent au code suivant :

```
Dim stream As FileStream
Try
    stream = New FileStream("C:\monfichier.txt", FileMode.Open)
    'Traitements
Finally
    If stream IsNot Nothing Then
        stream.Dispose()
    End If
End Try
```

Ainsi, même en cas d'erreur d'exécution dans les traitements, le fichier ouvert est libéré.

# 3. Les outils fournis par Visual Studio

Les causes des erreurs de logique peuvent être particulièrement délicates à déceler. Visual Studio fournit pour cela un certain nombre d'outils permettant de contrôler l'état d'exécution de l'application, placer des points d'arrêts ou visualiser les données manipulées par l'application.

## 3.1 Contrôle de l'exécution

Pour pouvoir explorer le code à la recherche de la cause d'une erreur d'exécution ou de logique, il est important de pouvoir contrôler l'exécution d'une application dans des conditions permettant cette exploration. Visual Studio intègre cette possibilité au travers de l'utilisation d'un débogueur.

Dans Visual Studio, un projet peut être dans trois états distincts :

- en mode conception : le développement est en cours.
- en exécution : le code est compilé et l'application est lancée et attachée au débogueur intégré.
- en pause : le débogueur a stoppé l'exécution de l'application entre deux instructions.

### 3.1.1 Démarrage

Le lancement de l'application en mode débogage (Debug dans Visual Studio) est effectué en cliquant sur le bouton **Démarrer** de la barre d'outils.

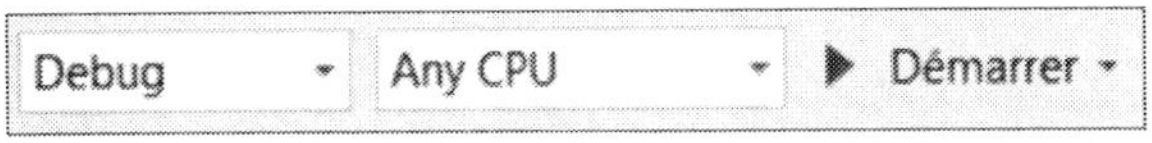


Il est aussi possible de lancer le débogage en utilisant la touche [F5] du clavier.

**Remarque**

*La combinaison de touches [Ctrl][F5] lance l'application normalement, sans l'attacher au débogueur de Visual Studio. Le projet reste en mode conception, mais il est impossible de le compiler ou le lancer tant que l'application n'a pas été fermée.*

Lorsque la solution contient plusieurs projets, le projet généré et lancé est celui qui a été défini comme projet de démarrage. Il est aussi nécessaire que ce projet génère un fichier exécutable. Dans le cas contraire, une erreur est affichée :

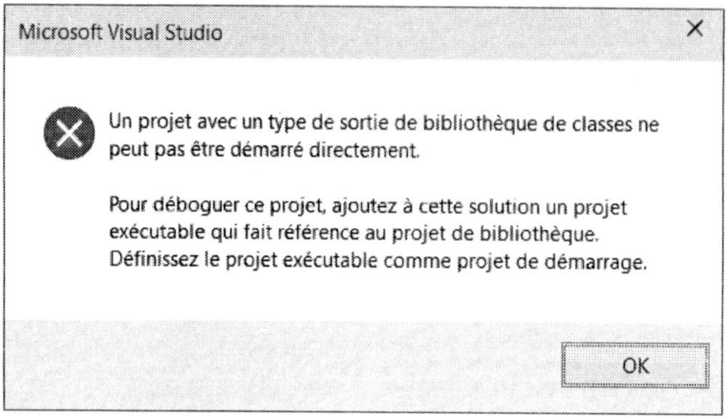


### 3.1.2 Arrêt

Lorsque le projet est en mode exécution ou pause, il est possible d'arrêter complètement son exécution afin de repasser en mode conception. Cette action est effectuée par un clic sur le bouton d'arrêt qui apparaît dans la barre d'outils en mode exécution ou pause.

L'infobulle placée sur ce bouton indique que la combinaison de touches [Shift][F5] arrête également l'exécution de l'application en mode débogage.

### 3.1.3 Pause

Visual Studio permet de mettre en pause l'application en cours de débogage afin de permettre l'inspection du code exécuté. Cette action est disponible à l'aide du bouton Pause dans la barre d'outils.

Une fois l'application en pause, un repère est placé sur la prochaine ligne qui sera exécutée.

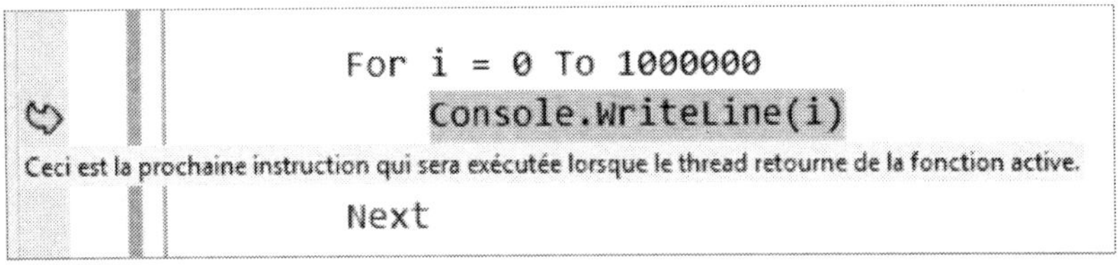


Cette méthode est relativement hasardeuse car il faut beaucoup de chance pour s'arrêter sur une ligne précise. Comme nous le verrons plus loin, l'utilisation de points d'arrêts est beaucoup plus efficace pour explorer le code en cours d'exécution.

### 3.1.4 Reprise

Une fois l'exécution de l'application interrompue, plusieurs options sont disponibles. Il est tout d'abord possible de reprendre le cours normal de l'exécution en cliquant sur le bouton **Continuer** ou en appuyant sur la touche [F5]. Il est aussi possible de poursuivre en mode pas à pas afin de suivre le cheminement de l'exécution.

Trois modes de pas à pas existent :

- le pas à pas principal ([F10]),
- le pas à pas détaillé ([F11]),
- le pas à pas sortant ([Shift][F11]).

Le pas à pas principal et le pas à pas détaillé sont quasiment identiques. La différence entre ces deux modes réside dans la manière de gérer les appels de procédures ou fonctions. Lorsque l'application est arrêtée sur une ligne contenant une exécution de méthode, le pas à pas détaillé va permettre de rentrer dans celle-ci et d'explorer son code. Le mode pas à pas principal exécutera quant à lui l'appel de fonction en un seul bloc.

Le pas à pas sortant permet pour sa part l'exécution de la méthode courante sans interruption et repasse le projet en mode pause sur la ligne suivant l'appel de la méthode.

Une dernière solution est d'exécuter le code courant jusqu'à la position définie par le curseur d'édition. Pour cela, il faut cliquer sur une ligne puis utiliser la combinaison de touches [Ctrl][F10]. Ceci peut s'avérer très pratique pour sortir de l'exécution d'une boucle, par exemple.

## 3.2 Points d'arrêt

Les points d'arrêt sont des outils indispensables pour le débogage d'une application Visual Basic .NET. Ils offrent au développeur la possibilité de déterminer l'emplacement d'une ou plusieurs interruptions d'exécution dans le code, ce qui permet des scénarios de débogage complexes, nécessitant un grand nombre de manipulations, mais sans devoir exécuter la totalité du code en mode pas à pas.

Les points d'arrêts peuvent être conditionnels, c'est-à-dire qu'il est possible de spécifier une condition qui doit être respectée afin que le débogueur interrompe l'exécution.

Les TracePoints sont très similaires aux points d'arrêts, mais ils permettent de choisir une action à effectuer lorsqu'ils sont atteints. Cette action peut être le passage en mode pause et/ou l'affichage d'un message permettant de tracer l'exécution.

Points d'arrêts et TracePoints sont représentés dans Visual Studio par des icônes indiquant leur nature et leur état. Le tableau ci-dessous regroupe ces différentes icônes. Pour chacun des quatre premiers éléments, l'icône est déclinée en deux versions, la première correspondant à l'état actif, et la seconde à l'état désactivé.

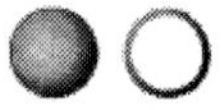

Représente un point d'arrêt normal.

Représente un point d'arrêt conditionnel.

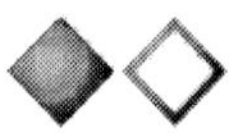

Représente un TracePoint normal.

Représente un TracePoint avancé (avec une condition, un nombre de passages ou un filtre).

Point d'arrêt ou TracePoint désactivé à cause d'une erreur dans une condition.

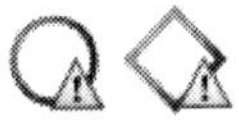

Point d'arrêt ou TracePoint désactivé à cause d'un problème temporaire.

## Utilisation d'un point d'arrêt

Pour placer un point d'arrêt, il suffit de placer le curseur d'édition sur une ligne de code et appuyer sur la touche [F9]. La ligne correspondante est surlignée en rouge et l'icône correspondant au point d'arrêt est affichée dans la marge de la fenêtre d'édition du code. Il est aussi possible de cliquer directement dans cette même marge pour définir un point d'arrêt.

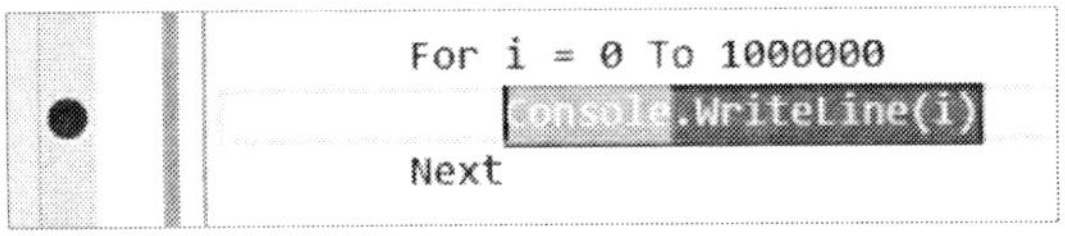


Lorsqu'un point d'arrêt est atteint lors du débogage, Visual Studio repasse au premier plan et la portion de code comprenant le point d'arrêt est affichée dans la fenêtre d'édition de code. La couleur de surlignage de la ligne passe du rouge au jaune. À ce stade, l'instruction n'a pas encore été exécutée, il est donc possible d'utiliser le pas à pas ou le pas à pas détaillé pour visualiser le comportement de cette instruction.

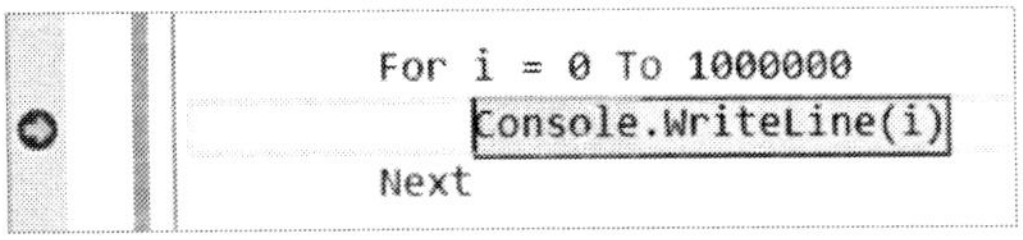


Pour désactiver le point d'arrêt, effectuez un clic droit sur l'icône du point d'arrêt pour ouvrir le menu contextuel puis sélectionnez **Désactiver le point d'arrêt**, ou utilisez la combinaison de touche [Ctrl][F9] lorsque le curseur d'édition est placé sur une ligne sur laquelle un point d'arrêt est défini.

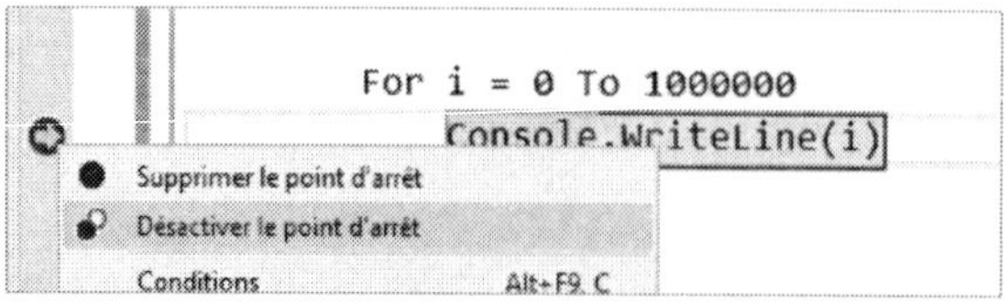


Il peut également être désactivé en utilisant le menu rapide qui est affiché lorsque le curseur de la souris survole l'icône indiquant le point d'arrêt. Le second bouton de ce menu permet d'activer ou désactiver le point d'arrêt.

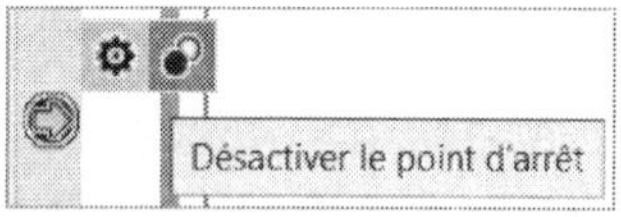


Un point d'arrêt est supprimé lorsque l'on clique sur l'icône qui lui est associée, ou à l'aide de l'option **Supprimer le point d'arrêt** du menu contextuel

## Points d'arrêts conditionnels

Il est possible de placer des conditions sur les points d'arrêts de manière à n'interrompre le flux d'exécution que dans des cas particuliers, lorsqu'un compteur de boucle atteint une valeur spécifique par exemple.

Pour ajouter une condition à un point d'arrêt, ouvrez son menu contextuel à l'aide d'un clic droit sur l'icône, puis sélectionnez **Conditions**.

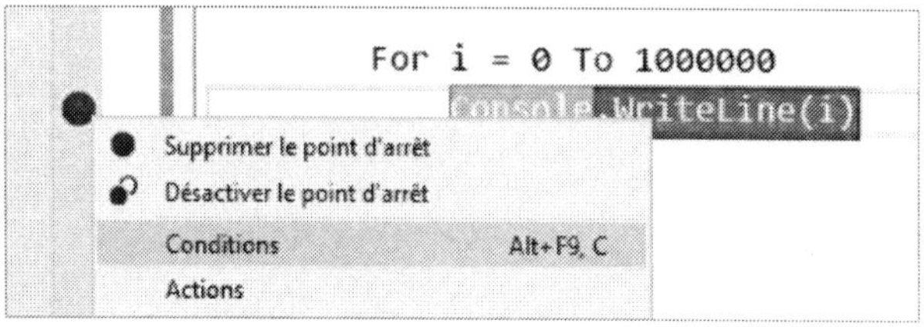


La fenêtre **Paramètres de point d'arrêt** intégrée à l'éditeur et permettant la modification des conditions s'ouvre alors. Il est alors possible de saisir un ou plusieurs prédicats VB.NET évalués à chaque exécution de la ligne de code. Ceux-ci sont définis par trois éléments : un type, un mode d'évaluation et une expression.

Par défaut, le prédicat attendu est de type **Expression conditionnelle** : c'est une expression Visual Basic renvoyant une valeur booléenne, comme une comparaison. Le mode d'évaluation initial vaut quant à lui **Est true**. Ces paramètres indiquent que l'exécution est interrompue lorsque le résultat de l'évaluation de l'expression vaut `True`.

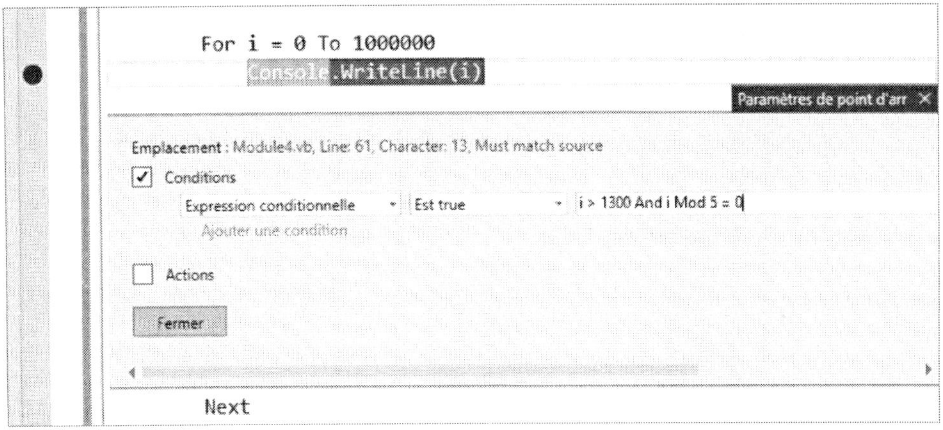


Ici, la condition indique que le code ne doit s'interrompre que lorsque la variable `i` a une valeur supérieure à 1300 et que cette valeur est un multiple de 5.

L'icône représentant le point d'arrêt change d'aspect, et l'infobulle correspondante présente la condition spécifiée.

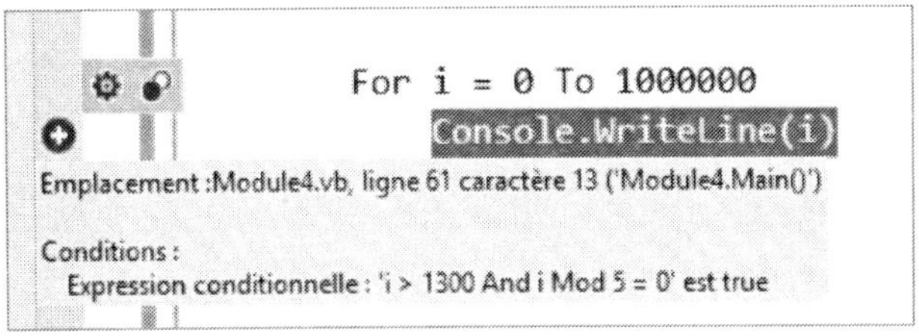

Le changement du mode d'évaluation par la valeur **en cas de modification** provoque une modification du comportement du point d'arrêt : l'exécution n'est interrompue que lorsque la valeur de retour de l'évaluation du prédicat est différente de l'évaluation précédente. Dans le cas décrit ici, l'évaluation renvoie `False` jusqu'à ce que la valeur de `i` soit 1304. Lorsqu'elle passe à 1305, l'évaluation de la condition renvoie `True` : le code est interrompu. Mais à l'itération suivante, `i` vaut 1306, le prédicat a pour valeur `False` : le point d'arrêt n'est pas atteint.

Les conditions peuvent également évaluer des prédicats relatifs au nombre d'accès effectués à un point d'arrêt. Celui-ci ne s'active que lorsqu'il a été atteint un certain nombre de fois.

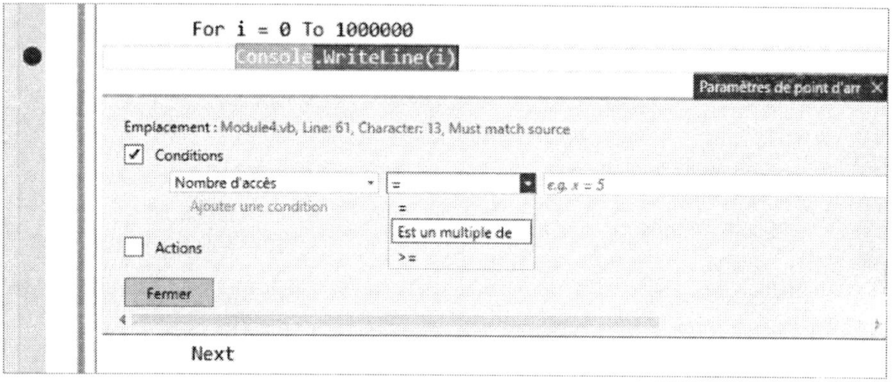


Un troisième type de prédicat est disponible : **Filtre**. Il offre des possibilités avancées de contrôle des points d'arrêts. L'utilisation de ce type de condition permet de notamment spécifier que le point d'arrêt ne doit être activé que pour une machine particulière ou un thread particulier.

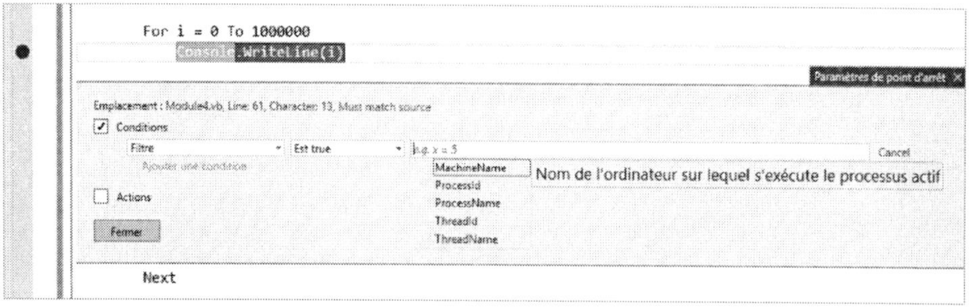

## TracePoints

Les TracePoints peuvent être créés à l'aide de l'option **Actions** du menu contextuel d'un point d'arrêt.

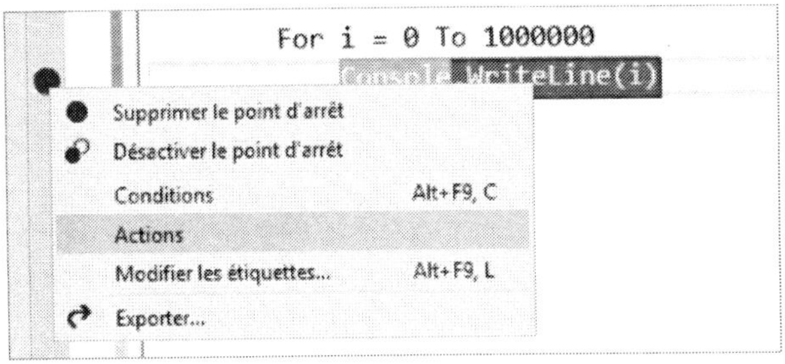


L'utilisation de cette option ouvre elle aussi la fenêtre **Paramètres de point d'arrêt**. Dans cette configuration, elle permet de définir un message à afficher dans la fenêtre de sortie de Visual Studio à l'aide d'une macro. Pour que le point d'arrêt devienne vraiment un TracePoint, il faut que l'option **Poursuivre l'exécution** soit cochée.

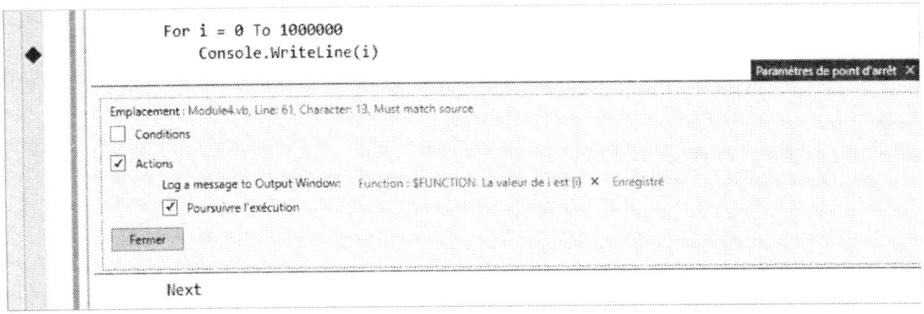


Les différents mots-clés utilisables dans les macros sont visualisables en survolant l'icône **Information** située sur la droite du champ éditable.

Incluez la valeur d'une variable ou de toute autre expression en la plaçant entre accolades (exemple : "La valeur de x est {x}").
Pour insérer une accolade, utilisez "\{". Pour insérer une barre oblique, utilisez "\\".

Les mots-clés spéciaux suivants sont accessibles via "$"
$ADDRESS - Instruction actuelle
$CALLER - Nom de la fonction précédente
$CALLSTACK - Pile des appels
$FUNCTION - Nom de la fonction active
$PID - ID du processus
$PNAME - Nom du processus
$TID - ID du thread
$TNAME - Nom du thread

Si une ou plusieurs conditions sont appliquées au TracePoint, celui-ci n'est activé que lorsque les conditions sont vérifiées. En conservant la condition créée plus haut, le début du résultat dans la fenêtre de sortie est le suivant :

```
Function : ConsoleApplication3.Module4.Main() . La valeur de i est 1305
Function : ConsoleApplication3.Module4.Main() . La valeur de i est 1310
Function : ConsoleApplication3.Module4.Main() . La valeur de i est 1315
Function : ConsoleApplication3.Module4.Main() . La valeur de i est 1320
```

## 3.3 Visualiser le contenu des variables

Le débogueur permet au développeur de suivre le fonctionnement de son application, instruction par instruction si nécessaire. Il est tout aussi important qu'il puisse inspecter le résultat d'une opération ou la valeur des paramètres passés à une méthode afin de comprendre la raison d'un résultat inattendu ou d'une erreur d'exécution.

Visual Studio fournit différents outils utilisables lorsque le projet est en mode pause pour accéder à ces valeurs.

### 3.3.1 DataTips

Les DataTips constituent le premier moyen d'accès au contenu de variables par leur simplicité et leur accessibilité. Il suffit en effet de placer le curseur de la souris sur un nom de variable accessible par le code sur lequel le débogueur est arrêté pour voir apparaître une petite fenêtre contenant la valeur de la variable.

Si la variable est d'un type complexe, cette fenêtre propose un bouton sous forme de triangle permettant d'inspecter ses propriétés.

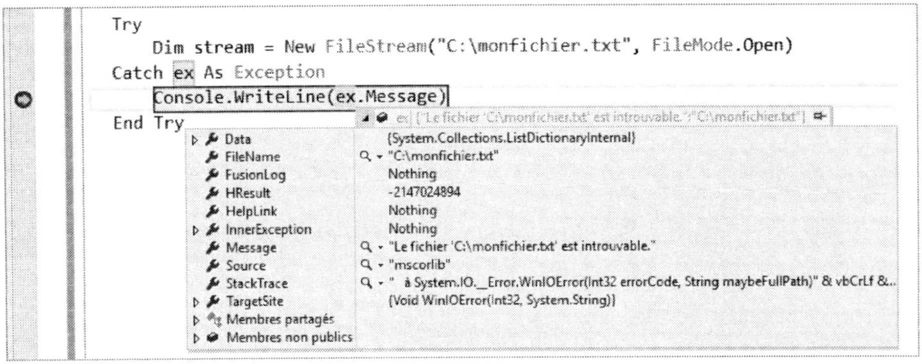


Il est également possible de modifier les valeurs des variables affichées, ce qui peut s'avérer pratique pour valider un comportement.

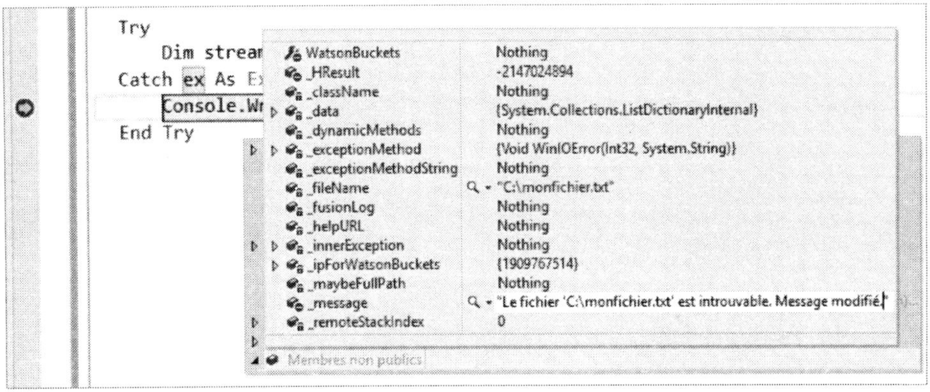


Les DataTips disparaissent automatiquement lorsque le curseur de la souris sort de leur surface.

### 3.3.2 Fenêtres Espion

Les fenêtres **Espion 1** à **Espion 4** sont accessibles par le menu **Déboguer - Fenètres - Espion** de Visual Studio. Ces fenêtres ont pour objectif de permettre la visualisation rapide et simultanée des valeurs de plusieurs variables.

Pour ajouter un espion pour une variable, il faut effectuer un clic droit sur un nom de variable et sélectionner l'option **Ajouter un espion**. Il est aussi possible d'ajouter une variable ou expression en saisissant son nom dans la colonne **Nom**.

Les valeurs des différentes expressions sont évaluées tout au long du débogage de l'application. Si l'une d'elles ne peut pas être évaluée, l'icône précédant l'expression montre une erreur, et la colonne **Valeur** affiche un message indiquant que l'expression n'existe pas dans le contexte actuel.

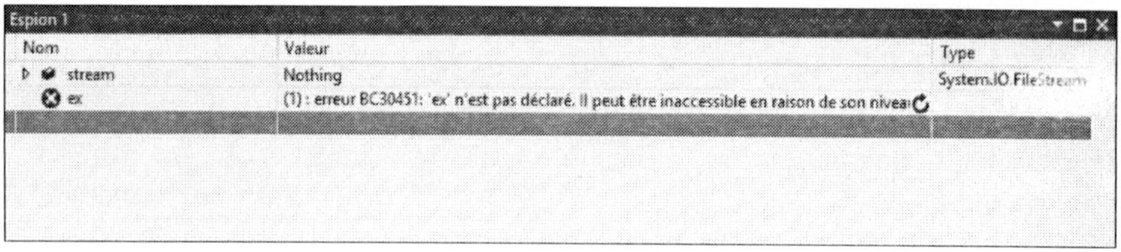


Tout comme dans un DataTip, il est possible de modifier la valeur d'une variable dans une fenêtre **Espion**.

La suppression d'un espion peut être effectuée en utilisant l'option **Supprimer un espion** avec un clic droit sur l'élément à supprimer, ou en utilisant la touche [Suppr].

### 3.3.3 Fenêtre Espion express

La fenêtre **Espion express** utilise le même principe de fonctionnement que les fenêtres **Espion**. Elle ne permet en revanche la visualisation que d'une valeur à la fois, ce qui limite son intérêt en comparaison à la fenêtre **Espion**. De plus, cette fenêtre est modale, ce qui implique que la fenêtre doit être fermée pour poursuivre le débogage.

Elle est accessible via le menu **Déboguer** - **Espion express** ou par l'utilisation de l'option **Espion express** lors du clic droit sur un nom de variable.

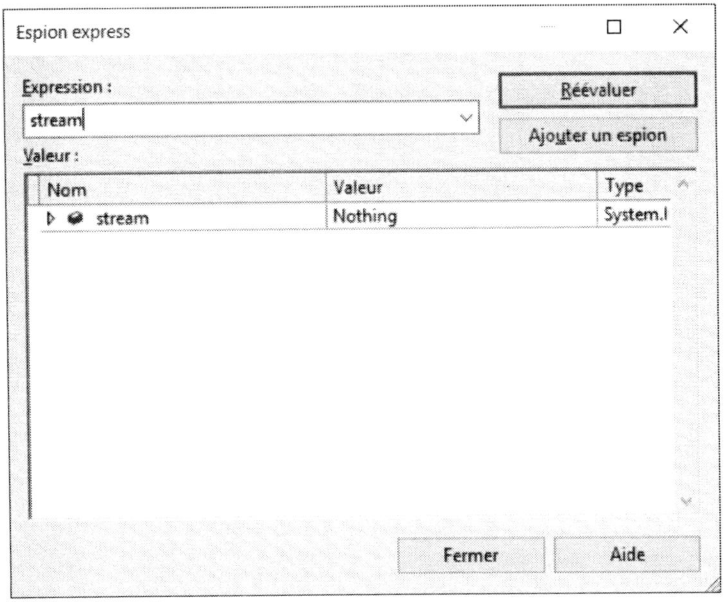


### 3.3.4 Fenêtre Automatique

La fenêtre **Automatique** présente une vision rapide des valeurs de variables utilisées dans l'instruction courante et l'instruction précédente. Elle est très similaire à une fenêtre **Espion**, mais ne permet pas l'ajout de valeurs à visualiser.

Elle est accessible par le menu **Déboguer** - **Automatique**.

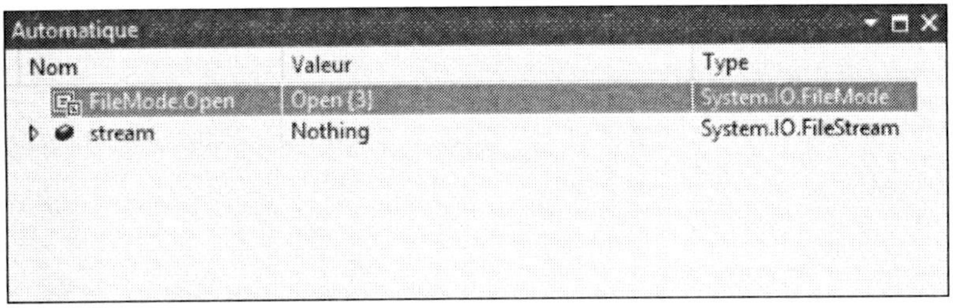


Comme dans une fenêtre **Espion**, il est possible de modifier la valeur d'une variable en double cliquant dans la colonne Valeur.

### 3.3.5 Fenêtre Variables locales

Cette dernière fenêtre est identique à la fenêtre **Automatique**, mais les variables dont la valeur est affichée sont les variables locales de la procédure ou fonction en cours d'exécution.

Elle est accessible par le menu **Déboguer** - **Fenêtres** - **Variables locales**.

## 3.4 Compilation conditionnelle

Bien qu'elle ne soit pas dédiée exclusivement au débogage, la compilation conditionnelle est un outil très intéressant pour suivre et diagnostiquer les problèmes, notamment en phase de développement.

Le principe de la compilation conditionnelle est simple : on intègre ou non une portion de code à l'assembly généré en fonction d'une condition prédéfinie.

Cette condition porte obligatoirement sur l'existence ou non d'une ou plusieurs constantes de compilation.

Les constantes de compilation n'ont pas de valeur : elles existent ou n'existent pas. Elles peuvent être définies de deux façons différentes : globalement au niveau d'un projet, ou localement, dans le code.

#### Constantes de compilation au niveau d'un projet

Pour définir de manière visuelle une constante de compilation au niveau d'un projet, il faut accéder à la fenêtre de propriétés d'un projet.

- Dans l'explorateur de solution, faites un clic droit sur le projet concerné et sélectionner le menu **Propriétés**.
- Une fois la fenêtre de propriétés ouvertes, sélectionnez le menu **Compiler**.

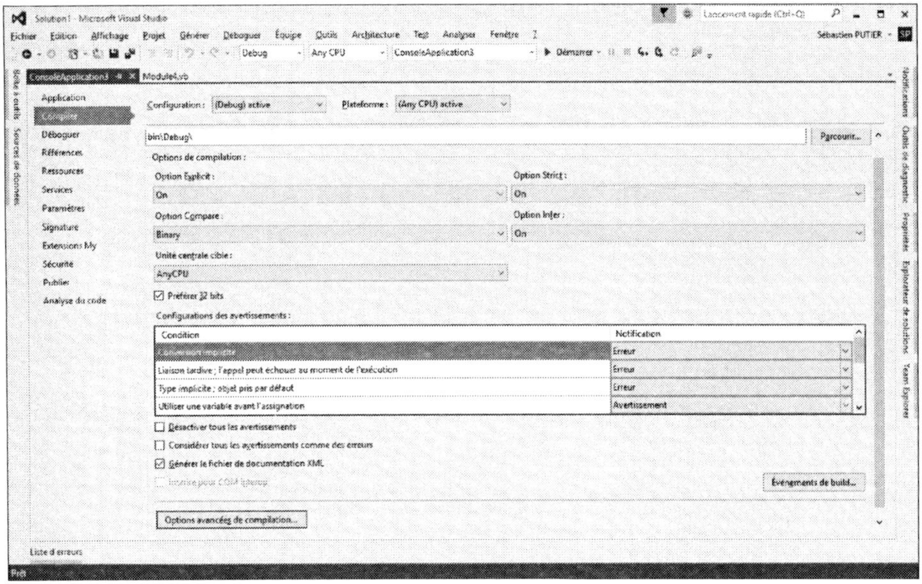


Un clic sur le bouton **Options avancées de compilation** ouvre une nouvelle fenêtre.

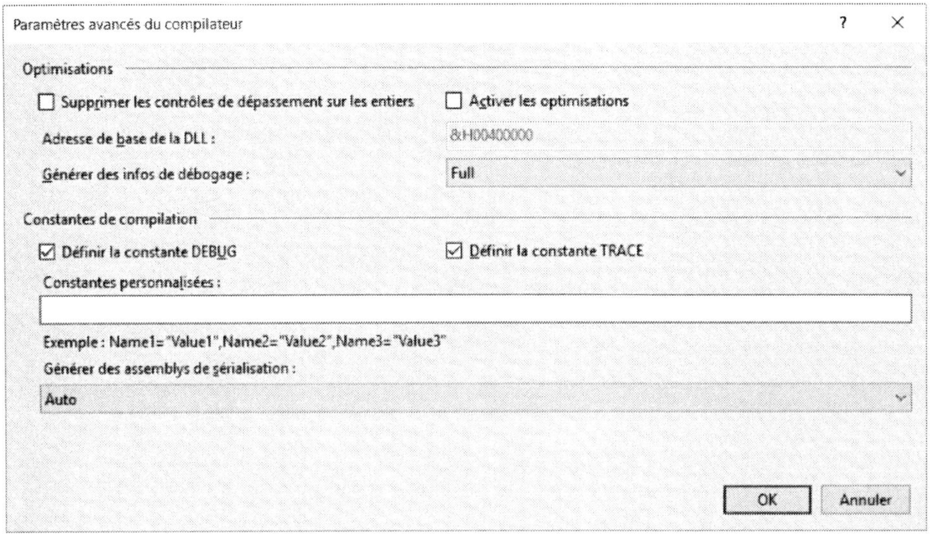

La section **Constantes de compilation** permet de définir des constantes personnalisées, ainsi que de définir les constantes `DEBUG` et `TRACE` qui sont utilisées par certaines classes du framework .NET.

Lorsque plusieurs constantes de compilation doivent être définies, elles doivent être séparées par le symbole ; (point-virgule).

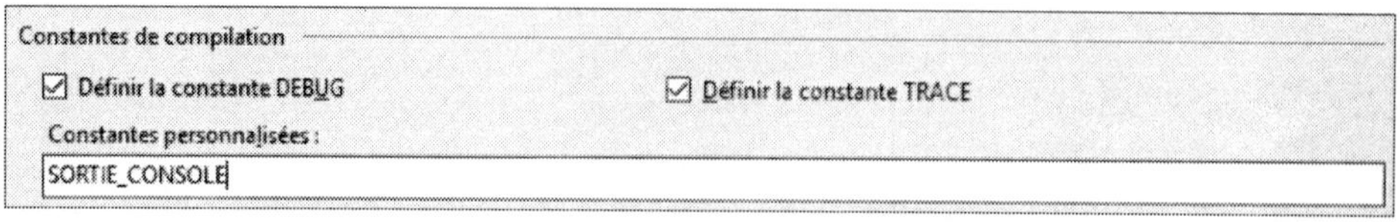


Définir la constante `SORTIE_CONSOLE` a pour effet d'appliquer le paramètre `/define:SORTIE_CONSOLE` au projet au moment de la compilation.

## Constantes de compilation locales

Il est possible de définir une constante de compilation pour un seul fichier, au niveau du code.

Pour cela, il est nécessaire d'utiliser la directive préprocesseur `#Const` suivie du nom de la constante à définir et d'une assignation de valeur. Un fichier peut contenir plusieurs directives `#Const`.

```
#Const SORTIE_CONSOLE = True
```

## Mise en œuvre de la compilation conditionnelle

La compilation conditionnelle permet d'inclure du code en fonction de l'existence d'une constante de compilation. Pour la mettre en œuvre, il est donc nécessaire de pouvoir vérifier cette existence.

Cette vérification se fait à l'aide de la directive de précompilation `#If ... #End If`. Cette instruction est semblable à l'instruction `If` : elle évalue un prédicat et inclue le code qu'elle contient si l'évaluation renvoie `True`.

Pour inclure du code en fonction de l'existence de la constante SORTIE_CONSOLE définie plus haut, il faut écrire :

```
#If SORTIE_CONSOLE Then
    Console.WriteLine("SORTIE_CONSOLE est définie")
#End If
```

Dans le cadre du débogage d'une application, il peut ainsi être intéressant de placer des instructions #If à certains endroits pour enregistrer un maximum d'informations pertinentes, notamment à l'intérieur de blocs Catch.

# Chapitre 7
# Développement d'applications Windows

## 1. Présentation de WPF

Les applications Windows sont des applications fenêtrées présentant les données d'une manière bien plus graphique et agréable que la fenêtre de ligne de commande. Pour développer ce type d'application, .NET propose depuis ses débuts la technologie **Windows Forms**. La version 3.0 du framework .NET, sortie en 2006, est arrivée avec une nouvelle technologie de présentation : **WPF** (*Windows Presentation Foundation*). Celle-ci a apporté plusieurs améliorations notables tant au niveau technique qu'à celui du développement :

- La définition de l'interface est effectuée à l'aide du langage de balisage **XAML** (*eXtensible Application Markup Language*) et non plus avec du code Visual Basic.
- Le **découplage** entre l'interface et le code métier peut être effectué plus facilement grâce à la notion de **binding**.
- L'**affichage** ne s'appuie plus sur la brique logicielle GDI mais sur **DirectX**, ce qui implique que certains calculs peuvent être déportés sur le **GPU**.
- L'intégralité des composants WPF utilise le **dessin vectoriel**.
- Au sein d'un composant, l'aspect graphique et l'aspect fonctionnel sont très peu liés, ce qui permet une modification graphique poussée des composants.

Malgré sa robustesse, la technologie Windows Forms est aujourd'hui fréquemment délaissée au profit de WPF. Les raisons principales de ce choix sont liées d'une part à l'expérience utilisateur, puisque **WPF** permet de créer simplement des **applications fluides** et à l'**aspect moderne**, et d'autre part à des motifs purement techniques, car les possibilités de découplage offertes par WPF améliorent la **testabilité** et la **maintenabilité** des applications.

Microsoft mise aujourd'hui sur WPF et les technologies utilisant XAML. Une équipe de développeurs du géant du logiciel a d'ailleurs mentionné à la conférence BUILD 2014 que la technologie **Windows Forms** est aujourd'hui en **phase de maintenance**, ce qui signifie qu'elle n'aura plus de mises à jour au niveau des fonctionnalités, bien que les problèmes détectés soient corrigés.

## 1.1 Structure d'une application WPF

Au moment de sa création, un projet WPF est déjà composé de plusieurs fichiers :

- Les fichiers `Application.xaml` et `Application.xaml.vb` contiennent la déclaration et l'implémentation de la classe principale de l'application : c'est en effet elle qui contient le point d'entrée du programme. Le fichier `.xaml` contient généralement toutes les ressources nécessaires au bon fonctionnement de l'application, tandis que le fichier de code-behind associé contient les gestionnaires d'événements relatifs au cycle de vie de l'application ou les portions de code nécessaires à son démarrage.
- Les fichiers `MainWindow.xaml` et le fichier de code-behind `MainWindows.xaml.vb` contiennent respectivement la description de la fenêtre principale de l'application et le code VB.NET qui lui est associé.
- Le fichier `App.config` contient les paramètres de configuration de l'application.

Ces différents fichiers sont organisés de la manière suivante :

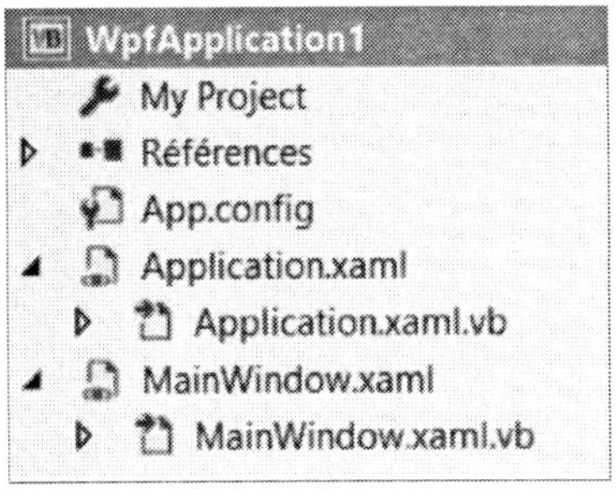


## 1.2 XAML

La technologie WPF utilise le langage XAML pour la création d'interfaces graphiques. Ce langage est un dialecte XML qui permet l'instanciation d'objets .NET de manière déclarative, c'est-à-dire par l'utilisation de balises, à la manière de HTML. Les différents objets sont imbriqués à partir d'un élément racine pour former un arbre logique.

La définition d'un bouton à l'aide de XAML ressemble donc au code suivant :

```
<Button Height="30" Width="120">Ceci est un bouton</Button>
```

La balise `<Button>` instancie un objet de type `Button`, tandis que les attributs XML valorisent les propriétés `Height` et `Width` du bouton. Comme tout élément XML, une balise XAML peut contenir d'autres balises ou une valeur textuelle.

Il est important de savoir que tout ce qui peut être codé en XAML peut être codé avec Visual Basic. L'équivalent impératif du code XAML ci-dessus est le suivant :

```
Dim bouton As Button = New Button()
bouton.Height = 30
bouton.Width = 120
bouton.Content = "Ceci est un bouton"
```

On voit ici apparaître une propriété `Content` pour laquelle aucune valeur n'était explicitement fournie en XAML. Cette propriété est en fait la **propriété par défaut** pour le type `Button`, ce qui signifie que toute valeur textuelle ou XAML placée à l'intérieur de la balise `Button` valorise la propriété `Content` de l'objet `Button`.

**Remarque**

*La propriété par défaut d'un type est définie en plaçant sur le type un attribut `ContentPropertyAttribute` spécifiant le nom de la propriété.*

La syntaxe **élément-propriété** permet d'assigner un contenu XAML complexe à une propriété. Elle autorise l'utilisation d'une propriété en tant qu'élément XML imbriqué. Le nom de l'élément doit faire apparaître le nom du type sur lequel on agit, suivi par un point puis le nom de la propriété concernée. Suivant cette syntaxe, le code XAML de création d'un bouton vu précédemment peut être écrit de la manière suivante :

```
<Button Height="30" Width="120">
    <Button.Content>Ceci est un bouton</Button.Content>
</Button>
```

Tout le code Visual Basic n'est en revanche pas transposable en XAML car il est notamment impossible d'appeler une méthode directement de manière déclarative. Bien que XAML soit très puissant grâce aux nombreux objets utilisables, les scénarios avancés nécessitent donc très souvent l'utilisation de code .NET impératif.

**Remarque**

*Bien qu'il ait été initialement introduit avec WPF, le langage de description XAML est aujourd'hui largement utilisé pour le développement d'applications n'utilisant pas la technologie WPF (comme les applications Windows Store ou Windows Phone).*

### 1.2.1 Templates

Les objets sont définis sous la forme d'un graphe composant l'arbre logique d'un écran. Cette arborescence est différente de l'arbre visuel, qui est le résultat de la transformation de l'arbre logique après application de différents templates sur chaque contrôle.

La partie visuelle d'un contrôle graphique est définie en XAML par la création d'un objet de type `ControlTemplate`. Celui-ci est un modèle de dessin représentant le résultat souhaité à l'aide d'une arborescence constituée d'objets plus simples. Il est appliqué au contrôle lors de son chargement.

L'arbre logique suivant est extrêmement simple : il consiste en une seule balise.

```
<Button Height="30" Width="120" Content="Ceci est un bouton" />
```

L'arbre visuel correspondant est un peu plus complexe :

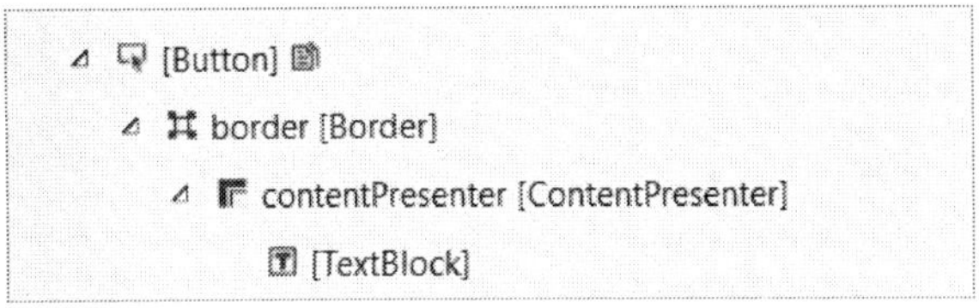


**Remarque**

*Cette représentation de l'arbre visuel d'un bouton a été obtenue à l'aide de la fenêtre* ***Arborescence d'éléments visuels en direct*** *de Visual Studio. Celle-ci peut être ouverte lors du débogage d'une application WPF à partir du menu* ***Déboguer*** *-* ***Fenêtres*** *-* ***Arborescence d'éléments visuels en direct****.*

Deux éléments ont été ajoutés : un objet de type `Border` et un objet de type `ContentPresenter`. Ceux-ci font partie du `ControlTemplate` associé à la classe `Button`. L'objet de type `TextBlock`, ajouté par le `ContentPresenter`, a quant à lui encapsulé notre texte dans sa propriété `Text`.

### 1.2.2 Espaces de noms

Comme pour le code VB.NET, il est nécessaire d'importer des espaces de noms dans le code XAML pour pouvoir utiliser les types qu'ils contiennent. Pour réaliser cette opération, il n'est évidemment pas possible d'utiliser une déclaration `Imports` de Visual Basic, mais les déclarations d'espaces de noms de XML sont toutes indiquées pour cela. Ces déclarations prennent la forme d'attributs XML respectant une syntaxe bien particulière :

```
xmlns:<prefixe>="clr-namespace:<espace de noms>"
```

Deux espaces de noms sont obligatoires dans chaque fenêtre WPF et doivent être présents au niveau de l'élément racine. Le premier importe le framework WPF et son implémentation de XAML, tandis que le second importe certains éléments globaux de XAML. Ces deux déclarations permettent donc d'utiliser les bases de WPF dans l'ensemble du document en cours d'édition.

```
xmlns=http://schemas.microsoft.com/winfx/2006/xaml/presentation
xmlns:x="http://schemas.microsoft.com/winfx/2006/xaml"
```

Lorsqu'une fenêtre est créée à l'aide du modèle présent dans Visual Studio, sa déclaration inclut déjà ces espaces de noms.

Fort heureusement, l'import d'espaces de noms .NET est généralement plus simple. Pour l'espace de noms `Exemple.Controles`, la déclaration sera faite de la manière suivante :

```
xmlns:controlesExemples="clr-namespace:Exemple.Controles"
```

Le contrôle `Calendrier` situé dans cet espace de noms est ensuite utilisé en préfixant son nom de type par l'alias d'espace de noms `controlesExemple` suivi du symbole `:`, ce qui donne l'instanciation suivante :

```
<controlesExemple:Calendrier />
```

## 1.3 Contexte de données et binding

Le concept de **binding** est peut-être le plus important pour faire une utilisation optimale des capacités de WPF. Il correspond à une liaison unidirectionnelle ou bidirectionnelle entre un élément XAML et un contexte de données (`DataContext`) et permet la propagation de données du code VB.NET vers le code XAML (et/ou inversement) sans qu'il ne soit nécessaire pour le développeur d'effectuer ce transfert d'informations manuellement. Ce mécanisme est la clé du découplage entre le code métier et l'interface graphique.

Une liaison de données est définie dans le code XAML par une expression délimitée par des accolades et dont le premier terme est le mot-clé `Binding`. Ce dernier peut être suivi par une liste de paramètres définissant la source de données, le chemin de la propriété avec laquelle la liaison doit être faite ou encore le mode de liaison.

**Remarque**

*Par défaut, un binding transmet le résultat de l'appel à la méthode `ToString` de l'objet. Pour les objets complexes, le résultat affiché est le nom complet du type si cette méthode n'a pas été redéfinie.*

- Créez un nouveau projet WPF dans Visual Studio à l'aide de la boîte de dialogue **Nouveau projet** (menu **Fichier** - **Nouveau** - **Projet** ou [Ctrl][Shift] **N**) dans laquelle il faut sélectionner **Application WPF** et nommez-le **EssaisBinding**.

- Éditez le contenu du fichier `MainWindow.xaml` du projet nouvellement créé de manière à ce qu'il contienne le code suivant :

```
<Window x:Class="EssaisBinding.MainWindow"
xmlns="http://schemas.microsoft.com/winfx/2006/xaml/presentation"
        xmlns:x="http://schemas.microsoft.com/winfx/2006/xaml"
        Title="MainWindow" Height="350" Width="525">
    <Grid>
        <TextBox Height="30" Width="120" Text="{Binding Path=Nom,
Mode=TwoWay, UpdateSourceTrigger=PropertyChanged}" />
    </Grid>
</Window>
```

Ce code crée une zone de saisie dans une fenêtre et associe à sa propriété `Text` une liaison bidirectionnelle (`Mode=TwoWay`) vers la propriété `Nom` du contexte de données (`Path=Nom`). Le transfert des informations du contrôle vers le contexte de données sera effectué à chaque fois que la propriété sur laquelle est défini le binding est modifiée (`UpdateSourceTrigger=PropertyChanged`).

- Lancez le projet en utilisant la touche [F5] ou le bouton **Démarrer** de la barre d'outils Visual Studio (en ayant au préalable défini le projet comme projet de démarrage).

En l'état, rien de notable ne se produit. En effet, aucun contexte de données n'est défini et aucune source de données n'est explicitement spécifiée. Pour définir le contexte de données de la fenêtre, il convient de valoriser sa propriété `DataContext`.

- Éditez le constructeur de la fenêtre, dans `MainWindow.xaml.vb`, de manière à définir le contexte de données de la fenêtre comme étant la fenêtre elle-même.

```
Public Sub New()
    ' Cet appel est requis par le concepteur.
    InitializeComponent()

    Me.DataContext = Me
End Sub
```

Si vous lancez l'application à ce stade, l'interface se comportera exactement de la même manière. En revanche, la fenêtre **Sortie** de Visual Studio présente une nouvelle ligne d'information :

```
System.Windows.Data Error: 40 : BindingExpression path
error: 'Nom' property not found on 'object' ''MainWindow'
(Name='')'. BindingExpression:Path=Nom;
DataItem='MainWindow' (Name=''); target element is 'TextBox'
(Name=''); target property is 'Text' (type 'String')
```

Ce message indique qu'une erreur s'est produite dans la création de la liaison de données car la propriété `Nom` n'a pas été trouvée dans l'objet `MainWindow` utilisé comme contexte de données. Il fournit également des informations permettant d'identifier l'objet XAML et la propriété sur lequel la liaison erronée est placée.

- Ajoutez la définition de propriété suivante dans la classe `MainWindow` de manière à corriger l'erreur.

```
Private _nom As String
Public Property Nom As String
    Get
        Return _nom
    End Get
    Set(value As String)
        _nom = value
    End Set
End Property
```

- Pour visualiser le bon fonctionnement de la liaison, ajoutez une affectation de valeur à la propriété `Nom` dans le constructeur de la classe.

```
Public Sub New()
    ' Cet appel est requis par le concepteur.
    InitializeComponent()

    Nom = "Sébastien"
    Me.DataContext = Me
End Sub
```

Dans cette configuration, l'application affiche une zone de saisie dans laquelle la valeur de la propriété `Nom` est bien présente, mais les modifications apportées à cette valeur, lors d'un clic sur un bouton par exemple, ne seront pas répercutées dans le contrôle `TextBox` malgré l'existence d'une liaison de données.

- Pour le vérifier, ajoutez la ligne suivante juste après la déclaration du contrôle `TextBox` dans `MainWindow.xaml` :

```
<Button Height="30" Width="120" VerticalAlignment="Top"
Click="Button_Click" Content="Modifier le contenu de la zone de saisie" />
```

- Ajoutez également le gestionnaire d'événements suivant à la classe `MainWindow` :

```
Private Sub Button_Click(sender As Object, e As RoutedEventArgs)
    Nom = "Nom modifié"
End Sub
```

La non-propagation de la modification est tout à fait normale. La technologie WPF utilise l'événement `PropertyChanged` de l'interface `INotifyPropertyChanged` pour informer les éléments graphiques des modifications de valeur sur les propriétés. Il est donc nécessaire que l'objet utilisé comme source de données (ici, la classe `MainWindow`) implémente cette interface.

Ci-dessous le code complet de la classe `MainWindow` après implémentation de cette interface :

```
Imports System.ComponentModel

Class MainWindow
    Implements INotifyPropertyChanged

    Public Sub New()
        ' Cet appel est requis par le concepteur.
        InitializeComponent()
```

```
        Nom = "Sébastien"
        Me.DataContext = Me
    End Sub

    Private _nom As String

    Public Property Nom As String
        Get
            Return _nom
        End Get
        Set(value As String)
            _nom = value
            DeclenchePropertyChanged("Nom")
        End Set
    End Property

    Public Event PropertyChanged As PropertyChangedEventHandler
Implements INotifyPropertyChanged.PropertyChanged

    Protected Sub DeclenchePropertyChanged(nomProp As String)
        RaiseEvent PropertyChanged(Me, New
PropertyChangedEventArgs(nomProp))
    End Sub

    Private Sub Button_Click(sender As Object, e As RoutedEventArgs)
        Nom = "Nom modifié"
    End Sub
End Class
```

## 2. Utilisation des contrôles

La section précédente vous a rapidement montré la structure d'une application WPF. À cette occasion, vous avez pu remarquer que l'interface graphique est composée de contrôles définis par du code XAML ou, plus rarement, Visual Basic.

Ces contrôles font tous partie d'une hiérarchie leur permettant d'avoir des propriétés communes, la plupart du temps liées au positionnement. Chaque contrôle hérite ainsi d'un contrôle parent auquel il ajoute des fonctionnalités de manière à fournir un nouvel ensemble constitué d'un visuel et d'un comportement qui lui est associé.

Visual Studio intègre nativement un concepteur visuel qui permet la manipulation des contrôles d'une manière plus graphique, donc plus simple. Il génère ainsi lui-même le code XAML qui définit l'interface. Contrairement au concepteur visuel Windows Forms, le concepteur de WPF crée un code XAML qu'il est possible de manipuler directement, toute modification du code étant répercutée sur la partie de conception graphique et inversement.

## 2.1 Ajout de contrôles

À la création d'un nouveau projet d'application WPF, Visual Studio affiche par défaut plusieurs éléments :

- l'**Explorateur de solutions**,
- la fenêtre **Propriétés**,
- une **fenêtre d'édition** scindée en deux parties : le concepteur visuel dans sa partie haute, l'éditeur de code XAML étant quant à lui situé dans la partie basse.

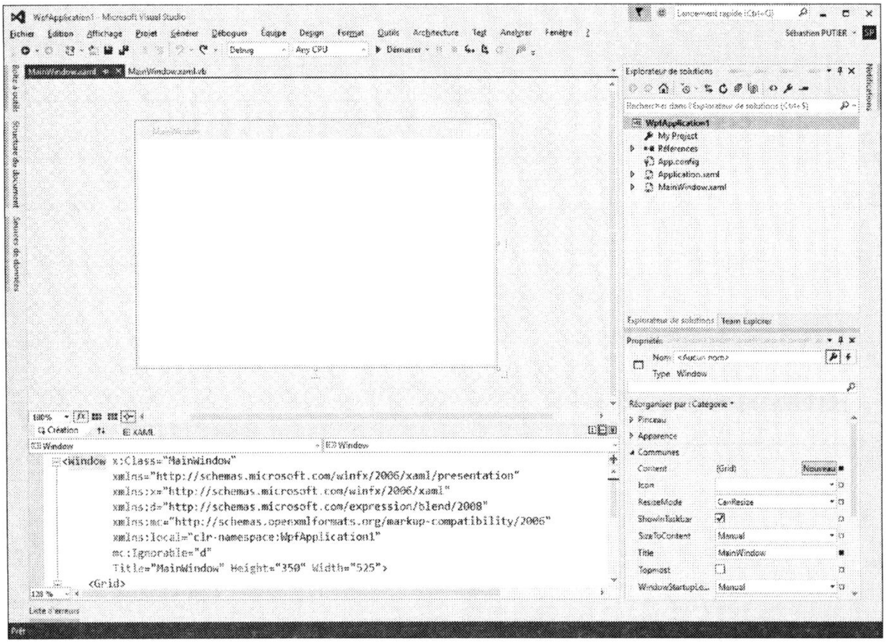

La fenêtre d'édition est destinée à la modification de la fenêtre principale de l'application, nommée `MainWindow`. Le concepteur visuel présente une vue de cette fenêtre, qui n'a pour l'heure aucun contenu.

Plusieurs fenêtres masquées automatiquement sont positionnées sur la gauche de l'environnement. Dans le contexte d'une création ou modification d'interface graphique, la plus importante est la fenêtre **Boîte à outils**.

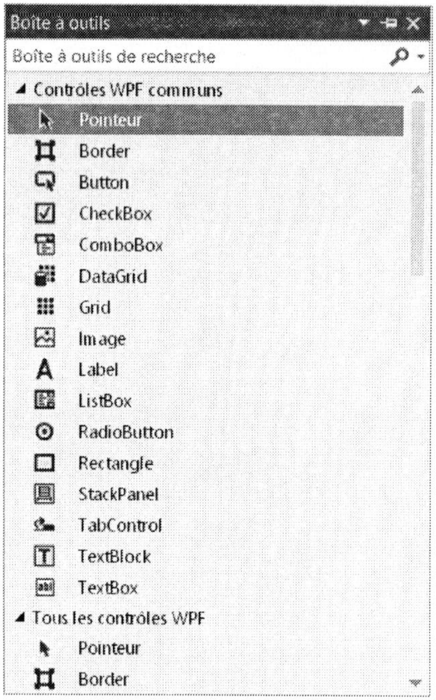


Cette fenêtre liste les différents contrôles utilisables dans une interface WPF. Elle permet également leur sélection et leur placement à l'aide de la souris. Cette approche s'avère beaucoup plus rapide que l'édition du code source XAML.

Trois solutions peuvent être utilisées pour le placement des contrôles dans une fenêtre WPF :

- Un double clic sur un contrôle dans la boîte à outils place un exemplaire du contrôle dans la fenêtre. Le contrôle est positionné par défaut dans le coin supérieur gauche de la fenêtre. Ses propriétés de dimensionnement sont spécifiées par défaut.
- L'utilisation du glisser/déposer d'un élément de la boîte à outils vers le concepteur visuel permet le positionnement du contrôle à l'endroit souhaité. Ses dimensions sont toutefois définies par défaut par le concepteur visuel.
- La sélection d'un élément dans la boîte à outils donne la capacité de dessiner une zone rectangulaire dont la position et la taille sont définies par l'utilisateur. Le contrôle sera positionné dans cette zone.

La fenêtre **Structure du document** offre une visualisation rapide de l'arborescence de la fenêtre en cours d'édition. Elle permet également d'ajouter un contrôle à un emplacement précis de cette arborescence. Vous pouvez utiliser le glisser/déposer d'un élément de la boîte à outils vers cette fenêtre. Certaines indications apparaissent lors du survol de cette fenêtre pour vous aider à insérer le contrôle à l'emplacement logique souhaité.

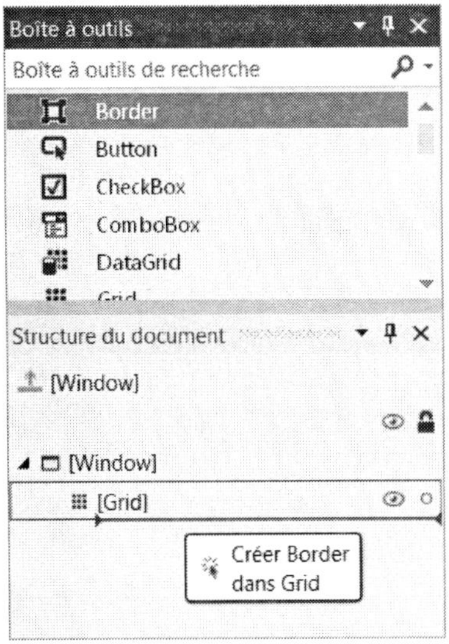

Le contrôle créé dans l'arborescence est positionné par défaut dans son contrôle conteneur, et ses propriétés de dimensionnement sont elles aussi valorisées par défaut par le concepteur visuel. Ce mode de création de contrôle est particulièrement pratique lorsque l'interface est complexe.

## 2.2 Positionnement et dimensionnement des contrôles

Les contrôles sont positionnés par défaut aux coordonnées 0;0 de leur conteneur (lorsque celui-ci le permet). Celles-ci correspondent au coin supérieur gauche du contrôle parent. WPF utilise en effet un système de coordonnées cartésiennes dans lequel l'axe des ordonnées est orienté vers le bas. La figure suivante fournit une représentation visuelle de ce repère.

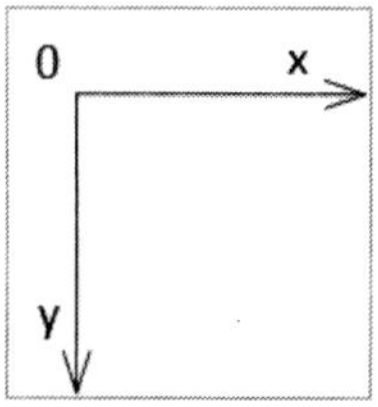


Le positionnement par défaut est évidemment rarement celui qui est souhaité. Les contrôles WPF possèdent un grand nombre de propriétés permettant de modifier ce comportement ainsi que leur dimensionnement.

### Height et Width

Les propriétés `Height` et `Width` permettent de définir de manière absolue ou relative la hauteur et la largeur d'un contrôle. Elles peuvent être valorisées avec trois types de valeur afin de remplir cet objectif :

- Une valeur numérique absolue en pixels.
- Une valeur numérique absolue suivie d'une unité de mesure. Cette unité peut être `px` (pixels), `in` (pouces), `cm` (centimètres), `pt` (point - unité utilisée en typographie).

– La valeur `Auto` indique que le contrôle doit être dimensionné selon ses besoins et dans les limites de son contrôle conteneur. Certains contrôles prendront par défaut tout l'espace disponible, tandis que d'autres adapteront leur taille à leur contenu.

## HorizontalAlignment et VerticalAlignment

Le positionnement d'un contrôle dans son parent peut être géré de manière automatique en fonction d'un alignement. Les propriétés `HorizontalAlignment` et `VerticalAlignment` permettent de mettre en œuvre ce type de positionnement en leur fournissant une valeur d'énumération indiquant l'alignement à utiliser : `Left`, `Center`, `Right` ou `Stretch` horizontalement et `Bottom`, `Center`, `Top` ou `Stretch` verticalement.

Les trois premières valeurs sont relativement explicites. Elles permettent d'aligner le contrôle sur le bord gauche, le centre ou le bord droit de son parent. La valeur `Stretch` permet quant à elle d'imposer au contrôle d'utiliser tout l'espace disponible horizontalement ou verticalement.

## Margin

La propriété `Margin` d'un contrôle définit une zone vide autour du contrôle permettant de le décaler par rapport à sa position normale. Quatre valeurs sont associées à cette propriété, elles sont associées aux quatre bords du contrôle. La figure ci-dessous montre la définition de ces valeurs dans la fenêtre **Propriétés** de Visual Studio.

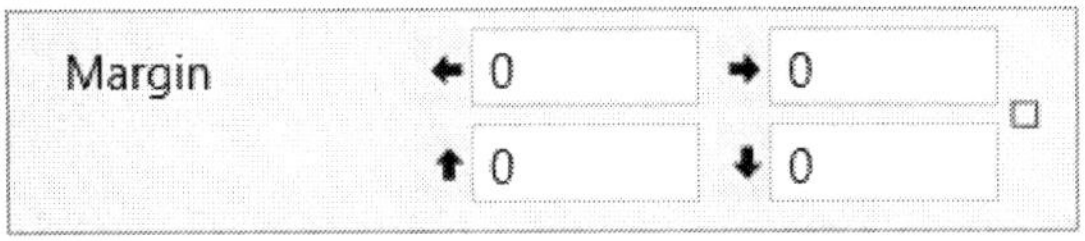


Lorsque ces valeurs sont éditées directement dans le code XAML, elles doivent être fournies dans l'ordre suivant : gauche, haut, droite, bas.

```
<Button Margin="0 10 0 0" />
```

Ici, le contrôle `Button` est décalé de 10 pixels vers le bas par rapport à son positionnement normal dans le conteneur.

Les valeurs données à cette propriété peuvent, comme les propriétés `Width` et `Height`, spécifier une unité de mesure particulière. Visual Studio ne supporte pas ces unités de mesure dans la fenêtre de propriétés, il est donc impératif, si vous souhaitez les utiliser, de les fournir dans l'éditeur de code source XAML.

```
<Button Margin="1cm 2px 3in 4pt"/>
```

C'est la propriété `Margin` qui est utilisée par le concepteur visuel de Visual Studio pour le positionnement d'un contrôle dans un conteneur de type `Grid`, par exemple. Il est donc intéressant d'étudier ce positionnement à travers le placement d'un contrôle et voir comment les valeurs peuvent varier en fonction de la structure de l'objet `Grid` (lignes, colonnes et positionnement du contrôle dans celles-ci).

### Padding

La propriété `Padding` permet de définir une zone, située à l'intérieur du contrôle, dans laquelle le contenu ne doit pas être affiché. Pour le contrôle `Button`, par exemple, cette propriété peut être utilisée afin que le contenu n'atteigne jamais les bords du contrôle. Sa valeur est définie de la même manière que la valeur de la propriété `Margin`.

### Le positionnement dans un Canvas

Lorsqu'un conteneur est de type `Canvas`, le positionnement peut être effectué en valorisant les propriétés `Canvas.Top`, `Canvas.Left`, `Canvas.Right` et `Canvas.Bottom` sur chacun des contrôles qu'il contient. Celles-ci permettent de spécifier la distance entre un bord du `Canvas` et le bord associé du contrôle. Elles acceptent des valeurs numériques, avec ou sans unité de mesure associée.

**Remarque**

*Ces propriétés de positionnement sont un peu particulières puisqu'elles appartiennent au contrôle `Canvas` mais opèrent sur les contrôles qu'il contient. On les appelle **propriétés attachées**. Vous pourrez être amenés à en créer, notamment pour étendre les fonctionnalités d'un contrôle sans en hériter.*

Le concepteur visuel permet d'agir sur le positionnement des contrôles très simplement. En effet, un glisser/déposer sur un contrôle déjà placé permet de le déplacer et ainsi de modifier la valeur de sa propriété `Margin` ou des propriétés attachées issues du contrôle `Canvas`, en fonction du conteneur utilisé.

Il est également possible de redimensionner un contrôle en mode de conception. Pour cela, il suffit de sélectionner un contrôle, puis de positionner le curseur de la souris sur une des ancres situées sur les bordures et enfin de l'étirer en maintenant le bouton gauche de la souris appuyé tout en déplaçant le curseur. Le concepteur ne vous empêche pas de déplacer le bord droit au-delà du bord gauche du contrôle. Il considère en effet que ce comportement est assimilable à un retournement du contrôle et génère une transformation permettant de visualiser un contrôle "à l'envers" !

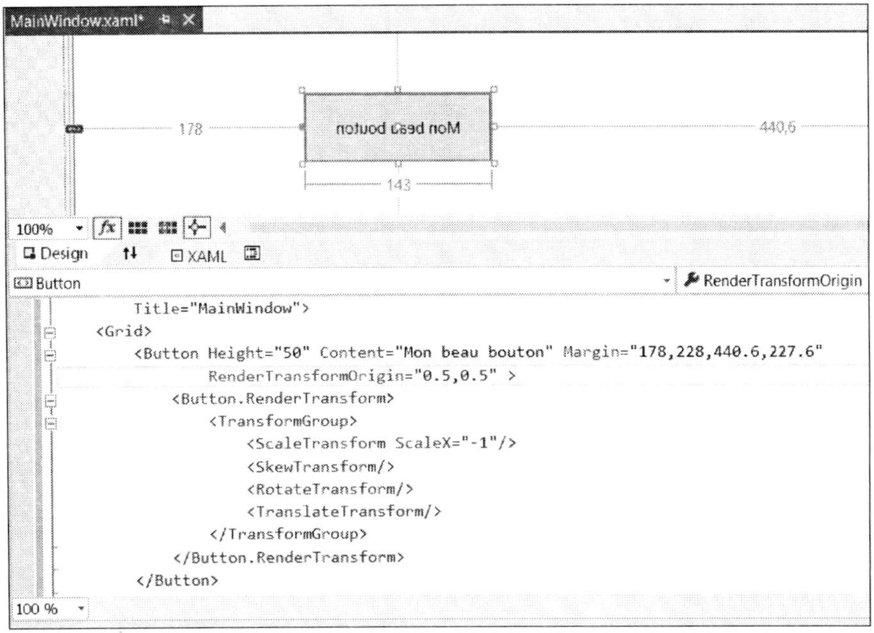

## 2.3 Ajout d'un gestionnaire d'événements à un contrôle

Les contrôles visuels peuvent tous déclencher de nombreux événements auxquels il est possible de s'abonner dans le code source C# associé à la fenêtre. Il est également possible de s'abonner à ces événements à partir du code source XAML.

Pour cela, il suffit d'ajouter à la déclaration XAML d'un contrôle un attribut ayant la forme suivante :

```
<nom d'événement>="<nom du gestionnaire>"
```

```
<Grid>
    <Button Height="50" Width="120" Content="Mon beau bouton"
            Click="Button_Click">
    </Button>
</Grid>
```

Le gestionnaire d'événements correspondant doit se trouver dans le fichier de code-behind de la fenêtre en cours d'édition. Ici, la gestion du clic sur le bouton est effectuée par la méthode `Button_Click` dont la définition est la suivante.

```
Private Sub Button_Click(sender As Object, e As RoutedEventArgs)

End Sub
```

IntelliSense fournit une aide précieuse pour effectuer cette opération. Il permet en effet de générer automatiquement un gestionnaire correspondant au type de délégué associé à l'événement. Il propose également, quand cela est possible, d'associer l'événement à un gestionnaire d'événements existant.

```
<Grid>
    <Button Height="50" Width="120" Content="Mon beau bouton"
            Click="">
    </Button>        <Nouveau gestionnaire d'événements>
</Grid>              Button_Click
indow>
```

Un double clic sur un contrôle génère également un gestionnaire pour l'événement par défaut du contrôle. Le gestionnaire et l'événement sont associés automatiquement dans le code XAML.

Lorsqu'un gestionnaire n'existant pas dans le code Visual Basic est lié à un événement dans le code XAML, une erreur de compilation est levée.

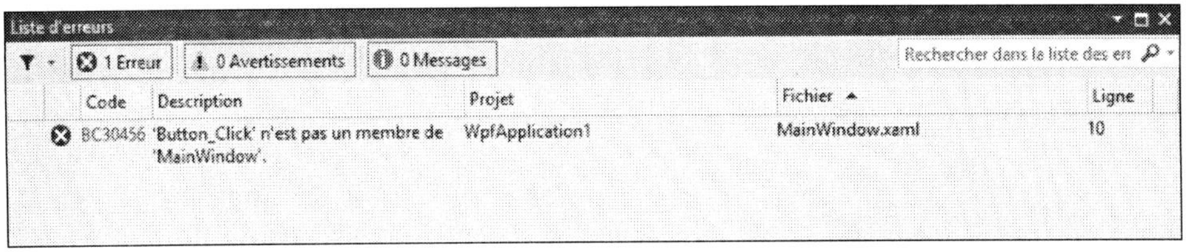


## 3. Les principaux contrôles

Le framework .NET fournit en standard de nombreux contrôles WPF couvrant la majorité des besoins relatifs à la création d'une interface graphique moderne. Ils sont définis dans la librairie `PresentationFramework.dll`, dans l'espace de noms `System.Windows.Controls`.

La majorité de ces contrôles possède un jeu de propriétés communes permettant de gérer leur comportement dans la mise en page de l'application ainsi que leur aspect. Les principales sont listées ci-dessous :

| | |
|---|---|
| `Height` et `Width` | Définissent la hauteur et la largeur du contrôle. |
| `HorizontalAlignment` et `VerticalAlignment` | Définissent comment le contrôle doit se placer dans l'espace qui est disponible horizontalement et verticalement. Les valeurs peuvent être `Left` (alignement à gauche), `Center` (centré), `Right` (alignement à droite) et `Stretch` (occupation de tout l'espace disponible) pour l'alignement horizontal, et `Top` (alignement en haut), `Bottom` (alignement en bas), `Center` et `Stretch` pour l'alignement vertical. |

| | |
|---|---|
| `Margin` | Définit l'espace qui doit rester libre autour des limites du contrôle. |
| `Padding` | Définit l'espace qui doit rester libre entre le bord du contrôle et son contenu. |
| `BorderBrush` | Définit la couleur de la bordure du contrôle. |
| `BorderThickness` | Définit l'épaisseur de trait de la bordure du contrôle. |
| `Visibility` | Définit l'état de visibilité du contrôle. Trois valeurs sont disponibles : `Visible`, `Hidden` (le contrôle est masqué mais la zone qu'il devrait occuper est indisponible), `Collapsed` (le contrôle est masqué mais la zone qu'il devrait occuper est libérée). |

Les contrôles WPF peuvent être regroupés en plusieurs catégories définies par leur objectif.

## 3.1 Contrôles de fenêtrage

Les contrôles de fenêtrage sont essentiels dans une application WPF. Ce sont les conteneurs de l'interface graphique que vous allez créer.

Deux contrôles standards appartiennent à cette catégorie. Ils correspondent à des modes de navigation distincts.

### 3.1.1 Window

Le contrôle `Window` permet, comme son nom l'indique, de définir une fenêtre d'application. C'est le contrôle de fenêtrage le plus fréquemment utilisé.

Il peut être créé à l'aide de la boîte de dialogue **Ajouter un nouvel élément** (clic droit sur le projet puis **Ajouter** - **Nouvel élément** ou [Ctrl][Shift] **A**) :

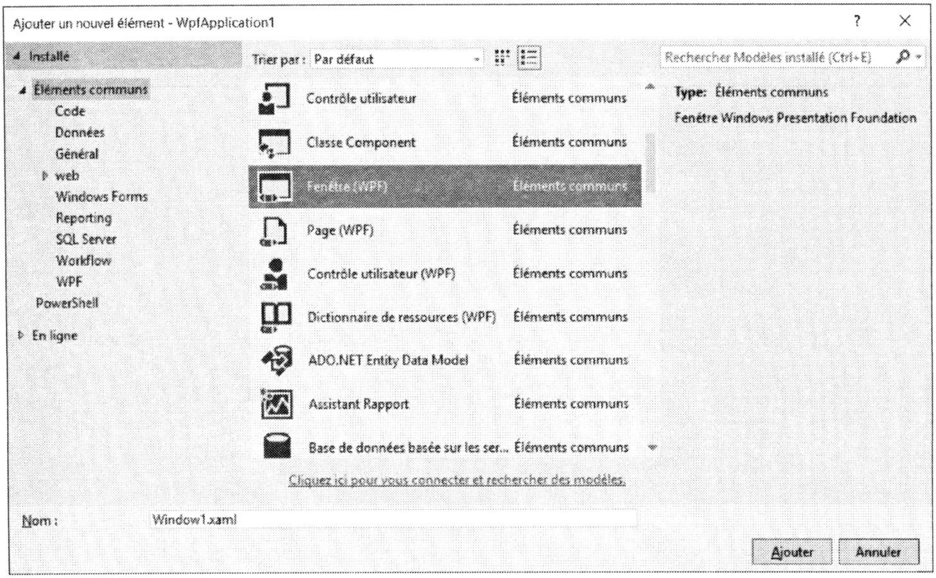


La validation du choix **Fenêtre (WPF)** à l'aide du bouton **Ajouter** crée un fichier `.xaml` et un fichier `.xaml.vb` et les intègre au projet en cours.

Le contenu du fichier `.xaml` tout juste créé est le suivant :

```
<Window x:Class="WpfApplication1.Window1"

xmlns="http://schemas.microsoft.com/winfx/2006/xaml/presentation"
        xmlns:x="http://schemas.microsoft.com/winfx/2006/xaml"
        Title="Window1" Height="300" Width="300">
    <Grid>

    </Grid>
</Window>
```

Comme vu précédemment, le code de ce fichier est formé de balises. L'objet `Window` est la racine de l'arbre XAML.

L'attribut x:Class de cet objet correspond à la classe Visual Basic associée à la fenêtre. Cette classe se charge de lancer l'initialisation des contrôles graphiques dans son constructeur. C'est aussi dans cette classe que sont placés les gestionnaires d'événements associés aux contrôles de la fenêtre.

Le contrôle possède de nombreuses propriétés permettant de définir son aspect, son comportement ou son emplacement. La liste ci-dessous recense et détaille les plus importantes.

| | |
|---|---|
| Title | Définit le titre de la fenêtre. |
| ResizeMode | Définit les modes de redimensionnement disponibles pour la fenêtre. |
| ShowInTaskbar | Définit si la fenêtre doit être visible dans la barre des tâches de Windows. |
| WindowState | Définit si la fenêtre doit être maximisée, minimisée ou dimensionnée normalement. |
| WindowStartupLocation | Définit si la fenêtre doit être centrée par rapport à sa fenêtre parente ou à l'écran. |
| Topmost | Définit si la fenêtre doit rester en avant-plan même si l'application n'a pas le focus. |

Pour ouvrir une nouvelle fenêtre, il faut l'instancier puis utiliser sa méthode Show, ou sa méthode ShowDialog si la fenêtre doit être modale.

```
Dim window as Window1 = new Window1()
window.Show()
```

Ce contrôle définit aussi plusieurs événements, dont Loaded qui permet d'exécuter une portion de code lorsque le contenu de la fenêtre a été chargé mais pas encore affiché. Les événements Closing et Closed sont déclenchés respectivement avant et après la fermeture de la fenêtre. Le premier permet d'empêcher la fermeture de la fenêtre dans son gestionnaire de la manière suivante :

```
Private Sub Window_Closing(sender As Object, e As
ComponentModel.CancelEventArgs)
    e.Cancel = true
End Sub
```

La fenêtre de démarrage d'une application est définie dans le fichier `Application.xaml`. Une des propriétés de l'objet `Application` décrit dans ce fichier est `StartupUri`. Celle-ci accepte comme valeur le chemin relatif menant à la fenêtre qui doit être ouverte au démarrage du programme.

```
<Application x:Class="WpfApplication2.App"
xmlns="http://schemas.microsoft.com/winfx/2006/xaml/presentation"
xmlns:x="http://schemas.microsoft.com/winfx/2006/xaml"
             StartupUri="MainWindow.xaml">
    <Application.Resources>

    </Application.Resources>
</Application>
```

### 3.1.2 NavigationWindow

WPF propose, en plus du mode multifenêtré traditionnel, un mode de navigation similaire à celui d'un navigateur web. Dans ce mode, l'utilisateur n'a plus plusieurs fenêtres à sa disposition mais une seule, dans laquelle il peut naviguer entre plusieurs pages.

La fenêtre principale est de type `NavigationWindow` et les différents contenus sont placés dans des objets `Page`. Comme un navigateur web, un objet `NavigationWindow` dispose de deux boutons **Précédent** et **Suivant** et gère donc un historique de navigation entre chaque objet `Page`.

`NavigationWindow` est une classe dérivée de la classe `Window`, elle a donc accès à toutes les propriétés vues précédemment. Elle possède aussi des propriétés propres à son mode de navigation.

| | |
|---|---|
| `Source` | Définit l'URI de la page en cours d'affichage. |
| `BackStack` | Contient l'historique des pages précédentes. |
| `ForwardStack` | Contient la liste des pages suivantes. |
| `CanGoBack` | Définit s'il est possible pour la fenêtre de naviguer vers une page précédente. |
| `CanGoForward` | Définit s'il est possible pour la fenêtre de naviguer vers une page suivante. |

La création d'une `NavigationWindow` nécessite quelques manipulations car il n'existe pas de modèle pour ce type d'objet dans Visual Studio :

- Ouvrez la fenêtre **Ajouter un nouvel élément** (clic droit sur le projet puis **Ajouter - Nouvel élément** ou [Ctrl][Shift] **A**) et créez une **Fenêtre (WPF)**.
- Dans le fichier `.xaml` créé, il faut modifier la déclaration de l'objet racine : `Window` devient `NavigationWindow`.

À ce stade, la fenêtre est utilisable. Il est donc possible de valoriser la propriété `StartupUri` de l'objet `Application` défini dans `Application.xaml` avec le chemin relatif menant à la fenêtre nouvellement créée.

```
StartupUri="Window1.xaml"
```

La création d'un objet `Page` peut en revanche être effectuée à l'aide d'un modèle. Dans la fenêtre **Ajouter un nouvel élément**, ce modèle est nommé **Page (WPF)**. Celui-ci ajoute un fichier `Page1.xaml` au projet ainsi qu'un fichier de code-behind associé. Le code XAML de cette page est relativement semblable à celui d'une nouvelle fenêtre :

```
<Page x:Class="WpfApplication2.Page1"

xmlns="http://schemas.microsoft.com/winfx/2006/xaml/presentation"
      xmlns:x="http://schemas.microsoft.com/winfx/2006/xaml"
      xmlns:mc="http://schemas.openxmlformats.org/markup-compatibility/2006"
      xmlns:d="http://schemas.microsoft.com/expression/blend/2008"
      mc:Ignorable="d"
      d:DesignHeight="300" d:DesignWidth="300"
    Title="Page1">
    <Grid>

    </Grid>
</Page>
```

Le contenu de cette page sera affiché dans la `NavigationWindow` lorsque la propriété `Source` de la fenêtre aura pour valeur "Page1.xaml". Cette valeur peut être modifiée par l'affectation d'un chemin de fichier ou par l'utilisation de la méthode `Navigate` de la fenêtre. Cette méthode accepte comme paramètre le chemin relatif du fichier `.xaml` définissant une page.

```
Dim fenetre As NavigationWindow = new NavigationWindow()
fenetre.Navigate("Page1.xaml")
```

## 3.2 Contrôles de disposition

Les contrôles de disposition sont des conteneurs permettant de définir le positionnement de chacun des contrôles graphiques qu'ils contiennent. Plusieurs types de contrôles de disposition sont définis dans le framework .NET. Ils répondent à la grande majorité des besoins en matière de définition d'interface graphique.

### 3.2.1 Grid

Le contrôle `Grid` représente une grille pour laquelle on définit des lignes et des colonnes. Chacun des composants graphiques est positionné dans cette grille à l'aide d'un index de ligne et de colonne et peut s'étendre sur plusieurs lignes et/ou colonnes.

**Remarque**

*Le contrôle `Grid` est le conteneur principal par défaut défini dans le modèle de fenêtre WPF de Visual Studio.*

Les propriétés `RowDefinitions` et `ColumnDefinitions` du contrôle `Grid` sont des collections pouvant contenir respectivement autant d'objets `RowDefinition` ou `ColumnDefinition` que nécessaire.

Pour définir une grille avec trois lignes et trois colonnes, on écrit le code suivant :

```
<Grid>
    <Grid.RowDefinitions>
        <RowDefinition />
        <RowDefinition />
        <RowDefinition />
    </Grid.RowDefinitions>
    <Grid.ColumnDefinitions>
        <ColumnDefinition />
        <ColumnDefinition />
        <ColumnDefinition />
    </Grid.ColumnDefinitions>
</Grid>
```

À l'exécution, la fenêtre contenant cette définition de grille peut sembler bien vide... En effet, par défaut, notre grille est transparente et vide. Pour visualiser la grille, il est possible de valoriser sa propriété ShowGridLines à True.

```
<Grid ShowGridLines="True">
    ...
</Grid>
```

Il est évidemment possible de définir la hauteur de chacune des lignes au travers de la propriété Height de chaque objet RowDefinition et la largeur de chaque colonne grâce à la propriété Width des objets de type ColumnDefinition.

Il existe trois moyens de spécifier ces tailles qui sont, par ordre de priorité :

- Une valeur en nombre de pixels.
- Auto : la ligne (ou colonne) s'adapte à son contenu. Si elle n'a pas de contenu, elle ne sera pas visible.
- * (Star) : l'utilisation de ce mode de mesure est un peu plus complexe. Un coefficient est affecté à chaque mesure "Star". Ce coefficient vaut 1 s'il n'est pas spécifié explicitement. La taille effective est calculée par la formule suivante :

$$Taille = Taille\ libre\ restante \times \frac{Coeff.\ pour\ la\ ligne/colonne}{Somme\ des\ coeff.\ des\ lignes\ /\ colonnes}$$

Ci-dessous, un exemple annoté montrant l'application des différents types de mesures.

```
<Grid ShowGridLines="True">
    <Grid.RowDefinitions>
        <RowDefinition Height="123" />
        <RowDefinition Height="Auto"/>
        <RowDefinition Height="30"/>
        <RowDefinition Height="2*"/>
        <RowDefinition Height="*"/>
    </Grid.RowDefinitions>
</Grid>
```

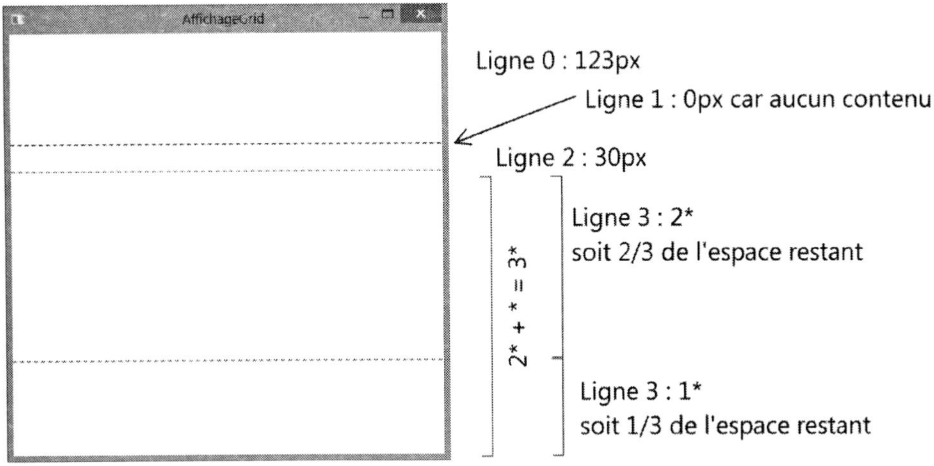


Pour positionner des contrôles dans la grille, il est nécessaire de les déclarer et de valoriser pour chacun d'eux les propriétés attachées `Grid.Row` et `Grid.Column`. La valeur par défaut de ces propriétés est 0, ce qui veut dire que si elles ne sont pas utilisées explicitement sur un contrôle, celui-ci sera positionné dans la première ligne et la première colonne de la grille.

```
<Grid ShowGridLines="True">
    <Grid.RowDefinitions>
        <RowDefinition Height="123" />
        <RowDefinition Height="Auto"/>
        <RowDefinition Height="30"/>
        <RowDefinition Height="2*"/>
        <RowDefinition Height="*"/>
    </Grid.RowDefinitions>
```

```
    <!-- Insertion d'un contrôle Grid dans la 2ème ligne (index 1) -->
    <Grid Background="Red" Grid.Row="1" Height="50" />
</Grid>
```

### 3.2.2 StackPanel

Le contrôle `StackPanel` permet d'accoler verticalement ou horizontalement plusieurs composants visuels. Sa propriété `Orientation` contrôle le sens dans lequel les éléments sont empilés, et sa valeur par défaut est `Vertical`.

```
<StackPanel Orientation="Vertical">
    <TextBlock Text="Première ligne" />
    <TextBlock Text="Seconde ligne" />
    <TextBlock Text="Troisième ligne" />
</StackPanel>
```

Le rendu de cette portion de code est le suivant :

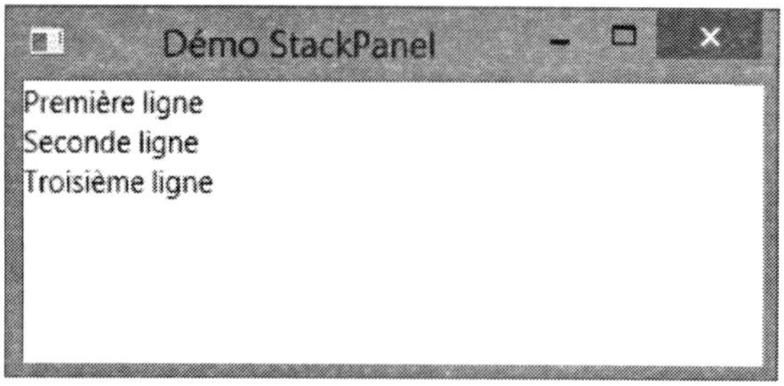


### 3.2.3 DockPanel

Le contrôle `DockPanel` donne la possibilité d'ancrer ses contrôles enfants sur chacun de ses quatre côtés. Pour cela, il faut utiliser la propriété attachée `DockPanel.Dock` sur les contrôles à ancrer.

```
<DockPanel>
    <Grid DockPanel.Dock="Right" Background="Green" Width="50" />
    <Grid DockPanel.Dock="Bottom" Background="Yellow" Height="50" />
    <Grid DockPanel.Dock="Left" Background="Blue" Width="50" />
    <TextBlock Text="dernier élément !" />
</DockPanel>
```

Ce code produit l'affichage suivant :

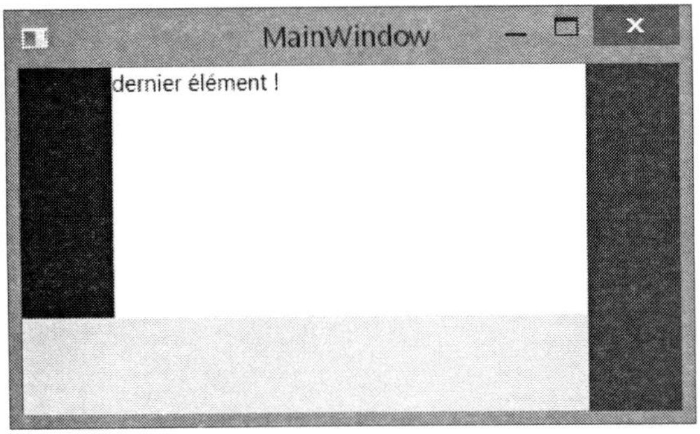


Il est important de noter que les contrôles sont ancrés dans l'ordre de leur instanciation. Ceci implique que le code précédent et l'exemple suivant n'aboutissent pas au même résultat.

```
<DockPanel>
    <Grid DockPanel.Dock="Bottom" Background="Yellow" Height="50" />
    <Grid DockPanel.Dock="Right" Background="Green" Width="50" />
    <Grid DockPanel.Dock="Left" Background="Blue" Width="50" />
    <TextBlock Text="dernier élément !" />
</DockPanel>
```

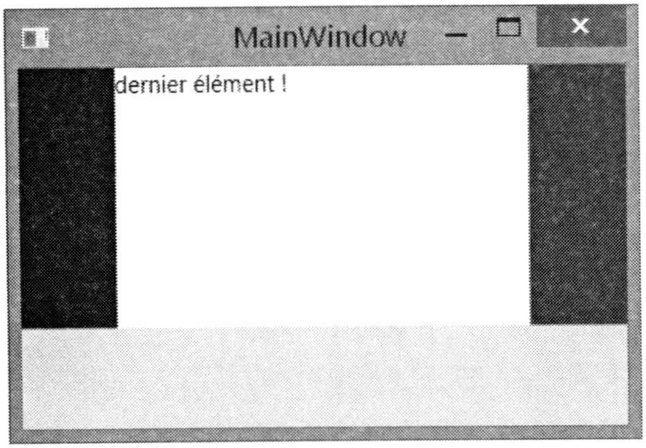


Plusieurs contrôles peuvent être ancrés au même bord : ceux-ci sont alors "empilés" relativement à ce bord, et dans l'ordre de leur instanciation.

```
<DockPanel>
    <Grid DockPanel.Dock="Right" Background="Yellow" Width="50" />
    <Grid DockPanel.Dock="Right" Background="Green" Width="50" />
    <Grid DockPanel.Dock="Left" Background="Blue" Width="50" />
    <TextBlock Text="dernier élément !" />
</DockPanel>
```

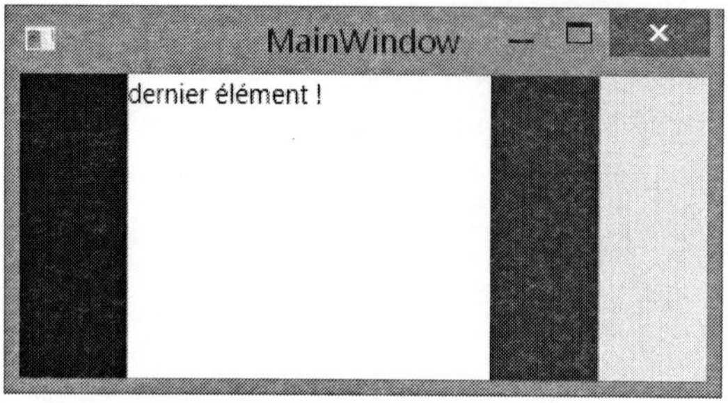


La class DockPanel a une propriété LastChildFill qui permet d'indiquer quel doit être le comportement de son dernier contrôle enfant. Si cette propriété a pour valeur True, alors l'élément recouvre la totalité de l'espace restant dans le DockPanel.

### 3.2.4 WrapPanel

Le contrôle WrapPanel peut être décrit comme un StackPanel amélioré (bien que la classe WrapPanel n'hérite pas de StackPanel). En effet, de la même manière que le contrôle StackPanel, il permet d'accoler plusieurs composants graphiques.

La véritable différence entre ces deux contrôles réside dans le fait que le WrapPanel renvoie le contenu sur une nouvelle ligne (ou colonne) quand l'espace disponible est insuffisant sur l'alignement en cours de remplissage.

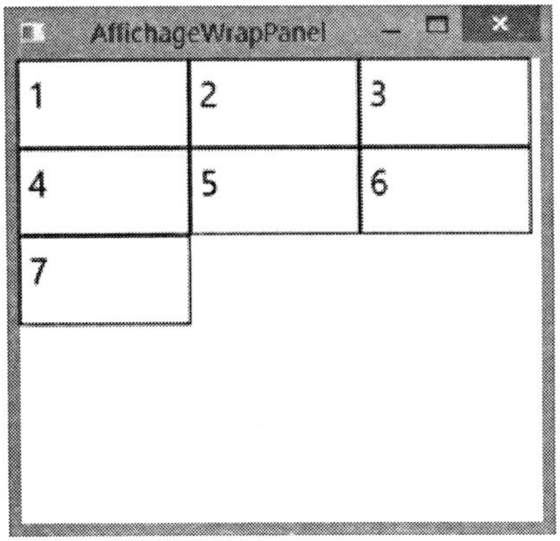


Cet écran est le résultat du XAML suivant :

```
<WrapPanel>
    <Label Content="1" FontSize="20" Height="50" Width="100"
BorderThickness="1" BorderBrush="Black" />
    <Label Content="2" FontSize="20" Height="50" Width="100"
BorderThickness="1" BorderBrush="Black" />
    <Label Content="3" FontSize="20" Height="50" Width="100"
BorderThickness="1" BorderBrush="Black" />
    <Label Content="4" FontSize="20" Height="50" Width="100"
BorderThickness="1" BorderBrush="Black" />
    <Label Content="5" FontSize="20" Height="50" Width="100"
BorderThickness="1" BorderBrush="Black" />
    <Label Content="6" FontSize="20" Height="50" Width="100"
BorderThickness="1" BorderBrush="Black" />
    <Label Content="7" FontSize="20" Height="50" Width="100"
BorderThickness="1" BorderBrush="Black" />
</WrapPanel>
```

Par défaut, la propriété `Orientation` du `WrapPanel` est `Horizontal`. En passant cette valeur à `Vertical`, on obtient le rendu suivant :

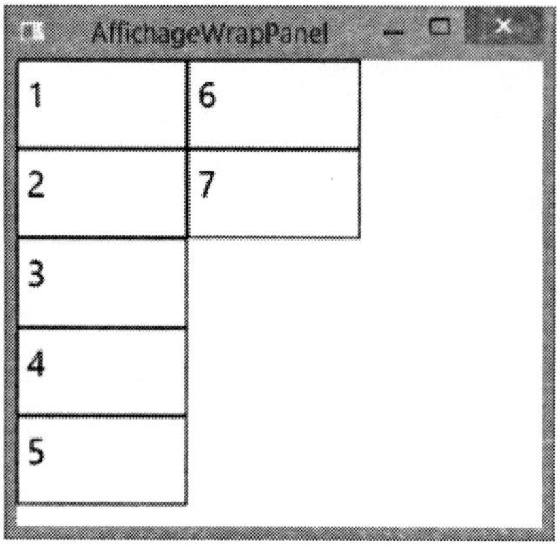


Le contrôle `WrapPanel` occupe par défaut tout l'espace disponible dans son contrôle parent, ce qui permet d'avoir un comportement dynamique : si on redimensionne le parent à l'exécution le `WrapPanel` est redimensionné aussi, et ses éléments enfants peuvent être repositionnés en fonction de ses nouvelles dimensions.

### 3.2.5 Canvas

Le contrôle `Canvas` est destiné à contenir des contrôles graphiques positionnés de manière absolue.

Le positionnement des éléments est mis en œuvre à l'aide des propriétés attachées `Canvas.Top`, `Canvas.Left`, `Canvas.Right` et `Canvas.Bottom`. Celles-ci permettent respectivement de spécifier la distance entre le contrôle positionné et le bord du contrôle `Canvas`. Le code suivant positionne deux rectangles, l'un à 15 pixels du bord gauche et du haut, l'autre à 15 pixels du bord droit et du bas.

```
<Canvas>
    <Rectangle Width="50" Height="30" Fill="Green" Canvas.Top="15"
Canvas.Left="15" />
    <Rectangle Width="50" Height="30" Fill="Green" Canvas.Right="15"
Canvas.Bottom="15" />
</Canvas>
```

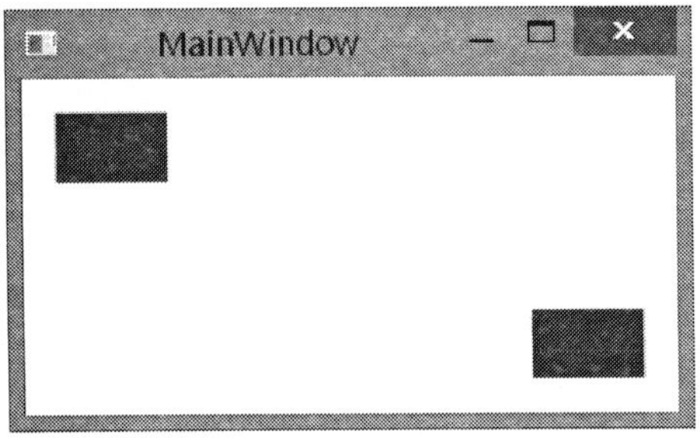


## 3.3 Contrôles d'affichage de données

Toute application graphique a le besoin d'afficher des informations, qu'elles soient de type texte ou image, temporaires ou permanentes. Différents contrôles sont disponibles dans WPF pour gérer ces cas.

### 3.3.1 TextBlock

Le contrôle `TextBlock` est le contrôle le plus adapté pour l'affichage de texte. Son contenu est spécifié au travers de sa propriété `Text`.

```
<TextBlock Text="Développer avec VS2015 et Visual Basic .NET" />
```

Plusieurs autres propriétés permettent de contrôler la manière dont le texte est affiché : couleur, police ou encore gestion des retours à la ligne.

Les principales sont listées dans la liste suivante :

| | |
|---|---|
| `Text` | Définit le texte affiché par le contrôle. |
| `FontFamily` | Définit la police de caractères utilisée par le contrôle. |
| `FontSize` | Définit la taille de police utilisée pour afficher le contenu. |
| `FontStyle` | Définit le style de la police : Italique, Normal ou Oblique (italique simulé par transformation si la police n'a pas de version italique). |
| `FontWeight` | Définit la graisse de typographie (épaisseur du texte) utilisée pour le contenu. |

| | |
|---|---|
| `Foreground` | Définit la couleur du texte. |
| `TextAlignment` | Définit l'alignement du texte (gauche, droite, centré, justifié). |

```
<TextBlock Text="Développer avec VS2015 et Visual Basic .NET"
FontSize="30" FontFamily="Segoe Print"/>
```

### 3.3.2 Label

Le contrôle `Label`, dans son utilisation la plus simple, ressemble beaucoup à un contrôle `TextBlock`. Il n'a pourtant pas de propriété `Text` mais une propriété `Content`. La raison de cette différence est le fait que le contrôle `Label` peut contenir tout type de contrôle.

Ce contrôle implémente également une fonctionnalité bien plus intéressante. Il permet en effet de donner le focus à un contrôle qui lui est associé par le biais des Access Key.

Les Access Keys sont des combinaisons de touches permettant d'accéder à un contrôle. Sous Windows, cette combinaison implique généralement la touche [Alt] et un caractère alphabétique. Pour utiliser cette fonctionnalité, il faut :

- Définir un `Label` et valoriser sa propriété `Content` avec une chaîne de caractères dont une lettre est précédée par le symbole _. Cette lettre sera par la suite utilisée dans la combinaison de touches [Alt] + [lettre].
- Définir un objet qui sera associé au `Label`. C'est celui-ci qui prendra le focus lors de l'utilisation de l'Access Key.
- Lier le `Label` et l'objet associé à l'aide de la propriété `Target` du `Label` en utilisant le binding suivant :

```
Target="{Binding ElementName=<nom de l'objet associé>}"
```

```
<Grid>
    <Grid.RowDefinitions>
        <RowDefinition Height="*" />
        <RowDefinition Height="*" />
    </Grid.RowDefinitions>

    <StackPanel Grid.Row="0" Orientation="Horizontal" Height="25">
        <Label Content="_Nom" Target="{Binding ElementName=tbNom}" />
        <TextBox x:Name="tbNom" Width="150" />
    </StackPanel>

    <StackPanel Grid.Row="1" Orientation="Horizontal" Height="25">
        <Label Content="_Prenom" Target="{Binding ElementName=tbPrenom}" />
        <TextBox x:Name="tbPrenom" Width="150" />
    </StackPanel>
</Grid>
```

À l'exécution, un appui sur la touche [Alt] provoque la mise en évidence des Access Keys utilisables.

Ici, la combinaison de touches [Alt] **N** met le focus sur le champ d'édition Nom, tandis que l'appui simultané sur [Alt] **P** donnera le focus au champ d'édition Prénom.

### 3.3.3 Image

Le contrôle `Image` permet de visualiser le contenu de fichiers BMP, JPEG ou PNG, entre autres.

Sa propriété `Source` permet de définir l'emplacement de l'image à afficher. Cet emplacement peut être un chemin absolu ou relatif, une URI pointant sur les ressources de l'application ou même une URL. Dans ce dernier cas, le téléchargement de l'image est effectué automatiquement avant l'étape d'affichage.

La propriété `Stretch` de ce contrôle définit le mode d'étirement de l'image en fonction de l'espace disponible.

```
<Image Source=" http://upload.wikimedia.org/wikipedia/commons/a/
af/Jimi_Hendrix_1967_uncropped.jpg" Stretch="Uniform" />
```

Ce code affiche le résultat suivant :

### 3.3.4 ScrollViewer

Certains contrôles ont besoin de plus d'espace que celui qui leur est alloué. Habituellement, ce type de cas est géré par l'utilisation de barres de défilement horizontales ou verticales, mais certains contrôles WPF ne disposent pas nativement de ces barres. Le contrôle `ScrollViewer` est une implémentation externalisée de ces barres qui peut être placée autour de n'importe quel contrôle afin de permettre le défilement.

```
<ScrollViewer Height="120" >
    <TextBlock TextWrapping="Wrap" Text="Placez ici un texte très
très long..." />
</ScrollViewer>
```

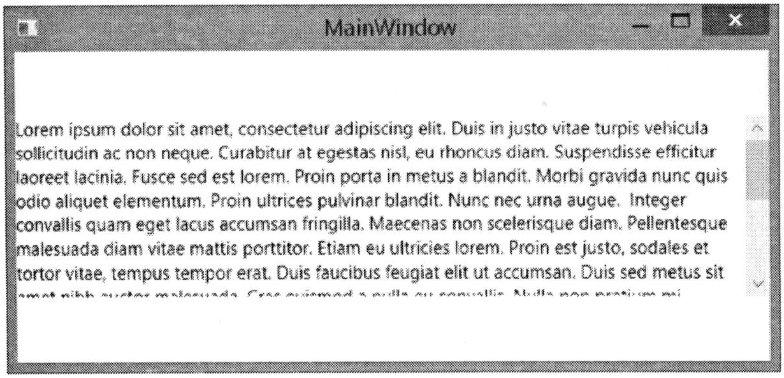


## 3.3.5 ItemsControl

L'affichage d'une liste d'éléments peut être réalisé par l'utilisation d'un objet de type `ItemsControl`. Celui-ci peut contenir une collection d'objets de n'importe quel type. Ces objets sont présentés par défaut sous la forme d'une liste verticale, sans barre de défilement. Lorsque le rendu de la liste est plus grand que le contrôle, la liste est tronquée. Pour gérer ce cas d'utilisation, il convient de placer le contrôle de liste dans un objet de type `ScrollViewer`.

Les valeurs à afficher sont fournies au contrôle par l'intermédiaire de sa propriété `Items`.

```
<ItemsControl Height="30">
    <ItemsControl.Items>
        <system:String>Choix n°1</system:String>
        <system:String>Choix n°2</system:String>
        <system:String>Choix n°3</system:String>
        <system:String>Choix n°4</system:String>
    </ItemsControl.Items>
</ItemsControl>
```

**Remarque**

*Pour ajouter des objets de type `String` au contrôle, l'espace de noms XML `system` a été ajouté à la fenêtre à l'aide de la déclaration suivante : `xmlns:system="clr-namespace:System;assembly=mscorlib"`*

La propriété `Items` étant la propriété par défaut du contrôle, il est possible de condenser le code en omettant les déclarations ouvrantes et fermantes qui concernent cette propriété :

```
<ItemsControl Height="30">
    <system:String>Choix n°1</system:String>
    <system:String>Choix n°2</system:String>
    <system:String>Choix n°3</system:String>
    <system:String>Choix n°4</system:String>
</ItemsControl >
```

Il arrive très souvent que les éléments contenus par le contrôle doivent être définis de manière dynamique. Pour cela, il est préférable d'utiliser la propriété `ItemsSource` en la valorisant avec la déclaration d'un binding.

```
<ItemsControl Height="30" ItemsSource="{Binding ListeDeChoix}" />
```

Dans les deux cas, chaque élément de la collection `ListeDeChoix` génère un élément dans la liste visuelle. Les deux sont liés : le contexte de données de l'élément visuel est l'élément correspondant de la liste `ListeDeChoix`.

Cette relation est importante lorsque les données fournies sont de type complexe. La représentation visuelle par défaut de chaque élément étant déterminée par l'appel à sa méthode `ToString`, le rendu visuel n'est pas souvent celui qui est souhaité.

L'exemple suivant est basé sur le type de données défini ci-dessous.

```
Public Class Client
    Public Property Nom As String
    Public Property Prenom As String
    Public Property MontantTotalAchats As Decimal
End Class
```

```
<ItemsControl VerticalAlignment="Top" BorderBrush="Black"
BorderThickness="1" Margin="10" Height="150">
    <local:Client Nom="DUPOND" Prenom="Jean"
MontantTotalAchats="127.42" />
    <local:Client Nom="MARTIN" Prenom="Eric"
MontantTotalAchats="98.02" />
    <local:Client Nom="TUCQUE" Prenom="Sophie"
MontantTotalAchats="241.95" />
</ItemsControl>
```

**Remarque**

*L'espace de noms `local` est préalablement défini au niveau de l'élément racine du fichier.*

Le rendu du contrôle en l'état est le suivant :

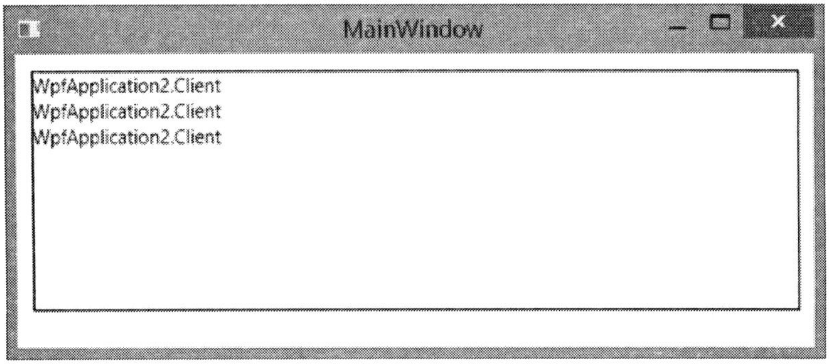


Pour améliorer la visualisation des données, il faut utiliser la propriété `ItemTemplate` du contrôle. Celle-ci accepte comme valeur un objet de type `DataTemplate` qui définit un modèle visuel pour le contexte de données.

Le code XAML suivant définit une grille contenant deux lignes et deux colonnes dans lesquelles les trois propriétés de la classe `Client` sont placées à l'aide d'expressions de binding.

```
<ItemsControl VerticalAlignment="Top" BorderBrush="Black"
BorderThickness="1" Margin="10" Height="150">
    <local:Client Nom="DUPOND" Prenom="Jean"
MontantTotalAchats="127.42" />
    <local:Client Nom="MARTIN" Prenom="Eric"
MontantTotalAchats="98.02" />
    <local:Client Nom="TUCQUE" Prenom="Sophie"
MontantTotalAchats="241.95" />

    <ItemsControl.ItemTemplate>
        <DataTemplate>
            <Grid>
                <Grid.ColumnDefinitions>
                    <ColumnDefinition />
                    <ColumnDefinition />
                </Grid.ColumnDefinitions>
```

```
                    <Grid.RowDefinitions>
                        <RowDefinition />
                        <RowDefinition />
                    </Grid.RowDefinitions>

                    <TextBlock Grid.Row="0" Grid.Column="0"
FontSize="18"  Text="{Binding Nom}" />
                    <TextBlock Grid.Row="1" Grid.Column="0"
FontSize="14"  Text="{Binding Prenom}" />
                    <TextBlock Grid.Row="0" Grid.Column="1"
Grid.RowSpan="2" FontSize="20"  Text="{Binding
MontantTotalAchats, StringFormat='{}{0:N2} €'}" />
                </Grid>
            </DataTemplate>
        </ItemsControl.ItemTemplate>
</ItemsControl>
```

Le rendu de l'interface tient compte du `DataTemplate` fourni et adapte l'affichage en conséquence, ce qui donne le résultat suivant :

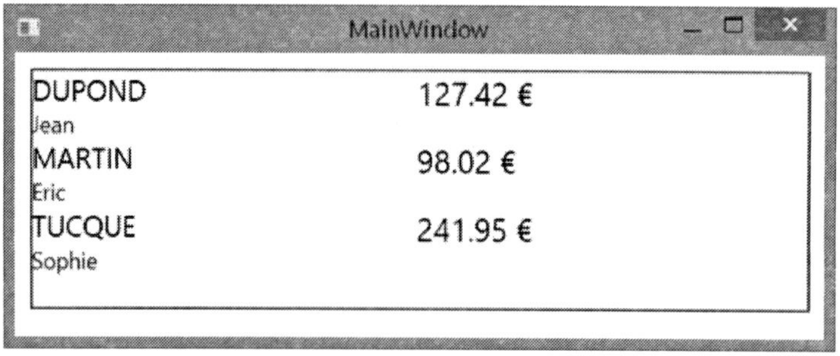


### 3.3.6 StatusBar

Le contrôle `StatusBar` représente une barre de statut habituellement placée en bas d'une fenêtre d'application. Cette barre contient des informations sur le travail actuellement en cours : numéro de page, état de la sauvegarde d'un fichier, etc.

Ce contrôle peut contenir des objets de type `StatusBarItem`, chacun contenant les contrôles nécessaires à l'affichage d'une information. Il est possible de marquer une séparation entre ces objets à l'aide du contrôle `Separator`.

```
<DockPanel LastChildFill="False">
    <StatusBar DockPanel.Dock="Bottom" Height="30">
        <StatusBarItem>Aucun fichier ouvert</StatusBarItem>
        <Separator />
        <StatusBarItem>Chargement du concepteur en cours...</StatusBarItem>
    </StatusBar>
</DockPanel>
```

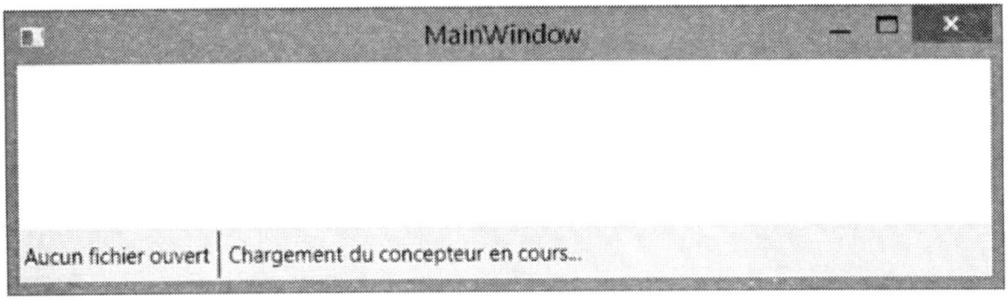


### 3.3.7 ToolTip

Le contrôle `ToolTip` (infobulle) permet d'afficher un message d'information lorsque le curseur de la souris est arrêté sur un contrôle. Un cas d'utilisation fréquent est l'affichage d'un message explicatif lorsqu'une saisie est erronée (format d'e-mail incorrect, par exemple).

Les composants graphiques possèdent une propriété `ToolTip` qui correspond au contenu à afficher. Ce contenu, dans la forme la plus simple, est une chaîne de caractères, mais il peut être plus complexe pour afficher une image avec du texte, par exemple.

```
<TextBlock Text="Ce TextBlock a un Tooltip">
    <TextBlock.ToolTip>
        <ToolTip>
            <TextBlock Text="Ceci est une infobulle" />
        </ToolTip>
    </TextBlock.ToolTip>
</TextBlock>
```

Cette portion de code donne le résultat suivant :

## 3.4 Contrôles d'édition de texte

Les contrôles de saisie sont des points d'entrée privilégiés pour l'enregistrement d'informations par les utilisateurs. Ils permettent en effet une certaine liberté au niveau du contenu et constituent donc de véritables points de création de données.

### 3.4.1 TextBox

Le contrôle `TextBox` est le contrôle le plus simple et le plus utilisé pour l'édition de texte. Son contenu est défini par sa propriété `Text`. Par défaut, il est impossible de revenir à la ligne dans ce contrôle. La propriété `AcceptsReturn`, lorsqu'elle est définie à `true`, autorise le retour à la ligne à l'aide de la touche [Entrée]. Une seconde propriété permet le retour à la ligne automatique lorsque le texte est plus long que le contrôle : `TextWrapping`. Il suffit alors de définir sa valeur à `Wrap` pour obtenir le résultat souhaité.

Le code suivant permet d'obtenir le résultat ci-dessous :

```
<TextBox AcceptsReturn="True" TextWrapping="Wrap" />
```

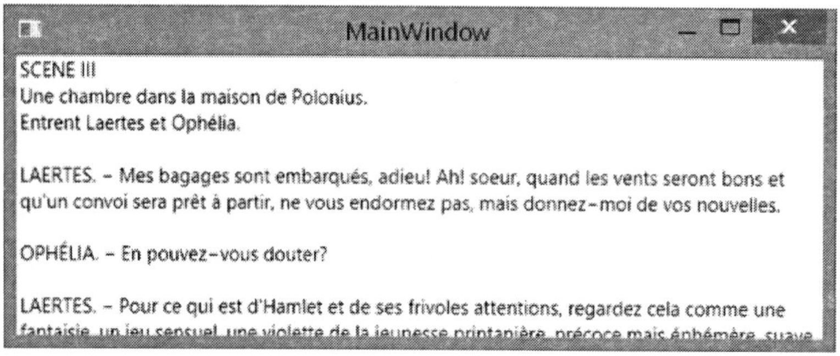

### 3.4.2 RichTextBox

Le texte présenté ci-dessus peut paraître difficile à lire, tous les éléments de texte étant formatés de la même manière. Le contrôle `RichTextBox` permet de s'affranchir de cette limitation en affichant du texte au format RTF (comme l'application WordPad de Windows). En éditant ce texte dans WordPad et en effectuant un copier/coller vers un composant `RichTextBox`, on peut obtenir ceci :

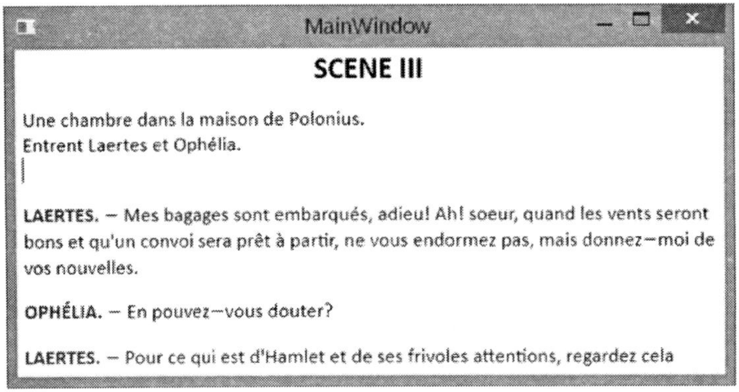


Il n'est en l'état pas possible de modifier le format de ce texte. En effet, WPF ne fournit pas la barre d'outils nécessaire à une utilisation avancée du contrôle `RichTextBox`. Mais le contrôle fournit les propriétés et méthodes nécessaires à son extension. La propriété `Selection` permet de récupérer la zone de texte sélectionnée au travers d'un objet de type `TextSelection`. Ce type implémente notamment la méthode `ApplyPropertyValue(formattingProperty as DependencyProperty, value as Object)` qui permet de modifier une propriété du texte sélectionné.

Ici, nous ajoutons un bouton permettant de modifier la graisse du texte sélectionné. Le fichier `MainWindow.xaml.vb` définit un gestionnaire pour l'événement `Click` du bouton placé au-dessus du contrôle `RichTextBox`.

– MainWindow.xaml :

```
<Grid
    <Grid.RowDefinitions>
        <RowDefinition Height="Auto" />
        <RowDefinition />
    </Grid.RowDefinitions>

    <Button Grid.Row="0" Content="Mettre en gras le texte
sélectionné" Click="Button_Click" />
    <RichTextBox Grid.Row="1" AcceptsReturn="True"
x:Name="zoneSaisie" />
</Grid>
```

– MainWindow.xaml.vb :

```
Private Sub button_Click(sender As Object, e As RoutedEventArgs)
    zoneSaisie.Selection.ApplyPropertyValue(FontWeightProperty,
FontWeights.Bold)
Ende Sub
```

Le résultat est celui-ci :

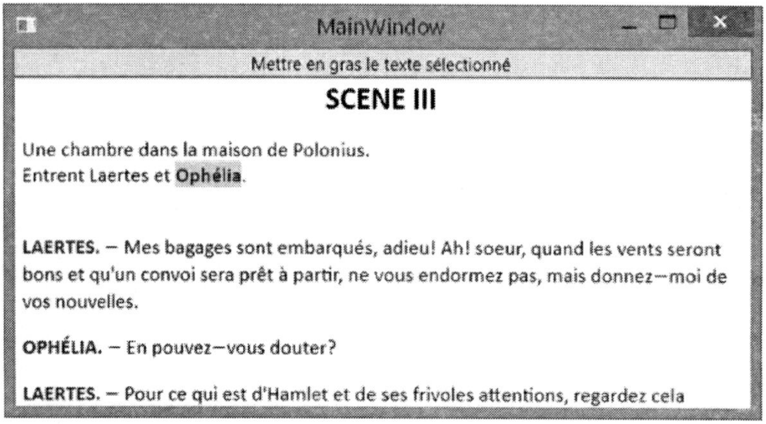


**Remarque**

*Le fonctionnement du contrôle `Button` est détaillé plus loin dans ce chapitre.*

### 3.4.3 PasswordBox

Les règles de sécurité informatique incluent toutes le non-partage des mots de passe afin d'éviter toute utilisation non désirée d'un compte applicatif. Le premier moyen d'éviter qu'un mot de passe ne tombe entre de mauvaises mains est son masquage. Cette solution est d'ailleurs utilisée par la quasi-totalité des éditeurs.

Avec WPF, l'implémentation de ce masquage peut être effectuée à l'aide du contrôle `PasswordBox`. Celui-ci remplace automatiquement les caractères saisis par le caractère spécifié dans sa propriété `PasswordChar`, tout en conservant précieusement ce qui a été saisi dans sa propriété `Password`.

## 3.5 Contrôles de sélection

Les contrôles de sélection sont nettement moins permissifs que les contrôles de saisie, puisqu'ils permettent de choisir une ou plusieurs options parmi une liste finie d'éléments. Mais ce comportement leur permet en contrepartie d'être une aide précieuse pour les utilisateurs puisqu'il permet d'accélérer le remplissage de formulaires tout en réduisant les possibilités d'erreurs lors d'opérations de catégorisation ou de saisie répétitive.

### 3.5.1 RadioButton

Le contrôle `RadioButton` représente une option de sélection exclusive qui peut être cochée ou non cochée. Cet état peut être récupéré à l'aide de la propriété `IsChecked`. Lorsque le contrôle est coché, il est impossible de le décocher en cliquant de nouveau dessus. Il faut pour cela cocher un autre contrôle `RadioButton` appartenant au même groupe. Le groupe auquel appartient le contrôle est défini par la propriété `GroupName`.

```
<StackPanel Orientation="Horizontal">
    <RadioButton GroupName="Choix" Content="Choix n°1" />
    <RadioButton GroupName="Choix" Content="Choix n°2" />
</StackPanel>
```

Ce code produit le résultat affiché ci-dessous.

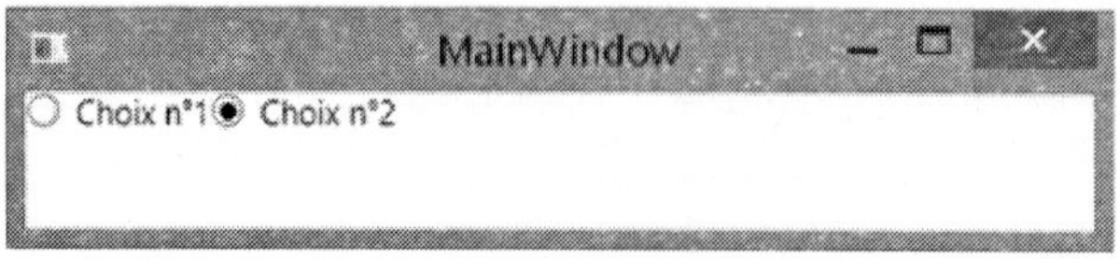


Ce contrôle est rarement utilisé lorsque plus de 5 choix sont proposés. Dans ce type de cas, le contrôle `ComboBox` est souvent préféré car il est moins encombrant qu'un empilement de `RadioButton` et est au moins aussi lisible.

### 3.5.2 CheckBox

Le contrôle `CheckBox` permet, comme le `RadioButton`, de sélectionner ou non une valeur, mais son mode de sélection n'est pas exclusif : plusieurs `CheckBox` peuvent être cochées. L'état de chaque `CheckBox` est défini par la valeur de sa propriété `IsChecked`.

L'utilisation du code suivant permet d'afficher deux contrôles `CheckBox` :

```
<StackPanel Orientation="Horizontal">
    <CheckBox Content="Choix n°1" />
    <CheckBox Content="Choix n°2" />
</StackPanel>
```

### 3.5.3 ComboBox

Ce contrôle propose une liste déroulante d'éléments dont un seul au maximum peut être sélectionné. Ce contrôle est souvent apprécié pour les sélections uniques en raison de sa simplicité d'utilisation et de son encombrement minimal.

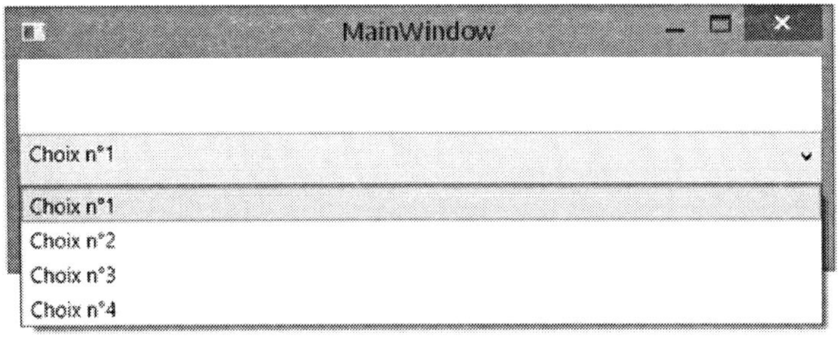


Ce contrôle est dérivé du type `ItemsControl`, ce qui implique que leur utilisation est similaire. Les données à afficher sont fournies par l'intermédiaire des propriétés `Items` ou `ItemsSource`. Cette seconde propriété est destinée à être valorisée à l'aide d'une expression de binding.

De la même manière que pour le type `ItemsControl`, il est possible de personnaliser la présentation des éléments affichés en valorisant la propriété `ItemTemplate` du contrôle avec un objet de type `DataTemplate`.

**Remarque**

*L'utilisation des `DataTemplate` pour la personnalisation de l'affichage est détaillée en même temps que le type `ItemsControl` (cf. section ItemsControl, plus haut dans ce chapitre).*

Lorsqu'un objet est sélectionné, sa valeur est enregistrée dans la propriété `SelectedItem` du contrôle.

### 3.5.4 ListBox

Le contrôle `ListBox` affiche une liste d'éléments dont un ou plusieurs sont sélectionnables. Le mode de sélection est défini par la valeur de la propriété `SelectionMode` du contrôle : `Single` signifie qu'une seule valeur est sélectionnable, tandis que `Multiple` et `Extended` permettent la sélection multiple. La différence entre ces deux derniers modes est la suivante :

- `Multiple` : la sélection ou désélection d'un élément est faite par un simple clic.
- `Extended` : il est nécessaire de maintenir la touche [Ctrl] appuyée pendant les opérations de sélection/désélection.

La liste de données contenues par le contrôle est fournie par l'intermédiaire de ses propriétés `Items` ou `ItemsSource`, de la même manière que pour le type `ItemsControl`. Comme pour les autres contrôles permettant l'affichage de collections, il est possible de personnaliser le rendu en valorisant la propriété `ItemTemplate` avec un objet de type `DataTemplate`.

**Remarque**

*L'utilisation des `DataTemplate` pour la personnalisation de l'affichage est détaillée en même temps que le type `ItemsControl` (cf. section ItemsControl, plus haut dans ce chapitre).*

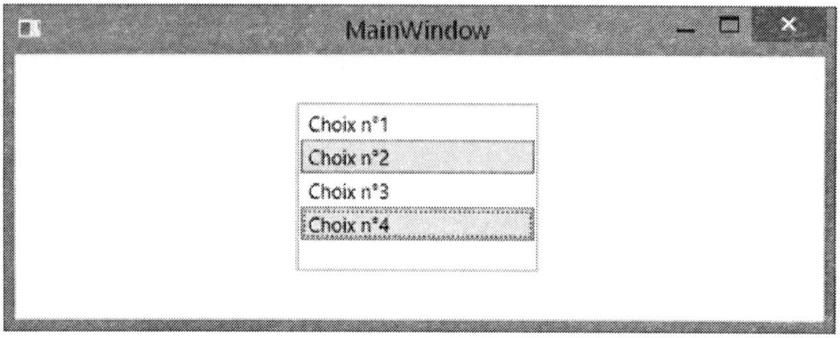


Ce résultat est obtenu en utilisant l'extrait de code ci-dessous.

```
<ListBox SelectionMode="Multiple" Height="100" Width="150">
    <ListBox.Items>
        <system:String>Choix n°1</system:String>
        <system:String>Choix n°2</system:String>
        <system:String>Choix n°3</system:String>
        <system:String>Choix n°4</system:String>
    </ListBox.Items>
</ListBox>
```

Lorsqu'un seul élément est sélectionné, sa valeur est stockée dans la propriété `SelectedItem` du contrôle. Si plusieurs valeurs sont sélectionnées, il est possible de les récupérer dans la propriété `SelectedItems`.

### 3.5.5 ListView

Le contrôle ListView, dérivé du type ItemsControl, permet d'afficher une liste d'éléments sous la forme d'une grille. Celle-ci est définie à l'aide de la propriété View qui est de type ViewBase. La seule classe du framework .NET qui hérite de ce type est la classe GridView, c'est donc un objet de ce type que nous passerons à la propriété View.

**Remarque**

*Il est tout à fait possible de définir un autre format de présentation en développant un contrôle héritant de ViewBase.*

Les éléments affichés par le contrôle sont, comme pour le type ItemsControl, passés au travers des propriétés Items ou ItemsSource.

Le type de données utilisé dans cet exemple est défini comme suit :

```
Public Class Client
    Public Property Nom As String
    Public Property Prenom As String
    Public Property MontantTotalAchats As Decimal
End Class
```

Une fois ce type déclaré, il faut ajouter des éléments à la propriété Items du contrôle ListView.

```
<ListView>
    <ListView.Items>
        <local:Client Nom="DUPOND" Prenom="Jean"
MontantTotalAchats="127.42" />
        <local:Client Nom="MARTIN" Prenom="Eric"
MontantTotalAchats="98.02" />
        <local:Client Nom="TUCQUE" Prenom="Sophie"
MontantTotalAchats="241.95" />
    </ListView.Items>
</ListView>
```

**Remarque**

*L'espace de noms local est défini dans la déclaration du contrôle Window parent. L'utilisation des espaces de noms est détaillée dans la première partie de ce chapitre (cf. section XAML, plus haut dans ce chapitre).*

En l'état, ce contrôle a le même aspect qu'un contrôle `ListBox` : il affiche chacun de ses éléments en exécutant leur méthode `ToString` sous la forme d'une liste verticale.

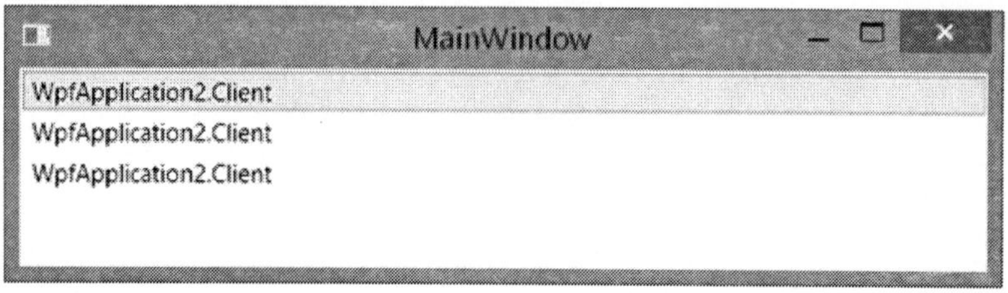


La mise en place du format de la grille est effectuée en valorisant la propriété `View` avec un objet de type `GridView`. Cette grille doit contenir une ou plusieurs colonnes. Pour chacune, il faut définir la valeur à afficher en valorisant sa propriété `DisplayMemberBinding` avec une expression de binding.

```
<ListView>
    <ListView.Items>
        <local:Client Nom="DUPOND" Prenom="Jean"
MontantTotalAchats="127.42" />
        <local:Client Nom="MARTIN" Prenom="Eric"
MontantTotalAchats="98.02" />
        <local:Client Nom="TUCQUE" Prenom="Sophie"
MontantTotalAchats="241.95" />
    </ListView.Items>
    <ListView.View>
        <GridView>
            <GridViewColumn Header="Nom" Width="120"
DisplayMemberBinding="{Binding Nom}" />
            <GridViewColumn Header="Prenom" Width="120"
DisplayMemberBinding="{Binding Prenom}" />
            <GridViewColumn Header="Montant achats" Width="120"
DisplayMemberBinding="{Binding MontantTotalAchats,
StringFormat={}{0} €}" />
        </GridView>
    </ListView.View>
</ListView>
```

Le résultat obtenu est présenté ci-dessous :

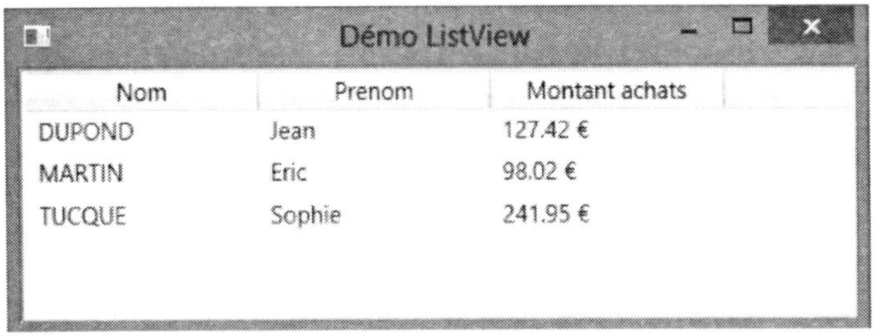


### 3.5.6 TreeView

Le contrôle `TreeView` offre la possibilité de visualiser des données sous une forme hiérarchique. Chacun des objets peut en effet avoir un ou plusieurs enfants, qui peuvent eux-mêmes être les parents d'autres nœuds, et ainsi de suite.

WPF permet de décrire cette hiérarchie simplement et clairement. Il suffit en effet de considérer que chaque nœud de notre arbre est un objet de type `TreeViewItem` qui peut contenir un ou plusieurs autres objets du même type.

Le texte correspondant à chacun des nœuds est valorisé par l'utilisation de la propriété `Header` de chaque objet `TreeViewItem`. Cette propriété est de type `object`, ce qui signifie indirectement qu'il n'est pas obligatoire de la valoriser avec une chaîne de caractères, et qu'elle peut donc contenir des images, du texte, une case à cocher, etc.

Le `TreeView` présenté ci-dessus est codé de la manière suivante :

```
<TreeView>
    <TreeViewItem Header="Amérique">
        <TreeViewItem Header="Amérique du Nord">
            <TreeViewItem Header="Canada" />
            <TreeViewItem Header="Etats-Unis" />
        </TreeViewItem>
        <TreeViewItem Header="Amérique centrale">
            <TreeViewItem Header="Mexique" />
            <TreeViewItem Header="Panama" />
            <TreeViewItem Header="Honduras" />
        </TreeViewItem>
        <TreeViewItem Header="Amérique du Sud">
            <TreeViewItem Header="Brésil" />
            <TreeViewItem Header="Argentine" />
            <TreeViewItem Header="Chili" />
            <TreeViewItem Header="Pérou" />
            <TreeViewItem Header="Colombie" />
        </TreeViewItem>
    </TreeViewItem>
    <TreeViewItem Header="Europe">
        <TreeViewItem Header="Union européenne">
            <TreeViewItem Header="Zone Euro">
                <TreeViewItem Header="Portugal" />
                <TreeViewItem Header="France" />
                <TreeViewItem Header="Luxembourg" />
                <TreeViewItem Header="Irlande" />
                <TreeViewItem Header="Finlande" />
                <TreeViewItem Header="Italie" />
                <TreeViewItem Header="Autriche" />
            </TreeViewItem>
```

```
                <TreeViewItem Header="Royaume-Uni" />
                <TreeViewItem Header="Danemark" />
                <TreeViewItem Header="Suède" />
            </TreeViewItem>
            <TreeViewItem Header="Suisse" />
        </TreeViewItem>
    </TreeView>
```

La classe `TreeViewItem` dérive de la classe `HeaderedItemsControl` qui représente une liste possédant un en-tête. Cet en-tête est l'élément visualisé comme étant le nœud, tandis que la partie affichant les éléments de la collection est en fait représentée visuellement par les nœuds enfants. L'écriture complète de la déclaration d'un `TreeViewItem` et ses enfants est en fait la suivante :

```
<TreeViewItem Header="Amérique du Nord">
    <TreeViewItem.Items>
        <TreeViewItem Header="Canada" />
        <TreeViewItem Header="Etats-Unis" />
    </<TreeViewItem.Items>
</TreeViewItem>
```

L'utilisation de la propriété `ItemsSource` de la classe `TreeViewItem` peut s'avérer un peu plus délicate. Celle-ci impose l'utilisation d'un `ItemTemplate` afin de gérer la hiérarchie. Le type d'objet à fournir est ici `HierarchicalDataTemplate`, qui est un type d'objet dérivé de la classe `DataTemplate`. Sa mise en œuvre est ici détaillée pas à pas.

Tout d'abord, il faut créer le `TreeView` ainsi que la structure de données à partir de laquelle il sera peuplé.

– `MainWindow.xaml.vb` :

```
Public Class RegionDuMonde
    Public Property NomRegion As String
    Public Property ListePays As List(Of Pays)
End Class

Public Class Pays
    Public Property Nom As String
End Class

Public Class MainWindow
```

```
    Public Property Regions As List(Of RegionDuMonde)

    Public Sub New()
        InitializeComponent()

        Regions = New List(Of RegionDuMonde)

        Dim listePays = New List(Of Pays)
        listePays.Add(New Pays With {.Nom = "Royaume-Uni"})
        listePays.Add(New Pays With {.Nom = "Danemark"})
        listePays.Add(New Pays With {.Nom = "Suède"})

        Regions.Add(New RegionDuMonde With {.NomRegion =
"Europe", .ListePays = listePays})
        Me.DataContext = Me
    End Sub
End Class
```

– Définition du `TreeView` dans `MainWindow.xaml` :

```
<TreeView ItemsSource="{Binding Regions}">
</TreeView>
```

Ce qui donne à ce stade le résultat suivant :

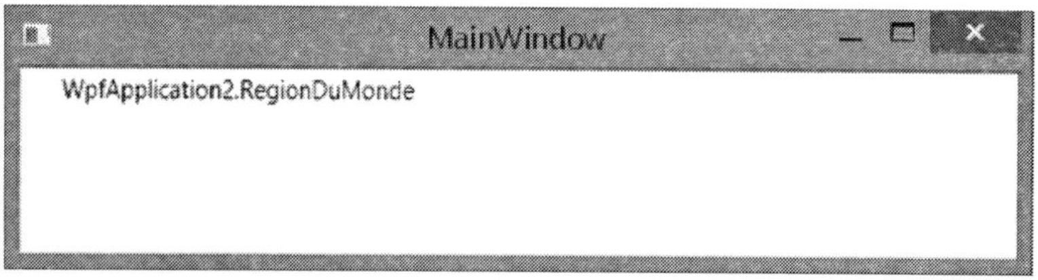


La classe `HierarchicalDataTemplate` héritant de `DataTemplate`, il est possible de spécifier l'`ItemTemplate` du `TreeView` comme étant de ce type.

```
<TreeView ItemsSource="{Binding Regions}">
    <TreeView.ItemTemplate>
        <HierarchicalDataTemplate>
            <TextBlock Text="{Binding NomRegion}" />
        </HierarchicalDataTemplate>
    </TreeView.ItemTemplate>
</TreeView>
```

Le `TreeView` a maintenant l'aspect suivant :

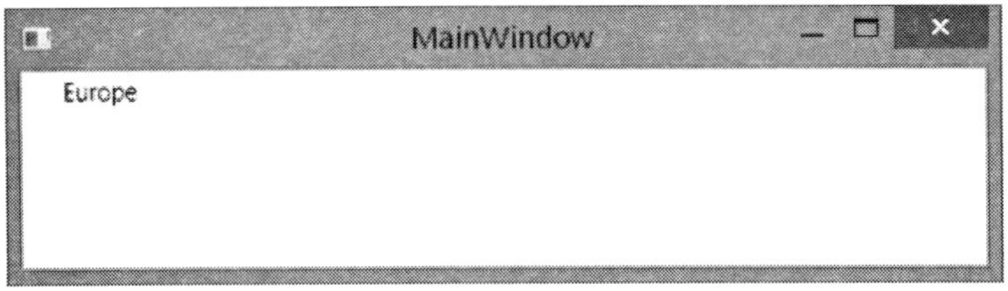


La classe `HierarchicalDataTemplate` possède une propriété `ItemsSource` qu'il faut ici lier à la liste de pays :

```
...
<HierarchicalDataTemplate ItemsSource="{Binding ListePays}">
...
```

Comme pour tous les `ItemsControl`, pour obtenir le résultat obtenu, il est nécessaire de fournir un `DataTemplate` pour les objets de type `Pays`. La classe `HierarchicalDataTemplate` dispose d'une propriété `ItemTemplate` permettant de spécifier le modèle de données à appliquer pour ces objets.

```
<TreeView ItemsSource="{Binding Regions}">
    <TreeView.ItemTemplate>
        <HierarchicalDataTemplate ItemsSource="{Binding ListePays}">
            <TextBlock Text="{Binding NomRegion}" />
            <HierarchicalDataTemplate.ItemTemplate>
                <DataTemplate>
                    <TextBlock Text="{Binding NomPays}" />
                </DataTemplate>
            </HierarchicalDataTemplate.ItemTemplate>
        </HierarchicalDataTemplate>
    </TreeView.ItemTemplate>
</TreeView>
```

Le résultat correspond à ce qui était attendu :

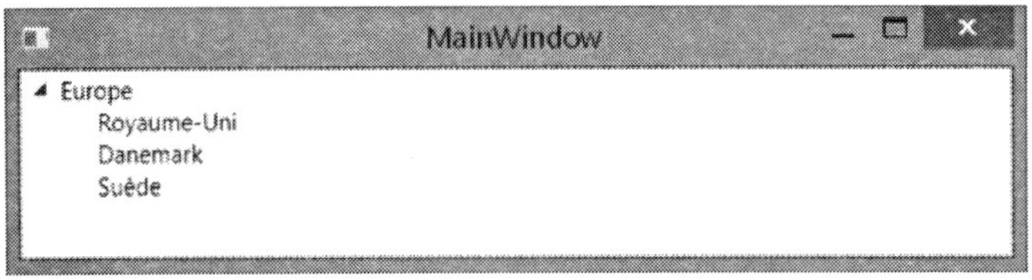

### 3.5.7 Slider

Ce contrôle permet la sélection d'une valeur numérique comprise entre deux bornes. L'utilisateur effectue son choix en faisant glisser un curseur le long d'une piste. Ce type de contrôle est souvent utilisé dans les applications multimédias pour gérer le volume sonore ou l'emplacement de lecture actuel d'un fichier audio ou vidéo.

Les bornes minimales et maximales sont définies par la valorisation des propriétés `Minimum` et `Maximum`, tandis que l'intervalle entre les valeurs sélectionnables est défini par la valeur de la propriété `SmallChange`. Si cette dernière propriété n'est pas valorisée, il est possible de sélectionner n'importe quelle valeur décimale supportée par le type `Double`. La propriété `LargeChange` permet quant à elle de définir le nombre d'unités que le curseur doit parcourir vers l'avant ou l'arrière lorsque l'utilisateur clique sur la piste mais ne fait pas glisser le curseur.

### 3.5.8 Calendar

Ce contrôle permet de naviguer visuellement dans un calendrier afin de sélectionner une date, à la manière du calendrier intégré à la barre des tâches de Windows. La date sélectionnée est représentée par la propriété `SelectedDate`.

### 3.5.9 DatePicker

Les saisies de date peuvent s'avérer particulièrement compliquées à implémenter, c'est pourquoi le framework .NET fournit le contrôle `DatePicker`. Celui-ci est composé de trois parties : un champ de saisie, un calendrier pouvant être affiché ou masqué et enfin un bouton permettant d'afficher le calendrier. Il permet donc la saisie directe et valide que les données qu'il reçoit correspondent à des dates. La sélection de la date à partir du calendrier permet d'éviter tout problème concernant le format des données et est donc souvent privilégiée.

La propriété `SelectedDate` donne accès en lecture et écriture à la valeur sélectionnée ou saisie dans le contrôle.

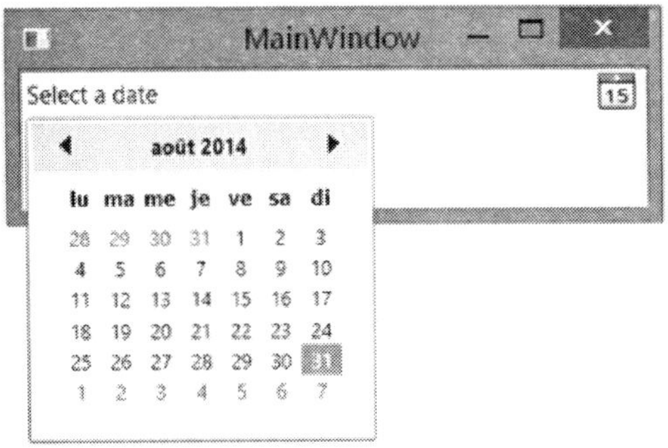


## 3.6 Contrôles d'action

À la différence des applications consoles dont le cycle de vie est très simple puisqu'elles utilisent un mode d'exécution séquentiel, les applications graphiques sont souvent composées d'une multitude de modules exécutant des tâches spécifiques lorsque l'utilisateur le souhaite. Pour exécuter ces tâches spécifiques, un des moyens existants est l'utilisation de contrôles d'action.

### 3.6.1 Button

Le contrôle `Button` est sans doute le plus utilisé des contrôles d'action. Son mode de fonctionnement est simple et intuitif : il s'agit d'un contrôle dont l'apparence est celle d'un bouton sur lequel un texte est écrit, ce qui indique son utilité.

Avec WPF, ce contrôle ne permet pas seulement d'afficher du texte. En effet, sa propriété `Content` est de type `Object`, il est donc possible de lui assigner tout contrôle WPF : `Image`, `Grid` ou `StackPanel` avec du contenu, texte ou même un contrôle personnalisé.

Ce contrôle dispose également d'un événement `Click` permettant d'exécuter une portion de code en réaction au clic d'un utilisateur sur le contrôle.

```
<Button Content="Cliquez !" Click="Button_Click" />
```

### 3.6.2 Menu

Le contrôle `Menu` est principalement utilisé pour présenter des actions communes à toute l'application. Il est représenté visuellement par une barre située généralement en haut de la fenêtre principale d'une application. Il est évidemment possible de placer différents contrôles `Menu` sur les différentes fenêtres composant un programme.

Chacun des éléments composant cette barre peut à son tour contenir d'autres éléments. Cette structure est similaire à celle d'un `TreeView`, et le code permettant sa création est par conséquent très similaire à celui permettant de définir un `TreeView` et son contenu. Le contrôle `Menu` contient des éléments `MenuItem` pouvant eux-mêmes contenir d'autres éléments de type `MenuItem`. Le texte indiquant l'utilité de chacun des boutons est valorisé par l'intermédiaire de la propriété `Header` de chaque objet de type `MenuItem`. Une image peut être accolée au texte en passant un objet `Image` à la propriété `Icon`, tandis qu'un texte indiquant le raccourci-clavier associé au `MenuItem` est spécifié à l'aide de la propriété `InputGestureText`.

**Remarque**

*Attention, `InputGestureText` est uniquement une propriété d'affichage. Le fait de la valoriser n'associe pas la combinaison de touches et l'exécution de l'action relative au `MenuItem`.*

Pour associer une action à un `MenuItem`, il convient d'associer un gestionnaire d'événements à sa propriété `Click` de la même manière que pour un contrôle `Button`.

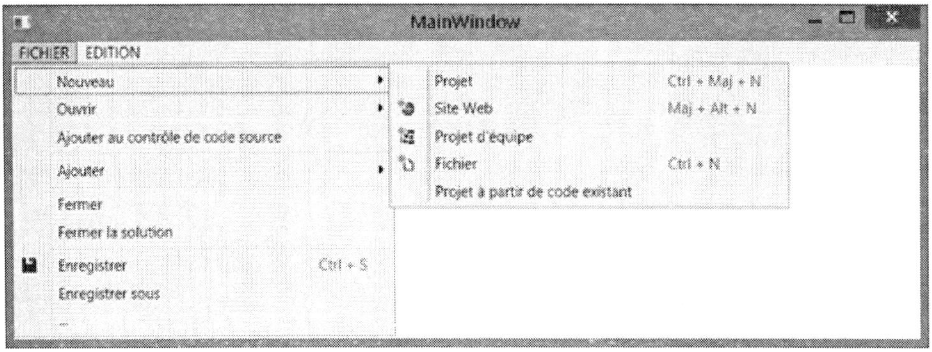


Le menu ci-dessus est généré à partir du code suivant :

```
<Menu Height="20" VerticalAlignment="Top">
    <MenuItem Header="FICHIER">
        <MenuItem Header="Nouveau">
            <MenuItem Header="Projet" InputGestureText="Ctrl + Maj + N" />
            <MenuItem Header="Site Web" InputGestureText="Maj + Alt + N">
                <MenuItem.Icon>
                    <Image Source="NewWebSite_6288.png" />
                </MenuItem.Icon>
            </MenuItem>
            <MenuItem Header="Projet d'équipe" >
                <MenuItem.Icon>
                    <Image Source="NewTeamProject_7437.png" />
                </MenuItem.Icon>
            </MenuItem>
            <MenuItem Header="Fichier" InputGestureText="Ctrl + N">
                <MenuItem.Icon>
                    <Image Source="NewFile_6276.png" />
                </MenuItem.Icon>
            </MenuItem>
            <MenuItem Header="Projet à partir de code existant" />
        </MenuItem>
        <MenuItem Header="Ouvrir">
            <MenuItem Header="Projet/Solution"
InputGestureText="Ctrl + Maj + O" />
            <MenuItem Header="Site Web" InputGestureText="Maj + Alt + O" />
            <Separator />
            <MenuItem Header="Ouvrir depuis le contrôle de code
source" InputGestureText="Maj + Alt + N" />
```

```
            <MenuItem Header="Projet d'équipe"  />
            <Separator />
            <MenuItem Header="Fichier" InputGestureText="Ctrl + O" />
            <MenuItem Header="Convertir" />
        </MenuItem>
        <MenuItem Header="Ajouter au contrôle de code source" />
        <Separator />
        <MenuItem Header="Ajouter">
            <MenuItem Header="Nouveau projet" />
            <MenuItem Header="Nouveau site Web" />
            <Separator />
            <MenuItem Header="Projet existant" />
            <MenuItem Header="Site Web existant" />
        </MenuItem>
        <Separator />
        <MenuItem Header="Fermer" />
        <MenuItem Header="Fermer la solution" />
        <Separator />
        <MenuItem Header="Enregistrer" InputGestureText="Ctrl + S">
            <MenuItem.Icon>
                <Image Source="Save_6530.png" />
            </MenuItem.Icon>
        </MenuItem>
        <MenuItem Header="Enregistrer sous" />

        <MenuItem Header="..." />
    </MenuItem>
    <MenuItem Header="EDITION">
        <MenuItem Header="Annuler" InputGestureText="Ctrl + Z" />
        <MenuItem Header="Rétablir" InputGestureText="Ctrl + Y" />
        <MenuItem Header="Annuler la dernière action globale" />
        <MenuItem Header="Rétablir la dernière action globale" />

        <MenuItem Header="..." />
    </MenuItem>
</Menu>
```

**Remarque**

*Les images utilisées pour la réalisation de ce menu proviennent de la **Bibliothèque d'images Visual Studio 2013**, disponible à l'adresse suivante : https://www.microsoft.com/en-us/download/details.aspx?id=35825*

Comme pour l'objet `TreeView`, il est possible de construire un `Menu` en valorisant sa propriété `ItemsSource` et en fournissant un `ItemTemplate` de type `HierarchicalDataTemplate`.

### 3.6.3 ContextMenu

La création d'un menu contextuel est réalisée en WPF avec l'aide du contrôle `ContextMenu`. Celui-ci est conçu sur la même base que le contrôle `Menu` : ils héritent tous deux de la classe `MenuBase`. La conception et l'utilisation de ce ces deux contrôles est donc très similaire. L'objet `ContextMenu` contient lui aussi des éléments de type `MenuItem` qu'il est possible d'imbriquer. Les différences principales entre ces contrôles sont que le menu contextuel est lié à un contrôle par la propriété `ContextMenu` du contrôle et qu'il apparaît à la demande lorsque l'utilisateur effectue un clic droit.

Le code suivant crée un contrôle `TextBox` et lui assigne un menu contextuel.

```
<TextBox Height="25" VerticalAlignment="Top" Margin="10">
    <TextBox.ContextMenu>
        <ContextMenu>
            <MenuItem Header="Copier" InputGestureText="Ctrl + C" />
            <MenuItem Header="Coller" InputGestureText="Ctrl + V" />
            <MenuItem Header="Supprimer" InputGestureText="Suppr" />
        </ContextMenu>
    </TextBox.ContextMenu>
</TextBox>
```

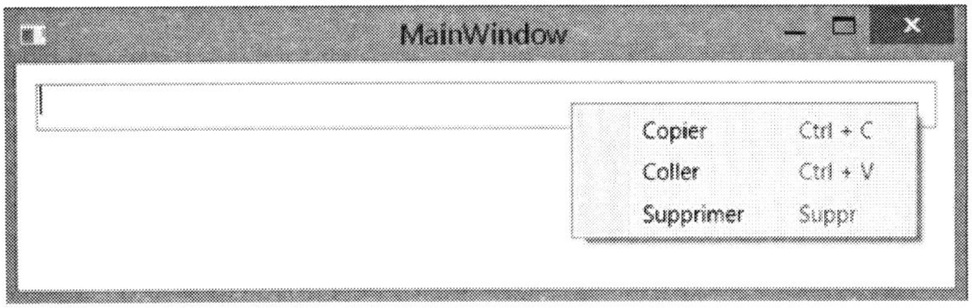


### 3.6.4 ToolBar

Les contrôles `ToolBar` et `ToolBarTray` permettent de créer une barre d'outils complète pour une fenêtre.

Chaque contrôle `ToolBar` constitue un groupement de contrôles fournissant des fonctionnalités similaires ou liées entre elles. Le conteneur dédié aux contrôles de type `ToolBar` est représenté par le type `ToolBarTray`. Celui-ci gère les opérations de placement, de redimensionnement et de glisser/déposer des éléments `ToolBar`.

Les différentes Toolbar sont positionnées dans leur conteneur à l'aide des propriétés Band et BandIndex, représentant respectivement l'index de la bande dans laquelle le contrôle doit être placé et l'emplacement dans la bande par rapport aux autres Toolbar.

Un objet ToolBar peut contenir tout type de contrôles : boutons, listes déroulantes, cases à cocher, etc.

Le code suivant permet de générer une barre d'outils complète répartie sur deux bandes.

```
<ToolBarTray VerticalAlignment="Top">
    <ToolBar Band="1" BandIndex="1">
        <Button>
            <Image Source="Cut_6523.png" />
        </Button>
        <Button>
            <Image Source="Copy_6524.png" />
        </Button>
        <Button>
            <Image Source="Paste_6520.png" />
        </Button>
        <Separator />
        <Button>
            <Image Source="Undo_16x.png" />
        </Button>
        <Button>
            <Image Source="Redo_16x.png" />
        </Button>
    </ToolBar>
    <ToolBar Band="2" BandIndex="1">
        <Button>
            <Image Source="Save_6530.png" />
        </Button>
    </ToolBar>
</ToolBarTray>
```

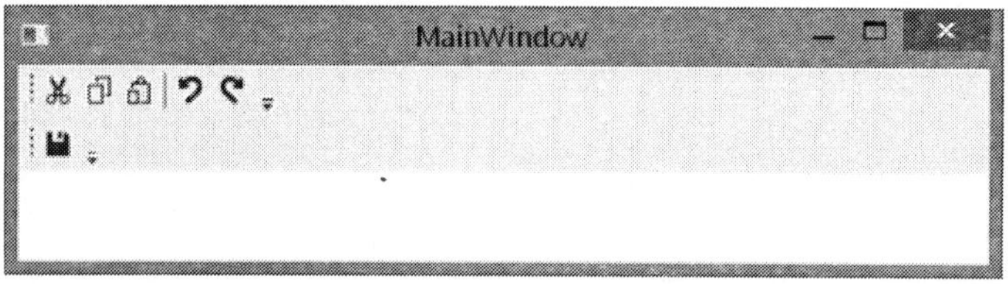

# 4. Interactions clavier et souris

Dans un environnement graphique tel que celui fourni par les applications WPF, il est essentiel d'être capable de réagir aux interactions entre l'utilisateur et le logiciel afin de fournir une expérience fluide et cohérente. Ces interactions sont aujourd'hui presque uniquement réalisées à l'aide de deux périphériques : le clavier et la souris. WPF fournit différents événements déclenchés lorsque l'utilisateur effectue une action sur l'un de ces périphériques. Ces événements sont générés par le type `System.Windows.UIElement`, qui est un ancêtre commun à la quasi-totalité des contrôles WPF.

## 4.1 Événements clavier

Avec WPF, deux événements principaux sont déclenchés lorsque l'utilisateur appuie sur une touche de son clavier : `KeyDown` et `KeyUp`. Ils correspondent respectivement à l'appui et au relâchement de la touche et sont déclenchés dans ce même ordre.

Le délégué associé à ces deux événements possède la définition suivante :

```
Public Delegate Sub KeyEventHandler(sender As Object, e As KeyEventArgs)
```

Les données transmises par le paramètre de type `KeyEventArgs` permettent de connaître la touche physique du clavier impliquée dans l'événement déclenché, ainsi que son état. L'exemple de code suivant affiche dans la fenêtre **Sortie** de Visual Studio le nom de la touche manipulée ainsi que son état au travers des propriétés `IsUp`, `IsDown` et `KeyStates` de l'objet `KeyEventArgs`.

```
Public Class MainWindow
    Public Sub New()
        InitializeComponent()

        AddHandler KeyDown, AddressOf Window_ManipulationToucheClavier
    End Sub

    Private Sub Window_ManipulationToucheClavier(sender As Object, e As
KeyEventArgs)
        Console.WriteLine("{1} {0} IsUp = {2} {0} IsDown = {3}
{0} KeyStates = {4}", vbTab, e.Key, e.IsUp, e.IsDown, e.KeyStates)
    End Sub
End Class
```

Ainsi, lorsque la fenêtre de l'application est active, la saisie du texte `Bonjour !` affiche le résultat suivant dans la fenêtre **Sortie**.

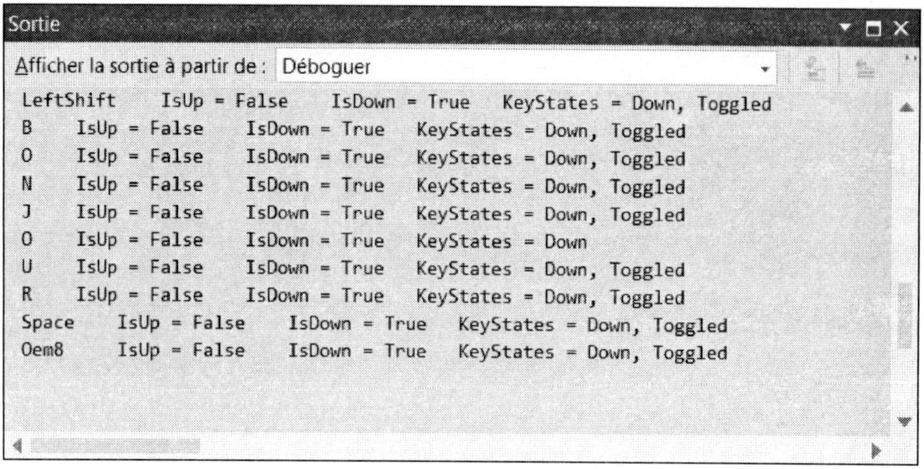


La touche `LeftShift` est utilisée pour écrire la première lettre en majuscule. La touche `Oem8` que l'on trouve en dernière position correspond au point d'exclamation.

Il est possible d'obtenir le texte saisi caractère par caractère en utilisant l'événement `TextInput`. Le délégué qui lui est associé est le suivant :

```
Public Delegate Sub TextCompositionEventHandler(sender As Object,
e As TextCompositionEventArgs)
```

Le paramètre de type `TextCompositionEventArgs` possède une propriété `Text` qui contient le texte associé à un appui sur une touche, si celle-ci génère du texte.

```
Public Class MainWindow
    Public Sub New()
        InitializeComponent()
        AddHandler TextInput, AddressOf MainWindow_TextInput
    End Sub

    Sub MainWindow_TextInput(sender As Object, e As TextCompositionEventArgs)
        Console.WriteLine(e.Text)
    End Sub
End Class
```

## 4.2 Événements souris

La souris génère beaucoup plus d'événements différents que le clavier. Il est en effet possible d'appuyer sur ses boutons, de faire rouler la molette ou de la déplacer. Une dizaine d'événements dédiés à la gestion des interactions par la souris sont ainsi disponibles sur chaque contrôle. Leur nom commence systématiquement par `Mouse`.

### MouseDown et MouseUp

Ces deux événements sont déclenchés lorsqu'un bouton de la souris est appuyé ou relâché. Le bouton concerné peut être le gauche, le droit, un bouton placé au centre qui est généralement la molette, ou encore un bouton étendu, c'est-à-dire qui ne correspond pas fonctionnellement à une souris classique. Les boutons étendus, lorsqu'ils sont présents, sont généralement placés sur le côté.

Le paramètre `MouseButtonEventArgs` passé aux gestionnaires de ces événements possède une propriété `ChangedButton` indiquant le bouton qui a été manipulé. Il fournit également une propriété `ButtonState` qui indique si le bouton est pressé ou non et une propriété `ClickCount` qui permet quant à elle de savoir si plusieurs clics ont été effectués. Si vous souhaitez implémenter une fonctionnalité de gestion du triple clic, c'est vers cette dernière propriété que vous devez vous diriger.

### MouseLeftButtonDown et MouseLeftButtonUp

Ces événements sont déclenchés spécifiquement lorsque le bouton gauche de la souris est manipulé. Leur fonctionnement est parfaitement identique à celui de MouseDown et MouseUp.

### MouseRightButtonDown et MouseRightButtonUp

Ces événements sont déclenchés spécifiquement lorsque le bouton droit de la souris est manipulé. Leur fonctionnement est parfaitement identique à celui de MouseDown et MouseUp.

### MouseMove

Cet événement est déclenché à chaque mouvement du curseur de la souris au-dessus du contrôle pour lequel l'événement est géré. Les données fournies aux gestionnaires d'événements ne concernent pas la position de la souris. Pour connaître les coordonnées du curseur, il convient d'utiliser la méthode GetPosition de la classe statique Mouse. Cette méthode accepte en paramètre un objet implémentant l'interface IInputElement : n'importe quel contrôle WPF peut être fourni à cette méthode.

Dans le fichier .xaml :

```
<TextBox x:Name="txtNom" />
```

Dans le fichier .xaml.vb :

```
Dim positionHorizontale As Double = Mouse.GetPosition(txtNom).X
Dim positionVerticale As Double = Mouse.GetPosition(txtNom).Y
```

### MouseEnter et MouseLeave

Ces événements sont déclenchés lorsque le curseur entre ou sort d'un contrôle. Pour ces deux événements, le gestionnaire accepte un paramètre de type MouseEventArgs. Celui-ci permet d'analyser l'état courant de la souris grâce à ses propriétés LeftButton, RightButton, MiddleButton, X1Button et X2Button. Ces propriétés fournissent le statut des différents boutons du périphérique.

Ces événements peuvent notamment être particulièrement intéressants si vous souhaitez implémenter vous-même la totalité du code nécessaire à la mise en place du glisser/déposer.

## 4.3 Glisser-déposer

Lorsque l'on utilise WPF, la gestion du glisser/déposer est simplifiée par différents éléments :

- Chaque contrôle peut être une source ou une cible de glisser/déposer.
- La méthode statique `DoDragDrop` de la classe `DragDrop` implémente le stockage temporaire des données déplacées et s'occupe également de la gestion des effets visuels associés à l'opération.
- Plusieurs événements permettent de fournir des traitements et des retours visuels à l'utilisateur en fonction de l'évolution de l'opération.

La mise en œuvre de cette action sera effectuée au travers d'un exemple simple : le déplacement d'un disque rouge sur un rectangle vert colore le rectangle en rouge.

▶ Pour commencer, créez un nouveau projet d'application WPF nommé `GlisserDeposer`.

▶ Modifiez le code du fichier `MainWindow.xaml` de manière à positionner un contrôle `Ellipse` et un contrôle `Rectangle`.

```
<Window x:Class=" GlisserDeposer.MainWindow"
        xmlns="http://schemas.microsoft.com/winfx/2006/xaml/presentation"
        xmlns:x="http://schemas.microsoft.com/winfx/2006/xaml"
        Title="MainWindow" Height="468.4" Width="553.8">
    <Canvas>
        <Ellipse Canvas.Left="50" Canvas.Top="50" Height="100"
                 Width="100" Fill="#FF0000" />

        <Rectangle Height="100" Width="100" Canvas.Left="400"
                   Canvas.Top="280" Stroke="#000000"
                   Fill="#00FF00" StrokeThickness="3"
    </Canvas>
</Window>
```

La structure visuelle est en place. À partir de là, trois éléments doivent être pris en compte :

- Le contrôle `Ellipse` est la source du glisser/déposer.
- Le `Rectangle` est la cible de cette action.
- Une donnée est transmise de l'`Ellipse` vers le `Rectangle` : sa couleur.

Commençons par autoriser le `Rectangle` à être la cible d'une opération de glisser/déposer.

▶ Ajoutez l'attribut `AllowDrop` au `Rectangle` et valorisez-la à `True`.

```
<Rectangle ... AllowDrop="True" />
```

Il est maintenant nécessaire de gérer le déclenchement de l'action. Pour cela, il nous faut repérer un mouvement de souris sur le contrôle `Ellipse` pendant lequel le bouton gauche de la souris est appuyé. L'événement `MouseMove` est idéal pour gérer tout cela.

▶ Abonnez-vous à l'événement `MouseMove` du contrôle `Ellipse` et fournissez-lui le gestionnaire suivant :

```
Private Sub Ellipse_MouseMove(sender As Object, e As MouseEventArgs)
    If e.LeftButton = MouseButtonState.Pressed Then
        Dim ellipse As Ellipse = CType(sender, Ellipse)
        DragDrop.DoDragDrop(ellipse, ellipse.Fill.ToString(),
DragDropEffects.Copy)
    End If
End Sub
```

Ce gestionnaire déclenche l'opération de glisser sur le contrôle `Ellipse`, stocke la valeur de la couleur de remplissage de ce contrôle de manière à pouvoir la réutiliser plus tard, et enfin applique l'effet visuel "Copie". Cet effet modifie le curseur lorsque l'on atteint une cible telle que le contrôle `Rectangle`.

Puisque nous sommes en mesure de faire glisser notre `Ellipse`, il reste maintenant à gérer la partie "déposer" de l'opération.

▶ Pour cela, abonnez-vous à l'événement `Drop` du `Rectangle` et créez son gestionnaire d'événements.

```
Private Sub Rectangle_Drop(sender As Object, e As DragEventArgs)
    Dim rect As Rectangle = CType(sender, Rectangle)
    If rect IsNot Nothing Then

        'On vérifie l'existence d'une donnée stockée
        'pour le glisser/déposer
        If e.Data.GetDataPresent(DataFormats.StringFormat) Then


            'On récupère la donnée. C'est ici une chaîne
            'de caractères ayant pour valeur "#FFFF0000"
            Dim dataString As String =
CType(e.Data.GetData(DataFormats.StringFormat), String)

            'On utilise un objet BrushConverter pour transformer
            'cette chaîne de caractères en Brush applicable à la
            'propriété Fill du Rectangle
            Dim Converter As BrushConverter = New BrushConverter()
            If Converter.IsValid(dataString) Then

                Dim newFill As Brush =
CType(Converter.ConvertFromString(dataString), Brush)
                rect.Fill = newFill
            End If
        End If
    End If
End Sub
```

Lors de l'événement `Drop`, on récupère la donnée stockée précédemment par la méthode `DoDragDrop`. On transforme cette donnée de manière à pouvoir l'utiliser : ici, on utilise un `BrushConverter` dont le but est la conversion d'une chaîne de caractères en objet `Brush` (pinceau) utilisable pour colorer un élément. On applique enfin la valeur obtenue à la propriété `Fill` du contrôle `Rectangle`.

Lancez l'application et effectuez l'opération de glisser/déposer du cercle vers le rectangle : le rectangle change de couleur !

Les événements `DragEnter` et `DragLeave` permettent de rajouter du code entre le démarrage de l'opération et sa fin. `DragEnter` est déclenché lorsqu'un contrôle est glissé au-dessus d'un contrôle autorisant cette opération, sans le lâcher. `DragLeave` est exécuté lorsque le contrôle est glissé à l'extérieur des limites d'un autre contrôle. Ces deux événements offrent ainsi la capacité de générer, entre autres, une prévisualisation de l'effet d'un glisser/déposer.

## 5. Aller plus loin avec WPF

WPF est une technologie dont la structure permet de pousser très loin la personnalisation d'une interface graphique. Visual Studio est fourni avec de nombreux outils, dont **Blend**, qui se révèle être une aide précieuse pour l'élaboration des interfaces graphiques.

WPF permet aussi, grâce aux bindings notamment, un découplage presque parfait entre la partie visuelle d'une application et le code métier qui lui est associé. La mise en œuvre de cette séparation est le plus souvent effectuée à l'aide du patron de conception **MVVM** (*Model - View - ViewModel*).

### 5.1 Introduction à l'utilisation de Blend

**Blend pour Visual Studio** est un outil apparu initialement sous le nom d'Expression Blend dans la suite Expression de Microsoft en 2007. Il est depuis ses débuts destiné à produire du code XAML pour les applications WPF, puis son champ d'action a été élargi pour inclure Silverlight & Windows Phone 7. Après sa version 4, il a été introduit dans la gamme d'outils livrés avec Visual Studio, et l'ensemble de technologies qu'il supporte a évolué de manière à inclure les applications Windows Store (pour Windows Phone et Windows). Aujourd'hui, Blend peut même être utilisé pour créer des interfaces d'application Windows Phone ou Windows Store en HTML5 !

Blend peut être décrit comme étant une version orientée design de Visual Studio. En effet, Visual Studio possède un concepteur visuel basique et des dizaines d'outils destinés à aider le développeur dans sa tâche d'écriture du code. Blend est quant à lui constitué d'un éditeur du code ainsi que d'un concepteur visuel complété par de nombreux outils graphiques. Le fossé entre Visual Studio et Blend se comble de plus en plus à la sortie de chaque nouvelle version, la dernière apportant le support d'IntelliSense et une interface très proche de celle de Visual Studio, ce qui favorise une courbe d'apprentissage rapide.

### 5.1.1 L'interface

L'interface générale de Blend 2015 est identique à l'interface de Visual Studio, à la différence près que le thème par défaut pour cet outil est spécifique à Blend et est à dominante noire, de manière à visualiser au mieux l'interface graphique en cours d'édition.

Au lancement de Blend, l'écran principal est affiché, et une fenêtre modale bleue permettant la création d'un nouveau projet ou l'ouverture d'un projet existant est placée au premier plan.

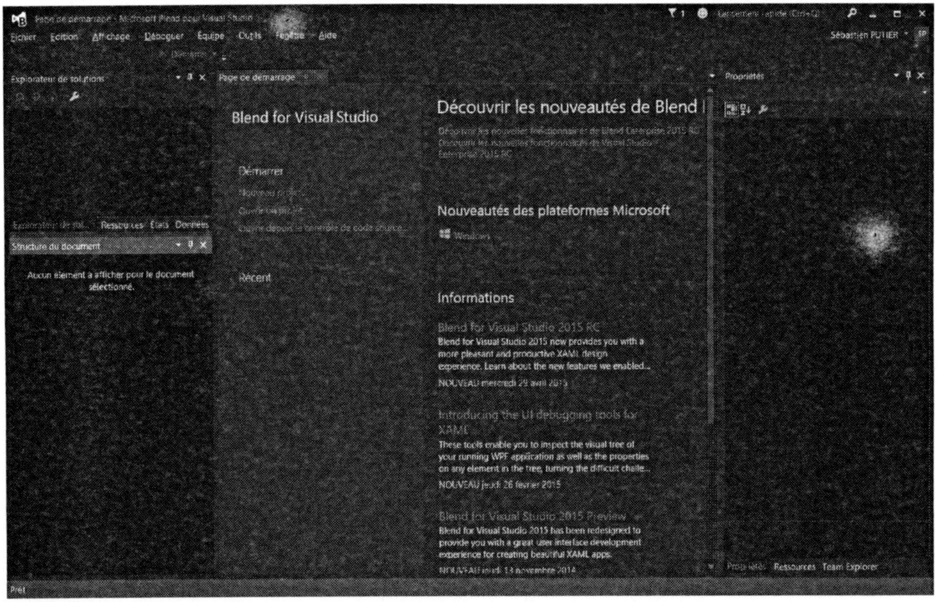

Le choix de l'option **Nouveau projet...** ouvre la fenêtre suivante. Celle-ci permet de choisir le type de projet sur lequel travailler. De nombreuses possibilités sont proposées, parmi lesquelles des applications WPF, Windows Store, Silverlight ou Windows Phone.

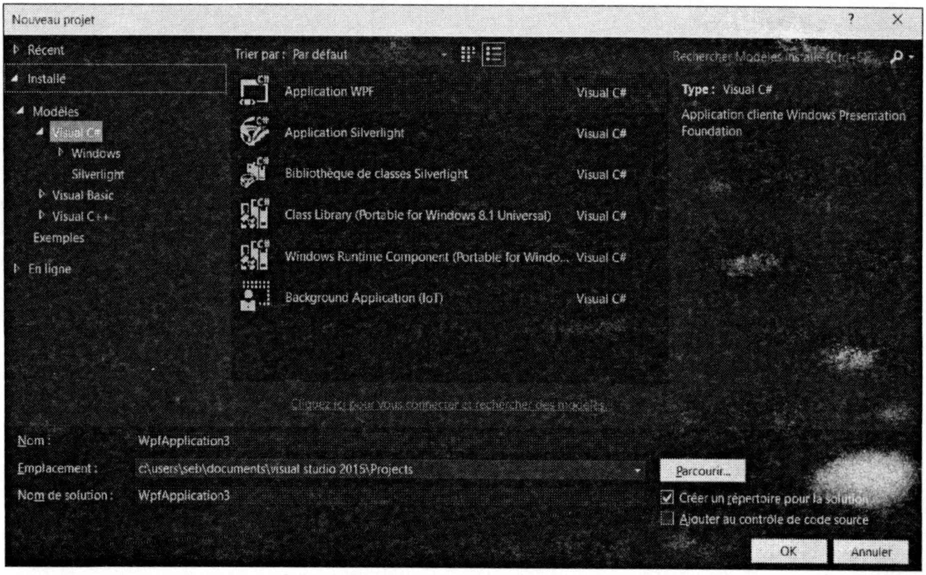


Le choix de l'option **Application WPF** amène à l'écran suivant, dont la mise en page devrait vous rappeler Visual Studio. Il présente par défaut trois zones réparties sur la gauche, au centre et à droite.

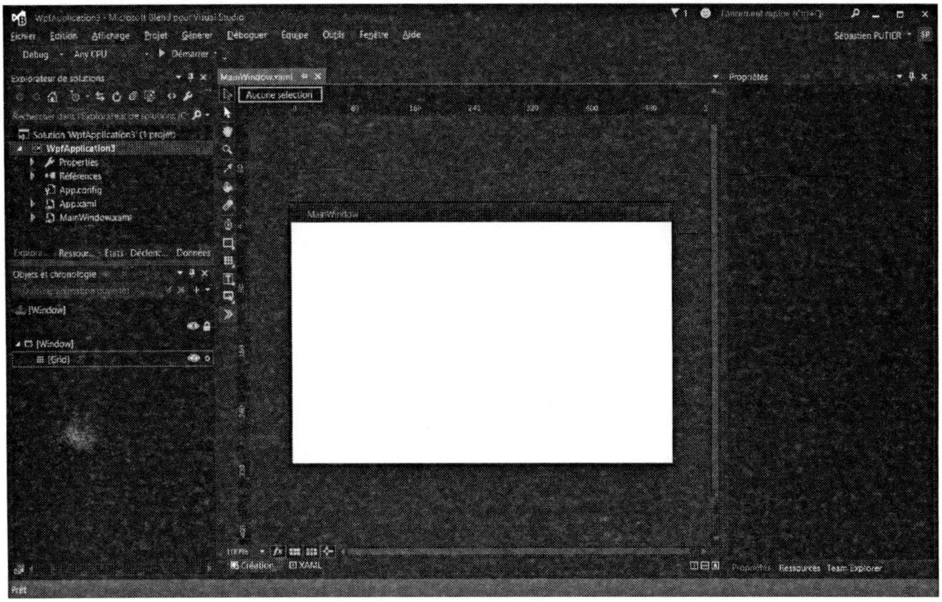


Au centre, on trouve une surface de travail représentant la fenêtre en cours de développement. Il est possible de zoomer aisément à l'aide de la molette de la souris afin de mieux visualiser les éléments qui seront placés dans cette zone.

Différentes fenêtres ancrées sur la gauche et la droite contiennent des outils permettant de visualiser ou modifier certains éléments de l'application.

## Explorateur de solutions

Comme dans Visual Studio, cet outil contient un arbre représentant la structure du projet en cours d'édition. Il permet entre autres de naviguer dans les projets et d'ouvrir les fichiers qu'ils contiennent.

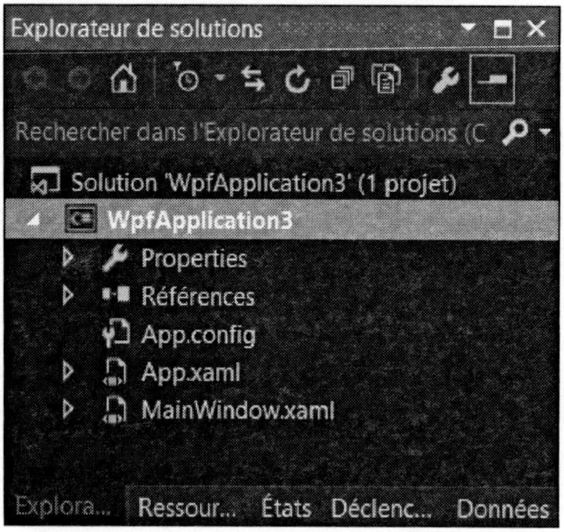


**Ressources**

Les différents éléments listés dans cet onglet sont les contrôles (majoritairement graphiques), styles visuels, comportements ou éléments graphiques (images, vidéos...) utilisables dans l'application WPF. Ils sont regroupés selon différentes catégories représentant des emplacements physiques ou des groupements logiques.

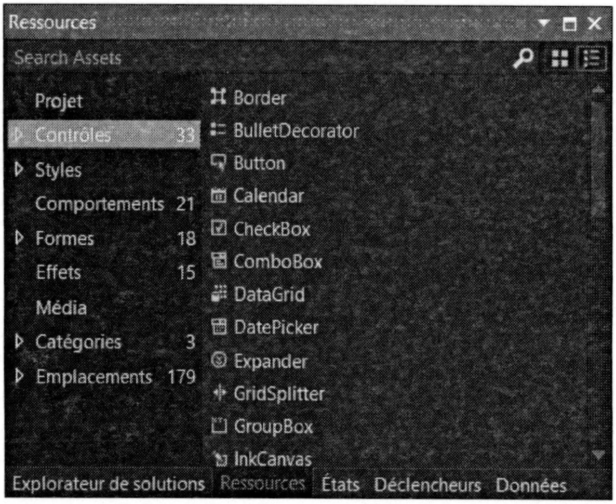

## États

Les contrôles graphiques peuvent avoir différents états visuels définis en XAML. Chacun regroupe un ensemble de valeurs de propriétés à appliquer lorsque l'état visuel du contrôle est modifié.

## Déclencheurs

Il est possible de déclarer avec XAML des modifications devant être appliquées lorsqu'une ou plusieurs conditions sont réunies. Ces modifications sont regroupées dans des déclencheurs (ou triggers). L'onglet **Déclencheurs** permet de créer et gérer ces objets sans utiliser directement XAML.

## Objets et chronologie

Cet onglet a deux objectifs : la visualisation de l'arbre logique formé par les contrôles d'une fenêtre et la génération de scénarios pour des animations (appelés communément *storyboards*). Les animations pouvant modifier les propriétés de plusieurs contrôles, cet onglet permet de visualiser ces changements sous la forme d'un chronogramme (diagramme suivant une ligne temporelle).

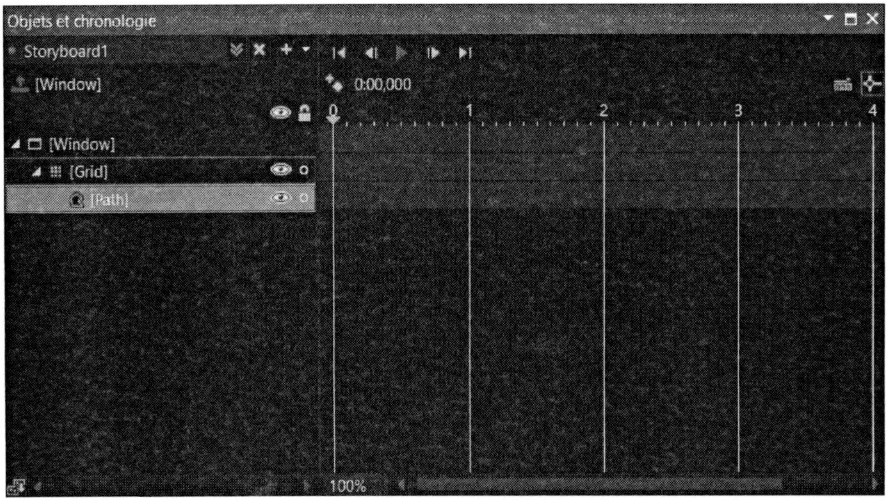

## Propriétés

Cet onglet permet la modification directe des propriétés du contrôle sélectionné dans l'onglet **Objets et chronologie**. Il est similaire à l'onglet **Propriétés** disponible dans Visual Studio, mais contient des fonctionnalités supplémentaires, comme la sélection d'une ressource dans une liste de toutes les ressources accessibles.

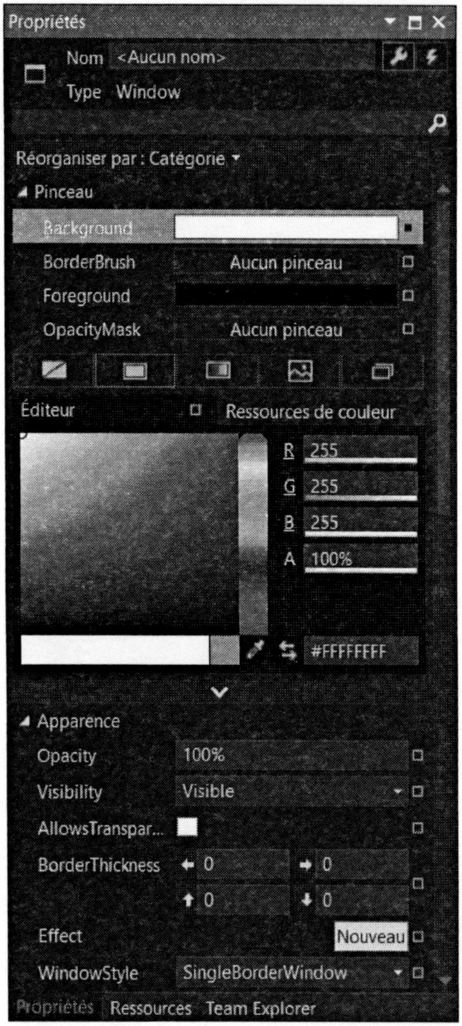

## Ressources

Cette seconde fenêtre nommée **Ressources** permet de lister les différentes ressources XAML du projet courant, qu'elles soient graphiques, textuelles, numériques ou de n'importe quel autre type. Il est possible, si leur type est supporté par Blend, de les éditer directement.

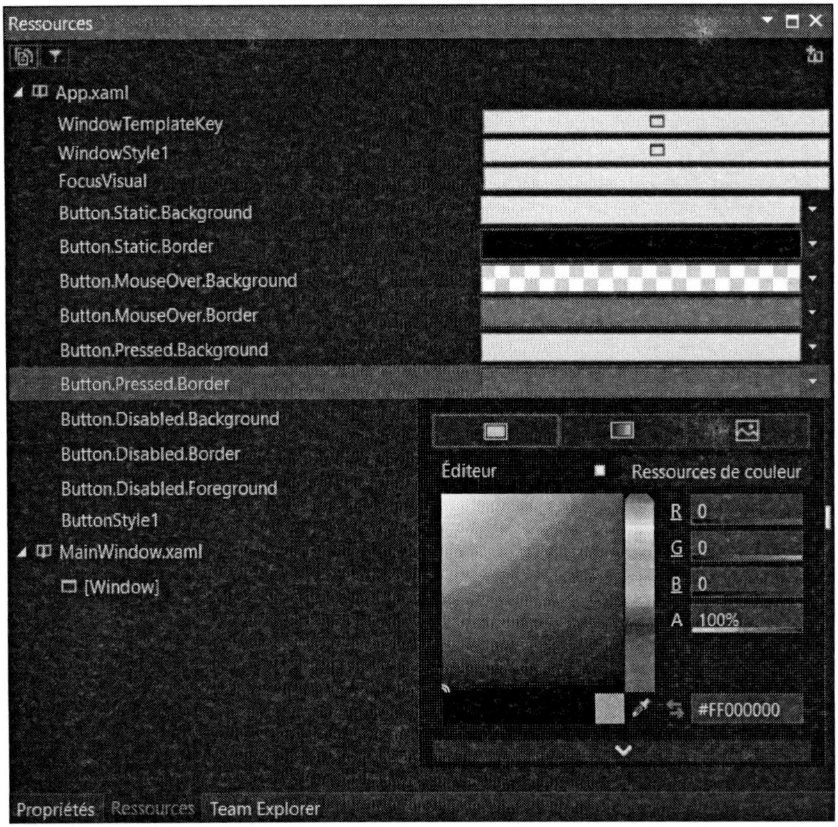

## Données

Ce dernier onglet permet de créer des échantillons de données utilisables pendant la conception visuelle de l'application. Les contrôles peuvent être remplis avec ces données afin qu'il ne soit pas nécessaire de lancer l'application pour vérifier l'effet d'une modification.

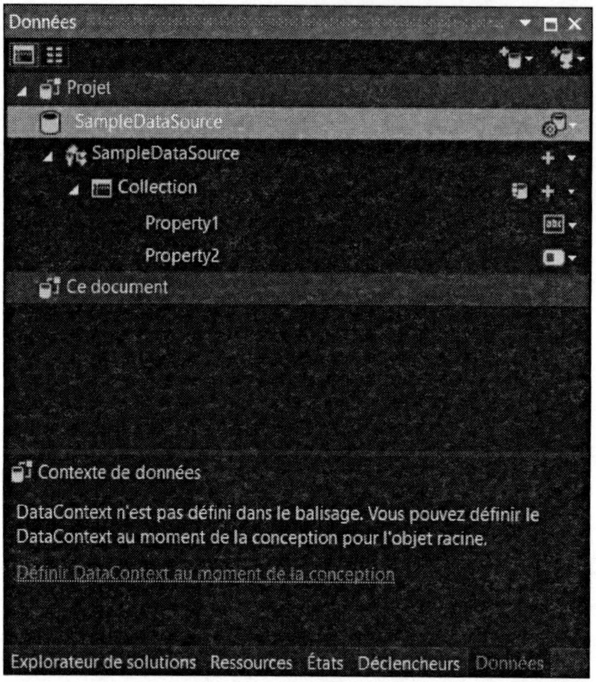

## 5.1.2 Ajout et modification de contrôles visuels

L'ajout de contrôles sur la surface de dessin est effectué par un glisser/déposer de l'onglet **Composants** vers l'emplacement de destination. Une fois créé, le contrôle apparaît dans l'onglet **Objets et chronologie** et peut être sélectionné.

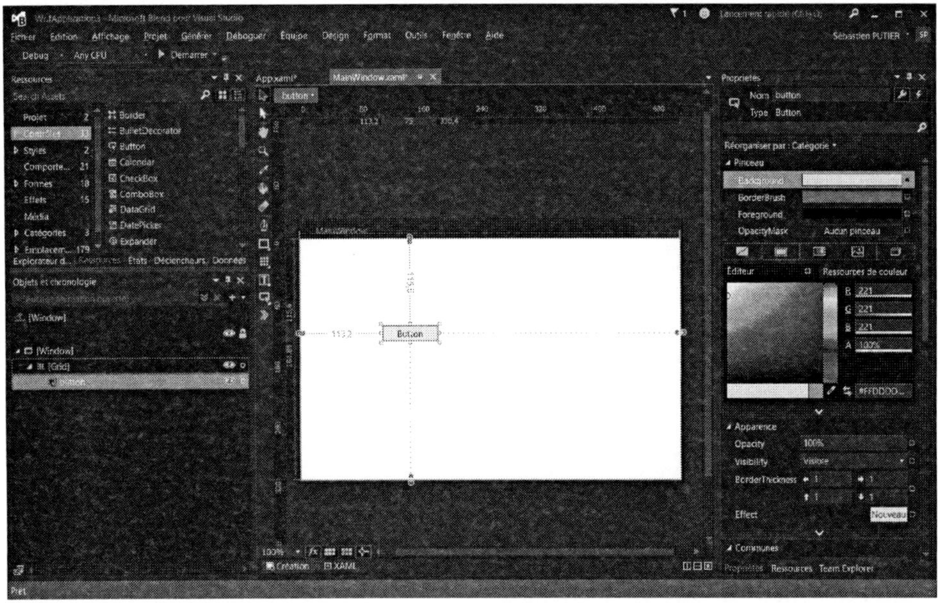

Lorsqu'il est sélectionné, l'onglet **Propriétés** liste les propriétés du contrôle et permet leur édition. De la même manière, les onglets **États** et **Déclencheurs** sont mis à jour pour refléter les états existants du contrôle et les déclencheurs qui lui sont associés.

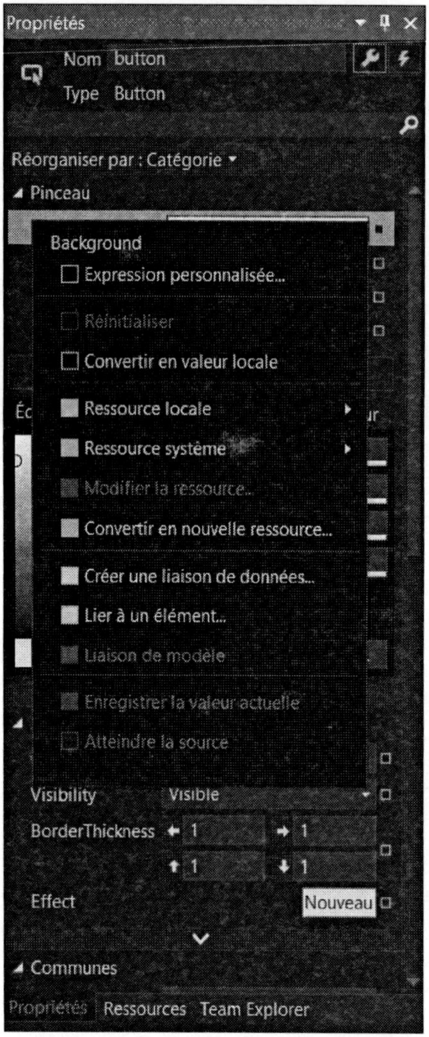


Lorsque le contrôle sélectionné possède un `Template`, il est possible de l'éditer à l'aide du menu situé au-dessus de la surface de dessin.

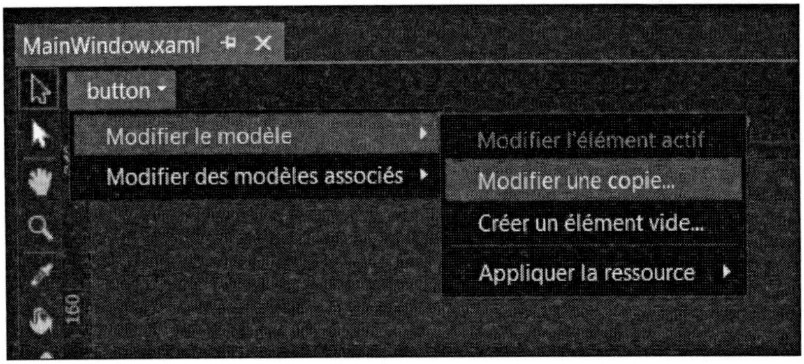


Sélectionner l'option **Modifier le modèle** - **Modifier une copie** modifie l'arbre logique de l'onglet **Objets et chronologie** : Blend est placé en mode "édition d'un template", et les différents onglets composant l'interface sont actualisés pour refléter les données du `Template` du contrôle.

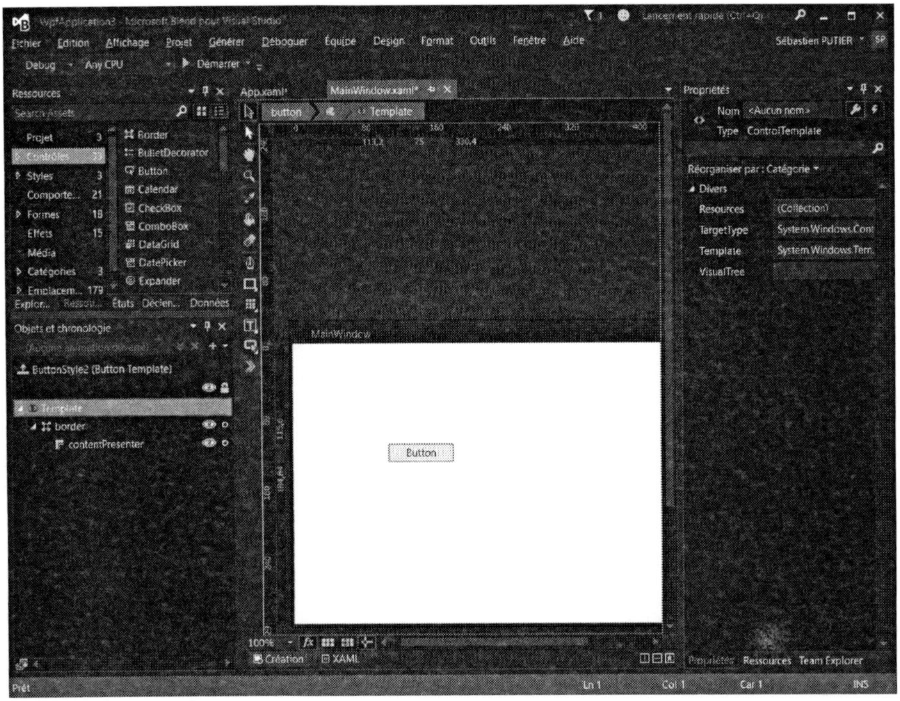

L'utilisation de Blend comme outil d'édition graphique peut permettre un gain de temps considérable lorsqu'elle est maîtrisée. Je ne peux que vous conseiller de passer du temps à apprendre comment éditer les différents éléments composant une interface WPF à l'aide de Blend. Cet outil est véritablement un ami du développeur, et bien que son utilisation ait ici été seulement survolée, vous pouvez déjà probablement imaginer toute sa puissance.

## 5.2 Introduction à MVVM

MVVM (*Model - View - ViewModel*) est un patron de conception facilitant la séparation de l'interface graphique et du code contenant la logique de l'application. Il est apparu avec l'avènement de WPF et est aujourd'hui indissociable de la notion de binding. C'est en effet grâce à l'existence de ces liaisons de données que la séparation peut être aussi efficace entre les vues et les données qu'elles affichent.

### 5.2.1 Présentation

Ce modèle de développement définit une structure applicative découpée en trois couches distinctes : `View`, `Model` et `ViewModel`.

#### View

Cette couche contient le code relatif à l'interface graphique. Elle est composée des fichiers de code XAML et des fichiers de code-behind Visual Basic associés. Aucune donnée autre que spécifique à l'interface ne devrait être manipulée dans cette couche de l'application. Elle est liée à la logique de l'application à travers les bindings.

#### Model

On trouve dans cette couche la définition et la manipulation des données de l'application. Les traitements exclusivement définis par le métier de l'application se trouvent tous dans cette couche.

## ViewModel

Un ViewModel (modèle de vue) est une adaptation de données issues de la couche Model dans l'objectif de leur présentation par la couche View. On peut aussi trouver ici la définition des commandes utilisées par l'interface graphique.

### 5.2.2 Les interfaces INotifyPropertyChanged et INotifyCollectionChanged

WPF permet de lier une ou plusieurs propriétés d'un contrôle à des données d'un `ViewModel` à l'aide des expressions de binding.

Celles-ci sont évaluées initialement à la fin du chargement de la fenêtre. Ainsi, si une propriété du `ViewModel` est valorisée durant ce chargement, sa valeur sera bien passée aux objets qui lui sont liés. Mais si cette valeur est modifiée par l'intermédiaire de code VB.NET après la première évaluation de l'expression de binding, la modification ne sera pas répercutée.

Pour que le comportement des bindings soit constant, il est nécessaire que le `ViewModel` implémente l'interface `INotifyPropertyChanged`. En effet, WPF utilise l'événement `PropertyChanged` des objets implémentant cette interface afin de savoir qu'une modification a eu lieu et, si nécessaire, la répercuter. L'événement `PropertyChanged` doit bien évidemment être déclenché à partir du `ViewModel` lorsqu'une valeur de propriété est modifiée.

Le cas des collections est légèrement différent. Les éléments contenus dans une collection peuvent être modifiés sans que la valeur intrinsèque de la collection ne change. Dans ce cas, l'utilisation de l'interface `INotifyPropertyChanged` ne résout donc pas le problème : c'est l'interface `INotifyCollectionChanged` qui prend le relais pour indiquer une modification d'élément "enfant". Les collections implémentant cette interface déclenchent un événement `CollectionChanged` lorsqu'un changement se produit sur l'un de leurs éléments. Le moteur de WPF intercepte cet événement et propage l'information jusqu'aux contrôles liés à la collection.

**Remarque**

*Une seule collection implémentant cette interface est disponible nativement dans le framework .NET :* `ObservableCollection<T>`.

### 5.2.3 Commandes

Une commande représente une action qui peut être fournie à certains contrôles à l'aide d'une expression de binding. Il s'agit d'une encapsulation d'un ou deux délégués. Le premier définit le traitement à effectuer au déclenchement de l'action. Le second, optionnel, définit une fonction qui renvoie une valeur booléenne. Celle-ci indique s'il est possible d'exécuter l'action dans le contexte courant.

Les contrôles `Button` et `MenuItem` permettent notamment l'utilisation de commandes à travers leur propriété `Command`. Dans ces deux cas, la commande est exécutée lorsque l'utilisateur clique sur le contrôle.

Les commandes sont très utilisées dans un contexte impliquant MVVM, car elles permettent de déplacer aisément des traitements non liés à l'interface hors de la couche `View`.

### 5.2.4 Mise en œuvre

Pour étudier la mise en œuvre des concepts liés au patron de conception MVVM, nous allons développer une application de type carnet d'adresses. Cette étude de cas permettra d'aborder l'utilisation des bindings, la mise en place d'un `ViewModel` et enfin la logique à adopter pour maintenir la séparation entre l'interface graphique et la logique de l'application. Le stockage des informations sera effectué dans un fichier texte utilisant la tabulation comme séparateur entre deux données d'un enregistrement. Après l'étude des chapitres portant sur ADO.NET et LINQ, vous serez en mesure de créer votre propre couche de persistance pour le stockage des informations en base de données.

L'application que nous allons développer ensemble aura l'aspect suivant :

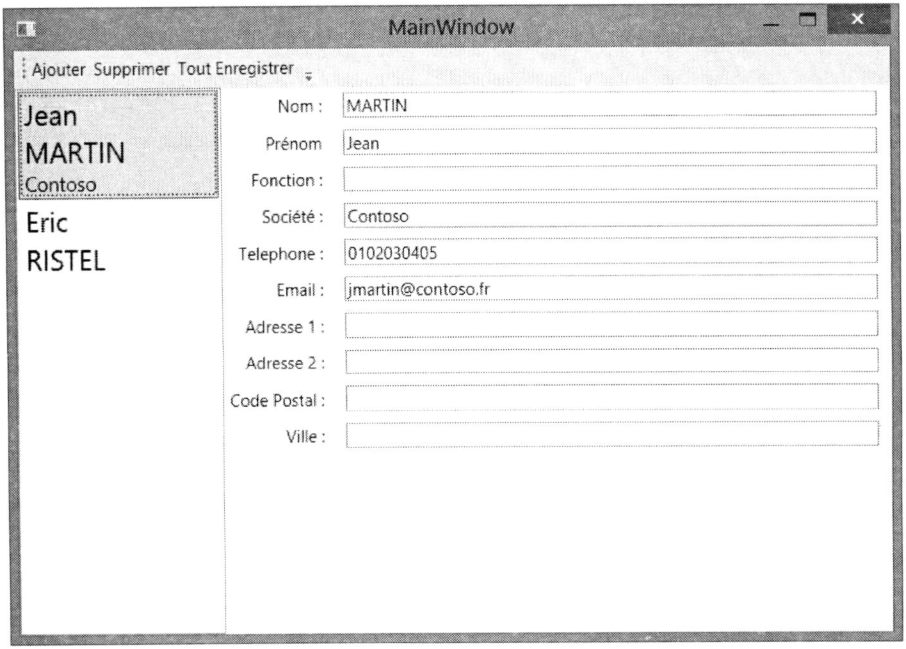


## Structure de l'application

La première étape du développement correspond à la création et la structuration du projet.

- Commencez par créer un nouveau projet d'**Application WPF** nommé **CarnetAdressesMVVM**.

L'architecture MVVM propose comme convention de structurer l'application en créant trois dossiers permettant d'isoler chacune de ses couches.

- Créez trois dossiers dans le projet et nommez-les **View**, **Model** et **ViewModel**.
- Déplacez le fichier `MainWindow.xaml` dans le dossier `View` avec une opération de glisser/déposer.

Afin de respecter les conventions de développement de la plateforme .NET, il faut modifier l'espace de noms associé à la classe `MainWindow`.

- Remplacez le contenu du fichier `MainWindow.xaml.vb` par le code suivant :

```
Namespace View

    Class MainWindow

    End Class

End Namespace
```

- Dans `MainWindow.xaml`, reportez la modification de l'espace de noms en modifiant le nom de classe associé au code XAML.

```
<Window x:Class="MainWindow"
```

devient :

```
<Window x:Class="View.MainWindow"
```

Dans le fichier `Application.xaml`, modifiez l'attribut `StartupUri` de la balise `Application` de manière à refléter le nouveau chemin de la page dans l'arborescence de l'application.

```
StartupUri="View/MainWindow.xaml"
```

À ce stade, la structure de l'application dans l'Explorateur de solution est la suivante :

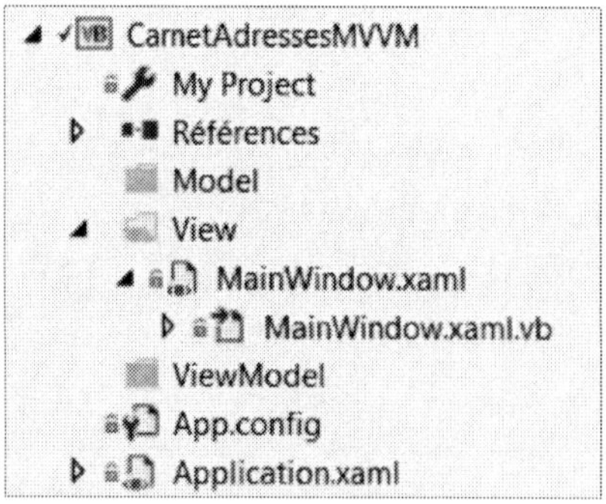

## La couche Model

Cette couche a la responsabilité de la structuration et de l'enregistrement des données dans une base de données, un fichier ou, dans le cas présent, en mémoire.

Il convient tout d'abord de créer un type de données permettant de stocker les informations relatives à un contact : nom, prénom, adresse, etc.

▶ Ajoutez une classe nommée `Contact` dans le dossier `Model` du projet.

```
Namespace Model

    Public Class Contact
        Public Property Prenom As String
        Public Property Nom As String
        Public Property Telephone As String
        Public Property Email As String
        Public Property Adresse1 As String
        Public Property Adresse2 As String
        Public Property CodePostal As String
        Public Property Ville As String
        Public Property Fonction As String
        Public Property Societe As String
    End Class

End Namespace
```

Il est également nécessaire, pour une séparation maximale des responsabilités, de créer une classe dont l'objectif est le stockage et la récupération des différents contacts enregistrés.

▶ Ajoutez une classe nommée `GestionnaireDonnees` dans le dossier Model du projet.

Cette classe lit et enregistre les données dans le fichier *contacts.txt* enregistré dans le même dossier que l'exécutable.

```
Imports System.IO
Imports System.Text

Namespace Model

    Public Class GestionnaireDonnees
```

```
        Private Const fichierDonnees As String = "contacts.txt"

        Public Function LireTousLesEnregistrements() As Contact()
            Dim resultat(-1) As Contact

            If Not File.Exists(fichierDonnees) Then
                Return resultat
            End If

            Dim enregistrements() As String =
File.ReadAllLines(fichierDonnees)

            ReDim resultat(enregistrements.Length - 1)

            For i = 0 To enregistrements.Length - 1

                Dim champs() As String =
enregistrements(i).Split(ControlChars.Tab)

                Dim c As New Contact With {
                    .Prenom = champs(0),
                    .Nom = champs(1),
                    .Fonction = champs(2),
                    .Societe = champs(3),
                    .Telephone = champs(4),
                    .Email = champs(5),
                    .Adresse1 = champs(6),
                    .Adresse2 = champs(7),
                    .CodePostal = champs(8),
                    .Ville = champs(9)
                }

                resultat(i) = c
            Next

            Return resultat
        End Function

        Public Sub Enregistrer(contacts As IEnumerable(Of Contact))
            Dim builder As StringBuilder = New StringBuilder()

            For Each c As Contact In contacts

                Dim enregistrement As String =
String.Format("{1}{0}{2}{0}{3}{0}{4}{0}{5}{0}{6}{0}{7}{0}{8}{0}{9}
{0}{10}", vbTab, c.Prenom, c.Nom, c.Fonction, c.Societe, c.Telephone,
```

```
c.Email, c.Adresse1, c.Adresse2, c.CodePostal, c.Ville)

                builder.AppendLine(enregistrement)
            Next

            File.WriteAllText(fichierDonnees, builder.ToString())
        End Sub
    End Class
End Namespace
```

Passons à présent à la création de l'interface graphique.

▶ Modifiez le fichier `MainWindow.xaml` de manière à avoir une barre d'outils pour les trois boutons d'action, une `ListBox`, et enfin une `Grid` contenant tous les champs éditables.

```
<Window x:Class="View.MainWindow"
xmlns="http://schemas.microsoft.com/winfx/2006/xaml/presentation"
        xmlns:x="http://schemas.microsoft.com/winfx/2006/xaml"
        Title="MainWindow" Height="450" Width="650" >

    <Grid>
        <Grid.RowDefinitions>
            <RowDefinition Height="Auto" />
            <RowDefinition Height="*" />
        </Grid.RowDefinitions>
        <Grid.ColumnDefinitions>
            <ColumnDefinition Width="150" />
            <ColumnDefinition />
        </Grid.ColumnDefinitions>

        <!-- Boutons d'actions (Ajouter, Supprimer, Tout enregistrer) -->
        <ToolBarTray Grid.Row="0" Grid.Column="0" Grid.ColumnSpan="2">
            <ToolBar>
                <Button Content="Ajouter" />
                <Button Content="Supprimer" />
                <Button Content="Tout enregistrer" />
            </ToolBar>
        </ToolBarTray>

        <!-- Liste des contacts -->
        <ListBox x:Name="listBoxContacts" Grid.Row="1" Grid.Column="0" />

        <!-- Détail du contact sélectionné -->
        <Grid Margin="0" Grid.Row="1" Grid.Column="1">
            <Grid.Resources>
                <Style TargetType="Label">
                    <Setter Property="Margin" Value="0,0,10,0" />
                    <Setter Property="VerticalAlignment" Value="Center" />
```

```
                <Setter Property="HorizontalAlignment" Value="Right" />
            </Style>
            <Style TargetType="TextBox">
                <Setter Property="Margin" Value="0,0,10,0" />
                <Setter Property="VerticalAlignment" Value="Center" />
            </Style>
        </Grid.Resources>
        <Grid.RowDefinitions>
            <RowDefinition Height="Auto" />
            <RowDefinition Height="Auto"/>
            <RowDefinition Height="Auto"/>
            <RowDefinition Height="Auto"/>
            <RowDefinition Height="Auto"/>
            <RowDefinition Height="Auto"/>
            <RowDefinition Height="Auto"/>
            <RowDefinition Height="Auto"/>
            <RowDefinition Height="Auto" />
            <RowDefinition Height="Auto" />
            <RowDefinition Height="Auto"/>
            <RowDefinition/>
        </Grid.RowDefinitions>
        <Grid.ColumnDefinitions>
            <ColumnDefinition Width="Auto" />
            <ColumnDefinition Width="*" />
        </Grid.ColumnDefinitions>

        <Label Content="Nom :" Grid.Row="1" />
        <TextBox Grid.Column="1" Grid.Row="1" />
        <Label Content="Prénom" Grid.Row="2" />
        <TextBox Grid.Column="1" Grid.Row="2" />
        <Label Content="Fonction :" Grid.Row="3"/>
        <TextBox Grid.Column="1" Grid.Row="3" />
        <Label Content="Société :" Grid.Row="4"/>
        <TextBox Grid.Column="1" Grid.Row="4" />
        <Label Content="Telephone :" Grid.Row="5" />
        <TextBox Grid.Column="1" Grid.Row="5" />
        <Label Content="Email :" Grid.Row="6" />
        <TextBox Grid.Column="1" Grid.Row="6" />
        <Label Content="Adresse 1 :" Grid.Row="7" />
        <TextBox Grid.Column="1" Grid.Row="7" />
        <Label Content="Adresse 2 :" Grid.Row="8" />
        <TextBox Grid.Column="1" Grid.Row="8" />
        <Label Content="Code Postal :" Grid.Row="9" />
        <TextBox Grid.Column="1" Grid.Row="9" />
        <Label Content="Ville :" Grid.Row="10" />
        <TextBox Grid.Column="1" Grid.Row="10" />
    </Grid>
  </Grid>
</Window>
```

Les balises `Style` permettent de grouper certaines propriétés relatives à un type de contrôle. Les styles peuvent être utilisés nommément. Ils peuvent aussi être appliqués automatiquement à tous les éléments correspondant à leur propriété `TargetType`, et qui sont situés plus bas que ce style dans la branche de l'arborescence. Cette dernière solution est celle qui est utilisée ici. Un style permet de spécifier certaines propriétés communes à tous les objets `Label`, tandis qu'un autre style définit des valeurs de propriétés pour les contrôles `TextBox`.

À partir d'ici, nous allons travailler simultanément sur les couches `View` et `ViewModel` afin de montrer les mécanismes utilisés pour mettre en place une architecture MVVM.

- Créez une classe nommée `MainViewModel` dans le dossier `ViewModel` de l'application.

C'est cette classe qui portera les données à afficher dans l'interface graphique. Elle comportera aussi d'autres éléments nécessaires à la gestion des actions exécutées par les boutons de la barre d'outils, ainsi que des propriétés qui seront utiles à d'autres traitements.

Le premier point à aborder est la récupération des données enregistrées à l'aide de la classe `GestionnaireDonnees`. Cette opération est effectuée dans le constructeur de la classe `MainViewModel` et valorise une propriété nommée `ListeContacts`. Celle-ci est de type `ObservableCollection(Of Contact)` car, comme étudié un peu plus tôt, ceci permet des mises à jour automatiques de l'interface graphique. Pour la même raison, nous allons également implémenter l'interface `INotifyPropertyChanged` sur cette classe.

```
Imports System.Collections.ObjectModel
Imports System.ComponentModel
Imports CarnetAdressesMVVM.Model

Namespace ViewModel

    Public Class MainViewModel
        Implements INotifyPropertyChanged
        Private _gestionnaire As GestionnaireDonnees

        Private _listeContacts As ObservableCollection(Of Contact)
```

```
        Public Property ListeContacts As ObservableCollection(Of Contact)
            Get
                Return _listeContacts
            End Get
            Set(value As ObservableCollection(Of Contact))
                _listeContacts = value
                DeclenchePropertyChanged("ListeContacts")
            End Set
        End Property

        Public Event PropertyChanged As PropertyChangedEventHandler
Implements INotifyPropertyChanged.PropertyChanged

        Public Sub New()
            _gestionnaire = New GestionnaireDonnees()

            Dim contacts() As Contact =
_gestionnaire.LireTousLesEnregistrements()
            ListeContacts = New ObservableCollection(Of Contact)(contacts)
        End Sub


        Protected Sub DeclenchePropertyChanged(propertyName As String)
            RaiseEvent PropertyChanged(Me, New
PropertyChangedEventArgs(propertyName))
        End Sub
    End Class

End Namespace
```

Pour obtenir l'affichage des contacts dans l'application, il convient de définir un objet MainViewModel comme étant le contexte de données de la fenêtre.

▶ Dans le fichier MainWindow.xaml.vb, modifier la classe de manière à ce qu'elle contienne un constructeur initialisant la propriété DataContext de la fenêtre :

```
Class MainWindow
    Public Sub New()
        ' Cet appel est requis par le concepteur.
        InitializeComponent()

        DataContext = New MainViewModel()
    End Sub
End Class
```

Cette initialisation est le seul élément qui liera la partie `View` à la couche `ViewModel`.

**Remarque**

*Il existe des techniques avancées permettant de ne pas les lier directement, mais elles ne font pas l'objet de cet ouvrage.*

Une fois le contexte de données valorisé, il faut mettre en place le `Binding` et le `DataTemplate` permettant d'afficher les contacts dans la `ListBox`.

▶ Modifiez la définition du contrôle `ListBox` comme décrit ci-dessous.

```
<ListBox x:Name="listBoxContacts" Grid.Row="1" Grid.Column="0"
ItemsSource="{Binding ListeContacts}">
    <ListBox.ItemTemplate>
        <DataTemplate>
            <StackPanel Orientation="Vertical">
                <TextBlock Text="{Binding Prenom}" FontSize="20" />
                <TextBlock Text="{Binding Nom}" FontSize="20" />
                <TextBlock Text="{Binding Societe}" FontSize="14" />
            </StackPanel>
        </DataTemplate>
    </ListBox.ItemTemplate>
</ListBox>
```

L'ajout, la suppression et l'enregistrement des contacts doivent être effectués à partir de la barre d'outils. Pour chacun de ces boutons, il serait possible de créer un gestionnaire pour l'événement `Click`, mais l'architecture MVVM préconise l'utilisation de commandes. Ces traitements qui ne sont pas liés à l'interface graphique sont ainsi déportés dans le `ViewModel`.

Le contrôle `Button` possède une propriété `Command` qu'il convient de valoriser à l'aide d'un `Binding`. Cette propriété accepte une valeur de type `ICommand`, c'est-à-dire un objet qui implémente cette interface. Le framework .NET ne fournit malheureusement pas d'implémentation convenant à notre besoin, c'est pourquoi il est nécessaire de la créer dans le projet. L'implémentation proposée ci-dessous est très simple mais conviendra parfaitement à notre application.

▶ Créez une classe Command dans le dossier ViewModel du projet.

```
Namespace ViewModel

    Public Class Command
        Implements ICommand

        Private ReadOnly actionAExecuter As Action(Of Object)

        Public Sub New(execute As Action(Of Object))
            Me.New(execute, Nothing)
        End Sub

        Public Sub New(execute As Action(Of Object), canExecute
As Predicate(Of Object))
            actionAExecuter = execute
        End Sub

        Public Function CanExecute(parameter As Object) As
Boolean Implements ICommand.CanExecute
            Return True
        End Function

        Public Event CanExecuteChanged As EventHandler Implements
ICommand.CanExecuteChanged

        Public Sub Execute(parameter As Object) Implements
ICommand.Execute
            actionAExecuter(parameter)
        End Sub

    End Class

End Namespace
```

**Remarque**

*De nombreuses autres implémentations plus ou moins riches ont vu le jour depuis la création de WPF. Une des plus utilisées est la classe* `RelayCommand` *fournie dans le* ***MVVM Light Toolkit****, édité par Galasoft.*

- Dans la définition de la classe `MainViewModel`, ajoutez trois propriétés publiques de type `ICommand` (ou `Command`) qui correspondront aux trois boutons de la barre d'outils.

```
Public Property CommandeNouveauContact As ICommand
Public Property CommandeSupprimerContact As ICommand
Public Property CommandeToutEnregistrer As ICommand
```

Chacune de ces commandes nécessite la création d'une méthode qui contient les instructions à exécuter.

```
Private Sub ActionNouveauContact(parametre As Object)
    Dim c As Contact = New Contact With {.Nom = "Nom", .Prenom =
"Prénom"}
    ListeContacts.Add(c)
End Sub

Private Sub ActionToutEnregistrer(parametre As Object)
    _gestionnaire.Enregistrer(ListeContacts)
End Sub

Private Sub ActionSupprimerContact(parametre As Object)

End Sub
```

Les commandes sont ensuite initialisées dans le constructeur de la classe de la manière suivante :

```
CommandeNouveauContact = New Command(AddressOf  ActionNouveauContact)
CommandeToutEnregistrer = New Command(AddressOf  ActionToutEnregistrer)
CommandeSupprimerContact = New Command(AddressOf  ActionSupprimerContact)
```

La procédure de suppression d'un contact ne peut pas être implémentée en l'état. En effet, l'objet à supprimer, qui est l'objet sélectionné dans la `ListBox`, ne nous est pas connu. La création d'une propriété dans le `ViewModel` et l'ajout d'un `Binding` dans la définition de la `ListBox` permettent de régler ce problème.

```
Private _contactSelectionne As Contact
Public Property ContactSelectionne As Contact
    Get
        Return _contactSelectionne
    End Get
    Set(value As Contact)
```

```
            _contactSelectionne = value
            DeclenchePropertyChanged("ContactSelectionne")
        End Set
    End Property
```

```
<ListBox ... SelectedItem="{Binding ContactSelectionne, Mode=TwoWay}">
```

Enfin, nous pouvons finir l'implémentation de la méthode ActionSupprimerContact et lier les commandes aux boutons à l'aide de bindings.

```
Private Sub ActionSupprimerContact(parametre As Object)
    If ContactSelectionne IsNot Nothing Then
        ListeContacts.Remove(ContactSelectionne)
    End If
End Sub
```

```
<ToolBar>
    <Button Content="Ajouter" Command="{Binding
CommandeNouveauContact}" />
    <Button Content="Supprimer" Command="{Binding
CommandeSupprimerContact}" />
    <Button Content="Tout enregistrer" Command="{Binding
CommandeToutEnregistrer}" />
</ToolBar>
```

À ce stade, il est possible de créer et supprimer des enregistrements, mais impossible de les éditer. Les champs de saisie ne sont en effet liés à aucun contact. Pour remédier à cette situation, il faut définir le contexte de ces éléments comme étant le contact sélectionné dans la ListBox. La valorisation de la propriété DataContext de la Grid contenant les champs de saisie semble être une bonne solution. La valeur passée est un Binding pointant sur la propriété SelectedItem de la ListBox.

```
<Grid Margin="0" Grid.Row="1" Grid.Column="1"
      DataContext="{Binding ElementName=listBoxContacts,
Path=SelectedItem}">
```

Vous pouvez ensuite associer un Binding à chaque contrôle TextBox, en mode TwoWay pour vous assurer que les modifications effectuées seront remontées jusqu'aux propriétés correspondantes de l'objet Contact.

```
<Label Content="Nom :" Grid.Row="1" />
<TextBox Grid.Column="1" Grid.Row="1" Text="{Binding Nom, Mode=TwoWay}" />
<Label Content="Prénom" Grid.Row="2" />
<TextBox Grid.Column="1" Grid.Row="2" Text="{Binding Prenom, Mode=TwoWay}" />
<Label Content="Fonction :" Grid.Row="3"/>
<TextBox Grid.Column="1" Grid.Row="3" Text="{Binding Fonction, Mode=TwoWay}" />
<Label Content="Société :" Grid.Row="4"/>
<TextBox Grid.Column="1" Grid.Row="4" Text="{Binding Societe, Mode=TwoWay}" />
<Label Content="Telephone :" Grid.Row="5"/>
<TextBox Grid.Column="1" Grid.Row="5" Text="{Binding Telephone, Mode=TwoWay}" />
<Label Content="Email :" Grid.Row="6"/>
<TextBox Grid.Column="1" Grid.Row="6" Text="{Binding Email, Mode=TwoWay}" />
<Label Content="Adresse 1 :" Grid.Row="7" />
<TextBox Grid.Column="1" Grid.Row="7" Text="{Binding Adresse1, Mode=TwoWay}" />
<Label Content="Adresse 2 :" Grid.Row="8" />
<TextBox Grid.Column="1" Grid.Row="8" Text="{Binding Adresse2, Mode=TwoWay}" />
<Label Content="Code Postal :" Grid.Row="9" />
<TextBox Grid.Column="1" Grid.Row="9" Text="{Binding CodePostal, Mode=TwoWay}" />
<Label Content="Ville :" Grid.Row="10" />
<TextBox Grid.Column="1" Grid.Row="10" Text="{Binding Ville, Mode=TwoWay}" />
```

L'application est maintenant fonctionnelle. Quelques détails peuvent être néanmoins gênants :

- Il est possible de cliquer sur le bouton `Supprimer` lorsqu'aucun contact n'est sélectionné.
- Il est également possible de placer du texte dans les champs de saisie lorsqu'aucun contact n'est sélectionné.

Une solution à ce problème est de valoriser la propriété `IsEnabled` de ces contrôles à l'aide d'un `Binding` pointant sur une propriété booléenne du `ViewModel`.

▶ Ajoutez la propriété `ActiverSuppressionEtEdition` au `ViewModel` et modifiez la définition de la propriété `ContactSelectionne` de manière à ce que sa modification valorise `ActiverSuppressionEtEdition`.

```
Private _activerSuppressionEtEdition As Boolean

Public Property ActiverSuppressionEtEdition As Boolean
    Get
        Return _activerSuppressionEtEdition
    End Get
    Set(value As Boolean)
        _activerSuppressionEtEdition = value
        DeclenchePropertyChanged("ActiverSuppressionEtEdition")
    End Set
End Property
```

```
Private _contactSelectionne As Contact

Public Property ContactSelectionne As Contact
    Get
        Return _contactSelectionne
    End Get
    Set(value As Contact)
        _contactSelectionne = value
        DeclenchePropertyChanged("ContactSelectionne")

        If ContactSelectionne IsNot Nothing Then
            ActiverSuppressionEtEdition = False
        Else
            ActiverSuppressionEtEdition = True
        End If
    End Set
End Property
```

- Modifiez la définition du bouton de suppression pour prendre en compte cette désactivation.

```
<Button Content="Supprimer" Command="{Binding
CommandeSupprimerContact}" IsEnabled="{Binding
ActiverSuppressionEtEdition}" />
```

Pour les champs de saisie, la situation est légèrement différente : leur contexte de données n'est pas le `ViewModel` mais un objet `Contact`. Pour modifier localement le contexte de données, il est nécessaire de passer par un élément dont le contexte de données est le `ViewModel`. L'objet `Window` racine est ainsi tout indiqué pour réaliser cette opération.

Nommez l'objet `Window` à l'aide d'un attribut `x:Name` puis créez la liaison entre la propriété `IsEnabled` et la propriété `ActiverSuppressionEtEdition` dans le style ciblant les contrôles `TextBox`, afin d'éviter de dupliquer le code pour chaque `TextBox`.

```
<Window ... x:Name="fenetre">
```

```
<Style TargetType="TextBox">
    <Setter Property="Margin" Value="0,0,10,0" />
    Setter Property="VerticalAlignment" Value="Center" />
    <Setter Property="IsEnabled" Value="{Binding ElementName=fenetre,
Path=DataContext.ActiverSuppressionEtEdition}" />
</Style>
```

Vous avez réalisé une application de gestion de contacts de A à Z en utilisant l'architecture MVVM.

Bien que nécessitant un peu plus de travail, ainsi qu'un changement dans le mode de pensée, l'utilisation de ce patron de conception cloisonne nettement mieux les différentes couches de l'application et facilite grandement la maintenance du code.

**Remarque**

*Le code source de l'exemple détaillé ici est disponible en téléchargement sur le site des Éditions ENI.*

# Chapitre 8
# Accès aux données

## 1. Principes d'une base de données

Les bases de données constituent de nos jours un élément incontournable pour la quasi-totalité des applications. Elles se substituent à l'utilisation de fichiers, trop lourde et trop contraignante pour le développeur. Elles permettent aussi de partager l'information plus simplement, tout en offrant une excellente performance.

L'utilisation des bases de données nécessite deux prérequis : la connaissance de certains éléments de terminologie fréquemment utilisés ainsi que quelques notions de manipulation des données à l'aide du langage SQL.

### 1.1 Terminologie

La connaissance des termes décrits ci-dessous est indispensable pour la bonne compréhension de ce chapitre.

#### Table

Une table est une unité logique de stockage correspondant à un type de données. Sa structure est définie par des champs (colonnes), et elle contient des enregistrements (lignes). L'équivalent logique d'une table en C# est une classe.

#### Enregistrement

Un enregistrement est un élément d'une table possédant une valeur pour chaque colonne de la table. L'équivalent .NET d'un enregistrement serait un objet, donc une instance de classe.

#### Champ

Un enregistrement contient plusieurs champs. Chacun de ces champs représente une donnée composant l'enregistrement. L'équivalent .NET d'un champ est une propriété.

Ces trois éléments sont souvent représentés sous la forme d'un tableau, ce qui permet de mieux s'approprier et manipuler ces concepts.

| Identifiant | Nom | Prenom | DateNaissance |
|---|---|---|---|
| 1 | MARTIN | Henry | 1954-01-25 00:00:00.000 |
| 2 | MARTINEZ | Eric | 1982-05-04 00:00:00.000 |
| 3 | MARTIN | Michel | 2004-05-28 00:00:00.000 |

#### Clé primaire

Une clé primaire est un identifiant unique pour chaque enregistrement d'une table. Elle est reconnue par la base de données comme pouvant être utilisée dans une autre table pour faire référence à un enregistrement.

Elle doit être définie explicitement, en général à la création de la table.

## 1.2 Le langage SQL

Les développeurs peuvent manipuler les données stockées dans une base de données relationnelle avec le langage SQL (*Structured Query Language*).

Ce langage est fondé sur quatre types d'instructions qui correspondent aux opérations de lecture, ajout, modification et suppression de données.

Il définit aussi certaines instructions permettant de manipuler la structure de données : création de tables, manipulation d'index ou gestion des relations entre les tables.

**Remarque**

*L'objet de cet ouvrage n'étant pas la description exhaustive du langage SQL, les instructions de manipulation de la structure de données ne seront pas traitées.*

### 1.2.1 Recherche d'enregistrements

La lecture des données est effectuée à l'aide du mot-clé `SELECT`. Celui-ci, couplé au mot-clé `WHERE`, permet de filtrer et récupérer des jeux de données issus d'une ou plusieurs tables de la base.

La requête suivante permet de récupérer l'ensemble des noms et prénoms dans la liste des enregistrements de la table Client :

```
SELECT Nom, Prenom FROM Client
```

Il est aussi possible d'utiliser le symbole `*` comme raccourci syntaxique pour désigner l'ensemble des champs de la table :

```
SELECT * FROM Client
```

Dans la majorité des cas, il n'est pas pertinent de récupérer l'ensemble des données. Il est alors nécessaire d'utiliser le mot-clé `WHERE` pour restreindre le nombre d'enregistrements récupérés en fonction d'un ou plusieurs prédicats.

#### Clause WHERE

La clause `WHERE` permet de spécifier une ou plusieurs conditions que les enregistrements doivent respecter pour pouvoir être retournés par la requête SQL.

La requête suivante récupère la liste des clients dont le nom est Dupond.

```
SELECT * FROM Client WHERE Nom = 'Dupond'
```

Pour filtrer à la fois sur le nom et sur le prénom, il faut combiner deux conditions à l'aide des mots-clés `AND` ou `OR`.

```
SELECT * FROM Client WHERE Nom = 'Dupond' AND Prenom = 'Michel'
```

Différents autres types de prédicats peuvent être utilisés dans les clauses WHERE pour vérifier notamment qu'une valeur fait partie d'un ensemble ou comparer partiellement des chaînes de caractères.

### WHERE ... IN

L'utilisation de la clause WHERE ... IN permet de valider qu'une valeur fait partie d'un ensemble de valeurs spécifiques. Cet ensemble peut être prédéfini ou être le résultat d'une autre requête SELECT.

La liste des clients habitant les villes de Lyon, Toulouse et Nantes peut être récupérée de la manière suivante :

```
SELECT * FROM Client WHERE Ville IN ('Lyon', 'Toulouse, 'Nantes')
```

### WHERE ... BETWEEN ... AND

Il est également possible de filtrer les enregistrements en comparant une valeur avec un ensemble spécifié par ses bornes.

La recherche des clients habitant le département du Rhône (69) peut être effectuée à l'aide de la requête suivante :

```
SELECT * FROM Client WHERE CodePostal BETWEEN 69000 AND 69999;
```

### WHERE ... LIKE

Dans certains cas, il peut être intéressant de filtrer sur une valeur alphanumérique partielle, notamment pour l'implémentation de scénarios d'autocomplétion. Pour cela, il faut utiliser la clause WHERE ... LIKE.

```
SELECT * FROM Client WHERE Nom LIKE 'A%';
```

Ici, la requête recherche la liste des clients dont le nom commence par un A majuscule. Le caractère % dans ce contexte symbolise un ensemble quelconque de caractères.

### 1.2.2 Ajout d'enregistrements

L'ajout d'un enregistrement dans une base de données se fait à l'aide de la commande INSERT INTO. Pour l'exécuter, il faut spécifier la table dans laquelle ajouter les données, lister les champs impactés, et enfin fournir les valeurs à insérer dans ces champs.

La ligne suivante ajoute un enregistrement dans la table Client :

```
INSERT INTO Client (Nom, Prenom) VALUES ('DUPOND', 'Marc');
```

Ne pas spécifier la liste des champs à renseigner équivaut à lister la totalité des champs de la table. Dans ce cas, il faut donc passer une liste de valeurs correspondant à l'ensemble de ces champs. Il est possible de passer la valeur spéciale NULL pour les champs que l'on ne souhaite pas renseigner, à condition que la définition de ces champs autorise cette valeur.

En considérant que la table Client compte trois champs : Nom, Prenom et Adresse, on pourrait réécrire l'exemple précédent de la manière suivante :

```
INSERT INTO Client VALUES ('DUPOND', 'Marc', NULL);
```

### 1.2.3 Mise à jour d'informations

La modification d'informations dans la base de données se fait en utilisant une instruction UPDATE. Cette commande peut mettre à jour un ou plusieurs champs d'un ou plusieurs enregistrements.

Pour cela, il faut indiquer le nom de la table qui doit être mise à jour, suivi du mot-clé SET et de la liste des affectations de valeurs à exécuter.

```
UPDATE Client SET Nom = 'DUPONT';
```

En l'état, cette requête modifiera le champ Nom pour tous les enregistrements de la table Client, ce qui n'est généralement pas le comportement voulu. Afin de limiter le nombre d'enregistrements sur lesquels doit porter la mise à jour, il est possible d'utiliser une clause WHERE :

```
UPDATE Client SET Nom = 'DUPONT' WHERE Nom = 'DUPOND';
```

### 1.2.4 Suppression d'informations

Pour supprimer un ou plusieurs enregistrements d'une table, il est nécessaire d'utiliser la commande DELETE. On l'utilise d'une manière similaire à l'instruction SELECT.

La suppression des clients dont le nom est Dupond est effectuée de la manière suivante :

```
DELETE FROM CLIENT WHERE Nom = 'Dupond'
```

# 2. ADO.NET

ADO.NET est un ensemble de types fournis par le framework .NET dont l'objectif commun est la manipulation des bases de données. Cette brique, fournie depuis les débuts de .NET, est la fondation de l'accès aux données avec Visual Basic.

## 2.1 Présentation

Les types qui composent ADO.NET sont répartis en deux catégories, définies de telle sorte qu'il est très simple de séparer l'interrogation de la base de données et la manipulation des données dans l'application.

Les traitements qui doivent être effectués en lien direct avec une base de données sont implémentés par des types spécifiques à un fournisseur de données. Il est possible, en utilisant ces types, de récupérer des jeux de données ou de supprimer des enregistrements par exemple.

Les jeux de données récupérés peuvent aussi être stockés localement et manipulés indépendamment de leur source grâce à certains types dédiés. Ce mode de fonctionnement est appelé mode déconnecté. Il permet notamment de produire des portions de code communes à tous les types de bases de données, ce qui améliore la fiabilité et la maintenabilité des applications en réduisant le nombre de lignes de code et, par conséquent, le nombre de sources potentielles d'erreurs.

## 2.2 Les fournisseurs de données

Les fournisseurs de données sont les éléments permettant le dialogue avec les différents types de bases de données. Chacun de ces fournisseurs est conçu pour autoriser le fonctionnement avec un type de base de données.

Quatre fournisseurs sont livrés avec le framework .NET. Ils permettent d'interagir avec les sources de données suivantes :

- SQL Server
- Oracle
- OLE DB
- ODBC

Les fonctionnalités présentées par chacun des fournisseurs sont comparables. En effet, les classes qu'ils contiennent héritent de types communs qui permettent notamment l'établissement de connexions, l'exécution de requêtes ou la lecture de données. Les principaux types de base implémentés par ces fournisseurs sont les suivants :

- La classe `Connection` permet d'établir une connexion à une base de données.
- La classe `DbCommand` permet d'exécuter une ou plusieurs requêtes SQL.
- La classe `DbParameter` représente un paramètre de commande.
- La classe `DbDataReader` fournit un accès séquentiel (en avant uniquement) et en lecture seule à des jeux de données.
- La classe `DbDataAdapter` est la passerelle entre les modes connecté et déconnecté. Elle assure la mise en cache local des données provenant de l'exécution de requêtes SQL et met à jour les données de la base en fonction de l'état des données locales de travail.
- La classe `DbTransaction` encapsule la gestion des transactions pour l'exécution de requêtes SQL multiples.

Ce mode de structuration offre la possibilité d'étendre les sources de données supportées par une application en développant des fournisseurs pour d'autres systèmes de bases de données. À ce jour, il existe des fournisseurs pour MySQL, SQLite, PostgreSQL, Firebird et bien d'autres encore.

### 2.2.1 SQL Server

Le fournisseur de données pour SQL Server utilise son propre protocole pour communiquer avec le serveur de bases de données. Il est par conséquent peu consommateur de ressources et performant puisqu'il n'utilise pas de couche logicielle supplémentaire comme le font OLE DB et ODBC. Il est compatible avec les versions 7.0 (sortie en 1998) et supérieures de SQL Server.

Les classes spécifiques à ce fournisseur se trouvent dans l'espace de noms `System.Data.SqlClient`. Leur nom est systématiquement préfixé par *Sql* : SqlConnection, `SqlDataReader`, etc.

**Remarque**

*C'est ce fournisseur de données qui est utilisé dans les explications et exemples de cet ouvrage. Il est possible de les transposer aux autres fournisseurs en utilisant les classes appropriées.*

### 2.2.2 Oracle

Le fournisseur de données pour Oracle permet la communication avec les bases de données Oracle 8.1.7 et supérieures à travers la couche logicielle cliente Oracle. Il est donc nécessaire d'installer les composants Oracle appropriés pour utiliser ce fournisseur.

Les types proposés par ce fournisseur se situent dans l'espace de noms `System.Data.OracleClient`, lui-même déclaré dans l'assembly *System.Data.OracleClient.dll*. Ceci implique d'ajouter une référence à cet assembly pour utiliser ce fournisseur. Le nom de chacun de ces types est préfixé par Oracle.

**Remarque**

*Le fournisseur Oracle est livré avec le framework .NET de la version 2.0 à la version 4.6. Dans cette dernière version, il est considéré comme déprécié, ce qui signifie qu'il est supporté mais qu'il est susceptible d'être supprimé du framework dès la prochaine version. Microsoft conseille de s'appuyer sur des fournisseurs de données tiers pour communiquer avec les bases de données Oracle.*

### 2.2.3 OLE DB

Ce fournisseur utilise la couche logicielle OLE DB pour communiquer avec les serveurs de bases de données. Il est intéressant lorsqu'aucun fournisseur spécifique à une base de données n'existe mais qu'un pilote natif compatible OLE DB est disponible. Dans ce cas, le fournisseur OLE DB va agir comme un intermédiaire entre l'application et le pilote, et ce dernier s'occupera de la communication avec la base de données.

Les classes spécifiques à ce fournisseur de base de données se trouvent dans l'espace de noms `System.Data.OleDb` et leur nom est préfixé par *OleDb*.

**Remarque**

*Pour pouvoir fonctionner, ce fournisseur nécessite la présence sur la machine des composants MDAC (Microsoft Data Access Components) en version 2.6 ou supérieure.*

### 2.2.4 ODBC

Le fournisseur ODBC utilise le même principe de fonctionnement que le fournisseur OLE DB. Il nécessite donc qu'un pilote natif compatible ODBC existe pour la source de données visée afin de dialoguer avec celui-ci. C'est ensuite le pilote natif qui communiquera avec la base de données.

Ce fournisseur de données est implémenté dans l'espace de noms `System.Data.Odbc`, et chacun de ses types a pour préfixe de nom *Odbc*.

**Remarque**

*Pour pouvoir fonctionner, ce fournisseur nécessite la présence sur la machine des composants MDAC (Microsoft Data Access Components) en version 2.6 ou supérieure.*

## 3. Utiliser ADO.NET en mode connecté

Le mode connecté est le mode originel d'utilisation des bases de données. Il permet de rester connecté en permanence à la source de données, ce qui présente certains avantages :

- Il est très simple d'utilisation. En effet, dans ce mode, la connexion à la source de données est créée au démarrage de l'application et détruite lorsque l'utilisateur la quitte.
- Il permet d'avoir en permanence des données à jour.
- Il permet de gérer plus simplement les accès concurrentiels. Les utilisateurs étant connectés en permanence, il est plus simple de déterminer lequel utilise les données.

Le mode connecté pose tout de même quelques problèmes non négligeables :

- Il impose le maintien d'une connexion réseau permanente entre le client et le serveur de base de données. À l'heure de la mobilité, il est particulièrement délicat d'imposer cela à un utilisateur.
- Le serveur de bases de données doit gérer de multiples connexions permanentes simultanément, ce qui peut induire une utilisation excessive de ressources.

### 3.1 Connexion à une base de données

Avant toute exécution de requête, il est nécessaire d'ouvrir une connexion vers le serveur de bases de données. Cette connexion est créée à l'aide de la classe `SqlConnection`. Lors de l'instanciation d'une connexion, il est nécessaire d'initialiser certaines valeurs relatives à la base de données. Celles-ci sont spécifiées par une chaîne de connexion.

#### 3.1.1 Chaînes de connexion

Une chaîne de connexion est une chaîne de caractères contenant les informations nécessaires à l'établissement d'une connexion avec une base de données. Ces informations sont spécifiées sous la forme de couples mot-clé/valeur séparés par des points-virgules, dans lesquels le mot-clé est un nom de paramètre reconnu par le fournisseur de données.

Une analyse de la chaîne est effectuée lors de son affectation à la propriété `ConnectionString` d'un objet `SqlConnection`. Au cours de cette analyse, les différentes valeurs contenues sont extraites et affectées aux différentes propriétés de la connexion. En cas d'erreur pendant cette étape d'analyse, une exception est levée et les propriétés de la connexion restent inchangées.

Les mots-clés suivants sont disponibles pour une chaîne de connexion.

### Data Source

Nom ou adresse réseau du serveur vers lequel la connexion doit être établie. Il est possible de spécifier un numéro de port à sa suite en séparant ces valeurs par une virgule. La valeur par défaut du numéro de port est 1433.

```
Data Source=SRVSQL
```

### Initial Catalog

Nom de la base de données sur laquelle doit s'effectuer la connexion.

```
Initial Catalog=Northwind
```

### User Id

Nom d'utilisateur SQL Server à utiliser pour la connexion. Toute requête exécutée au travers de la connexion sera soumise aux droits d'accès de ce compte utilisateur.

```
User Id=sqluser
```

### Password

Mot de passe associé au compte utilisateur SQL Server utilisé.

```
Password=utilisateur7
```

### Integrated Security

Valeur booléenne donnant la possibilité d'utiliser l'authentification Windows courante pour la connexion.

```
Integrated Security=True
```

### Connect Timeout

Durée (en secondes) pendant laquelle l'application attend l'établissement de la connexion. En cas de dépassement de cette durée, une exception est levée. Par défaut, cette durée est de 15 secondes.

```
Connect Timeout=30
```

### Min Pool Size

Nombre minimum de connexions à conserver dans le pool de connexions.

```
Min Pool Size=20
```

### Max Pool Size

Nombre maximum de connexions à conserver dans le pool de connexions.

```
Max Pool Size=70
```

**Remarque**

*La notion de pool de connexions est traitée en détail un peu plus loin dans ce chapitre.*

Ainsi, pour établir une connexion au serveur **SRVSQL**, sur la base **Northwind** avec le nom d'utilisateur **sqluser** et le mot de passe **utilisateur7**, on utilisera la chaîne de connexion suivante :

```
Dim chaine As String = "Data Source=SRVSQL;Initial
Catalog=Northwind;User Id=sqluser;Pwd=utilisateur7"
```

Il peut être délicat de maîtriser la totalité des paramètres utilisables dans une chaîne de connexion. La classe `SqlConnectionStringBuilder` a pour but de simplifier la création d'une chaîne de connexion. Ce type possède plusieurs propriétés qui correspondent chacune à un paramètre utilisable dans une chaîne de connexion. Ces propriétés sont documentées de manière à comprendre aisément leur intérêt. Ainsi, il n'est pas nécessaire de connaître parfaitement chaque mot-clé utilisable pour obtenir une chaîne de connexion fonctionnelle.

```
Dim builder As new SqlConnectionStringBuilder()
builder.DataSource = "SRVSQL"
builder.InitialCatalog = "Northwind"
builder.UserID = "sqluser"
builder.Password = "utilisateur7"

Console.WriteLine("Chaîne de connexion : {0}",
builder.ConnectionString)
```

Le résultat de l'exécution de ce code est le suivant :

```
Chaîne de connexion : Data Source=SRVSQL;Initial
Catalog=Northwind;User ID=sqluser;Password=utilisateur7
```

### 3.1.2 Pool de connexions

Les pools de connexions permettent d'améliorer les performances d'une application en évitant la création de connexions lorsque ceci est possible.

L'établissement d'une connexion est coûteux en termes de ressources, tant du côté client que du côté serveur. Le principe du pool de connexions est la mise en cache des connexions pour une réutilisation maximale. Dans ce but, un pool permet de conserver une certaine quantité de connexions utilisant la même chaîne de connexion. Lorsque l'application initie une connexion à une base de données, la première connexion disponible dans le pool associé à la chaîne de connexion spécifiée est automatiquement utilisée.

Les pools ainsi créés existent tant que l'application est en cours d'exécution.

Pour chacun des pools, il est possible de spécifier, par l'intermédiaire des propriétés `Min Pool Size` et `Max Pool Size` de la chaîne de connexion, les nombres minimum et maximum de connexions qu'il doit contenir.

Si le nombre maximal de connexions dans le pool est atteint, et qu'aucune connexion n'est disponible dans le pool, la demande sera mise en attente jusqu'à ce qu'une connexion soit disponible. Une connexion est remise à la disposition du pool lorsqu'elle est fermée explicitement dans le code à l'aide de la méthode `Close`, ou lorsque la méthode `Dispose` de la connexion est appelée. Pour assurer le recyclage des connexions, il est donc important de les fermer lorsqu'elles ne sont plus utilisées.

Ci-dessous une représentation schématique de l'utilisation d'un pool de connexions.

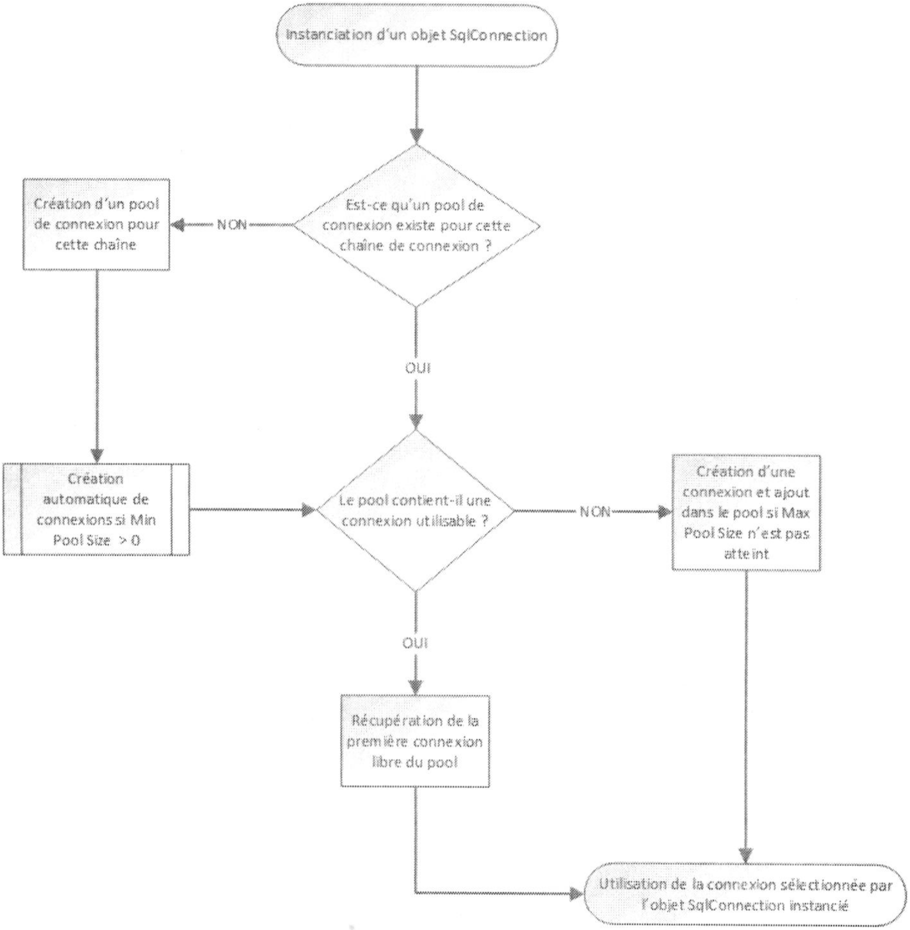

### 3.1.3 Gestion de la connexion

#### Établissement de la connexion

Pour créer une connexion à une base de données, il est nécessaire d'instancier un objet SqlConnection et d'initialiser sa chaîne de connexion, ce qui peut être fait de deux façons :

- Via le paramètre connectionString du constructeur de la classe SqlConnection.
- Via l'affectation d'une valeur à la propriété ConnectionString de l'objet SqlConnection. Cette affectation ne peut se faire que lorsque la connexion est fermée.

```
Dim chaineDeConnexion As String = "Data Source=SRVSQL;Initial
Catalog=Northwind;User ID=sqluser;Password=utilisateur7"

Dim connexion as SqlConnection

//Initialisation à partir du constructeur
connexion = new SqlConnection(chaineDeConnexion)

//Ou initialisation à partir de la propriété
connexion = new SqlConnection()
connexion.ConnectionString = chaineDeConnexion
```

Une fois la destination de la connexion définie, il faut appeler la méthode Open de l'objet connexion pour ouvrir la connexion entre l'application et le serveur de base de données.

```
connexion.Open()
```

#### Fermeture de la connexion

La fermeture d'une connexion est une étape très importante. En effet, une connexion non fermée est une connexion potentiellement perdue mais qui doit néanmoins être gérée par le serveur de base de données.

Cette fermeture doit être effectuée à l'aide de la méthode Close :

```
connexion.Close()
```

**Remarque**

*La classe `SqlConnection` implémente l'interface `IDisposable`. Il est donc pertinent d'utiliser la structure `using` (cf. chapitre Les bases du langage, section Autres structures) afin d'éviter tout blocage de la connexion en cas d'exception ou d'oubli de fermeture.*

## Événements

La classe `SqlConnection` possède deux événements permettant d'obtenir des informations sur la connexion.

L'événement `StateChange` est déclenché lorsque l'état de la connexion est modifié, que cette modification soit initiée par l'utilisateur ou forcée par le serveur de bases de données. La signature du gestionnaire pour cet événement est définie par le délégué suivant à :

```
Public Delegate Sub StateChangeEventHandler(sender As Object,
e As StateChangeEventArgs)
```

Le paramètre de type `StateChangeEventArgs` présente deux propriétés : `OriginalState` et `CurrentState`. Elles permettent de connaître respectivement l'état original de la connexion et son nouvel état. Ces propriétés contiennent des valeurs de l'énumération `ConnectionState`, il est donc possible de tester facilement la valeur de ces éléments pour agir en conséquence.

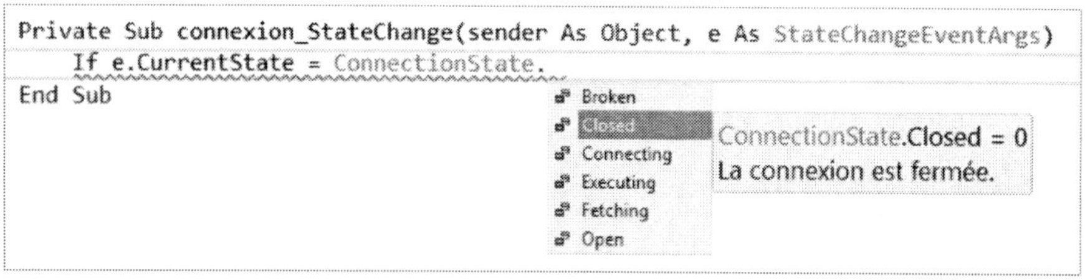


L'événement `InfoMessage` permet quant à lui d'obtenir des informations concernant des situations anormales mais non critiques (sévérité inférieure à 10) qui se produisent sur la connexion. Le délégué qui définit la signature des gestionnaires d'événements associés est le suivant :

```
Public Delegate Sub SqlInfoMessageEventHandler(sender As Object,
e As SqlInfoMessageEventArgs)
```

Le paramètre de type `SqlInfoMessageEventArgs` contient une collection d'objets `SqlError` correspondant à chacune des erreurs renvoyées par le serveur de bases de données. Ces objets ont plusieurs propriétés permettant de diagnostiquer et corriger le problème.

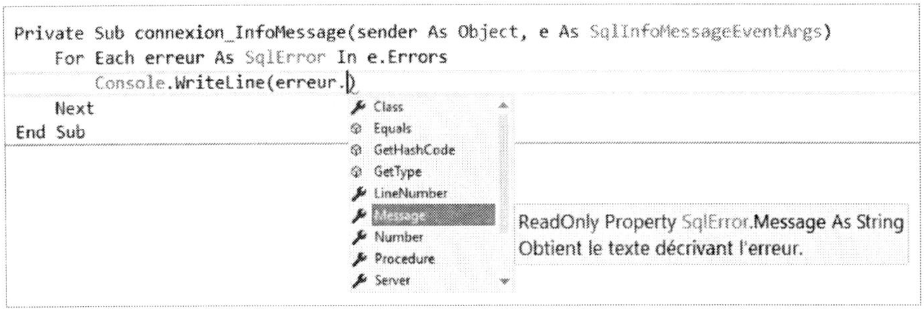


## 3.2 Création et exécution de commandes

Une fois la connexion au serveur de bases de données établie, il est possible d'exécuter des commandes SQL à l'aide d'objets de type `SqlCommand`.

Ces commandes peuvent correspondre à tout type de requêtes SQL (`SELECT`, `INSERT`, `UPDATE`, `DELETE`, `CREATE TABLE`, `ALTER TABLE`, etc.) mais elles peuvent aussi correspondre à une demande d'exécution d'une procédure stockée.

### 3.2.1 Définition et création d'une commande

La création d'un objet `SqlCommand` est effectuée de deux manières :

- En utilisant un des constructeurs de la classe `SqlCommand`. Ici, nous utiliserons le constructeur sans paramètre, mais il est bien évidemment possible d'utiliser un des trois autres, sous réserve de pouvoir spécifier les paramètres nécessaires à leur utilisation.

```
Dim commande As new SqlCommand()
```

  Pour associer cette commande à une connexion, il faut affecter un objet `SqlConnection` à la propriété `Connection` de la commande.

```
commande.Connection = connexion
```

– En utilisant la méthode `CreateCommand` de l'objet `SqlConnection`.

```
Dim commande As SqlCommand = connexion.CreateCommand()
```

Cette méthode crée une commande associée à la connexion. Il n'est donc pas nécessaire de faire cette association manuellement.

**Remarque**

*Attention : pour pouvoir exécuter la commande, il est nécessaire que la connexion soit ouverte ! Assurez-vous de son état avant la création des commandes dont vous avez besoin, ceci vous évitera des déconvenues.*

### 3.2.2 Sélection de données

La sélection de données est l'opération effectuée le plus fréquemment sur une base de données. Celle-ci est très simple à mettre en place à l'aide des objets `SqlConnection` et `SqlCommand`.

Après la création et l'association d'un objet `SqlCommand` à une connexion, il suffit de valoriser la propriété `CommandText` de la commande avec une requête SQL pour avoir une commande de sélection prête à être exécutée.

```
commande.CommandText = "SELECT * FROM Client"
```

L'exécution de requêtes de sélection de données est effectuée à l'aide de la méthode `ExecuteReader` de l'objet `SqlCommand`. Cette méthode renvoie un objet de type `SqlDataReader` grâce auquel il est possible de récupérer chacun des enregistrements du résultat de la requête, un par un, et uniquement en avançant dans la collection d'enregistrements.

```
Dim reader As SqlDataReader = commande.ExecuteReader()
```

La lecture d'un enregistrement se fait en appelant la méthode `Read` de l'objet `SqlDataReader`. Cette méthode renvoie un booléen indiquant si un enregistrement a pu être lu. Si tel est le cas, alors l'objet `SqlDataReader` contient les données de l'enregistrement, qui sont alors manipulables à l'aide de l'opérateur `()`.

```
reader.Read()
'Lecture de la valeur de la colonne "Nom" de l'enregistrement
Dim nom As String = CStr(reader("Nom"))
```

Il est nécessaire de transtyper les valeurs récupérées de cette manière car elles sont exposées par l'objet `SqlDataReader` sous la forme d'un `Object`.

Il est également possible de récupérer la valeur souhaitée sous une forme fortement typée à l'aide d'une des méthodes spécialisées de la classe `SqlDataReader` : la méthode `GetString` pour obtenir une chaîne de caractères, `GetInt32` pour un entier, `GetDateTime` pour une date, etc. Ces méthodes prennent comme paramètre un entier représentant l'index de la colonne dans l'enregistrement.

```
reader.Read()
'Lecture de la valeur de la colonne placée
'en première position de l'enregistrement
Dim nom As String = reader.GetString(0)
```

La lecture de la totalité des données retournées est effectuée à l'aide d'une boucle `While` pour laquelle la condition entrante est la valeur retournée par l'appel à la méthode `Read`.

```
While reader.Read()
    Console.WriteLine("Nom = {0}", reader.GetString(0))
End While
```

Lorsqu'une requête ne renvoie qu'une valeur, la lecture du résultat peut être simplifiée en utilisant la méthode `ExecuteScalar` de la commande. Celle-ci renvoie une valeur de type `Object` qu'il faut donc transtyper au besoin.

```
Dim commande As SqlCommand = connexion.CreateCommand()
commande.CommandText = "SELECT COUNT(*) FROM Eleve"

Dim nbEleves as Integer = CInt(commande.ExecuteScalar())
Console.WriteLine("Il y a {0} élèves", nbEleves)
```

### 3.2.3 Actions sur les données

L'exécution d'une requête d'ajout, de suppression ou de mise à jour de données est effectuée d'une manière très similaire à la sélection de données. Une commande contenant une requête `UPDATE`, `INSERT` ou `DELETE` est créée et associée à une connexion.

```
Dim commande As SqlCommand = connexion.CreateCommand()
commande.CommandText = "INSERT INTO Client (Nom, Prenom) VALUES
('MARTIN', 'Michel')"
```

Une fois cette commande définie, l'appel de la méthode `ExecuteNonQuery` de l'objet `SqlCommand` envoie la requête au serveur de bases de données. Sa valeur de retour est un entier représentant le nombre d'enregistrements affectés par la requête.

```
Dim nombreEnregistrementsAffectes As Integer =
commande.ExecuteNonQuery()
```

**Remarque**

*Les commandes modifiant des éléments de structure de la base de données (`ALTER TABLE`, par exemple) sont également exécutées à l'aide de cette méthode.*

### 3.2.4 Paramétrage d'une commande

La méthode la plus simple pour la construction de requêtes SQL est la concaténation de chaînes de caractères. Cette méthode a l'avantage d'être aisément compréhensible par tous, mais elle est délicate à mettre en place. En effet, elle mène souvent à des erreurs de syntaxe (oublis d'espaces ou de virgules, par exemple) et peut poser des problèmes de sécurité (injection SQL).

L'utilisation de paramètres permet de réduire le nombre de problèmes engendrés par la création d'une requête SQL :

- Une requête paramétrée peut être définie sans concaténations, ce qui réduit les risques d'erreurs de syntaxe.
- Les valeurs de paramètres sont validées au niveau de leur type et de leur longueur avant exécution de la requête. De plus, les chaînes de caractères sont échappées de manière à ne pas être interprétées comme des instructions SQL.

Ces deux points réduisent considérablement la surface d'attaque pour les injections SQL.

Ci-dessous un exemple de construction d'une commande SQL à partir de concaténation de chaînes :

```
Dim nom As String = "MARTIN"
Dim prenom As String = "Michel"
Dim dateNaissance As DateTime = #2015-05-28#
```

```
Dim commande As SqlCommand = connexion.CreateCommand()
commande.CommandText = "INSERT INTO Client (Nom, Prenom,
DateNaissance) VALUES ('" & nom + "', '" & prenom + "', '" &
dateNaissance.ToString("dd/MM/yyyy") & "'"
```

Les concaténations rendent la lecture difficile, et selon la culture utilisée par le serveur de bases de données, il est possible d'obtenir un comportement inattendu (voire une exception) à cause du format de la date.

Il est possible de réécrire cette construction de commande en utilisant des paramètres de manière à rendre celle-ci plus maintenable et plus sécurisée.

Tout d'abord, il faut écrire la requête en définissant le nom et l'emplacement de ses paramètres : `@nom`, `@prenom`, `@datenaissance`.

```
Dim commande As SqlCommand = connexion.CreateCommand()
commande.CommandText = "INSERT INTO Eleve (Nom, Prenom,
DateNaissance) VALUES (@nom, @prenom, @datenaissance)"
```

Si la commande était exécutée en l'état, une exception de type `SqlException` serait levée car les valeurs des paramètres ne sont pas spécifiées.

La création des paramètres correspond à l'instanciation d'objets de type `SqlParameter` et à leur configuration. Il est notamment possible de spécifier le type attendu en base de données à l'aide de la propriété `DbType` ou la taille maximale du paramètre quand il s'agit d'une chaîne de caractères.

Le paramètre peut être défini comme étant en lecture seule (`ParameterDirection.Input`), en écriture seule (`ParameterDirection.Ouput`) ou en lecture et écriture (`ParameterDirection.InputOutput`) à l'aide de la propriété `Direction`. Ceci peut être très utile dans le cas de l'exécution d'une fonction ou procédure stockée.

```
Dim nom As String = "MARTIN"
Dim prenom As String = "Michel"
Dim dateNaissance As DateTime = #2015-05-28#

'Création du paramètre @nom
Dim paramNom As SqlParameter = New SqlParameter("@nom", nom)
paramNom.Direction = ParameterDirection.Input
paramNom.DbType = DbType.String
paramNom.Size = 30
```

```
'Création du paramètre @prenom
Dim paramPrenom As SqlParameter = New SqlParameter("@prenom", prenom)
paramPrenom.Direction = ParameterDirection.Input
paramPrenom.DbType = DbType.String
paramPrenom.Size = 30

'Création du paramètre @datenaissance
Dim paramDate As SqlParameter =
New SqlParameter("@datenaissance", dateNaissance)
paramPrenom.Direction = ParameterDirection.Input
paramPrenom.DbType = DbType.DateTime
```

Pour terminer, il convient d'ajouter les paramètres créés à la collection de paramètres de la commande.

```
commande.Parameters.Add(paramNom)
commande.Parameters.Add(paramPrenom)
commande.Parameters.Add(paramDate)
```

### 3.2.5 Exécution de procédures stockées

Les procédures stockées sont des éléments comparables aux procédures C#, mais exécutées entièrement par le serveur de bases de données. Elles sont composées d'instructions SQL (ou sa variante spécifique au serveur de bases de données) et peuvent accepter des paramètres, renvoyer des valeurs et effectuer des traitements complexes.

Leur utilisation a plusieurs avantages, notamment la centralisation du code SQL, ce qui peut simplifier la maintenance lorsqu'une base de données évolue sans impact sur le code des applications qui l'utilisent. De plus, les procédures stockées bénéficient d'un traitement particulier : elles sont compilées à leur première exécution par le moteur de base de données et mises en cache, ce qui peut amener une amélioration conséquente de performances dans le cas de traitements complexes.

L'appel d'une procédure stockée à partir de Visual Basic est similaire à l'exécution de requêtes SQL. Après avoir créé un objet `SqlCommand`, il faut assigner à sa propriété `CommandText` le nom de la procédure stockée à exécuter et modifier la propriété `CommandType` avec la valeur `CommandType.StoredProcedure` pour indiquer que `CommandText` contient le nom de la procédure stockée.

Il convient ensuite de spécifier les paramètres attendus par la procédure stockée de la même manière que pour une requête SQL. Lorsqu'une procédure stockée renvoie une valeur (à l'aide de l'instruction RETURN), il convient d'ajouter un paramètre supplémentaire nommé RETURN_VALUE en assignant à sa propriété Direction la valeur ParameterDirection.ReturnValue. Après l'exécution de la procédure, il sera ainsi possible de récupérer la valeur de retour, comme pour les propriétés en écriture, grâce à la propriété Value du paramètre.

Pour tester ces différentes notions, nous allons utiliser une procédure stockée calculant l'âge moyen des élèves nés après une année donnée.

```
CREATE PROCEDURE CalculAgeMoyenElevesNeApresAnnee @annee int AS
    -- Déclaration de la variable qui contiendra l'âge moyen
    DECLARE @moyenne decimal

    -- Calcul de la moyenne
    SELECT @moyenne = AVG((Year(GetDate()) - Year(DateNaissance)))
        FROM Eleve
        WHERE YEAR(DateNaissance) > @annee

    -- Renvoi de la variable @moyenne
    RETURN @moyenne
```

Le code Visual Basic permettant l'appel de cette procédure stockée est le suivant :

```
Dim annee As Integer = 2000

Dim commande As SqlCommand = connexion.CreateCommand()
commande.CommandText = "CalculAgeMoyenElevesNeApresAnnee"
commande.CommandType = CommandType.StoredProcedure

Dim parametreAnnee As SqlParameter = New SqlParameter("@annee", annee)
parametreAnnee.Direction = ParameterDirection.Input
parametreAnnee.DbType = DbType.Int32

Dim parametreValeurRetour As SqlParameter = New
SqlParameter("RETURN_VALUE", SqlDbType.Decimal)
parametreValeurRetour.Direction = ParameterDirection.ReturnValue

commande.Parameters.Add(parametreAnnee)
commande.Parameters.Add(parametreValeurRetour)

commande.ExecuteNonQuery()
```

```
Console.WriteLine("L'âge moyen des élèves nés après {0} est {1} ans",
annee, parametreValeurRetour.Value)
```

# 4. Utiliser ADO.NET en mode déconnecté

Dans un mode déconnecté, la connexion au serveur de bases de données n'est pas permanente. Ceci permet de libérer des ressources qui pourront être utilisées par une autre application ou un autre client de la base de données.

Ce mode de fonctionnement implique qu'il faut conserver une copie locale des données sur lesquelles on souhaite travailler. Pour ceci, il est possible de recréer localement une structure similaire à celle d'une base de données.

## 4.1 DataSet et DataTable

Les classes principales permettant de travailler en mode déconnecté sont `DataSet`, `DataTable`, `DataRow` et `DataColumn`.

### 4.1.1 Description

Les différentes classes utilisées pour le mode déconnecté sont les contreparties .NET des éléments de la structure d'une base de données.

#### DataSet

Un objet `DataSet` est un conteneur, semblable logiquement à une base de données. C'est lui qui contiendra la totalité des données de l'ensemble sur lequel on souhaite travailler.

#### DataTable

Le type `DataTable` représente, comme son nom l'indique, une table. Un objet `DataTable`, bien que pouvant exister indépendamment, est logiquement contenu dans un `DataSet`.

### DataColumn

La classe `DataColumn` est le pendant .NET des colonnes SQL. Les `DataTable` possèdent plusieurs `DataColumn` tout comme les tables en base de données possèdent plusieurs colonnes.

### DataRow

Les objets `DataRow` sont les véritables conteneurs de données. Chaque `DataRow` correspond à un enregistrement dans une `DataTable`.

Ces quatre classes ne sont pas les seuls types représentant des éléments de la structure d'une base de données. On peut aussi trouver les types `UniqueConstraint`, `ForeignKeyConstraint` ou `DataRelation` représentant respectivement les contraintes d'unicité, les clés étrangères et les relations entre objets `DataTable`.

## 4.1.2 Remplissage d'un DataSet à partir d'une base de données

Pour travailler avec les données localement, il est nécessaire de rapatrier les données du serveur vers un `DataSet`. Pour cela, chaque fournisseur de données propose un `DbDataAdapter` permettant des échanges bidirectionnels entre la base de données et le `DataSet`. L'implémentation de la classe `DbDataAdapter` du fournisseur de données SQL Server est `SqlDataAdapter`.

### Utilisation d'un DbDataAdapter

En premier lieu, il faut instancier un objet d'un type dérivé de la classe `DbDataAdapter`.

```
Dim adapteur As new SqlDataAdapter()
```

Cet objet possède une propriété `SelectCommand` à laquelle il faut affecter une commande de sélection de données. C'est à partir des données renvoyées par cette commande que l'objet `SqlDataAdapter` pourra remplir un `DataSet`.

```
Dim commande As SqlCommand = connexion.CreateCommand()
commande.CommandText = "SELECT * FROM Eleve"
adapteur.SelectCommand = commande
```

À ce stade, il ne reste plus qu'à remplir un `DataSet` à l'aide de la méthode `Fill` du `SqlDataAdapter`. Cette méthode prend en paramètre (dans ses versions les plus simples) un `DataSet` ou une `DataTable`. Il faut donc instancier un `DataSet` et le passer à notre méthode.

```
Dim ds As new DataSet()
adapteur.Fill(ds)
```

Il est possible de connaître le nombre de lignes ajoutées ou actualisées dans le `DataSet` en récupérant la valeur de retour de l'appel à la méthode `Fill`.

```
Dim nbLignes As Integer = adapteur.Fill(ds)
```

Le premier appel à la méthode `Fill` crée un élément dans la collection `ds.Tables`. Cet élément est de type `DataTable` et contient tous les enregistrements retournés par la commande de sélection. Le nom de cet objet `DataTable` (propriété `TableName`) est "Table", ce qui n'est pas particulièrement explicite. Chaque nouvelle table créée de cette manière par la méthode `Fill` aura pour nom *Table*, *Table1*, *Table2*, etc. Pour éviter ces nommages peu clairs, on utilise la méthode `Fill` en lui passant le nom de la `DataTable` à remplir :

```
adapteur.Fill(ds, "Eleve")
```

La connexion à partir de laquelle on crée la commande peut être ouverte ou fermée, dans les deux cas, tout se passera bien. La différence est dans le comportement vis-à-vis de cette connexion :

- Si la connexion n'est pas ouverte au moment de l'exécution, la méthode l'ouvrira, remplira le `DataSet` puis la refermera.
- Si la connexion est préalablement ouverte, l'exécution de la méthode peuplera uniquement le `DataSet`, sans modifier l'état de la connexion.

Lorsque le `SqlDataAdapter` construit une `DataTable`, il utilise les noms des champs retournés pour nommer chacune de ses `DataColumn`. Pour redéfinir les noms de ces champs, il est possible de créer des objets de type `DataTableMapping` puis de les ajouter à la collection `TableMappings` du `SqlDataAdapter`.

La classe `DataTableMapping` fournit les propriétés `SourceTable` et `DataSetTable` qui permettent de mapper un nom de table en base de données à un nom de `DataTable`. Ce type contient également une collection `ColumnMappings` qu'il convient de remplir avec des objets de type `DataColumnMapping` dont les propriétés `SourceColumn` et `DataSetColumn` permettent respectivement de spécifier le nom du champ en base de données et le nom du champ associé dans la `DataTable`.

Pour appliquer ces informations de mappage, il faut appeler la méthode `Fill` en passant comme second paramètre le nom de la table en base de données.

Le code suivant crée un mappage pour les colonnes *Identifiant* et *DateNaissance* et remplit un objet `DataTable` nommé *DataTableEleve* avec les données de la table *Eleve*. Il affiche ensuite à l'écran le nom des colonnes de la `DataTable`.

```
Dim connexion As New SqlConnection("Server=(LocalDb)\\v11.0;Initial
Catalog=Test;Integrated Security=True")
Dim commande As SqlCommand = connexion.CreateCommand()
commande.CommandText = "SELECT * From Eleve;"

Dim adapteur As New SqlDataAdapter()
adapteur.SelectCommand = commande

Dim mappageTable As New DataTableMapping("Eleve", "DataTableEleve")
mappageTable.ColumnMappings.Add(New
DataColumnMapping("Identifiant", "Id"))
mappageTable.ColumnMappings.Add(New
DataColumnMapping("DateNaissance", "Date"))
adapteur.TableMappings.Add(mappageTable)

Dim ds As New DataSet()
adapteur.Fill(ds, "Eleve")

For Each column As DataColumn In ds.Tables("DataTableEleve").Columns
    Console.WriteLine(column.ColumnName)
Next
```

## Retrouver les contraintes de la base de données dans un DataSet

L'utilisation de la méthode `Fill` récupère des données dans une source de données et les utilise pour remplir un `DataSet`. Mais le comportement par défaut de cette méthode n'inclut aucun transfert des informations de schéma, comme les clés primaires.

Il est intéressant de récupérer les contraintes de clés primaires lorsque les données contenues dans le DataSet doivent être mises à jour à partir de la base de données. Sans ces contraintes, chaque exécution de la méthode Fill ajoutera de nouvelles lignes au DataSet, ce qui peut entraîner la présence de doublons. Dans le cas contraire, si la valeur de la clé primaire d'un enregistrement de base de données est trouvée dans le DataSet, l'enregistrement n'est pas ajouté à ce DataSet : la ligne correspondante est mise à jour avec les données fraîches.

Ce mécanisme de transfert de la structure d'une table est implémenté dans la méthode FillSchema de la classe SqlDataAdapter. Celle-ci doit être appelée avant le premier appel à la méthode Fill.

```
adapteur.FillSchema(ds, SchemaType.Mapped)
adapteur.Fill(ds, "Eleve")
```

### 4.1.3 Remplissage d'un DataSet sans base de données

Si une grande partie des applications utilisent une base de données pour la persistance des informations qu'elles traitent, d'autres utilisent des informations provenant du Web, des fichiers texte, ou génèrent même leurs propres données. Ces applications aussi peuvent utiliser les classes DataSet et DataTable. En revanche, elles ne peuvent pas utiliser le type SqlDataAdapter, ce qui implique que la création de la structure de données est entièrement à la charge du développeur.

Pour créer une table en mémoire, la première opération à réaliser est la création d'un objet DataTable. Son constructeur accepte en paramètre le nom de la table.

```
Dim table As new DataTable("Eleve")
```

Il faut ensuite créer les différentes colonnes de la table en fournissant des objets de type DataColumn à la propriété Columns du DataTable. Le constructeur de la classe DataColumn qui nous intéresse ici accepte deux paramètres : le nom de la colonne et le type de données qu'elle doit stocker.

Pour spécifier ce type, il est intéressant d'utiliser l'opérateur GetType. Celui-ci prend en paramètre un nom de type .NET et renvoie un objet dont le type est System.Type.

```
Dim colonneIdentifiant As New DataColumn("Identifiant", GetType(Integer))
Dim colonneNom As New DataColumn("Nom", GetType(String))
Dim colonnePrenom As New DataColumn("Prenom", GetType(String))
Dim colonneDateNaissance As New DataColumn("DateNaissance",
GetType(DateTime))

table.Columns.Add(colonneIdentifiant)
table.Columns.Add(colonneNom)
table.Columns.Add(colonnePrenom)
table.Columns.Add(colonneDateNaissance)
```

Il peut être utile de préciser que chaque enregistrement doit avoir une valeur différente pour la colonne *Identifiant*. Pour cela, deux solutions sont à disposition du développeur.

Il est possible de valoriser la propriété `Unique` de l'objet `DataColumn` à `true`. Ainsi, à chaque ajout de donnée, une vérification sera effectuée sur la valeur de l'identifiant fourni. S'il existe déjà, une exception est levée.

Cette solution nécessite que le développeur calcule lui-même la valeur d'identifiant pour chaque enregistrement, ce qui apporte plus de souplesse mais aussi plus de complexité.

Une autre solution est de valoriser la propriété `AutoIncrement` de l'objet `DataColumn` à `true`. Ainsi, à chaque ajout de donnée, c'est l'objet `DataTable` qui est responsable du calcul de l'identifiant. Deux informations peuvent être éditées afin de modifier le calcul : la propriété `AutoIncrementSeed`, qui indique la valeur à utiliser pour le premier enregistrement, et la propriété `AutoIncrementValue` qui définit la valeur de l'incrément à utiliser pour le calcul.

Un identifiant devant, par définition, être toujours renseigné, il est également possible d'utiliser la propriété `AllowDBNull` pour indiquer qu'une valeur de cette colonne peut ou ne doit jamais être égale à `DBNull.Value` (l'équivalent .NET de la valeur `NULL` de SQL).

La création de la variable `colonneIdentifiant` ressemble maintenant à ceci :

```
Dim colonneIdentifiant As New DataColumn("Identifiant", GetType(Integer))
colonneIdentifiant.Unique = True
colonneIdentifiant.AutoIncrement = True
'AutoIncrementSeed vaut par défaut 0
'et AutoIncrementValue vaut par défaut 1
colonneIdentifiant.AllowDBNull = False
```

D'un point de vue structurel, il semble logique d'utiliser la colonne *Identifiant* comme clé primaire pour la `DataTable`. La propriété `PrimaryKey` de la classe `DataTable` accepte une valeur de type `DataColumn[]` définissant la liste des colonnes qui composent la clé primaire.

```
Dim pk() = New DataColumn() {colonneIdentifiant}
table.PrimaryKey = pk
```

Certaines propriétés des colonnes concernées sont automatiquement modifiées par cette affectation. Leur propriété `AllowDBNull` est valorisée à `True`, et la propriété `Unique` est également valorisée à `True` dans le cas où un seul champ compose la clé primaire. Dans le cas contraire, la valeur de la propriété n'est pas modifiée.

Une fois cette structure de table créée, il ne reste qu'à insérer des données. Cet ajout est effectué par l'intermédiaire d'objets de type `DataRow`, créés à l'aide de la méthode `NewRow` de la `DataTable`. Cette méthode renvoie une `DataRow` respectant le schéma défini pour la table. Les données de chaque `DataRow` sont stockées dans sa propriété `ItemArray`, de type `Object()`. Il convient d'affecter chacune des données à stocker à l'élément correspondant de ce tableau. Deux possibilités sont offertes pour l'accès à chacun des éléments :

- Accéder à l'index souhaité à travers l'indexeur de la classe `DataRow` :
  `ligne(0) = <valeur>`
- Accéder à l'élément à travers l'indexeur de la classe `DataRow` acceptant un nom de colonne :
  `ligne("<Nom de colonne>") = <valeur>`

Chaque enregistrement doit ensuite être ajouté à la collection `Rows` de l'objet `DataTable`.

Le code ci-dessous utilise les deux types d'accès décrits ci-dessus pour l'assignation des données et ajoute les enregistrements créés dans la table.

```
Dim row1 As DataRow = table.NewRow()
row1(1) = "MARTIN"
row1(2) = "Henry"
row1(3) = #1954-01-25#
table.Rows.Add(row1)

Dim row2 As DataRow = table.NewRow()
row2(1) = "DUPOND"
row2(2) = "Eric"
row2(3) = #1982-05-04#
table.Rows.Add(row2)

Dim row3 As DataRow = table.NewRow()
row3("Nom") = "MARTIN"
row3("Prenom") = "Michel"
row3("DateNaissance") = #2004-05-28#
table.Rows.Add(row3)
```

## 4.2 Manipulation des données hors connexion

Qu'un DataSet ait été rempli à partir d'enregistrements issus de la base de données ou manuellement à partir de données générées par l'application, il est essentiel pour le développeur de pouvoir manipuler son contenu. Pour cela, les classes DataSet et associées disposent de nombreuses propriétés et méthodes facilitant la lecture, l'édition ou le tri des données.

### 4.2.1 Lecture des données

La classe DataTable fournit différentes manières d'accéder aux données qu'elle contient. La plus simple est d'utiliser sa collection Rows. Il est possible de traiter chacun des éléments stockés dans cette collection en utilisant un bloc For Each.

```
For Each row As DataRow In table.Rows
    Console.WriteLine("L'identifiant de l'enregistrement est {0}",
row.ItemArray(0))
Next
```

La lecture de chaque élément de l'enregistrement à partir d'un index peut être une opération délicate, notamment si l'ordre des colonnes de la table est modifié. L'utilisation de la méthode d'accès basée sur le nom de la colonne est donc souvent privilégiée.

```
For Each row As DataRow In table.Rows
    Console.WriteLine("L'identifiant de l'enregistrement est {0}",
row("Identifiant"))
Next
```

Un dernier moyen pour lire les données d'un objet `DataTable` est de créer un `DataTableReader`, qui est un type dérivé de `DbDataReader` et fournit plusieurs méthodes spécialisées pour la lecture de données avec la gestion d'un typage fort. La classe `DataTableReader` est utilisée de la même manière que le type `SqlDataReader` (cf. section Sélection de données).

```
Dim dataTableReader As DataTableReader = table.CreateDataReader()
While dataTableReader.Read()
    Console.WriteLine("L'identifiant de l'enregistrement est {0}",
dataTableReader(0))
End While
```

### 4.2.2 Création de contraintes

Les contraintes sont une part importante de la gestion de données. Il est en effet souvent nécessaire d'appliquer certaines restrictions sur des jeux de données pour maintenir leur cohérence.

Le framework .NET dispose de deux types de contraintes applicables sur des objets `DataTable` : `UniqueConstraint` et `ForeignKeyConstraint`.

#### UniqueConstraint

Cette contrainte force l'unicité des valeurs d'un groupe de `DataColumn` : si la contrainte regroupe trois colonnes, la combinaison de leur trois valeurs sera toujours unique. Le non-respect de cette contrainte entraîne le déclenchement d'une exception de type `System.Data.ConstraintException`.

La création de cette de contrainte s'effectue en instanciant un objet de type `UniqueConstraint` et en lui passant en paramètre une `DataColumn` ou un tableau d'objets `DataColumn`. Il est ensuite nécessaire de l'ajouter à la collection `Constraints` de la `DataTable`.

```
Dim contrainte As New UniqueConstraint("contrainte",
New DataColumn() {colonneNom, colonnePrenom})

table.Constraints.Add(contrainte)
```

**Remarque**

*Lorsque la contrainte doit être définie sur une seule `DataColumn`, il peut être plus simple de valoriser sa propriété Unique à `True` pour obtenir le même résultat.*

### ForeignKeyConstraint

Les `ForeignKeyConstraint` (ou contraintes de clés étrangères) définissent le comportement des tables liées en cas de modification ou de suppression d'une donnée dans la `DataTable` principale. Les propriétés `UpdateRule` et `DeleteRule` de ce type permettent de définir le type d'action à effectuer à l'aide d'une valeur d'énumération du type `System.Data.Rule` :

- `None` : les lignes associées à la donnée éditée ou supprimée ne sont pas affectées.
- `Cascade` : toutes les lignes connexes sont modifiées ou supprimées.
- `SetDefault` : pour chacune des lignes associées, la donnée est remplacée par la valeur par défaut de la colonne (propriété `DefaultValue` de la `DataColumn`).
- `SetNull` : après application de ce comportement, la valeur des données de la colonne impliquée est `NULL` pour chacune des lignes.

La création d'une contrainte de ce type nécessite l'existence de deux tables. Le premier paramètre du constructeur de la classe `ForeignKeyConstraint` correspond au nom de la colonne dans la table principale, tandis que le second est le nom de la colonne associée dans une table liée. Les données stockées dans ces deux colonnes doivent être du même type.

Le code utilisé pour les exemples précédents a été adapté. Il crée maintenant une DataTable supplémentaire nommée *CoursMusique* et ajoute une colonne *FK_Cours* à la table *Eleve* avec les données correspondantes. Une contrainte de clé est ajoutée à cette dernière table afin de référencer correctement l'identifiant d'un cours de musique pour chaque enregistrement de la table. Ici, la table principale est donc *CoursMusique* et la table liée est *Eleve*.

```
'Création de la table CoursMusique
Dim tableCours As New DataTable("CoursMusique")

Dim colonneIdentifiantCours As New DataColumn("IdentifiantCours",
GetType(Integer))
colonneIdentifiantCours.AutoIncrement = True
Dim colonneIntitule As New DataColumn("Intitule", GetType(String))
tableCours.Columns.Add(colonneIdentifiantCours)
tableCours.Columns.Add(colonneIntitule)

tableCours.PrimaryKey = New DataColumn() {colonneIdentifiantCours}

Dim rowCours1 As DataRow = tableCours.NewRow()
rowCours1("Intitule") = "Piano - Débutant"
tableCours.Rows.Add(rowCours1)

Dim rowCours2 As DataRow = tableCours.NewRow()
rowCours2("Intitule") = "Guitare - Débutant"
tableCours.Rows.Add(rowCours2)

Dim rowCours3 As DataRow = tableCours.NewRow()
rowCours3("Intitule") = "Solfege"
tableCours.Rows.Add(rowCours3)
```

```
'Création de la table Eleve
Dim table As New DataTable("Eleve")

Dim colonneIdentifiant As New DataColumn("Identifiant", GetType(Integer))
colonneIdentifiant.AutoIncrement = True
Dim colonneNom As New DataColumn("Nom", GetType(String))
Dim colonnePrenom As New DataColumn("Prenom", GetType(String))
Dim colonneDateNaissance As New DataColumn("DateNaissance",
GetType(DateTime))
Dim colonneFKCours As New DataColumn("FK_Cours", GetType(Integer))

table.Columns.Add(colonneIdentifiant)
table.Columns.Add(colonneNom)
table.Columns.Add(colonnePrenom)
table.Columns.Add(colonneDateNaissance)
```

```
table.Columns.Add(colonneFKCours)
table.PrimaryKey = New DataColumn() {colonneIdentifiant}

'Création de la contrainte ForeignKeyConstraint
Dim contrainteFK As New
ForeignKeyConstraint(colonneIdentifiantCours, colonneFKCours)
contrainteFK.UpdateRule = Rule.Cascade
contrainteFK.DeleteRule = Rule.SetNull
table.Constraints.Add(contrainteFK)

Dim row1 As DataRow = table.NewRow()
row1(1) = "MARTIN"
row1(2) = "Henry"
row1(3) = New DateTime(1954, 01, 25)
row1(4) = tableCours.Rows(2)("IdentifiantCours")
table.Rows.Add(row1)

Dim row2 As DataRow = table.NewRow()
row2(1) = "DUPOND"
row2(2) = "Eric"
row2(3) = New DateTime(1982, 05, 04)
row2(4) = tableCours.Rows(2)("IdentifiantCours")
table.Rows.Add(row2)

Dim row3 As DataRow = table.NewRow()
row3("Nom") = "MARTIN"
row3("Prenom") = "Michel"
row3("DateNaissance") = New DateTime(2004, 05, 28)
row3(4) = tableCours.Rows(1)("IdentifiantCours")
table.Rows.Add(row3) Relations entre DataTables
```

### 4.2.3 Relations entre DataTables

Les relations entre les tables sont un élément important des `DataSet`. Comme les relations de clés étrangères en base de données, elles permettent de naviguer entre les différents objets `DataTable` constituant un stockage de données local. Elles sont très souvent utilisées conjointement avec les contraintes car complémentaires au niveau de l'utilisation.

## Créer une relation

Les relations sont représentées par des objets de la classe `DataRelation`. La création d'une relation est effectuée en passant les objets `DataColumn` parent et enfant au constructeur du type. Il est aussi possible de spécifier le nom de la relation afin d'y faire référence plus aisément. Les différentes relations créées pour un `DataSet` doivent être ajoutées à la collection `Relations` de ce conteneur.

Le code suivant ajoute les `DataTable` *Eleve* et *CoursMusique* à un `DataSet`, puis crée une relation nommée *Relation_Cours_Eleve* entre le champ *IdentifiantCours* de la table *CoursMusique* et le champ *FK_Cours* de la table *Eleve*.

```
Dim ds As New DataSet()
ds.Tables.Add(table)
ds.Tables.Add(tableCours)

ds.Relations.Add("Relation_Cours_Eleve", colonneIdentifiantCours,
colonneFKCours)
```

## Parcourir les relations

L'utilisation des relations dans un `DataSet` permet d'obtenir tous les enregistrements d'une `DataTable` liés à une `DataRow` d'un autre objet `DataTable`. La méthode `GetChildRows` de la classe `DataRow` effectue cette opération et renvoie les enregistrements dans un tableau de `DataRow`. Elle prend en paramètre le nom de la relation à utiliser pour suivre le lien qu'elle représente.

Le code présenté ci-dessous liste les différents cours de musique existant avec les noms des élèves de chacun.

```
For Each ligneCours As DataRow In ds.Tables("CoursMusique").Rows
    Console.WriteLine("Les élèves suivants ont choisi le cours {0}",
ligneCours("Intitule"))

    Dim lignesEleves() As DataRow =
ligneCours.GetChildRows("Relation_Cours_Eleve")

    If lignesEleves.Length > 0 Then
        For Each ligneEleve As DataRow In lignesEleves
```

```
            Console.WriteLine(vbTab & "{0} {1}", ligneEleve("Prenom"),
ligneEleve("Nom"))
        Next
    Else
       Console.WriteLine("----------------- Aucun --------------")
    End If
Next
```

Le résultat de son exécution est le suivant :

```
Les élèves suivants ont choisi le cours Piano - Débutant
------------------ Aucun ------------------
Les élèves suivants ont choisi le cours Guitare - Débutant
        Michel MARTIN
Les élèves suivants ont choisi le cours Solfege
        Henry MARTIN
        Eric DUPOND
```

### 4.2.4 État et versions d'une DataRow

Le type `DataRow` est capable de suivre les modifications apportées à son contenu. Son état est stocké dans sa propriété `RowState`, qui contient une valeur de l'énumération `System.Data.DataRowState`. Les différents états possibles pour une `DataRow` sont au nombre de cinq :

- `Detached` : la ligne n'est pas associée à une `DataTable`.
- `Unchanged` : la ligne n'a pas été modifiée depuis l'appel de la méthode `Fill` ou le dernier appel à sa méthode `AcceptChanges`.
- `Added` : la ligne a été ajoutée à la collection d'enregistrements d'une `DataTable` mais aucun appel à sa méthode `AcceptChanges` n'a encore été effectué.
- `Deleted` : l'objet `DataRow` a été supprimé de la table à laquelle elle était associée à l'aide de sa méthode `Delete`.
- `Modified` : au moins une donnée de l'enregistrement a été modifiée et sa méthode `AcceptChanges` n'a pas encore été appelée.

Il est aussi possible d'accéder aux différentes versions d'une ligne à l'aide des quatre valeurs de l'énumération `DataRowVersion`.

- `Original` : version originale de la ligne. Lorsque des modifications sont validées à l'aide de la méthode `AcceptChanges`, la version `Original` est modifiée pour refléter l'état après l'appel de cette méthode. Cette version n'existe pas quand l'état de l'enregistrement est `Added`.
- `Current` : état actuel de la ligne. Lorsque l'enregistrement est à l'état `Deleted`, cette version n'existe plus.
- `Proposed` : lorsque la ligne est en cours de modification, cette version contient les données modifiées mais non validées. À la fin de l'édition, la valeur de cette version est affectée à la version `Current`. Les enregistrements qui ne sont pas attachés à une `DataTable` (état `Detached`) possèdent aussi une version `Proposed`.
- `Default` : état par défaut d'une ligne. Lorsque l'état de l'enregistrement est `Added`, `Modified` ou `Deleted`, cette version est équivalente à la version `Current`. Si l'état est `Detached`, elle équivaut à la version `Proposed`.

L'accès à une donnée d'une version spécifique est effectué à partir de l'indexeur implémenté dans la classe `DataRow`. En plus de l'index ou du nom de la colonne, il est possible de spécifier la version de la donnée à manipuler.

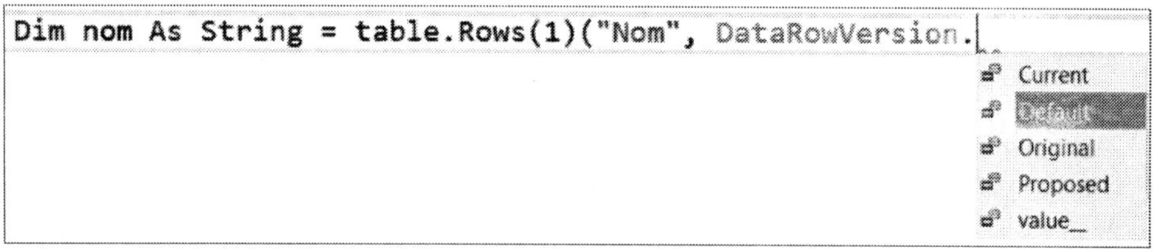


La méthode `HasVersion` de la classe `DataRow` permet de savoir si un enregistrement possède un type de version précis. Elle accepte comme paramètre la valeur d'énumération identifiant la version à rechercher et renvoie un booléen. Son utilisation permet d'éviter l'accès à une version de l'enregistrement qui n'existe pas.

```
If table.Rows(1).HasVersion(DataRowVersion.Original) Then
    Dim nomEleve As String = table.Rows(1)("Nom", DataRowVersion.Original)
    'Suite du traitement
End If
```

### 4.2.5 Modification de données

La modification des données d'un enregistrement est effectuée en affectant des valeurs à ses différents champs. Chaque modification est enregistrée dans la version `Current` de la ligne, et son état est passé à `Modified`. Lorsque plusieurs modifications doivent être apportées, des problèmes de cohérence peuvent apparaître. L'édition d'une colonne faisant partie d'une contrainte d'unicité peut entraîner un doublon temporaire, et une exception est déclenchée alors même que la modification est maîtrisée. Ce type de problème peut être évité en passant la ligne en cours de modification en mode édition.

Cette action est effectuée en appelant la méthode `BeginEdit` de l'objet `DataRow`, ce qui désactive temporairement les vérifications de contraintes sur les valeurs qu'elle contient. Toutes les modifications effectuées dans ce mode sont stockées dans la version `Proposed` de la `DataRow`. Une fois la manipulation des données de l'enregistrement terminée, la validation des modifications est faite avec un appel à `EndEdit`. Il est aussi tout à fait possible d'annuler les changements effectués en utilisant la méthode `CancelEdit`.

Ci-dessous, un exemple de code remplaçant l'identifiant d'une ligne par l'identifiant d'une autre ligne. L'exception n'est pas levée à l'affectation mais à l'appel de la méthode `EndEdit` : la contrainte d'unicité de la clé primaire est désactivée pendant l'édition.

```
Dim ligneAEditer As DataRow = table.Rows(1)
ligneAEditer.BeginEdit()

'Sans le mode édition, la ligne suivante déclenche une exception
ligneAEditer("Identifiant") = table.Rows(2)("Identifiant")

'mais en mode édition, l'exception est déclenchée à l'appel de EndEdit()
ligneAEditer.EndEdit()
```

Le code suivant modifie un nom et valide la modification.

```
Dim ligneAEditer As DataRow = table.Rows(2)
Console.WriteLine("Le nom de l'élève est {0}",
ligneAEditer("Nom"))

ligneAEditer.BeginEdit()
ligneAEditer("Nom") = "MARTINS"
ligneAEditer.EndEdit()
```

```
Console.WriteLine("Le nom de l'élève est maintenant {0}",
ligneAEditer("Nom"))
```

L'exécution de ce dernier exemple produit le résultat suivant :

```
Le nom de l'élève est MARTIN
Le nom de l'élève est maintenant MARTINS
```

### 4.2.6 Suppression de données

Il existe deux solutions pour qu'une ligne n'existe plus dans une `DataTable`. Elles ont un comportement légèrement différent l'une de l'autre.

La suppression pure et simple d'un enregistrement est effectuée à l'aide de la méthode `Remove` de la classe `DataRowCollection`. Elle prend en paramètre l'objet `DataRow` à supprimer.

Le code suivant montre comment supprimer la première ligne d'une `DataTable` en utilisant cette méthode.

```
table.Rows.Remove(table.Rows(0))
```

La seconde solution est moins radicale : elle marque un enregistrement comme supprimé mais ne l'efface pas tant que les modifications ne sont pas validées au niveau de l'objet `DataTable`. Si les modifications sont annulées, la ligne reste dans la `DataTable` et reprend son état précédent. Pour exécuter cette action, il faut utiliser la méthode `Delete` de l'objet `DataRow` que l'on souhaite éliminer.

```
table.Rows(0).Delete()
```

**Remarque**

*L'utilisation de la méthode `Delete` sur un enregistrement dans l'état `Added` supprime définitivement l'enregistrement, puisqu'il n'a pas de version d'origine.*

### 4.2.7 Valider ou annuler des modifications

La validation de modifications avec la méthode `EndEdit` des `DataRow` effectue une validation réversible : il est toujours possible de revenir à la version précédente à l'aide des différentes versions de chacune des lignes.

La méthode `AcceptChanges` permet de valider définitivement les modifications locales d'une `DataRow`, d'une `DataTable` ou d'un `DataSet`. Cette méthode est effectivement implémentée par chacun de ces types, ce qui permet une certaine flexibilité.

Son fonctionnement est le suivant :

- Elle appelle la méthode `EndEdit` de chacune des lignes en mode édition dans sa portée.
- Pour chaque ligne dans l'état `Added` ou `Modified`, elle recopie les valeurs de la version `Current` vers la version `Original`. L'état de ces lignes devient alors `Unchanged`.
- Chaque enregistrement dont l'état est `Deleted` est supprimé définitivement.

La méthode `RejectChanges`, quant à elle, annule définitivement chacune des modifications locales effectuées. Comme la méthode `AcceptChanges`, elle est implémentée au niveau des objets `DataRow`, `DataTable` et `DataSet`. Elle traite les enregistrements d'une manière exactement opposée à la méthode `AcceptChanges` :

- Elle exécute la méthode `CancelEdit` de chacune des lignes dans sa portée.
- Elle modifie chacune des lignes à l'état `Deleted` ou `Modified` de telle sorte qu'elles reviennent à l'état `Unchanged` et que les données de leurs version `Original` et `Current` soient identiques.
- Les enregistrements à l'état `Added` sont supprimés définitivement.

**Remarque**

*Il est à noter que les `ForeignKeyConstraint` possèdent une propriété `AcceptRejectRule` permettant de répercuter les modifications à leurs lignes enfants lorsque les méthodes `AcceptChanges` ou `RejectChanges` sont appelées.*

### 4.2.8 Filtrage et tri à l'aide d'une DataView

Il est possible de modifier la manière dont les informations d'une `DataTable` sont vues sans pour autant modifier les enregistrements sous-jacents. Pour cela, d'un point de vue orienté base de données, on utilise des vues.

Celles-ci ont aussi un équivalent .NET : les `DataView`. Elles permettent de filtrer ou trier les éléments d'une `DataTable` sans avoir besoin de recourir à l'envoi de requêtes SQL contenant des clauses `WHERE` ou `ORDER BY` vers la base de données. Le traitement permettant de créer ces vues est en effet entièrement local et se base sur un objet `DataTable` contenant des données. Plusieurs `DataView` peuvent exister pour le même objet `DataTable`, chacune correspondant à un point de vue différent sur les données.

La source de données locale de type `DataTable` peut être passée en paramètre au constructeur de la classe `DataView` ou affectée à sa propriété `Table`. Les propriétés `RowFilter` et `RowStateFilter` de la vue filtrent les enregistrements en fonction de prédicats ou de leur état. La propriété `Sort` permet quant à elle de préciser les champs selon lesquels les enregistrements doivent être ordonnés.

**Remarque**

*Les enregistrements présents dans une `DataView` sont présentés sous la forme d'objets de type `DataRowView`.*

## RowFilter

Le filtre est défini par une chaîne de caractères indiquant le prédicat qui doit être respecté pour que les lignes soient disponibles dans la `DataView`. La syntaxe générale de cette chaîne de caractères est similaire à celui de la clause `WHERE` d'une requête SQL et elle peut être la combinaison de plusieurs conditions réalisée à l'aide des mots-clés `AND` et `OR`.

Pour obtenir la liste des élèves dont le nom est Martin, on peut utiliser le code ci-dessous.

```
Dim vueFiltree As New DataView(table)
vueFiltree.RowFilter = "Nom = 'MARTIN'"

For Each ligne As DataRowView In vueFiltree
    Console.WriteLine("{0} {1}", ligne("Nom"), ligne("Prenom"))
Next
```

## RowStateFilter

Par l'intermédiaire de cette propriété, il est possible de préciser l'état attendu des enregistrements filtrés ainsi que la version qui doit être visible dans la `DataView`.

Cette propriété est une valeur du type d'énumération `DataViewRowState`. Les valeurs que ce type expose sont décrites ci-dessous.

- `None` : aucune ligne.
- `Unchanged` : lignes non modifiées.
- `Added` : lignes ajoutées.
- `Deleted` : lignes marquées comme supprimées.
- `ModifiedCurrent` : lignées modifiées, versions actuelles des données.
- `CurrentRows` : lignes de la version actuelle (non modifiées, nouvelles et modifiées). C'est l'équivalent de la combinaison des valeurs `Unchanged`, `Added` et `ModifiedCurrent`.
- `ModifiedOriginal` : version d'origine des lignes qui ont été modifiées.
- `OriginalRows` : version d'origine des lignes qui n'ont pas été ajoutées. C'est l'équivalent de la combinaison des valeurs `ModifiedOriginal`, `Deleted` et `Unchanged`.

```
Dim vueFiltreeParEtat As New DataView(table)
vueFiltreeParEtat.RowStateFilter = DataViewRowState.Deleted

Console.WriteLine("Les élèves supprimés sont :")
For Each ligne As DataRowView In vueFiltreeParEtat
    Console.WriteLine("\t{0} {1}", ligne("Nom"), ligne("Prenom"))
Next
```

L'énumération `DataViewRowState` possède l'attribut `Flags`, ce qui signifie qu'il est possible de combiner plusieurs de ses valeurs pour en former une nouvelle. La valeur qui résulte de cette combinaison permet ainsi d'élargir les critères de recherche et ainsi obtenir plus de résultats.

On effectue cette opération en utilisant l'opérateur **OU logique** représenté par le mot-clé `Or`.

```
vueFiltreeParEtat.RowStateFilter = DataViewRowState.Deleted Or
DataViewRowState.Added
```

La combinaison ci-dessus permet de visualiser dans la `DataView` les lignes dont l'état est `Deleted` ou `Added`.

#### Sort

Comme pour le filtrage, le tri requiert la valorisation d'une propriété (`Sort`) avec une chaîne de caractères. Cette dernière est similaire à la clause `ORDER BY` d'une requête SQL. Il est ainsi possible de trier les différents élèves par ordre alphabétique de la manière suivante :

```
Dim vueTriee As New DataView(table)
vueTriee.Sort = "Nom ASC, Prenom ASC"

For Each ligne As DataRowView In vueTriee
    Console.WriteLine("{0} {1}", ligne("Nom"), ligne("Prenom"))
Next
```

### 4.2.9 Recherche de données

La recherche dans un jeu de données est facilitée par plusieurs méthodes implémentées dans les classes `DataTable` et `DataView`. Ces méthodes correspondent à deux modes de recherche distinctes : par prédicat ou par clés.

#### Recherche par prédicat

Ce type de recherche correspond à l'exécution d'une requête `SELECT` dans une base de données. La méthode dans laquelle il est implémenté est d'ailleurs nommée `Select` et est définie dans le type `DataTable`. Elle peut prendre comme paramètres jusqu'à deux chaînes de caractères et une valeur d'énumération `DataViewRowState` représentant respectivement un filtre sur les enregistrements, une clause de tri et l'état des lignes attendues. Ces différents paramètres reprennent la même forme que pour les propriétés `RowFilter`, et `RowStateFilter` et `Sort` du type `DataView`.

Cette opération de recherche renvoie un tableau d'objets `DataRow` contenant tous les enregistrements correspondants aux critères définis par l'appel.

```
Dim lesMartin() As DataRow = table.Select("Nom = 'Martin'", "Prenom ASC")
Console.WriteLine("Les élèves dont le nom est MARTIN sont :")
For Each ligne As DataRow In lesMartin
    Console.WriteLine("\t{0} {1}", ligne("Nom"), ligne("Prenom"))
Next
```

## Recherche par clé

Ce type de recherche permet de récupérer un ou plusieurs éléments dans une `DataView` triée à l'aide des méthodes `Find` et `FindRows`. Il est nécessaire que les enregistrements soient ordonnés car la recherche est effectuée sur la totalité des champs spécifiés dans la propriété `Sort` de la `DataView`. Chacun des critères fournis à l'appel de méthode correspond à la colonne triée positionnée au même index.

Pour éclaircir ce dernier point, considérons que le tri est le suivant : *"Nom ASC, Prenom ASC"*. L'appel aux méthodes de recherche doit fournir une valeur pour le nom et une seconde pour le prénom, dans cet ordre.

La méthode `Find` renvoie une valeur numérique qui est l'index de la première ligne correspondant aux critères de recherche. Si aucun enregistrement n'est trouvé, la valeur de retour est *-1*.

```
Dim vueTrieeParNom As New DataView(table)
vueTrieeParNom.Sort = "Nom ASC"

Dim Index As Integer = vueTrieeParNom.Find(New String() {"DURAND"})
If Index = -1 Then
    Console.WriteLine("Aucun élève n'a comme nom DURAND")
Else
    Dim ligne As DataRowView = vueTrieeParNom(Index)
    Console.WriteLine("Le premier élève donc le nom est DURAND
est {0} {1}", ligne("Prenom"), ligne("Nom"))
End If
```

La méthode `FindRows` renvoie quant à elle un tableau d'objets `DataRowView`.

```
Dim vueTrieeParNomPrenom As New DataView(table)
vueTrieeParNomPrenom.Sort = "Nom ASC, Prenom ASC"

Dim lignes() As DataRowView = vueTrieeParNomPrenom.FindRows(New
String() {"MARTIN", "Michel"})
If lignes.Length = 0 Then
```

```
    Console.WriteLine("Aucun élève ne s'appelle Michel MARTIN")
Else
    Console.WriteLine("Il y a {0} élève(s) dont le nom est Michel
MARTIN", lignes.Length)
End If
```

## 4.3 Valider les modifications au niveau de la base de données

Jusqu'à présent, toutes les modifications validées ne l'étaient que de manière locale, au niveau des DataRow, DataTable ou DataSet. Mais lorsque les données de ces éléments proviennent d'une base de données, il est possible de transférer les modifications effectuées localement vers la base de données de manière automatique. Pour cela, il faut faire appel à l'objet SqlDataAdapter qui a été utilisé pour remplir le DataSet avec les enregistrements en provenance de la base de données.

La méthode Update de ce SqlDataAdapter a pour mission de valider les données qui lui sont soumises en exécutant des requêtes SQL d'ajout, de mise à jour ou de suppression définies respectivement par les propriétés InsertCommand, UpdateCommand et DeleteCommand. Ces commandes sont exécutées en fonction de l'état des enregistrements à valider. Si la méthode Update a besoin d'une de ces commandes alors que celle-ci n'a pas été valorisée, une exception est déclenchée.

La validation des modifications apportées sur un jeu d'enregistrements peut être effectuée sur l'ensemble d'un DataSet, sur une DataTable ou sur un nombre restreint de lignes.

Le code suivant crée un DataSet et le remplit à partir d'une base de données. Après les modifications de données, il exécute la méthode Update du SqlDataAdapter afin de valider en base l'ensemble des modifications.

```
Dim connexion As New
SqlConnection("Server=(LocalDb)\\v11.0;Initial
Catalog=Test;Integrated Security=True")
Dim commande As SqlCommand = connexion.CreateCommand()
commande.CommandText = "SELECT * From Eleve;"

Dim adapteur As New SqlDataAdapter()
adapteur.SelectCommand = commande
```

```
Dim ds As New DataSet()
adapteur.Fill(ds)

'Placez ici toutes les modifications d'enregistrements

adapteur.Update(ds)
```

En l'état, ce code est parfaitement valide mais génère une exception car les propriétés `InsertCommand`, `UpdateCommand` et `DeleteCommand` ne sont pas valorisées.

### 4.3.1 Générer des commandes de mise à jour automatiquement

La classe `SqlCommandBuilder` est conçue pour générer les requêtes `INSERT`, `UPDATE` et `DELETE` d'un `SqlDataAdapter` à partir de la valorisation de sa propriété `SelectCommand`. Il est donc nécessaire que cette propriété soit valorisée. Pour que le `SqlCommandBuilder` puisse générer des commandes, deux autres restrictions doivent être suivies : les objets `DataTable` concernés par la mise à jour doivent **tous avoir une clé primaire**, et leurs données ne doivent pas être issues d'une jointure entre plusieurs tables de base de données. Si ces conditions ne sont pas respectées, une exception est levée lors de la génération des commandes.

Lors de l'exécution de la méthode `Update`, les valeurs présentes en base de données doivent correspondre à la version `Original` stockée dans le `DataSet`. Si ce n'est pas le cas, une exception de type `DBConcurrencyException` est levée.

**Remarque**

*Nous verrons comment éviter ce type d'exceptions à la section Gestion des accès concurrentiels de ce même chapitre.*

Pour utiliser le type `SqlCommandBuilder`, il suffit de l'instancier en passant comme paramètre un `SqlDataAdapter` à partir duquel les commandes seront générées. Pour visualiser la requête encapsulée dans une de ces commandes, il faut utiliser les méthodes `GetInsertCommand`, `GetUpdateCommand` ou `GetDeleteCommand`. Celles-ci renvoient toutes un objet `DbCommand` dont la propriété `CommandText` représente la requête SQL associée.

Cet exemple reprend le code précédent et ajoute les instructions nécessaires à la génération et l'affichage de commandes pour la variable adapteur.

```
Dim connexion As New SqlConnection("Server=(LocalDb)\\v11.0;
Initial Catalog=Test;Integrated Security=True")
Dim commande As SqlCommand = connexion.CreateCommand()
commande.CommandText = "SELECT * From Eleve;"

Dim adapteur As New SqlDataAdapter()
adapteur.SelectCommand = commande

Dim ds As New DataSet()
adapteur.Fill(ds)

'Placez ici toutes les modifications d'enregistrements

'Création du SqlCommandBuilder et association au SqlDataAdapter
Dim commandBuilder As New SqlCommandBuilder(adapteur)

Dim requeteInsert As String =
commandBuilder.GetInsertCommand().CommandText
Dim requeteUpdate As String =
commandBuilder.GetUpdateCommand().CommandText
Dim requeteDelete As String =
commandBuilder.GetDeleteCommand().CommandText

Console.WriteLine("Requête INSERT :")
Console.WriteLine(requeteInsert)
Console.WriteLine()
Console.WriteLine("Requête UPDATE :")
Console.WriteLine(requeteUpdate)
Console.WriteLine()
Console.WriteLine("Requête DELETE :")
Console.WriteLine(requeteDelete)

adapteur.Update(ds)
```

Cet exemple produit l'affichage suivant :

```
Requête INSERT :
INSERT INTO [Eleve] ([Nom], [Prenom], [DateNaissance]) VALUES
(@p1, @p2, @p3)

Requête UPDATE :
```

```
UPDATE [Eleve] SET [Nom] = @p1, [Prenom] = @p2, [DateNaissance] =
@p3 WHERE (([Identifiant] = @p4) AND ([Nom] = @p5) AND
([Prenom] = @p6) AND ((@p7 = 1 AND [DateNaissance] IS NULL) OR
([DateNaissance] = @p8)))

Requête DELETE :
DELETE FROM [Eleve] WHERE (([Identifiant] = @p1) AND ([Nom] =
@p2) AND ([Prenom] = @p3) AND ((@p4 = 1 AND [DateNaissance] IS
NULL) OR ([DateNaissance] = @p5)))
```

L'objet `SqlCommandBuilder` ne génère une commande que si sa valeur est `Nothing`. En d'autres termes, si une commande d'insertion, de mise à jour ou de suppression est valorisée manuellement, elle ne sera pas écrasée par une commande générée.

### 4.3.2 Commandes de mise à jour personnalisées

La génération de commande ne convient pas à tous les cas d'utilisation. Il est en effet très courant, notamment dans les applications d'entreprises, de marquer certains enregistrements comme supprimés au lieu de les supprimer définitivement, ou d'enregistrer certaines informations dans une table d'historisation à chaque modification de base de données. Une solution pour cela est de définir des commandes personnalisées permettant d'exécuter des requêtes SQL adaptées aux besoins.

Pour effectuer cette action, il suffit de créer une commande et de l'affecter à la propriété correspondante de l'objet `SqlDataAdapter`.

### 4.3.3 Gestion des accès concurrentiels

Les applications sont de plus en plus souvent multiutilisateurs, ce qui implique de plus en plus d'accès concurrentiels. Deux optiques peuvent être utilisées pour gérer les conflits qui en découlent : le verrouillage pessimiste et le verrouillage optimiste.

Le verrouillage pessimiste est le plus contraignant pour les utilisateurs. Son mode de fonctionnement est simple : lorsqu'un enregistrement est manipulé par un utilisateur, il est verrouillé et ne peut alors pas être modifié par un autre utilisateur. Ce verrou n'est débloqué que lorsque l'utilisateur travaillant sur les données a validé ses modifications. Ce mode de fonctionnement a donc pour objectif d'empêcher tout conflit.

Quant au verrouillage optimiste, ce n'est en fait pas vraiment un verrouillage. Il correspond à une approche visant à la résolution des conflits plutôt qu'à leur évitement. Les utilisateurs sont donc libres d'éditer les données simultanément. A la validation effective des mises à jour, une comparaison est effectuée avec les données correspondantes en base de données. Si la version `Original` des données locales est différente des données en base, alors un autre utilisateur a pu modifier ces données et on se trouve donc dans un cas de conflit. Cette approche est utilisée dans les commandes de mise à jour et de suppression générée automatiquement par le `SqlCommandBuilder`.

Trois solutions sont disponibles pour gérer les mises à jour conflictuelles :

- abandonner la mise à jour,
- écraser les données en base avec les données plus récentes,
- demander l'avis de l'utilisateur.

La première solution est celle qui est utilisée par l'objet `SqlDataAdapter`. L'exécution de la requête de mise à jour renvoie un entier indiquant le nombre d'enregistrements modifiés. Si cette valeur est à 0 lorsqu'une ligne modifiée est en cours de validation, l'objet `SqlDataAdapter` sait qu'aucune ligne correspondant aux critères définis par la requête n'a été trouvée. Par défaut, une exception est levée dans ce cas. Ce comportement peut être modifié en affectant la valeur `True` à la propriété `ContinueUpdateOnError` du `SqlDataAdapter`.

Il est possible de contrôler plus finement le comportement de l'application en cas de conflit en utilisant l'événement `RowUpdated` de la classe `SqlDataAdapter`. Cet événement, déclenché juste après chaque exécution d'une requête de mise à jour, fournit les éléments nécessaires à l'analyse du résultat de la mise à jour et au contrôle de l'exécution des mises à jour suivantes.

Le délégué définissant la signature du gestionnaire de l'événement `RowUpdated` est le suivant :

```
Public Delegate Sub SqlRowUpdatedEventHandler(sender As Object,
e As SqlRowUpdatedEventArgs)
```

L'objet de type SqlRowUpdatedEventArgs passé en paramètre au gestionnaire d'événements possède une propriété Row permettant de connaître la ligne qui vient d'être traitée ainsi que les deux propriétés Command et StatementType contenant respectivement la commande SQL exécutée et une valeur d'énumération représentant le type de requête envoyée vers la base de données.

D'autres propriétés de cet objet fournissent une représentation du résultat de l'exécution de la commande. C'est le cas des propriétés RowCount et RecordsAffected qui contiennent respectivement le nombre de lignes devant être mises à jour et le nombre d'enregistrements réellement affectés. La propriété Errors contient l'exception potentiellement déclenchée lors de l'exécution de la commande.

Enfin, la propriété UpdateStatus permet de connaître le comportement qui va être adopté par l'application après le traitement de l'enregistrement en cours, mais elle donne aussi la possibilité au développeur de modifier ce chemin d'exécution, notamment en cas d'erreur. Les valeurs disponibles pour cette propriété sont les suivantes :

- Continue : l'exécution continue en l'état.
- ErrorsOccured : des erreurs se sont produites, il est nécessaire de les traiter.
- SkipCurrentRow : la mise à jour de la ligne en cours est abandonnée, mais l'exécution peut être poursuivie pour les autres enregistrements.
- SkipAllRemainingRows : la ligne en cours de traitement et tous les enregistrements qui la suivent ne doivent pas être mis à jour.

Le code ci-dessous définit un gestionnaire d'événements affichant l'identifiant des enregistrements dont la mise à jour n'a pu être exécutée.

```
Sub adapteur_RowUpdated(sender As Object, e As SqlRowUpdatedEventArgs)
    If args.RecordsAffected = 0
        Console.WriteLine("La ligne dont l'identifiant est {0}
n'a pas été mise à jour.", args.Row("Identifiant"))
        args.Status = UpdateStatus.SkipCurrentRow
    End If
End Sub
```

## 5. Utiliser les transactions

Une transaction est un élément utilisé dans une base de données afin de définir qu'un ensemble d'opérations doit être exécuté de manière atomique. Le groupe de requête est considéré comme indivisible, de telle sorte que si l'une d'elles échoue, la totalité est annulée et la base retrouve l'état qu'elle avait avant le début de la transaction. Cette opération d'annulation est souvent nommée **Rollback**, tandis que l'opération de validation finale résultant de l'exécution correcte de chacune des requêtes est appelée **Commit**.

Les transactions sont donc très souvent utilisées lorsque plusieurs requêtes de modification de données doivent être effectuées mais que l'échec de l'une d'elles entraîne une incohérence des données. Un exemple pourrait être la gestion des réservations dans un avion ou un train. Lorsque toutes les places sont réservées, les compagnies aériennes maintiennent une liste d'attente pour pouvoir revendre aisément une place pour laquelle un passager annule sa réservation. Au moment de l'annulation, on se retrouve donc avec deux actions à effectuer :

- Annulation de la réservation du passager A sur le vol 1234, siège 45.
- Création de la réservation pour le client B, premier sur la liste d'attente, sur le vol 1234, siège 45.

Si la première opération échoue mais que la seconde se passe correctement, l'état des réservations sur ce vol devient incohérent. En effet, deux passagers auront une réservation valide pour le même vol et le même siège, tandis que tous les autres sièges seront occupés, ce qui posera probablement quelques soucis aux passagers et à la compagnie aérienne.

Avec ADO.NET, une transaction est utilisée au niveau de la connexion par laquelle transitent les commandes que l'on souhaite grouper. L'appel de la méthode `BeginTransaction` d'un objet `SqlConnection` renvoie un objet de type `SqlTransaction` qui encapsule l'utilisation des transactions en base de données. Cette transaction peut ensuite être fournie aux commandes par l'intermédiaire de leur propriété `Transaction`. En cas d'erreur lors de l'exécution d'une des requêtes, il faut appeler la méthode `Rollback` de l'objet `SqlTransaction`. Lorsque toutes les requêtes ont été exécutées avec succès, la méthode `Commit` de l'objet `SqlTransaction` valide définitivement les modifications apportées à la base de données.

```
Private Sub UtilisationTransaction()

    Dim connexion As New SqlConnection("Server=(LocalDb)\\v11.0;Initial
Catalog=ReservationsAvion;Integrated Security=True")

    Dim transaction As SqlTransaction = connexion.BeginTransaction()

    Try

        Dim commandeAnnulation As SqlCommand = connexion.CreateCommand()
        commandeAnnulation.CommandText = "DELETE FROM RESERVATION WHERE
NumeroVol=1234 AND NumeroSiege=45"
        commandeAnnulation.Transaction = transaction

        Dim commandeReservation As SqlCommand = connexion.CreateCommand()
        commandeAnnulation.CommandText = "INSERT INTO RESERVATION
(NumeroVol, NumeroSiege, IdentifiantClient) VALUES (1234, 45, 4765169)"
        commandeReservation.Transaction = transaction

        commandeAnnulation.ExecuteNonQuery()
        commandeReservation.ExecuteNonQuery()

        transaction.Commit()

    Catch ex As Exception
        transaction.Rollback()
    End Try

    connexion.Close()
End Sub
```

Ce code peut également être réécrit de la manière suivante en utilisant une structure `Using`.

```
Private Sub UtilisationTransaction()

    Dim chaine As String = "Server=(LocalDb)\\v11.0;Initial
Catalog=ReservationsAvion;Integrated Security=True"

    Using connexion As New SqlConnection(),
          transaction As SqlTransaction = connexion.BeginTransaction()

        Dim commandeAnnulation As SqlCommand = connexion.CreateCommand()
        commandeAnnulation.CommandText = "DELETE FROM RESERVATION WHERE
NumeroVol=1234 AND NumeroSiege=45"
        commandeAnnulation.Transaction = transaction

        Dim commandeReservation As SqlCommand = connexion.CreateCommand()
```

```
        commandeAnnulation.CommandText = "INSERT INTO RESERVATION
(NumeroVol, NumeroSiege, IdentifiantClient) VALUES (1234, 45, 4765169)"
        commandeReservation.Transaction = transaction

        commandeAnnulation.ExecuteNonQuery()
        commandeReservation.ExecuteNonQuery()

        transaction.Commit()

    End Using
End Sub
```

En cas d'erreur, l'instruction `Rollback` est appelée par la méthode `Dispose` de l'objet `SqlTransaction`. Celle-ci est appelée implicitement par la structure `using`.

# Chapitre 9
# LINQ

## 1. Présentation de LINQ

LINQ (*Language Integrated Query*) est constitué d'un ensemble de fonctionnalités introduit dans le framework .NET à partir de sa version 3.5. Cette brique est constituée, d'une part, d'une bibliothèque de classes fournissant des capacités de requêtage et, d'autre part, d'un jeu d'extensions pour le langage Visual Basic permettant l'utilisation de mots-clés spécifiques pour l'écriture de requêtes avec une syntaxe proche de celle de SQL. Cette intégration entraîne un effet appréciable : la validité d'une requête est vérifiée pendant l'étape de compilation.

L'extension du langage est en fait un sucre syntaxique qui vise à simplifier l'écriture des requêtes, mais les expressions utilisant la syntaxe LINQ sont traduites par le compilateur en appels de méthodes conventionnels. On peut en déduire que toute requête LINQ peut être réécrite avec des appels de méthodes. L'inverse n'est pas vrai, certaines méthodes n'ayant pas d'équivalent dans la syntaxe LINQ. Il n'existe notamment aucun mot-clé traduisant la méthode `FirstOrDefault` dans l'extension LINQ de VB.NET.

L'existence de ces deux types de syntaxe a pour avantage de laisser au développeur le choix d'utiliser celle avec laquelle il se sent le plus à l'aise. Certains préfèrent en effet écrire des requêtes de manière fluide en n'utilisant que des mots-clés du langage, d'autres, dont votre serviteur, ont plus d'affinités avec l'utilisation de fonctions et de procédures.

LINQ est capable de travailler sur différentes sources de données allant de la collection locale d'objets jusqu'aux bases de données SQL Server en passant par les fichiers XML ou n'importe quelle autre source pour laquelle existe un fournisseur LINQ. L'intégralité de ces sources de données peut être interrogée à l'aide des mêmes requêtes LINQ grâce au travail effectué par les fournisseurs de données. Un fournisseur LINQ transforme les données de la source qui lui correspond en objets .NET et inversement. Ainsi, les requêtes LINQ ne travaillent que sur des objets .NET fortement typés, la communication avec les sources de données étant sous la responsabilité des fournisseurs.

La structure de LINQ permettant de l'étendre, différentes implémentations tierces de fournisseurs existent aujourd'hui pour de nombreuses sources de données : fichiers CSV, annuaires LDAP ou encore les bases de données Firebird ou SQLite.

## 2. Syntaxe

Avant de détailler les différents éléments de LINQ qui peuvent être utilisés pour écrire des requêtes, nous allons étudier un premier exemple qui vous permettra de mieux comprendre ce qu'est LINQ et comment l'utiliser.

Les données sur lesquelles nous travaillerons tout au long de cette étude syntaxique de LINQ sont issues de la base de données Northwind de Microsoft. Une partie de son contenu a été extraite dans trois fichiers au format texte qui seront chargés en mémoire afin de former trois collections d'objets. Cette étape de chargement est effectuée par le code ci-dessous, que vous adapterez de manière à pointer sur le répertoire contenant les fichiers. Les fichiers de données sont disponibles en téléchargement sur le site de l'éditeur.

```
Imports System.IO

Class Client
    Public Property Identifiant As String
    Public Property Nom As String
    Public Property Adresse As String
    Public Property Ville As String
    Public Property Pays As String

    Public Property ProduitsCommandes As List(Of ProduitCommande)
End Class
```

```
Class ProduitCommande
    Public Property NumeroCommande As Integer

    'Référence du Client associé à la commande
    Public Property IdentifiantClient As String
    'Référence du Commercial associé à la commande
    Public Property IdentifiantCommercial As Integer

    Public Property DateCommande As DateTime
    Public Property NomProduit As String
    Public Property PrixUnitaire As Decimal
    Public Property Quantite As Integer
End Class

Class Commercial
    Public Property Identifiant As Integer
    Public Property Nom As String
    Public Property Prenom As String
End Class

Module Program

    'Cette variable doit être modifiée pour pointer
    'sur le répertoire contenant les fichiers de données
    Private Const dossierDonnees As String = "C:\DATA\Exemples\"

    Sub Main()

        Console.WriteLine("Chargement des clients en mémoire")

        Dim clients As New List(Of Client)
        Dim produitsCommandes As New List(Of ProduitCommande)
        Dim commerciaux As New List(Of Commercial)

        'Lecture des enregistrements de ProduitsCommandes.txt
        Dim lignesProduitsCommandes As String() =
File.ReadAllLines(dossierDonnees + "ProduitsCommandes.txt")
        For Each ligne As String In lignesProduitsCommandes

            Dim produit As New ProduitCommande()
            Dim valeurs As String() = ligne.Split(vbTab)

            produit.NumeroCommande = CInt(valeurs(0))
            produit.IdentifiantClient = valeurs(1)
            produit.IdentifiantCommercial = CInt(valeurs(2))
```

```
            produit.DateCommande = CDate(valeurs(3))
            produit.NomProduit = valeurs(4)
            produit.PrixUnitaire = CDec(valeurs(5))
            produit.Quantite = CInt(valeurs(6))

            produitsCommandes.Add(produit)
        Next

        'Lecture des enregistrements de Clients.txt
        Dim lignesClients As String() =
File.ReadAllLines(dossierDonnees + "Clients.txt")
        For Each ligne As String In lignesClients

            Dim cli As New Client()
            Dim valeurs As String() = ligne.Split(vbTab)

            cli.Identifiant = valeurs(0)
            cli.Nom = valeurs(1)
            cli.Adresse = valeurs(2)
            cli.Ville = valeurs(3)
            cli.Pays = valeurs(4)

            cli.ProduitsCommandes = New List(Of ProduitCommande)
            For Each produit As ProduitCommande In produitsCommandes
                If produit.IdentifiantClient = cli.Identifiant Then
                    cli.ProduitsCommandes.Add(produit)
                End If
            Next

            clients.Add(cli)
        Next

        'Lecture des enregistrements de Commerciaux.txt
        Dim lignesCommerciaux As String() =
File.ReadAllLines(dossierDonnees + "Commerciaux.txt")
        For Each ligne As String In lignesCommerciaux
            Dim comm As New Commercial()
            Dim valeurs As String() = ligne.Split(vbTab)

            comm.Identifiant = Convert.ToInt32(valeurs(0))
            comm.Nom = valeurs(1)
            comm.Prenom = valeurs(2)

            commerciaux.Add(comm)
        Next
```

```
        Console.WriteLine("Chargement terminé.")
        Console.ReadLine()
    End Sub
End Module
```

## 2.1 Une première requête LINQ

Pour écrire une requête LINQ, il faut tout d'abord identifier une source à partir de laquelle des données pourront être extraites. Les sources de données compatibles avec LINQ sont les collections qui implémentent l'interface `IEnumerable(Of T)`. Les listes d'objets chargées précédemment en mémoire sont stockées dans des collections du type `List(Of T)` qui implémente entre autres cette interface.

La requête elle-même contient différents éléments qui définissent la source de données à utiliser, les données à récupérer et les différents filtres et traitements. Seuls les deux premiers sont indispensables dans toute requête LINQ. Ils sont représentés par deux clauses, respectivement placées au début et à la fin de la structure de la requête. La clause `From` permet de définir la source de données. La clause `Select` permet quant à elle de définir un objet à retourner pour chaque enregistrement. Cet objet peut être un élément complet de la source de données ou uniquement un sous-ensemble des données.

Notre première requête récupère la liste des clients dont l'adresse est située en France.

```
Dim requete = From cli In clients
              Where cli.Pays = "France"
              Select cli
```

Le type de retour de cette requête est `IEnumerable(Of Client)`, mais il est courant d'utiliser l'inférence de type avec les requêtes LINQ, notamment car la clause `Select` peut créer des objets de types anonymes.

**Remarque**

*Les types anonymes sont décrits dans le chapitre La programmation orientée objet avec VB.NET, section Types anonymes.*

À ce stade, malgré les apparences, la variable `requete` ne contient aucun objet de type `Client`. Elle ne contient qu'une définition de la requête qui sera en réalité exécutée de manière paresseuse, c'est-à-dire uniquement lorsque ses données de retour devront être lues. Ce mécanisme permet notamment d'exécuter plusieurs fois la même requête LINQ sans avoir besoin de la redéfinir.

Ici, l'exécution de l'opération de recherche est déclenchée par l'utilisation d'une boucle `For Each`, mais elle peut également être lancée par le calcul d'une valeur d'agrégat (`Count` ou `Max`, notamment) ou par l'utilisation de certaines méthodes récupérant un ou plusieurs éléments sous une forme spécifique (`First` et `ToList`, par exemple).

```
'Affichage du nom et de l'adresse de chaque client
'On affiche également le pays pour vérification
For Each resultat In requete
    Console.WriteLine(resultat.Nom)
    Console.WriteLine(vbTab & resultat.Adresse)
    Console.WriteLine(vbTab & resultat.Ville)
    Console.WriteLine(vbTab & resultat.Pays)
Next
```

Le résultat de l'exécution de ce code est présenté ci-dessous. On constate que chacun de ces clients est bien localisé en France.

```
Frédérique Citeaux
        24, place Kléber
        Strasbourg
        France
Laurence Lebihan
        12, rue des Bouchers
        Marseille
        France
Janine Labrune
        67, rue des Cinquante Otages
        Nantes
        France
Martine Rancé
        184, chaussée de Tournai
        Lille
        France
Carine Schmitt
        54, rue Royale
        Nantes
```

```
        France
Daniel Tonini
        67, avenue de l'Europe
        Versailles
        France
Annette Roulet
        1 rue Alsace-Lorraine
        Toulouse
        France
Marie Bertrand
        265, boulevard Charonne
        Paris
        France
Dominique Perrier
        25, rue Lauriston
        Paris
        France
Mary Saveley
        2, rue du Commerce
        Lyon
        France
Paul Henriot
        59 rue de l'Abbaye
        Reims
        France
```

## 2.2 Les opérateurs de requête

LINQ fournit de nombreux opérateurs qu'il est important de bien connaître pour l'écriture de requêtes efficaces. Ces opérateurs couvrent un large spectre fonctionnel qu'il est possible de scinder en six catégories :

- Projection
- Filtrage
- Tri
- Partitionnement
- Jointure et regroupement
- Agrégation

Chaque opérateur existe toujours sous la forme d'une méthode applicable aux objets de type `IEnumerable(Of T)`. Certains opérateurs sont également intégrés au langage et ont donc un ou plusieurs mots-clés qui leur sont associés. Lorsqu'il est possible de le faire, les deux modes d'écriture seront détaillés.

**Remarque**

*Les méthodes LINQ sont généralement utilisées avec des expressions lambda. Elles peuvent également être utilisées avec des fonctions et des délégués, mais par souci de lisibilité et d'écriture de code "standard", ce sont les expressions lambda qui seront utilisées ici.*

### 2.2.1 Projection

Une projection est un processus de transformation d'un objet vers une autre forme qui consiste souvent en un sous-ensemble de propriétés de l'objet initial. Le type de destination ne doit pas nécessairement être déclaré : comme tout objet instancié avec VB.NET, il peut être d'un type anonyme.

LINQ propose deux implémentations pour la projection de données. Celles-ci se trouvent dans les méthodes `Select` et `SelectMany`.

#### Select(Of TResult)

La méthode `Select` effectue la transformation d'un élément en un nouvel élément par l'utilisation d'une fonction associant un objet fourni en entrée à un objet qui est retourné.

Les noms et prénoms des différents commerciaux sont récupérés en fournissant une expression qui crée un objet de type anonyme pour chacun des objets de la collection.

```
Console.WriteLine("Noms des commerciaux :")

Dim nomsCommerciaux = commerciaux.Select(Function(c) New With
{.Nom = c.Nom, .Prenom = c.Prenom})
For Each comm In nomsCommerciaux
    Console.WriteLine("{0} {1}", comm.Prenom, comm.Nom)
Next
```

La requête peut être réécrite pour utiliser l'extension LINQ du langage. Le mot-clé associé est `select`.

```
Dim nomsCommerciaux2 = From c In commerciaux
                       Select New With { .Nom = c.Nom, .Prenom =
c.Prenom }
```

Dans tous les cas, le résultat de l'exécution est le suivant.

```
Nom des commerciaux :
Nancy Davolio
Andrew Fuller
Janet Leverling
Margaret Peacock
Steven Buchanan
Michael Suyama
Robert King
Laura Callahan
Anne Dodsworth
```

## SelectMany(Of TResult)

Dans certains cas, il est nécessaire que la projection retourne plusieurs objets qui seront intégrés dans la collection retournée par l'exécution de la requête. Pour cela, la méthode `Select` n'est pas adaptée car elle retournerait une collection contenant plusieurs collections :

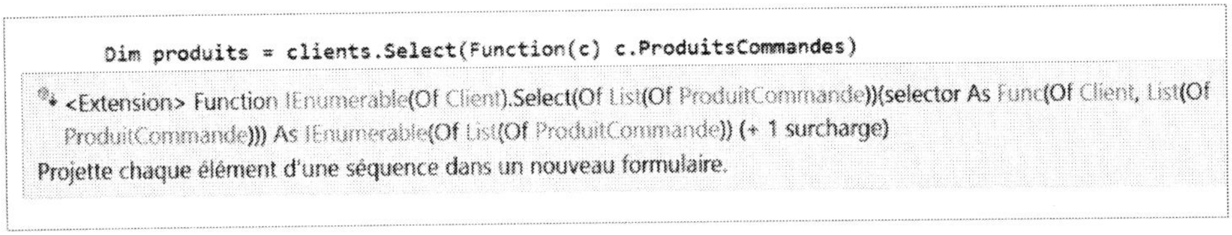


Pour éviter cette problématique, il convient d'utiliser la méthode `SelectMany`. Celle-ci effectue le même traitement que la méthode `Select` mais l'expression qui lui est passée doit renvoyer une collection.

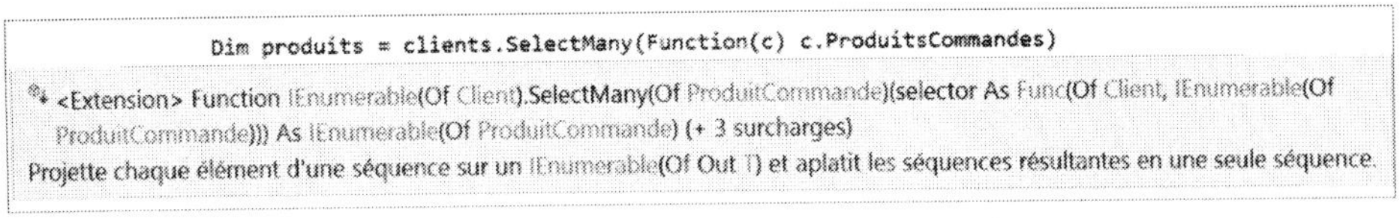

**Remarque**

*Il est à noter que la fonction passée à la méthode `SelectMany` peut renvoyer une chaîne de caractères car celle-ci est considérée comme une collection d'objets de type `Char`. Attention, ce comportement est rarement souhaitable !*

### 2.2.2 Filtrage

Le filtrage est une fonctionnalité essentielle dans le traitement de données. Il est en effet souvent nécessaire de limiter le nombre d'enregistrements retournés en fournissant un ou plusieurs critères. Dans le cadre de l'écriture de notre première requête LINQ, cet opérateur a été utilisé sous sa forme intégrée pour ne retourner que les clients français.

```
Dim clientFrance = From cli In clients
                   Where cli.Pays = "France"
                   Select cli
```

La comparaison de la propriété `Pays` et de la chaîne `"France"` est effectuée à l'aide d'un opérateur standard de VB. Ceux-ci peuvent en effet tous être utilisés dans une requête LINQ. Toutefois, ici la comparaison n'est pas optimale. Il peut en effet arriver que la propriété contienne la valeur `"france"`, et non `"France"`. Or lorsque l'option de projet **Compare** vaut `Binary`, ces deux valeurs sont différentes, ce qui peut entraîner le retour d'une collection qui paraît incomplète. Dans ce cas, il convient d'utiliser la méthode `Equals` de la classe `String`. Elle accepte en effet un paramètre qui permet de rendre la comparaison insensible à la casse.

```
Dim clientFrance = From cli In clients
                   Where cli.Pays.Equals("France",
StringComparison.OrdinalIgnoreCase)
                   Select cli
```

La méthode `Where` nécessite le passage en paramètre d'une expression renvoyant une valeur booléenne et renvoie une collection dont les éléments sont du même type que ceux de la collection source.

```
Dim clientsFrance = clients.Where(Function(cli)
cli.Pays.Equals("France", StringComparison.OrdinalIgnoreCase))
```

Lorsque plusieurs conditions doivent être vérifiées, celles-ci peuvent naturellement être combinées pour ne former qu'une expression complexe.

```
Dim clientsNantes = From cli In clients
                    Where cli.Pays.Equals("France",
StringComparison.OrdinalIgnoreCase) _
                    And cli.Ville.Equals("Nantes",
StringComparison.OrdinalIgnoreCase)
                    Select cli
```

**Remarque**

*Lorsqu'une clause `Where` est répartie sur plusieurs lignes à l'aide de sauts de lignes, il est nécessaire d'utiliser le caractère _ à la fin de chacune de ses portions, hormis la dernière.*

Il est également possible de créer plusieurs expressions `Where`, ce qui peut simplifier la lecture de la requête.

```
Dim clientsNantes = From cli In clients
                    Where cli.Pays.Equals("France",
StringComparison.OrdinalIgnoreCase)
                    Where cli.Ville.Equals("Nantes",
StringComparison.OrdinalIgnoreCase)
                    Select cli
```

### 2.2.3 Tri

Il est très simple de récupérer une liste d'éléments triés en fonction d'un ou plusieurs critères.

Lors de l'écriture d'une requête avec la syntaxe intégrée à Visual Basic, il suffit d'ajouter une clause `Order By` suivie d'une ou plusieurs propriétés séparées par des virgules. Le tri est effectué sur la première propriété, puis, si certaines valeurs sont identiques, sur la seconde propriété, et ainsi de suite.

```
'La clause Where permet de limiter les résultats
Dim clientsOrdonnes = From c In clients
                      Where c.ProduitsCommandes.Count < 10
                      Order By c.ProduitsCommandes.Count
                      Select c

For Each resultat In clientsOrdonnes
    Console.WriteLine(resultat.ProduitsCommandes.Count & " : " &
resultat.Nom)
Next
```

L'exécution de ce code produit l'affichage suivant :

```
0 : Diego Roel
0 : Marie Bertrand
2 : Francisco Chang
2 : John Steel
4 : Manuel Pereira
6 : Martín Sommer
6 : Carine Schmitt
6 : Simon Crowther
6 : Dominique Perrier
7 : Elizabeth Brown
7 : Liz Nixon
8 : Eduardo Saavedra
8 : Yoshi Tannamuri
8 : Liu Wong
9 : Janine Labrune
9 : Yoshi Latimer
9 : Helvetius Nagy
```

Le tri peut être effectué dans le sens croissant ou décroissant en ajoutant les mots-clés `Ascending` ou `Descending` après le nom du champ sur lequel vous voulez spécifier l'ordre du tri. Par défaut, le tri est croissant sur tous les champs.

Le code suivant ajoute une contrainte de tri décroissant sur la propriété `Nom`.

```
'La clause Where permet de limiter les résultats
Dim clientsOrdonnes = From c In clients
                      Where c.ProduitsCommandes.Count < 10
                      Order By c.ProduitsCommandes.Count, c.Nom
Descending
                      Select c
```

Les mots-clés `Order By`, `Ascending` et `Descending` correspondent à quatre méthodes fournies par LINQ :

- `OrderBy`
- `OrderByDescending`
- `ThenBy`
- `ThenByDescending`

Les deux premières méthodes permettent de spécifier le premier critère de tri ainsi que le type de tri associé. ThenBy et ThenByDescending ont le même rôle mais sont applicables pour les critères de tri suivants. Les appels à ces méthodes peuvent donc être chaînés. La dernière requête LINQ réécrite à l'aide de ces méthodes prend l'aspect suivant :

```
'La méthode Where permet de limiter les résultats
Dim clientsOrdonnes =
    clients.Where(Function(c) c.ProduitsCommandes.Count < 10) _
           .OrderBy(Function(c) c.ProduitsCommandes.Count) _
           .ThenByDescending(Function(c) c.Nom)
```

### 2.2.4 Partitionnement

Le partitionnement correspond au découpage en deux parties d'un ensemble de données dans l'objectif de n'en retourner qu'une seule. La limite entre ces deux parties peut être définie de manière absolue ou par une condition.

Le premier cas est mis en œuvre par l'utilisation des méthodes Skip et Take. Skip offre la possibilité de scinder une collection après un certain nombre d'éléments et de ne retourner que la seconde partie. Take effectue l'inverse en ne renvoyant que le nombre d'éléments indiqué en tête de collection.

Le code suivant crée une collection contenant les dix premiers clients et une autre collection contenant tous les autres éléments.

```
Dim premiersClients = clients.Take(10)
Dim autresClients = clients.Skip(10)
```

Ces méthodes sont souvent utilisées pour la construction de systèmes de pagination. Elles sont alors appliquées à des ensembles ayant préalablement été triés à l'aide de la méthode OrderBy, ceci afin de s'assurer que chaque élément correspond à une seule page et ne sera pas réaffiché ou, au contraire, omis.

Le partitionnement conditionnel est quant à lui appliqué par l'utilisation des méthodes SkipWhile et TakeWhile. Celles-ci acceptent toutes deux comme paramètre une fonction dont la valeur de retour est de type booléen. La première renvoie les éléments d'une collection à partir du moment où la condition n'est plus respectée. La seconde retourne les éléments en tête de collection tant que la fonction passée en paramètre renvoie True.

L'exemple suivant crée une variable `clientsPlusDe30Produits` contenant la liste des clients ayant commandé plus de 30 produits.

```
Dim clientsPlusDe30Produits =
   clients.OrderBy(Function(c) c.ProduitsCommandes.Count) _
          .SkipWhile(Function(c) c.ProduitsCommandes.Count <= 30)
```

### 2.2.5 Jointure et regroupement

La jointure de deux sources de données correspond à l'association automatique de ces sources par le biais d'une propriété commune aux objets des deux collections. Sans l'utilisation de jointures, il serait nécessaire de parcourir manuellement une des deux sources de données à la recherche d'un élément correspondant à chacun des objets de l'autre collection.

Avec LINQ, cette opération est effectuée à l'aide de l'opérateur `Join`. Les collections et les champs concernés sont fournis à la suite de ce mot-clé.

La requête suivante montre comment utiliser cet opérateur pour récupérer et afficher le nom et le prénom de chaque commercial ainsi que les informations relatives aux produits commandés qui leur sont associés.

```
Dim produitsEtCommerciaux = From c In commerciaux
                            Join p In produitsCommandes On
c.Identifiant Equals p.IdentifiantCommercial
                            Select New With
                            {
                                .NomProduit = p.NomProduit,
                                .Quantite = p.Quantite,
                                .PrixUnitaire = p.PrixUnitaire,
                                .Commercial = String.Format("{0}
{1}", c.Prenom, c.Nom)
                            }

For Each produitCommercial In produitsEtCommerciaux
    Console.WriteLine(produitCommercial.NomProduit)
    Console.WriteLine(vbTab & "PrixUnitaire : {0}",
produitCommercial.PrixUnitaire)
    Console.WriteLine(vbTab & "Quantite : {0}",
produitCommercial.Quantite)
    Console.WriteLine(vbTab & "Commercial : {0}",
produitCommercial.Commercial)
Next
```

La méthode `Join` associée à ce mot-clé accepte quatre paramètres :

- la collection impliquée dans la jointure,
- une fonction qui retourne la valeur à utiliser pour la jointure dans la collection courante,
- une fonction qui retourne la valeur à utiliser pour la jointure dans la seconde collection,
- une fonction qui retourne les objets qui forment le résultat de la jointure.

Les fonctions sont généralement passées sous la forme d'expressions lambda, plus simples à lire et très rapides à écrire.

La requête ci-dessus peut être réécrite avec la méthode `Join` de la manière suivante :

```
Dim produitsEtCommerciaux =
    commerciaux.Join(produitsCommandes,
                     Function(c) c.Identifiant,
                     Function(p) p.IdentifiantCommercial,
                     Function(c, p) New With
                         {
                             .NomProduit = p.NomProduit,
                             .Quantite = p.Quantite,
                             .PrixUnitaire = p.PrixUnitaire,
                             .Commercial = String.Format("{0}
{1}", c.Prenom, c.Nom)
                         })
```

La propriété `Commercial` est définie pour chacun des objets renvoyés par la requête, et plusieurs de ces enregistrements peuvent avoir la même valeur pour cette propriété. Une manière de rendre ce code plus efficace est de grouper les enregistrements par commercial afin de ne pas avoir de valeur dupliquée. L'utilisation d'une jointure `Group Join ... Into` permet justement ce groupement.

```
Dim produitsEtCommerciauxGroups =
    From c In commerciaux
    Group Join p In produitsCommandes On c.Identifiant Equals
p.IdentifiantCommercial Into Group
    Select New With
    {
        .produits = Group,
```

```
            .Commercial = String.Format("{0} {1}", c.Prenom, c.Nom)
        }

For Each produitCommercial In produitsEtCommerciauxGroups
    For Each produit In produitCommercial.produits
        Console.WriteLine(produit.NomProduit)
        Console.WriteLine(vbTab & "PrixUnitaire : {0}",
produit.PrixUnitaire)
        Console.WriteLine(vbTab & "Quantite : {0}",
produit.Quantite)
        Console.WriteLine(vbTab & "Commercial : {0}",
produitCommercial.Commercial)
    Next
Next
```

Il est obligatoire d'utiliser le mot-clé `Group` après le mot-clé `Into`. Il désigne chaque groupe résultant de l'exécution de la clause `Group Join`. Les éléments suivants de la requête peuvent ainsi les utiliser en utilisant la variable créée implicitement et nommée `Group`. Il est toutefois possible de créer un alias pour ne pas utiliser cette variable. Pour cela, la clause `Into` peut être modifiée de manière à assigner `Group` à une nouvelle variable :

```
Dim produitsEtCommerciauxGroups =
    From c In commerciaux
Group Join p in produitsCommandes On c.identifiant Equals
p.IdentifiantCommercial Into groupeProduits = Group
    Select New With
    {
        .produits = groupeProduits,
        .Commercial = String.Format("{0} {1}", c.Prenom, c.Nom)
    }
```

La méthode associée aux mots-clés `Group Join ... Into` est `GroupJoin`. Cette méthode accepte presque les mêmes paramètres que la méthode `Join`, la différence entre les deux réside dans la fonction générant les objets constituant le résultat de la jointure : le second paramètre de cette fonction n'est plus de type `ProduitCommande` mais de type `IEnumerable(Of ProduitCommande)`.

```
Dim produitsEtCommerciaux =
    commerciaux.GroupJoin(
        produitsCommandes,
        Function(c) c.Identifiant,
```

```
        Function(p) p.IdentifiantCommercial,
        Function(c, prod) New With
        {
            .produits = prod,
            .Commercial = String.Format("{0} {1}", c.Prenom, c.Nom)
        })
```

### 2.2.6 Agrégation

Les opérations d'agrégation sont définies dans LINQ par un jeu de méthodes renvoyant une valeur unique, généralement de type numérique (mais pas obligatoirement). L'utilisation de ces méthodes est appropriée pour :

- calculer un nombre d'éléments,
- calculer une moyenne,
- renvoyer une valeur minimale ou maximale,
- calculer une somme.

#### Calcul d'un nombre d'éléments : Count

La méthode `Count` renvoie le nombre d'éléments contenus dans la collection sur laquelle elle est appliquée.

```
im nombreElements As Integer = commerciaux.Count()
```

#### Calcul d'une moyenne : Average

La méthode `Average` requiert en paramètre une fonction renvoyant une valeur numérique pour chaque objet de la collection. Elle effectue sur ces valeurs un calcul de moyenne et renvoie le résultat.

```
Dim montantMoyenCommande As Double =
produitsCommandes.Average(Function(p) p.PrixUnitaire * p.Quantite)
```

#### Recherche d'une valeur minimale : Min

La fonction `Min` a deux définitions permettant de rechercher la valeur minimale dans :

- une collection d'objets numériques ou de type chaîne,

– un ensemble de valeurs numériques (ou de type chaîne) renvoyées par la fonction passée en paramètre.

```
Dim prixLeMoinsEleve As Double =
produitsCommandes.Min(Function(p)  p.PrixUnitaire)
```

#### Recherche d'une valeur maximale : Max

La méthode `Max` est utilisée exactement de la même manière que `Min`, mais fournit une valeur maximale pour un ensemble d'éléments.

```
Dim prixLePlusEleve As Double = produitsCommandes.Max(Function(p)
p.PrixUnitaire)
```

#### Calcul d'une somme : Sum

La méthode `Sum` calcule la somme des valeurs retournées par la fonction qui lui est passée en paramètre.

```
Dim totalCommandes As Double = produitsCommandes.Sum(Function(p)
p.PrixUnitaire * p.Quantite)
```

## 3. LINQ to SQL

Nous avons vu que LINQ sait parfaitement manipuler les objets et leurs propriétés, étant en cela un outil idéal pour la manipulation de données. Pourtant, ces collections de données ont un inconvénient majeur : la fin de l'exécution de l'application implique leur perte complète. La solution la plus courante pour conserver ces données entre plusieurs lancements de l'application consiste à utiliser une base de données à laquelle est confiée la sauvegarde de ces informations.

Malgré leurs similitudes syntaxiques, les requêtes LINQ et SQL ne sont pas compatibles. LINQ to SQL contient une implémentation de fournisseur de données pour la base de données SQL Server. Ce fournisseur permet la traduction des requêtes LINQ en langage SQL. Un autre problème est que LINQ n'est capable de manipuler que des collections d'objets. Or les bases de données ne manipulent jamais d'objets. Pour résoudre ce problème, la solution est de créer des classes représentant les données de la base de données. Cette technique est nommée **mappage objet-relationnel**.

**Remarque**

*La base de données utilisée par tous les exemples de cette section est la base Northwind de Microsoft. Le script SQL permettant sa création est disponible en téléchargement sur le site de l'éditeur.*

## 3.1 Le mappage objet-relationnel

LINQ to SQL propose trois solutions pour créer les classes Visual Basic représentant les données contenues dans la base de données.

La première de ces solutions est la création manuelle. Cette solution est la plus accessible, mais également la plus fastidieuse. L'écriture manuelle de code VB.NET pour refléter la base de données est ainsi très souvent réservée aux modifications minimes. Il est également possible de générer ce code à l'aide de l'outil en ligne de commande **SQLMetal**, ou même d'utiliser le concepteur visuel objet-relationnel intégré à Visual Studio.

### 3.1.1 Utilisation de SQLMetal

L'outil SQLMetal est une application en ligne de commande livrée avec Visual Studio. Trois types de génération peuvent être effectués avec cet outil :

- la génération des classes et des attributs de mappage à partir d'une base de données existante,
- la génération d'un fichier intermédiaire de mappage (`.dbml`),
- la génération du code source et des attributs de mappage associés à partir d'un fichier intermédiaire de mappage (`.dbml`).

SQLMetal propose un grand nombre d'options pour exécuter ces différentes actions. Les principales sont détaillées ci-après.

### Options de connexion

`/server:<nom>`

Nom ou l'adresse IP du serveur de base de données.

`/database:<nom>`

Spécifie le nom de la base de données.

`/user:<nom>`

Nom d'utilisateur SQL Server avec lequel la connexion doit être réalisée. Si aucune valeur n'est donnée, c'est le mode d'authentification Windows qui est utilisé.

`/password:<mot de passe>`

Mot de passe associé au nom d'utilisateur SQL Server.

`/conn:<chaîne de connexion>`

Chaîne de connexion complète à utiliser pour la connexion à la base de données. Cette option peut être utilisée à la place des quatre options précédentes.

`/timeout:<durée en secondes>`

Indique la durée maximum d'attente de la connexion au serveur. Une valeur à zéro indique une durée illimitée.

### Options de sortie

`/dbml:<nom du fichier>`

Génère un fichier intermédiaire de mappage au format DBML.

`/code:<nom du fichier>`

Génère le code source dans le fichier indiqué.

## Options de génération

```
/language:<identifiant de langage>
```

Indique le langage à utiliser pour la génération du code source. Les valeurs acceptées sont `vb` et `csharp`.

```
/namespace:<espace de noms>
```

Définit l'espace de noms dans lequel doit être placé le code généré.

```
/context:<nom de type>
```

Définit le nom de la classe de contexte générée. Par défaut, ce nom est déduit du nom de la base de données.

```
/entitybase:<nom de type>
```

Définit une classe de base pour toutes les classes d'entités. Par défaut, elles n'ont aucune classe de base.

La dernière option disponible correspond au nom du fichier de mappage à utiliser pour la génération des classes. Cette option n'est pas utilisée lorsque la génération est effectuée à partir de la base de données.

**Remarque**

*Ces options peuvent être retrouvées en exécutant la commande `SQLMetal /?`.*

Les exemples suivants montrent la mise en œuvre de chacun des trois modes de génération.

### Génération de classes à partir de la base de données

La ligne de commande suivante génère le code source Visual Basic associé à la base de données locale Northwind en utilisant l'authentification Windows.

```
Sqlmetal /server:localhost\SQLEXPRESS
/database:Northwind /language:vb /code:Northwind.vb
```

Le fichier Northwind.vb généré compte environ 3400 lignes. Le diagramme de classes associé au code de ce fichier est le suivant.

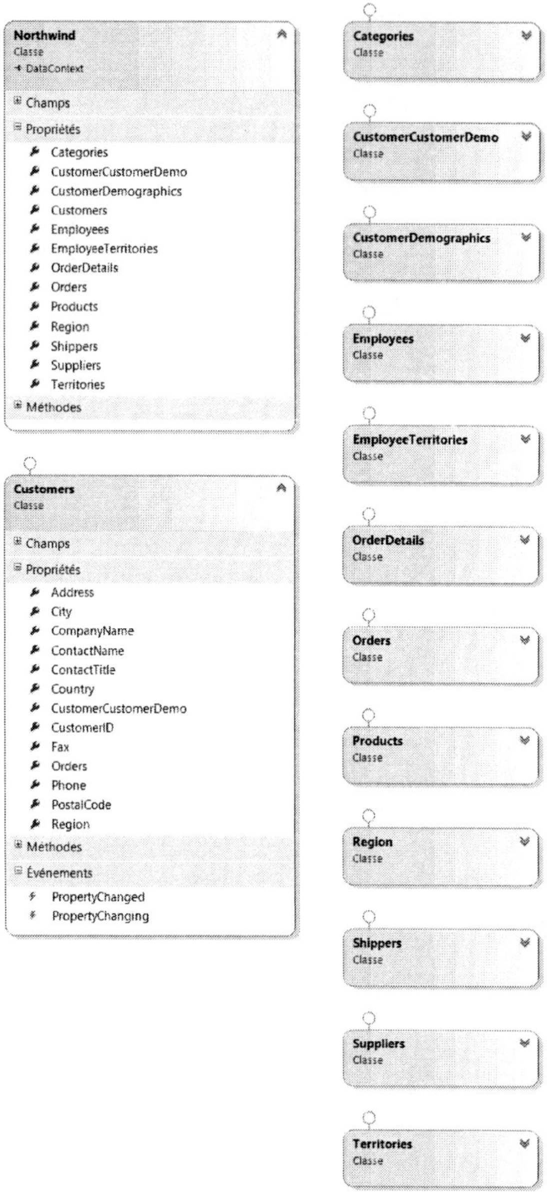

La base de données compte 13 tables et le fichier généré compte 14 classes. Cette différence est due au fait que le code généré inclue une classe de contexte qui fournit l'accès à chacune des autres classes. Ce type, nommé Northwind par défaut, hérite de la classe System.Data.Linq.DataContext.

## Génération d'un fichier .dbml à partir de la base de données

La génération d'un fichier .dbml crée un fichier au format XML qui décrit la relation entre la base de données et les classes associées qui seront générées.

La commande suivante génère ce fichier pour la base de données Northwind :

```
Sqlmetal /server:localhost\SQLEXPRESS /database:Northwind
/dbml:Northwind.dbml
```

L'extrait ci-dessous présente la description de la table Customers dans ce fichier.

```
<Table Name="dbo.Customers" Member="Customers">
    <Type Name="Customers">
        <Column Name="CustomerID" Type="System.String"
DbType="NChar(5) NOT NULL" IsPrimaryKey="true" CanBeNull="false" />
        <Column Name="CompanyName" Type="System.String"
DbType="NVarChar(40) NOT NULL" CanBeNull="false" />
        <Column Name="ContactName" Type="System.String"
DbType="NVarChar(30)" CanBeNull="true" />
        <Column Name="ContactTitle" Type="System.String"
DbType="NVarChar(30)" CanBeNull="true" />
        <Column Name="Address" Type="System.String"
DbType="NVarChar(60)" CanBeNull="true" />
        <Column Name="City" Type="System.String"
DbType="NVarChar(15)" CanBeNull="true" />
        <Column Name="Region" Type="System.String"
DbType="NVarChar(15)" CanBeNull="true" />
        <Column Name="PostalCode" Type="System.String"
DbType="NVarChar(10)" CanBeNull="true" />
        <Column Name="Country" Type="System.String"
DbType="NVarChar(15)" CanBeNull="true" />
        <Column Name="Phone" Type="System.String"
DbType="NVarChar(24)" CanBeNull="true" />
        <Column Name="Fax" Type="System.String"
DbType="NVarChar(24)" CanBeNull="true" />
        <Association Name="FK_CustomerCustomerDemo_Customers"
Member="CustomerCustomerDemo" ThisKey="CustomerID"
OtherKey="CustomerID" Type="CustomerCustomerDemo" DeleteRule="NO
ACTION" />
```

```
        <Association Name="FK_Orders_Customers" Member="Orders"
ThisKey="CustomerID" OtherKey="CustomerID" Type="Orders"
DeleteRule="NO ACTION" />
    </Type>
</Table>
```

Par défaut, le nom d'une propriété Visual Basic est le même que celui de la colonne à laquelle cette propriété est associée. Le fichier de mappage peut être modifié pour que le code généré corresponde à des normes de codage particulières, ou pour que les noms des propriétés soient francisés, par exemple. Le code XML résultant de la mise en œuvre de ce dernier cas est le suivant :

```
<Table Name="dbo.Customers" Member="Clients">
    <Type Name="Clients">
        <Column Name="CustomerID" Member="IdClient"
Storage="_CustomerID" Type="System.String" DbType="NChar(5)
NOT NULL" IsPrimaryKey="true" CanBeNull="false" />
        <Column Name="CompanyName" Member="Societe"
Storage="_CompanyName" Type="System.String" DbType="NVarChar(40)
NOT NULL" CanBeNull="false" />
        <Column Name="ContactName" Member="NomContact"
Storage="_ContactName" Type="System.String" DbType="NVarChar(30)"
CanBeNull="true" />
        <Column Name="ContactTitle" Member="TitreContact"
Storage="_ContactTitle" Type="System.String" DbType="NVarChar(30)"
CanBeNull="true" />
        <Column Name="Address" Member="Adresse" Storage="_Address"
Type="System.String" DbType="NVarChar(60)" CanBeNull="true" />
        <Column Name="City" Member="Ville" Storage="_City"
Type="System.String" DbType="NVarChar(15)" CanBeNull="true" />
        <Column Name="Region" Type="System.String" DbType="NVarChar(15)"
CanBeNull="true" />
        <Column Name="PostalCode" Member="CodePostal"
Storage="_PostalCode" Type="System.String" DbType="NVarChar(10)"
CanBeNull="true" />
        <Column Name="Country" Member="Pays" Storage="_Country"
Type="System.String" DbType="NVarChar(15)" CanBeNull="true" />
        <Column Name="Phone" Member="Telephone" Storage="_Phone"
Type="System.String" DbType="NVarChar(24)" CanBeNull="true" />
        <Column Name="Fax" Type="System.String" DbType="NVarChar(24)"
CanBeNull="true" />
        <Association Name="Customers_CustomerCustomerDemo"
Member="CustomerCustomerDemo" ThisKey="IdClient"
OtherKey="CustomerID" Type="CustomerCustomerDemo" />
        <Association Name="Customers_Orders" Member="Orders"
ThisKey="IdClient" OtherKey="CustomerID" Type="Orders" />
    </Type>
</Table>
```

Pour chaque colonne dont le nom doit être francisé, un attribut `Member` a été ajouté de manière à modifier le nom de la propriété associée. L'attribut `Storage` ajouté sur ces colonnes précise quant à lui le nom de la variable interne contenant une valeur associée à la colonne. Par défaut, le nom de cette variable et celui de la propriété correspondante sont associés au nom de la colonne. Lorsque le nom de la propriété est modifié, il est nécessaire d'ajouter un mappage explicite pour le nom de la variable interne.

## Génération de classes à partir d'un fichier .dbml

La génération des classes VB.NET à partir du fichier `.dbml` modifié dans le fichier `Northwind_fr.vb` est effectuée en exécutant la commande suivante :

```
Sqlmetal Northwind.dbml /language:vb /code:Northwind_fr.vb
```

Le code généré contient maintenant une classe `Clients` correspondant à la table `Customers`.

Cet outil a l'inconvénient de ne pouvoir générer des classes que pour une base de données complète. De plus, la modification manuelle de ces classes ou du fichier intermédiaire de mappage est fastidieuse et peut être source d'erreurs. Pour ces raisons, Visual Studio intègre un concepteur visuel pour le mappage objet/relationnel qu'il est très souvent préférable d'utiliser.

### 3.1.2 Utilisation du concepteur objet/relationnel

Le concepteur visuel objet/relationnel offre une approche plus simple à prendre en main pour la génération du modèle objet associé à une base de données. Il offre la possibilité de générer un modèle partiel, ainsi que la création de méthodes permettant l'utilisation de fonctions et procédures stockées dans la base de données.

Il a néanmoins l'inconvénient de ne fonctionner qu'avec le moteur SQL Server à partir de sa version 2000. Il n'autorise également le mappage qu'entre une table (ou une vue) et une classe. Il n'est pas possible de créer une classe liée au résultat d'une jointure entre tables.

Le concepteur fonctionne également dans un mode unidirectionnel. Les modifications effectuées dans le code Visual Basic généré ne sont en effet pas répercutées dans le concepteur. Elles seront d'ailleurs complètement perdues lors la génération suivante des classes de mappage. La solution apportée par Microsoft à ce dernier problème est l'utilisation de classes et de méthodes partielles.

L'outil de conception visuelle fournit une représentation graphique des données de mappage enregistrée dans un fichier au format DBML. Ce type de fichier peut être ajouté à un projet en sélectionnant le modèle **Classes LINQ to SQL** dans la boîte de dialogue d'ajout de fichier.

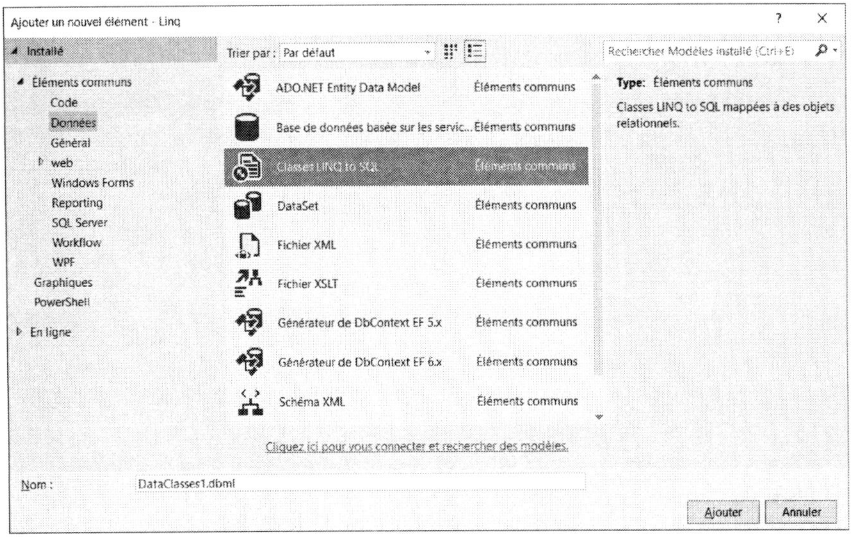


L'outil de conception visuel est ouvert automatiquement lors de l'ajout d'un fichier de type **Classes LINQ to SQL** à un projet. Sa surface est composée de deux parties. La zone située à gauche contient la représentation des classes incluses dans le mappage, tandis que la zone de droite affiche la liste des méthodes associées à des fonctions et procédures stockées.

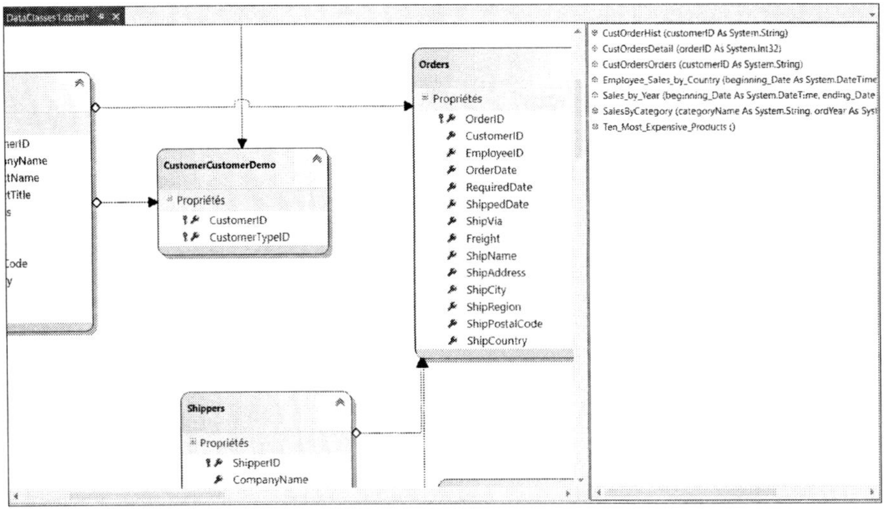

## Ajout de classes

L'ajout d'une classe représentant une table de la base de données est effectué par un glisser-déposer d'une ou plusieurs tables à partir de l'**Explorateur de serveurs** vers la partie gauche de l'outil de conception visuelle. L'ajout du premier élément configure une connexion associée à l'objet `DataContext`. L'ajout d'une classe provoque la génération du code de la classe. Il déclenche également la génération du code permettant l'association de la classe et de la table dans le `DataContext`.

Le code généré inclut l'initialisation d'un objet à partir d'un enregistrement de la base de données, ainsi que la répercussion des modifications qui lui sont apportées dans la base de données. Par défaut, LINQ to SQL se base sur la structure de la table ainsi que sur sa clé primaire pour effectuer la lecture et la mise à jour des données. Les actions de lecture, modification et suppression peuvent néanmoins être configurées pour utiliser des procédures stockées mappées dans le `DataContext`. Ceci permet d'isoler une partie de la logique qui concerne uniquement la base de données.

Le menu contextuel de chaque classe en cours d'édition dans le concepteur visuel permet d'ouvrir la fenêtre **Configurer le comportement**.

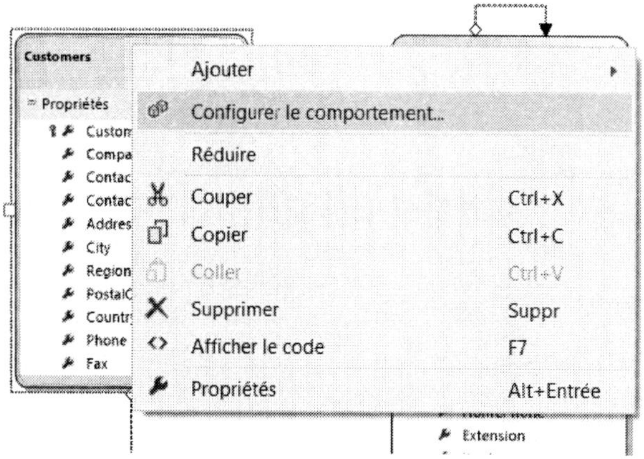


Cette fenêtre de configuration offre la possibilité de choisir le comportement par défaut ou un comportement personnalisé pour chaque couple classe/ action.

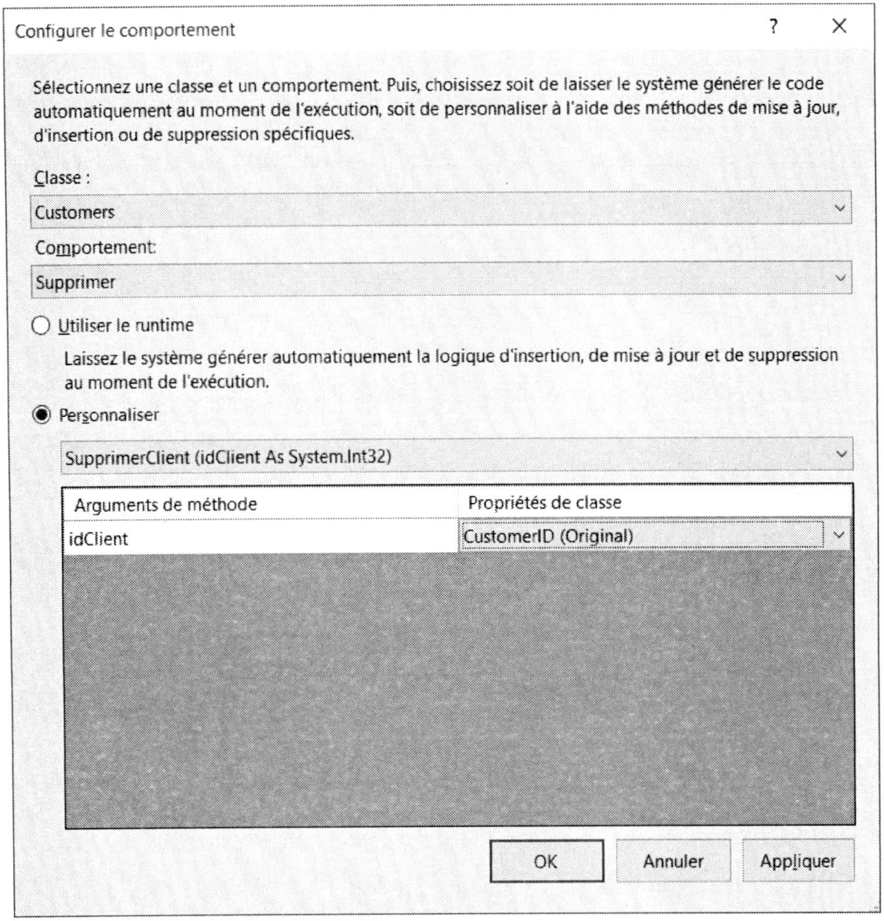


Après avoir sélectionné une procédure stockée, il est nécessaire d'indiquer comment doivent être renseignés ses paramètres. Les valeurs disponibles correspondent aux propriétés de la classe, dans leur version originale ou actuelle.

## Ajout d'associations

Il est possible d'ajouter des associations dans le concepteur visuel dès lors qu'une classe est présente sur sa surface d'édition. Les associations sont l'équivalent objet des relations qui peuvent exister entre les tables dans la base de données. Lorsqu'une relation existe entre deux tables mappées, une association est d'ailleurs automatiquement ajoutée pour refléter le lien entre les tables.

Vous pouvez ajouter une association en utilisant le menu contextuel du concepteur visuel.

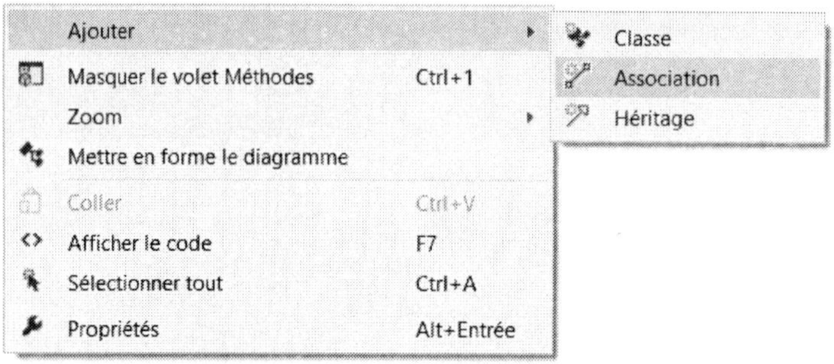


La boîte de dialogue **Éditeur d'associations** permet de configurer les tables et propriétés impliquées dans l'association.

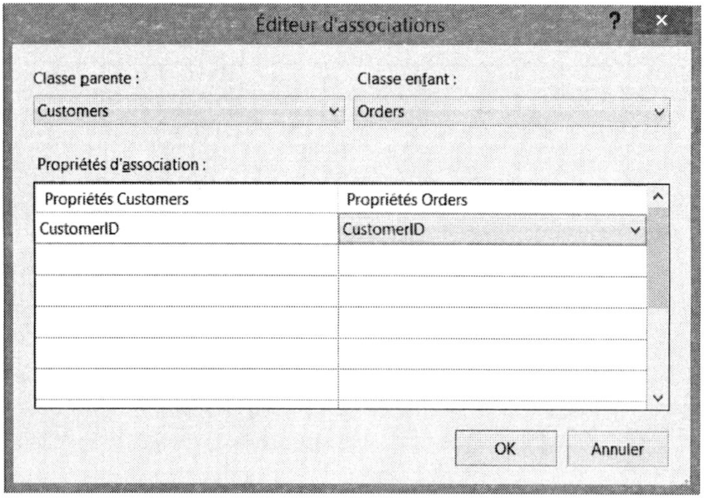

Après sa création, une association peut être éditée à l'aide de la fenêtre de propriétés de Visual Studio. Il est notamment possible de modifier la **cardinalité** de l'association pour indiquer qu'elle décrit une relation "un - un". **Propriété enfant** permet d'indiquer si une propriété de navigation doit être créée dans la classe parente. Le type de cette propriété est du type de la classe enfant si la cardinalité est `OneToOne`, et de type collection d'enfants si la cardinalité est `OneToMany`.

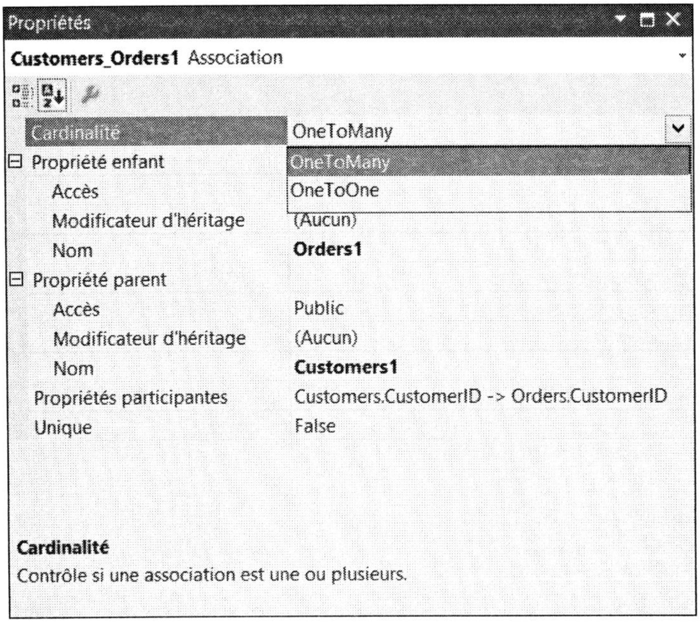


## Ajout de méthodes

Les fonctions et procédures stockées de la base de données peuvent être mappées à l'aide du concepteur visuel. Le concepteur visuel génère pour chacune d'elles une méthode dans la classe `DataContext`. Ces méthodes encapsulent l'exécution de l'élément de base de données qui leur est associé. Les paramètres de la procédure stockée sont également mappés dans les paramètres de la méthode, ce qui permet de les valoriser à l'aide d'un appel de fonction Visual Basic standard.

La génération d'une méthode est effectuée par le glisser/déposer d'un de ces éléments à partir de l'explorateur de serveurs vers la surface du concepteur visuel. Il est toutefois nécessaire d'être attentif à l'emplacement de destination. Le glisser/déposer sur une classe implique que la méthode doit retourner un objet du même type. Lorsque l'élément est déplacé vers la zone droite ou une partie libre de la zone gauche, le type de retour de la méthode est évalué et généré automatiquement.

## Héritage

Le concepteur visuel objet/relationnel supporte la création de relations d'héritage. Cette notion est parfaitement intégrée à Visual Basic, mais est complètement absente des bases de données relationnelles. Il est donc nécessaire d'utiliser une solution de contournement pour réussir à simuler l'héritage dans une base de données.

Il est fréquent de n'utiliser qu'une seule table pour stocker les données relatives à un type parent et ses types enfants. La table contient alors la totalité des colonnes liées à ces types, et une colonne supplémentaire est ajoutée. Cette colonne contient une valeur discriminante, c'est-à-dire que son contenu permet de connaître le type d'objet associé.

Avec l'utilisation de cette technique, l'ajout d'un type `ProduitAvecReduction` héritant de `Products` et possédant une propriété `PourcentageReduction` est implémenté de la manière suivante :

- Une colonne `Discriminant` est ajoutée à la table `Produit`. Les valeurs autorisées dans cette colonne seront 1 pour un produit et 2 pour un produit avec réduction.
- La colonne `PourcentageReduction` est ajoutée à la table `Produit`. Lorsque l'enregistrement concerne un produit, la valeur enregistrée dans cette colonne est `NULL`.

Une fois la base de données modifiée, il convient de créer le mappage correspondant.

▶ Ajoutez la table `Products` au modèle objet.

▶ Ajoutez une seconde fois la table `Products` au modèle objet et nommez-la `ProduitAvecReduction`.

- Supprimez les propriétés autres que `PourcentageReduction` dans la classe `ProduitAvecReduction`.
- Ajoutez une relation d'héritage à l'aide du menu contextuel du concepteur.

  Une boîte de dialogue demande la sélection de la classe de base et de la classe enfant.

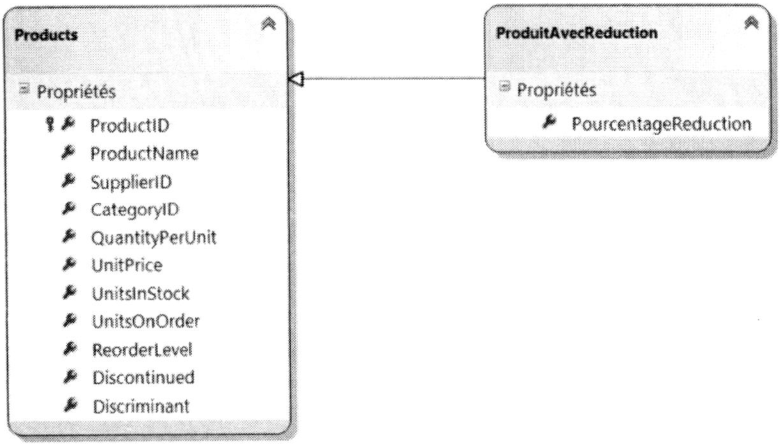


- Ouvrez la fenêtre de propriétés après avoir sélectionné la relation d'héritage et indiquez les valeurs suivantes :

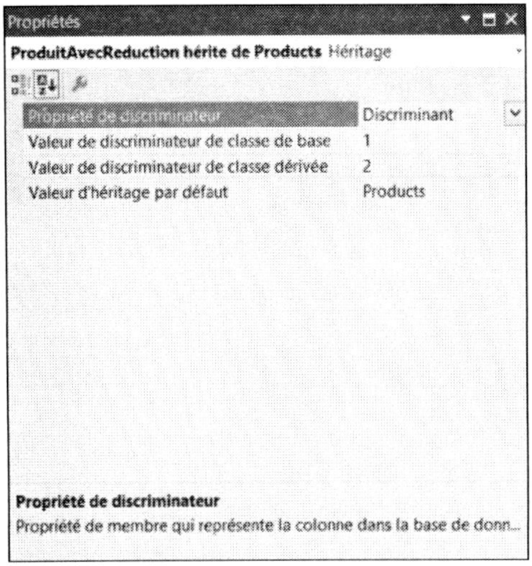

La valeur d'héritage par défaut permet de définir le type de l'objet créé lorsque la colonne `Discriminant` a une valeur inconnue.

## 3.2 Utilisation de LINQ to SQL

LINQ to SQL permet d'utiliser la syntaxe LINQ décrite dans la première partie de ce chapitre pour l'interrogation des bases de données SQL Server. La différence principale tient dans le fait que les objets manipulés sont créés à partir des données issues de la base de données.

### 3.2.1 Récupération de données

La communication avec la base est gérée par le `DataContext`, ce qui implique qu'il est obligatoire d'utiliser cette classe pour accéder aux données.

Différentes collections sont exposées par cette classe. Elles correspondent aux différentes tables mappées dans le concepteur visuel. Le code définissant la propriété liée à la table `Customers` dans le `DataContext` est le suivant :

```
Public ReadOnly Property Customers As System.Data.Linq.Table(Of
Customers)
    Get
        Return Me.GetTable(Of Customers)
    End Get
End Property
```

La récupération des données de la table `Customers` est effectuée par une requête LINQ impliquant la collection associée. L'affichage de la liste des clients français est ainsi obtenu de la manière suivante :

```
Dim context As New NorthwindDataContext()

Dim clientsFrancais = From c In context.Customers
                      Where c.Country.Equals("France")
                      Select c

For Each client In clientsFrancais
    Console.WriteLine(client.CompanyName)
Next
```

**Remarque**

*La classe parente de `NorthwindDataContext`, `DataContext`, implémente l'interface `IDisposable`. Il convient donc d'utiliser la structure `Using` pour assurer la libération des ressources des objets de ce type.*

Il est possible d'afficher la requête SQL générée par une requête LINQ en valorisant la propriété `Log` de l'objet `DataContext` avec le flux de sortie standard représenté par la console :

```
context.Log = Console.Out
```

Dans le cas de notre recherche des clients français, le code SQL exécuté est :

```
SELECT [t0].[CustomerID], [t0].[CompanyName], [t0].[ContactName],
[t0].[ContactTitle], [t0].[Address], [t0].[City], [t0].[Region],
t0].[PostalCode], [t0].[Country], [t0].[Phone], [t0].[Fax]
FROM [dbo].[Customers] AS [t0]
WHERE [t0].[Country] = @p0
```

La requête générée correspond exactement au code LINQ et aurait pu être facilement exécutable en utilisant ADO.NET. LINQ to SQL commence à dévoiler sa puissance lorsque les requêtes se complexifient. L'exemple ci-dessous affiche les dates de commandes par client.

```
Using context As New NorthwindDataContext()
    Dim commandesClients =
        From c In context.Customers
        Group Join comm In context.Orders On c.CustomerID Equals
comm.CustomerID Into commandesClient = Group
        Select New With {.Client = c, .Commandes = commandesClient}

    For Each commCli In commandesClients
        Console.WriteLine(commCli.Client.CompanyName)

        For Each comm In commCli.Commandes
            Console.WriteLine(comm.OrderDate)
        Next
    Next
End Using
```

Le code SQL généré est le suivant :

```
SELECT [t0].[CustomerID], [t0].[CompanyName], [t0].[ContactName],
[t0].[ContactTitle], [t0].[Address], [t0].[City], [t0].[Region],
[t0].[PostalCode], [t0].[Country],
[t0].[Phone], [t0].[Fax], [t1].[OrderID], [t1].[CustomerID] AS
[CustomerID2], [t1].[EmployeeID], [t1].[OrderDate],
[t1].[RequiredDate], [t1].[ShippedDate], [t1].[ShipVia],
[t1].[Freight], [t1].[ShipName], [t1].[ShipAddress], [t1].[ShipCity],
[t1].[ShipRegion], [t1].[ShipPostalCode],
[t1].[ShipCountry], (
    SELECT COUNT(*)
    FROM [dbo].[Orders] AS [t2]
    WHERE [t0].[CustomerID] = [t2].[CustomerID]
    ) AS [value]
FROM [dbo].[Customers] AS [t0]
LEFT OUTER JOIN [dbo].[Orders] AS [t1] ON [t0].[CustomerID] =
[t1].[CustomerID]
ORDER BY [t0].[CustomerID], [t1].[OrderID]
```

### 3.2.2 Mise à jour de données

La mise à jour des données contenues dans la base est représentée par trois types d'actions : l'insertion, la modification et la suppression. Ces opérations peuvent toutes trois être exécutées en utilisant LINQ to SQL.

#### Insertion de données

L'ajout d'un enregistrement passe par la création d'un objet dont les propriétés sont valorisées. Une fois l'objet complet, il est ajouté à la table par l'intermédiaire de la collection qui lui est associée dans le `DataContext`. Enfin, l'appel à la méthode `SubmitChanges` du `DataContext` répercute cet ajout dans la base de données en générant et en exécutant une requête SQL adaptée.

L'exemple ci-dessous crée un nouveau client dans la base de données.

```
Dim cli As New Customers() With
    {
        .CustomerID = "JMART",
        .CompanyName = "Ma société",
        .Address = "17, grande rue",
        .City = "Toulouse",
        .ContactName = "Jean MARTIN",
        .Country = "France",
```

```
            .Phone = "0501020304",
    }

Using context As New NorthwindDataContext()
    context.Customers.InsertOnSubmit(cli)
    context.SubmitChanges()
End Using
```

## Modification de données

LINQ permet de modifier un enregistrement en base de données d'une manière parfaitement naturelle. L'enregistrement que l'on souhaite modifier est tout d'abord récupéré sous la forme d'un objet à l'aide d'une requête LINQ. Les différentes propriétés de l'objet peuvent ensuite être revalorisées. La dernière étape consiste à appeler, comme pour l'action d'insertion, la méthode `SubmitChanges` du `DataContext`. Le code suivant effectue la modification du nom de la société dernièrement créée :

```
Using context As New NorthwindDataContext()
    Dim cli = (From c In context.Customers
               Where c.CustomerID = "JMART"
               Select c).First()

    cli.CompanyName = "Ma nouvelle société"

    context.SubmitChanges()
End Using
```

## Suppression de données

La dernière action de mise à jour des données concerne la suppression d'un élément. Elle est effectuée en fournissant l'objet pour lequel l'enregistrement doit être supprimé à la méthode `DeleteOnSubmit` de la collection liée à la table concernée.

La suppression de notre client est ainsi effectuée de la manière suivante :

```
Using context As New NorthwindDataContext()
    Dim cli = (From c In context.Customers
               Where c.CustomerID = "JMART"
               Select c).First()
```

```
    context.Customers.DeleteOnSubmit(client)

    context.SubmitChanges()
End Using
```

### 3.2.3 Gestion des conflits

Comme nous l'avons vu dans le chapitre concernant ADO.NET, une des problématiques les plus importantes dans l'utilisation de bases de données est la gestion des accès concurrentiels. LINQ to SQL n'étant qu'un intermédiaire pour l'exécution de requêtes SQL, il est également possible de se trouver dans une situation de conflit pendant son utilisation. LINQ inclut un mécanisme permettant de gérer ces problèmes. Celui-ci est constitué de quatre parties complémentaires.

#### Configuration de la détection de conflits

Lors de la création des classes de mappage avec le concepteur visuel, il est possible d'indiquer pour chaque propriété si elle est incluse dans le mécanisme de gestion des conflits et, si oui, comment sa présence dans le mécanisme doit être gérée. La fenêtre de propriétés permet d'éditer la valeur du champ **Vérification des mises à jour** de manière à choisir le comportement adapté.

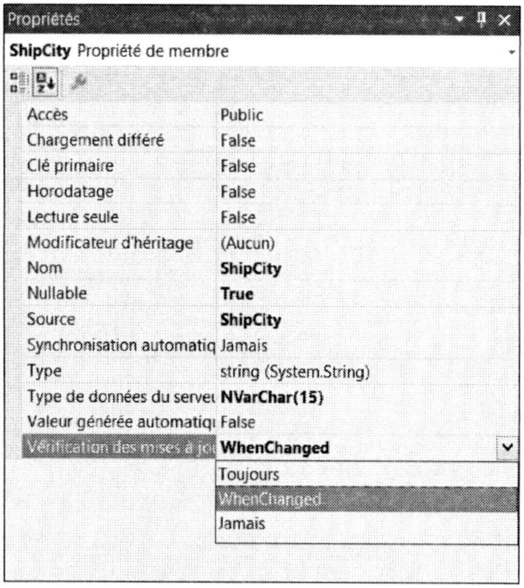

Les valeurs disponibles pour ce champ sont :

- `Toujours` : la détection des conflits prend toujours en compte la propriété. C'est la **valeur par défaut** pour toutes les propriétés.
- `WhenChanged` : la détection des conflits ne prend en compte cette propriété que si sa valeur a changé.
- `Jamais` : ce champ n'est jamais utilisé dans la détection des conflits.

## Détection des conflits

La détection des conflits est effectuée lorsque les données sont envoyées à la base de données. Cette étape intervient donc lorsque la méthode `SubmitChanges` du `DataContext` est appelée. Celle-ci a une surcharge permettant de spécifier le mode de détection des conflits à l'aide d'une valeur de l'énumération `ConflictMode`. Deux valeurs sont disponibles :

- `FailOnFirstConflict` indique que l'exécution des mises à jour sera arrêtée dès le premier conflit. Cette valeur est celle qui est appliquée lorsque l'on utilise la méthode `SubmitChanges` ne prenant pas de paramètres.
- `ContinueOnConflict` indique que toutes les mises à jour doivent être traitées. Les éventuels conflits sont remontés à la fin de l'exécution.

La remontée des informations liées aux conflits est effectuée par le déclenchement d'une exception de type `ChangeConflictException`. Il convient donc d'effectuer tout appel à `SubmitChanges` dans un bloc `Try ... Catch` afin de gérer les conflits.

## Lecture des informations liées au conflit

Lorsqu'un ou plusieurs conflits sont détectés, la collection `ChangeConflicts` du `DataContext` est valorisée pour fournir certaines informations.

Chaque objet de cette collection est de type `ObjectChangeConflict`. La propriété `Object` de ce type renvoie l'objet pour lequel un conflit a été détecté. La collection `MemberConflicts` permet quant à elle d'affiner l'analyse du conflit en renvoyant la liste des membres à l'origine du problème. Les objets de cette collection possèdent trois propriétés permettant d'analyser et résoudre le problème : `OriginalValue`, `CurrentValue`, `DatabaseValue`. Elles représentent respectivement la valeur originale d'un membre, la valeur actuelle de ce membre, et enfin la valeur actuelle en base de données pour la colonne associée.

### Résolution des conflits

La résolution d'un conflit passe par un appel à la méthode `Resolve` de l'objet `ObjectChangeConflict` qui décrit les données problématiques. Cette méthode attend en paramètre une valeur de l'énumération `RefreshMode` :

- `OverwriteCurrentValues` : lorsque cette valeur est utilisée, les données de l'objet sont entièrement réactualisées à partir de la base de données. Les données modifiées disparaissent donc.
- `KeepCurrentValues` : cette valeur force l'écriture des valeurs actuelles en base de données.
- `KeepChanges` : les données conflictuelles de l'objet sont conservées, mais les autres propriétés sont mises à jour avec les données fraîches de la base.

# Chapitre 10
# XML

## 1. Présentation

XML (*eXtensible Markup Language*) est un langage de description de données conçu et standardisé par le W3C (*World Wide Web Consortium*) dont la première version de la spécification a été publiée au début de l'année 1998.

Le langage XML est un langage de balisage permettant de décrire des informations d'une manière structurée, cohérente et surtout portable. Le format est en effet basé sur du texte brut, ce qui autorise sa lecture sur tout type de support sans altération. Ces différentes qualités ont fait de XML un format de prédilection pour la transmission d'informations entre applications, voire entre systèmes.

Dans un document au format XML, chacune des données est représentée par une balise ou un attribut positionné dans une arborescence. Les balises peuvent donc être imbriquées de manière à faire apparaître une relation de parenté entre deux éléments. Les attributs permettent quant à eux de lier plusieurs informations à une même balise.

La structure des fichiers XML classe ce langage dans la même catégorie que le langage HTML. Certains points le différencient pourtant fondamentalement de HTML :

- XML est un langage extensible, au contraire de HTML qui n'utilise qu'un ensemble fixe de balises.
- HTML est un langage conçu pour la présentation des données. Les documents XML n'ont aucune vocation à posséder une représentation graphique. Ils ne font que décrire des données.

## 2. Structure d'un fichier XML

Avant de voir comment manipuler ce format avec Visual Basic et le framework .NET, nous allons détailler les différents éléments de la structure d'un fichier XML.

### 2.1 Constituants d'un document XML

Un document XML peut être composé des types de blocs suivants :

#### Instructions de traitement

Les instructions de traitement permettent d'ajouter des informations destinées au processeur XML ou à tout autre programme dans le corps du document. Ces instructions doivent respecter une syntaxe particulière :

```
<?programme instruction ?>
```

La première partie de cette instruction de traitement indique le nom du programme destiné à la traiter. La seconde partie fournit l'instruction à proprement parler.

Un document XML contient la plupart du temps une instruction de traitement spéciale indiquant la version du format XML qu'il utilise ainsi que le jeu de caractères utilisé pour l'encodage du document.

```
<?xml version="1.0" encoding="utf-8" ?>
```

## Commentaires

Comme avec Visual Basic, il est possible d'inclure des commentaires dans le code XML. Ceux-ci sont destinés aux utilisateurs, le plus souvent pour les aider à comprendre la structure ou le contenu du document. Ils sont ignorés par tout programme manipulant le code.

La syntaxe de définition de commentaires XML est identique à la syntaxe utilisée pour les commentaires HTML :

```
<!-- Ce texte est un commentaire ignoré par le processeur XML" -->
```

## Éléments

Les éléments sont constitués d'une balise ouvrante et d'une balise fermante. Ils peuvent contenir des données sous la forme d'une chaîne de caractères, d'un ou plusieurs autres éléments ou bien d'attributs. La syntaxe permettant de créer un élément XML est la suivante :

```
<nomElement>contenu</nomElement>
```

Certaines règles doivent être respectées concernant les éléments :

- Les noms d'éléments ne doivent pas contenir d'espace, débuter par xml, par un chiffre ou par un signe de ponctuation.
- Les balises de début et de fin doivent avoir la même casse.
- Les noms d'éléments doivent débuter après le symbole <, sans espace.
- Un document XML doit contenir au minimum un élément : l'élément racine du document.
- Si un élément n'a pas de contenu, il peut avoir la forme <nomElement />, sauf si cet élément est l'élément racine du document.
- Aucun élément ne peut être situé au même niveau de l'arborescence que l'élément racine. Les éléments doivent donc être imbriqués dans cet élément racine.

```
<?xml version="1.0" encoding="utf-8"?>
<Clients>
  <Client>
    <IdClient>ALFKI</IdClient>
    <Societe>Alfreds Futterkiste</Societe>
    <NomContact>Alfreds Maria Anders</NomContact>
    <Adresse>Obere Str. 57</Adresse>
    <CodePostal>12209</CodePostal>
    <Ville>Berlin</Ville>
    <DerniereCommande>
      <Produits>
        <Produit>
          <IdProduit>58</IdProduit>
          <Nom>Escargots de Bourgogne</Nom>
          <PrixUnitaire>13,25</PrixUnitaire>
          <Quantite>40</Quantite>
        </Produit>
        <Produit>
          <IdProduit>71</IdProduit>
          <Nom>Floremysost</Nom>
          <PrixUnitaire>21,50</PrixUnitaire>
          <Quantite>20</Quantite>
        </Produit>
      </Produits>
    </DerniereCommande>
  </Client>
</Clients>
```

## Attributs d'éléments

Les attributs représentent des données stockées au niveau d'un élément. Ils sont placés dans la balise d'ouverture de l'élément. Les attributs sont définis en utilisant la syntaxe suivante :

```
<nomElement attribut1="valeur" attribut2="valeur"></nomElement>
```

```
<?xml version="1.0" encoding="utf-8"?>
<Clients>
  <Client IdClient="ALFKI">
    <Societe>Alfreds Futterkiste</Societe>
    <NomContact>Alfreds Maria Anders</NomContact>
    <Adresse>Obere Str. 57</Adresse>
    <CodePostal>12209</CodePostal>
    <Ville>Berlin</Ville>
```

```
    <DerniereCommande Date="09/04/1998">
      <Produits>
        <Produit IdProduit="58">
          <Nom>Escargots de Bourgogne</Nom>
          <PrixUnitaire>13,25</PrixUnitaire>
          <Quantite>40</Quantite>
        </Produit>
        <Produit IdProduit="71">
          <Nom>Floremysost</Nom>
          <PrixUnitaire>21,50</PrixUnitaire>
          <Quantite>20</Quantite>
        </Produit>
      </Produits>
    </DerniereCommande>
  </Client>
</Clients>
```

## Espaces de noms

Les espaces de noms sont des identifiants permettant de dissocier plusieurs éléments dont le nom est identique. Ils permettent d'éviter les confusions lorsque plusieurs éléments ont le même nom mais une signification différente. Ce type de cas peut arriver lorsque deux fichiers XML sont fusionnés.

Un espace de noms est défini en concaténant l'attribut `xmlns` suivi du symbole : et d'un préfixe pour l'espace de noms. La valeur de l'attribut est un identifiant unique, souvent écrit sous la forme d'une URL. Cette valeur nécessite d'être unique pour anticiper tout conflit en cas de transmission du document à une application pour laquelle le même élément est déjà défini.

```
<nomElement xmlns:prefixe="identifiant" />
```

Le document XML suivant fusionne des objets de type `Client` gérés respectivement par une application Web et une application WPF en boutique. Ils sont distingués dans le document résultant par leur espace de noms.

```
<?xml version="1.0" encoding="utf-8"?>
<Clients xmlns:web="http://www.masociete.com/clients/web"
xmlns:boutique="http://www.masociete.com/clients/boutique">
  <web:Client Id="ALFKI">
    <Societe>Alfreds Futterkiste</Societe>
    <NomContact>Alfreds Maria Anders</NomContact>
    <Adresse>Obere Str. 57</Adresse>
```

```
      <CodePostal>12209</CodePostal>
      <Ville>Berlin</Ville>
      <DerniereCommande Date="09/04/1998">
        <Produits>
          <Produit IdProduit="58">
            <Nom>Escargots de Bourgogne</Nom>
            <PrixUnitaire>13,25</PrixUnitaire>
            <Quantite>40</Quantite>
          </Produit>
          <Produit IdProduit="71">
            <Nom>Floremysost</Nom>
            <PrixUnitaire>21,50</PrixUnitaire>
            <Quantite>20</Quantite>
          </Produit>
        </Produits>
      </DerniereCommande>
    </web:Client>

    <boutique:Client Id="684316" EstAnonyme="True">
      <Achat Date="12/04/1998" ModePaiement="CB">
        <Produits>
          <Produit IdProduit="11">
            <Nom>Queso Cabrales</Nom>
            <PrixUnitaire>21,00</PrixUnitaire>
            <Quantite>2</Quantite>
          </Produit>
          <Produit IdProduit="19">
            <Nom>Teatime Chocolate Biscuits</Nom>
            <PrixUnitaire>9,20</PrixUnitaire>
            <Quantite>7</Quantite>
          </Produit>
        </Produits>
      </Achat>
    </boutique:Client>
  </Clients>
```

## 2.2 Document bien formé et document valide

Le langage XML définit plusieurs types de constituants permettant de décrire une structure de données cohérente. Mais cette notion seule ne suffit pas à définir la qualité d'un document XML. Deux notions complémentaires sont utilisées pour cela : le document bien formé et le document valide.

Un document bien formé est un document XML respectant les différentes règles syntaxiques du langage. Ces règles incluent les différents points évoqués ci-dessus.

Il est nécessaire que le document soit bien formé pour que le processeur XML soit en mesure de le traiter.

La validité du document est un point vérifiable lorsqu'une DTD (*Document Type Definition*) ou un schéma XSD (*Xml Schema Definition*) sont liés au fichier. Ces types de documents fournissent la description de la structure de données utilisées dans le fichier XML. Si cette structure déroge aux règles fixées par la DTD ou le schéma XSD, le fichier n'est pas valide.

# 3. Manipuler un document XML

Le framework .NET expose deux API ayant pour objectif la manipulation de documents XML.

Le **modèle DOM** existe depuis les débuts du framework .NET et est basé sur les recommandations du W3C. Chaque balise, attribut ou contenu textuel formant le document XML est ainsi considéré comme un nœud d'une structure hiérarchique. La recherche d'un nœud avec cette API peut être manuelle ou utiliser la navigation **XPath**. Les fonctionnalités du modèle DOM sont implémentées dans les types de l'espace de noms `System.Xml`.

L'apparition de la version 3.5 du framework .NET a introduit **LINQ to XML**, qui utilise pour sa part une approche plus moderne. Les balises, attributs ou espaces de noms sont tous considérés comme des éléments qui peuvent exister indépendamment, ce qui permet de traiter aisément des fragments de code XML. Ces éléments peuvent être interrogés de la même manière qu'une base de données à l'aide de requêtes LINQ.

Les types associés à cette API sont implémentés dans l'espace de noms System.Xml.Linq.

Les exemples exposés dans cette section sont réalisés à partir du fichier commandes.xml dont le contenu est le suivant :

```
<?xml version="1.0" encoding="utf-8"?>
<Clients web="http://www.masociete.com/clients/web">
  <web:Client Id="ALFKI">
    <Societe>Alfreds Futterkiste</Societe>
    <NomContact>Alfreds Maria Anders</NomContact>
    <Adresse>Obere Str. 57</Adresse>
    <CodePostal>12209</CodePostal>
    <Ville>Berlin</Ville>
    <DerniereCommande Date="09/04/1998">
      <Produits>
        <Produit>
          <Nom>Escargots de Bourgogne</Nom>
          <PrixUnitaire>13,25</PrixUnitaire>
          <Quantite>40</Quantite>
        </Produit>
        <Produit>
          <Nom>Floremysost</Nom>
          <PrixUnitaire>21,50</PrixUnitaire>
          <Quantite>20</Quantite>
        </Produit>
      </Produits>
    </DerniereCommande>
  </web:Client>
</Clients>
```

**Remarque**

*Ce fichier est disponible en téléchargement sur le site des Éditions ENI.*

## 3.1 Utilisation de DOM

La première étape dans l'utilisation de DOM consiste à charger un document XML en mémoire. Il est représenté par un objet de type XmlDocument contenant l'ensemble de l'arborescence du document.

La lecture et le chargement d'un fichier XML sont effectués à l'aide des méthodes `Load` ou `LoadXml` du type `XmlDocument`.

```
Dim doc As New XmlDocument()
doc.Load("commandes.xml")
```

```
'La chaîne de caractères doit contenir
'une structure de document XML
Dim xml As String = "..."
doc.LoadXml(xml)
```

Il n'est toutefois pas obligatoire de créer cet objet en mémoire à partir d'un fichier. L'API DOM définit plusieurs classes et méthodes permettant la génération d'un document XML à l'aide de code Visual Basic. Le code suivant crée un objet `XmlDocument` contenant la même arborescence que le fichier `commandes.xml`.

```
Dim doc As New XmlDocument()

'Création du noeud de déclaration XML
Dim declarationXml As XmlDeclaration =
doc.CreateXmlDeclaration("1.0", "utf-8", Nothing)
doc.AppendChild(declarationXml)

'Création du noeud Clients
Dim racine As XmlElement = doc.CreateElement("Clients")
'Création de l'attribut qui définit le namespace web
racine.SetAttribute("xmlns:web",
"http://www.masociete.com/clients/web")
doc.AppendChild(racine)

'Création du noeud Client et indication de l'espace de noms associé
Dim client1 As XmlElement = doc.CreateElement("Client",
"http://www.masociete.com/clients/web")
client1.Prefix = "web"
racine.AppendChild(client1)
'Création de l'attribut Id du noeud Client
client1.SetAttribute("Id", "ALFKI")

'Création du noeud Societe
Dim societe As XmlElement = doc.CreateElement("Societe")
'Création du noeud texte contenant la valeur de Societe
Dim valeurSociete As XmlText = doc.CreateTextNode("Alfreds
Futterkiste")
societe.AppendChild(valeurSociete)
```

```
client1.AppendChild(societe)

'Création du noeud NomContact
Dim nomContact As XmlElement = doc.CreateElement("NomContact")
'Création du noeud texte contenant la valeur de NomContact
Dim valeurNomContact As XmlText = doc.CreateTextNode("Alfreds
Maria Anders")
nomContact.AppendChild(valeurNomContact)
client1.AppendChild(nomContact)
Dim adresse As XmlElement = doc.CreateElement("Adresse")
Dim valeurAdresse As XmlText = doc.CreateTextNode("Obere Str. 57")
adresse.AppendChild(valeurAdresse)
client1.AppendChild(adresse)
Dim codePostal As XmlElement = doc.CreateElement("CodePostal")
Dim valeurCodePostal As XmlText = doc.CreateTextNode("12209")
codePostal.AppendChild(valeurCodePostal)
client1.AppendChild(codePostal)
Dim ville As XmlElement = doc.CreateElement("Ville")
Dim valeurVille As XmlText = doc.CreateTextNode("Berlin")
ville.AppendChild(valeurVille)
client1.AppendChild(ville)

'Création du noeud DerniereCommande
Dim derniereCommande As XmlElement =
doc.CreateElement("DerniereCommande")
client1.AppendChild(derniereCommande)
'Création de l'attribut Date du noeud DerniereCommande
derniereCommande.SetAttribute("Date", "09/04/1998")

'Création du noeud Produits
Dim produits As XmlElement = doc.CreateElement("Produits")
derniereCommande.AppendChild(produits)
'Création du premier noeud Produit
Dim produit1 As XmlElement = doc.CreateElement("Produit")
produits.AppendChild(produit1)
'Création du noeud Nom
Dim nom1 As XmlElement = doc.CreateElement("Nom")
Dim valeurNom1 As XmlText = doc.CreateTextNode("Escargots
de Bourgogne")
nom1.AppendChild(valeurNom1)
produit1.AppendChild(nom1)
'Création du noeud PrixUnitaire
Dim prixUnitaire1 As XmlElement =
doc.CreateElement("PrixUnitaire")
Dim valeurPrixUnitaire1 As XmlText =
doc.CreateTextNode("13,25")
```

```
prixUnitaire1.AppendChild(valeurPrixUnitaire1)
produit1.AppendChild(prixUnitaire1)
'Création du noeud Quantite
Dim quantite1 As XmlElement = doc.CreateElement("Quantite")
Dim valeurQuantite1 As XmlText = doc.CreateTextNode("40")
quantite1.AppendChild(valeurQuantite1)
produit1.AppendChild(quantite1)

'Création du second noeud Produit
Dim produit2 As XmlElement = doc.CreateElement("Produit")
produits.AppendChild(produit2)
'Création du noeud Nom
Dim nom2 As XmlElement = doc.CreateElement("Nom")
Dim valeurNom2 As XmlText = doc.CreateTextNode("Floremysost")
nom2.AppendChild(valeurNom2)
produit2.AppendChild(nom2)
'Création du noeud PrixUnitaire
Dim prixUnitaire2 As XmlElement = doc.CreateElement("PrixUnitaire")
Dim valeurPrixUnitaire2 As XmlText = doc.CreateTextNode("21,50")
prixUnitaire2.AppendChild(valeurPrixUnitaire2)
produit2.AppendChild(prixUnitaire2)
'Création du noeud Quantite
Dim quantite2 As XmlElement = doc.CreateElement("Quantite")
Dim valeurQuantite2 As XmlText = doc.CreateTextNode("20")
quantite2.AppendChild(valeurQuantite2)
produit2.AppendChild(quantite2)
```

Analysons les différents éléments utilisés dans cet exemple.

`XmlElement` représente une balise XML pour laquelle il est nécessaire de fournir un nom. Le moyen le plus simple pour créer un objet de ce type est d'appeler la méthode `CreateElement` de l'objet `XmlDocument` contenant l'arborescence XML. La propriété `Prefix` (utilisée ici sur `client1`) du type `XmlElement` permet de définir le préfixe d'espace de noms à utiliser pour l'élément.

La création d'attributs pour un objet `XmlElement` est effectuée en ajoutant des objets de type `XmlAttribute` à sa collection `Attributes`. Il est toutefois généralement plus approprié d'utiliser sa méthode `SetAttribute`, plus simple et plus lisible. Celle-ci accepte deux paramètres représentant respectivement le nom de l'attribut ainsi que sa valeur. C'est d'ailleurs en utilisant cette dernière méthode sur l'élément racine que l'espace de noms `web` est ajouté au document.

L'imbrication des différents constituants du document résulte de l'utilisation de la méthode AppendChild. Celle-ci est utilisée sur le nœud destiné à être le parent du nœud passé en paramètre. Cette méthode est définie sur la classe XmlNode, de manière à ce que tous ses types dérivés puissent l'utiliser. On trouve parmi eux les types XmlDocument, XmlElement et XmlAttribute.

Le type XmlText est quant à lui légèrement différent puisqu'il ne peut pas contenir d'autre élément. Il est le véritable conteneur de données, quand les autres ne permettent de définir que la structure du document. Les objets de ce type sont créés par un appel à la méthode CreateTextNode de l'objet XmlDocument. Le paramètre passé à cette fonction est la donnée qui doit être écrite.

Une fois ce document chargé ou généré, il est possible de rechercher certains éléments par leur nom ou leur identifiant.

La méthode GetElementsByTagName de la classe XmlNode est utilisée pour retrouver tous les nœuds XML dont le nom correspond à la valeur passée en paramètre. Elle effectue la recherche dans toute l'arborescence enfant d'un élément. La liste de nœuds retournée peut donc contenir des éléments de tout niveau : nœuds enfants, petits-enfants ou plus bas encore.

L'exemple de code suivant affiche à l'écran le prix unitaire de chacun des produits commandés.

```
Dim prixUnitaires As XmlNodeList =
doc.GetElementsByTagName("PrixUnitaire")
For Each noeud As XmlNode In prixUnitaires
    Console.WriteLine(noeud.InnerText)
Next
```

Lorsque le document contient une DTD, il est possible de lister les éléments correspondant à un identifiant à l'aide de la méthode GetElementById. La DTD doit pour cela définir un ou plusieurs attributs de type ID.

L'insertion de la DTD suivante entre la déclaration XML et le nœud racine du document définit l'attribut Id des éléments de type web:Client comme étant l'identifiant pour la balise.

```
<!DOCTYPE Clients [
  <!ELEMENT Clients ANY>
  <!ELEMENT web:Client ANY>
  <!ATTLIST web:Client Id ID #REQUIRED>
]>
```

Une fois cette définition ajoutée, il est possible de rechercher et afficher le nœud dont l'identifiant est ALFKI.

```
Dim clientALFKI As XmlNode = doc.GetElementById("ALFKI")
Console.WriteLine(clientALFKI.OuterXml)
```

Une fois un nœud sélectionné, il est aisé de modifier un de ses attributs ou de lui ajouter un ou plusieurs nœuds enfants.

```
'Modification de la date et ajout d'un noeud Commercial
'pour chacun des noeuds DerniereCommande
Dim commandes As XmlNodeList =
doc.GetElementsByTagName("DerniereCommande")
For Each noeud As XmlElement In commandes
    noeud.Attributes("Date").Value = "24/10/2001"

    Dim commercial As XmlElement = doc.CreateElement("Commercial")
    Dim valeurCommercial As XmlText = doc.CreateTextNode("Steven
Buchanan")
    commercial.AppendChild(valeurCommercial)
    noeud.AppendChild(commercial)
Next
```

L'enregistrement du document avec les modifications qui lui ont été apportées doit être effectué en appelant la méthode `Save` de l'objet `XmlDocument`. Sans cette opération, toute modification peut être perdue, puisque le document est traité uniquement en mémoire.

```
doc.Save("commandesModifiees.xml")
```

## 3.2 Utilisation de XPath

XPath a pour objectif la localisation d'un ou plusieurs éléments de la même manière que l'explorateur Windows permet de localiser un fichier particulier. L'implémentation de la technologie XPath dans le framework .NET est située dans l'espace de noms `System.Xml.XPath`.

La première étape dans l'utilisation de XPath correspond à l'instanciation d'un objet de type `XPathNavigator`. C'est lui qui fournit la capacité de retrouver les éléments d'un document XML.

```
Dim doc As XmlDocument = new XmlDocument()
doc.Load("commandes.xml")

Dim navigateur As XPathNavigator = doc.CreateNavigator()
```

Une des méthodes de cet objet, `Select`, offre la possibilité de lister les éléments correspondant au chemin XPath qui lui est fourni en paramètre.

```
Dim navigateur As XPathNavigator = doc.CreateNavigator()

Dim produits As XPathNodeIterator =
navigateur.Select("/Clients/Client/DerniereCommande/Produits/Produit")

While produits.MoveNext()
    Console.WriteLine(produits.Current.OuterXml)
End While
```

Dans notre cas, ce code n'affiche strictement rien à l'écran, et c'est bien normal : les nœuds `Client` et `web:Client` sont différents. Il est donc nécessaire d'ajouter quelques éléments pour que l'objet `XPathNavigator` puisse retourner les éléments souhaités.

Le chemin passé en paramètre à la méthode Select doit contenir le nom pleinement qualifié de chacun des types de nœuds. Dans le cas présent, cela signifie qu'il faut utiliser `web:Client` au lieu de `Client`.

Pour que le navigateur XPath soit en mesure de comprendre et trouver ce nom qualifié, il est nécessaire de lui fournir un objet de type `XmlNamespaceManager` auquel aura été ajoutée la définition de l'espace de noms `web`.

Le code fonctionnel est le suivant :

```
Dim navigateur As XPathNavigator = doc.CreateNavigator()
Dim manager As New XmlNamespaceManager(navigateur.NameTable)
manager.AddNamespace("web", "http://www.masociete.com/clients/web")

Dim produits As XPathNodeIterator = navigateur.Select("/Clients/
web:Client /DerniereCommande/Produits/Produit", manager)

While produits.MoveNext()
    Console.WriteLine(produits.Current.OuterXml)
End While
```

La modification de valeurs est à peine plus compliquée puisqu'il suffit d'appliquer la méthode SetValue à un élément retourné par la fonction Select. Une augmentation arbitraire de 10 % sur le tarif unitaire de chaque produit commandé est ainsi réalisée de la manière suivante.

```
Dim prixUnitaires As XPathNodeIterator =
navigateur.Select("/Clients/web:Client/DerniereCommande/Produits
Produit/PrixUnitaire", manager)

While prixUnitaires.MoveNext()
    Dim valeur As Double = Double.Parse(prixUnitaires.Current.Value)
    valeur = valeur * 1.10
    prixUnitaires.Current.SetValue(valeur.ToString())
End While
```

Après exécution de cette portion de code, chacun des nœuds PrixUnitaire du document XML a bien vu sa valeur changer.

```
<?xml version="1.0" encoding="utf-8"?>
<!DOCTYPE Clients[
  <!ELEMENT Clients ANY>
  <!ELEMENT web:Client ANY>
  <!ATTLIST web:Client Id ID #REQUIRED>
]>
<Clients xmlns:web="http://www.masociete.com/clients/web">
  <web:Client Id="ALFKI">
    <Societe>Alfreds Futterkiste</Societe>
    <NomContact>Alfreds Maria Anders</NomContact>
    <Adresse>Obere Str. 57</Adresse>
    <CodePostal>12209</CodePostal>
    <Ville>Berlin</Ville>
    <DerniereCommande Date="09/04/1998">
      <Produits>
        <Produit>
          <Nom>Escargots de Bourgogne</Nom>
          <PrixUnitaire>14,575</PrixUnitaire>
          <Quantite>40</Quantite>
        </Produit>
        <Produit>
          <Nom>Floremysost</Nom>
          <PrixUnitaire>23,65</PrixUnitaire>
          <Quantite>20</Quantite>
        </Produit>
      </Produits>
```

```
        </DerniereCommande>
    </web:Client>
</Clients>
```

## 3.3 Utilisation de LINQ to XML

L'arrivée de LINQ dans le framework .NET a apporté de nombreuses innovations dans la manipulation des données issues de collections locales ou de bases de données. Avec le fournisseur LINQ pour SQL Server, Microsoft a également livré un fournisseur pour les documents XML, permettant ainsi de manipuler plus simplement les données enregistrées dans ce format.

Le fournisseur LINQ to XML contient de nouveaux types simplifiant la création de documents XML et intégrant également les fonctionnalités nécessaires au requêtage des données qu'ils contiennent. Ils sont placés dans l'espace de noms `System.Xml.Linq`.

La première étape dans l'utilisation de LINQ To XML consiste à charger un document XML en mémoire. Cette opération est effectuée en utilisant la méthode statique `Load` de la classe `XDocument`.

```
Dim doc As XDocument = XDocument.Load("commandes.xml")
```

Comme avec l'API DOM, il est possible de créer une arborescence XML directement en mémoire. Le code VB.NET suivant instancie et valorise un objet `XDocument`.

```
Dim webNamespace As XNamespace = "http://www.masociete.com/clients/web"

Dim doc2 As XDocument =
    New XDocument(
        New XDeclaration("1.0", "utf-8", Nothing),
        New XElement("Clients",
            New XAttribute(XNamespace.Xmlns + "web", webNamespace),
            New XElement(webNamespace + "Client",
                New XAttribute("Id", "ALFKI"),
                New XElement("Societe", "Alfreds Futterkiste"),
                New XElement("NomContact", "Alfreds Maria Anders"),
                    New XElement("Adresse", "Obere Str. 57"),
                    New XElement("CodePostal", "12209"),
                    New XElement("Ville", "Berlin"),
                    New XElement("DerniereCommande",
                        New XAttribute("Date", "09/04/1998"),
                        New XElement("Produits",
                            New XElement("Produit",
                                New XElement("Nom", "Escargots de Bourgogne"),
```

```
                    New XElement("PrixUnitaire", "13,25"),
                    New XElement("Quantite", "40")),
                New XElement("Produit",
                    New XElement("Nom", "Floremysost"),
                    New XElement("PrixUnitaire", "21,50"),
                    New XElement("Quantite", "20")))))))
```

Le code LINQ est trois fois plus court que le code DOM générant la même arborescence, tout en gardant une expressivité que l'API DOM est incapable d'égaler. Un autre point positif concerne le nombre de variables nécessaires à la création de ce document : deux avec LINQ, contre une trentaine précédemment !

Un document XML est représenté avec LINQ par un objet dont le type est `XDocument`. Il définit un constructeur pouvant accepter un nombre variable de paramètres, ce qui permet de lui ajouter une arborescence enfant entière dès sa création. Le principe est le même pour le type `XElement`, qui représente quant à lui un nœud de l'arborescence. Ce mode de fonctionnement permet de chaîner les créations d'objets, ce qui a pour effet de rendre le code plus concis et plus expressif.

La lecture d'informations dans cette arborescence est elle aussi simplifiée. L'écriture de requêtes LINQ pour la recherche tire parti de certaines méthodes présentes dans la classe `XElement` :

- `Descendants` renvoie la liste des nœuds de l'arborescence enfant du nœud courant.
- `Elements` renvoie uniquement les enfants directs du nœud courant.
- `AncestorsAndSelf` renvoie la liste des nœuds trouvés en remontant du nœud courant jusqu'au nœud racine. Le résultat inclut le nœud courant.
- `Attributes` liste les attributs du nœud courant.
- `DescendantsAndSelf` renvoie la liste des nœuds de l'arborescence enfant du nœud courant et inclut ce dernier dans le résultat.

Le code ci-dessous effectue la recherche des nœuds dont le nom est `PrixUnitaire`.

```
Dim prixUnitaires =
    From noeud In doc.Descendants("PrixUnitaire")
    Select noeud

For Each noeud As XElement In prixUnitaires
    Console.WriteLine(noeud.Value)
Next
```

Il est également possible de rechercher les éléments dont un attribut possède une valeur particulière. L'exemple suivant montre comment rechercher le premier nœud dont l'attribut `Id` a pour valeur "ALFKI".

```
Dim clientALFKI =
    (From noeudClient In doc.Descendants(webNamespace + "Client")
        Where noeudClient.Attribute("Id").Value = "ALFKI"
        Select noeudClient).FirstOrDefault()

Console.WriteLine(clientALFKI)
```

La modification d'une valeur d'attribut ou d'élément peut être effectuée en affectant une nouvelle valeur à la propriété `Value` de l'élément. Le code suivant modifie les dates de commandes et les prix unitaires enregistrés dans le document.

```
Dim noeudsCommandeOuPrix =
    From noeud In doc2.Descendants()
    Where noeud.Name = "DerniereCommande" _
    Or noeud.Name = "PrixUnitaire"
    Select noeud

For Each noeud As XElement In noeudsCommandeOuPrix
    If noeud.Name = "DerniereCommande" Then
        noeud.Attribute("Date").Value = "28/05/2014"
    End If
    If noeud.Name = "PrixUnitaire" Then
        Dim nouvelleValeur As Double = Double.Parse(noeud.Value) * 1.1
        noeud.Value = nouvelleValeur.ToString()
    End If
Next
```

La sauvegarde des modifications est effectuée, comme avec l'API DOM, en appelant la méthode `Save` sur l'objet `XDocument`.

```
doc.Save("commandes modifiees avec LINQ.xml")
```

Le contenu de ce fichier est le suivant :

```
<?xml version="1.0" encoding="utf-8"?>
<Clients xmlns:web="http://www.masociete.com/clients/web">
  <web:Client Id="ALFKI">
    <Societe>Alfreds Futterkiste</Societe>
    <NomContact>Alfreds Maria Anders</NomContact>
    <Adresse>Obere Str. 57</Adresse>
    <CodePostal>12209</CodePostal>
    <Ville>Berlin</Ville>
    <DerniereCommande Date="28/05/2014">
      <Produits>
        <Produit>
          <Nom>Escargots de Bourgogne</Nom>
          <PrixUnitaire>14,575</PrixUnitaire>
          <Quantite>40</Quantite>
        </Produit>
        <Produit>
          <Nom>Floremysost</Nom>
          <PrixUnitaire>23,65</PrixUnitaire>
          <Quantite>20</Quantite>
        </Produit>
      </Produits>
    </DerniereCommande>
  </web:Client>
</Clients>
```

# Chapitre 11
# Déploiement

## 1. Introduction

La fin du cycle de développement est une phase critique pour tout projet. Le code source de l'application est finalisé, testé, débogué et éventuellement optimisé, mais une problématique n'est pas encore traitée : comment fournir cette application aux utilisateurs ?

Visual Studio permet l'utilisation de deux technologies dédiées à cette phase de déploiement :

– **Windows Installer** : l'application et ses dépendances sont incorporées dans un fichier exécutable, généralement nommé `setup.exe`, que l'utilisateur exécute.

– **ClickOnce** : les fichiers de l'application sont centralisés et l'utilisateur procède à l'exécution ou l'installation à partir de l'emplacement distant où ils sont stockés.

## 2. Windows Installer

Windows Installer est un service de déploiement disponible pour tous les systèmes d'exploitation Microsoft. Le principe de fonctionnement de ce service est le regroupement de tous les composants d'une application dans un seul fichier exécutable qui peut ainsi être facilement mis à disposition des utilisateurs.

Lorsqu'un logiciel est installé à l'aide de Windows Installer, de nombreuses informations identifiant les opérations effectuées sont sauvegardées dans le système. Celles-ci concernent notamment les fichiers copiés, les modifications apportées à la base de registre ou l'enregistrement de composants externes nécessaires au bon fonctionnement de l'application. Ces informations sont précieuses : elles permettent au service Windows Installer d'effectuer convenablement la désinstallation du logiciel si celle-ci est demandée.

Chacune des modifications effectuées lors de l'installation est traitée pendant la désinstallation de manière à ne laisser aucune trace. Toutefois, Windows Installer vérifie la présence de composants partagés avant toute suppression afin d'éviter de nuire au bon fonctionnement d'autres applications qui pourraient utiliser ces composants.

Lorsqu'une application utilise Windows Installer, son processus d'installation est transactionnel, c'est-à-dire que soit l'installation réussit dans son ensemble, soit elle est purement et simplement annulée. Cette annulation entraîne la suppression complète des fichiers déjà copiés ainsi que la restauration de l'état originel du système. Ce dernier reste ainsi toujours dans un état cohérent.

Windows Installer fournit également un mécanisme de réparation d'une application qui remplace les fichiers corrompus ou manquants.

La création d'un exécutable Windows Installer est effectuée en utilisant un type de projet spécifique dans Visual Studio. Elle nécessite néanmoins l'installation d'un composant supplémentaire : InstallShield Limited Edition.

## 2.1 Installation de InstallShield Limited Edition

Cette édition du logiciel InstallShield est destinée aux développeurs souhaitant créer des exécutables d'installation utilisant le service Windows Installer. Il est fourni gratuitement aux utilisateurs de Visual Studio.

La boîte de dialogue **Nouveau projet** propose, dans la section **Autres types de projets**, une option intitulée **Activer InstallShield Limited Edition**.

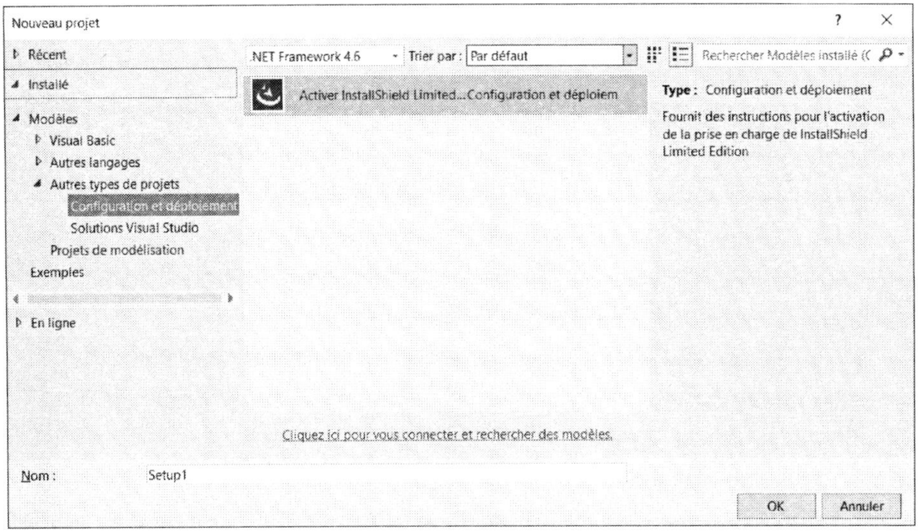


La sélection de ce "modèle" ouvre une page web dans le navigateur par défaut de la machine. Celle-ci fournit des instructions pour le téléchargement et l'installation du logiciel. Il est nécessaire de remplir un formulaire avec certaines informations personnelles avant d'accéder à une page contenant un numéro de série et un lien de téléchargement direct.

Avant d'exécuter le programme d'installation, il est conseillé de fermer Visual Studio. Il est dans tous les cas nécessaire de relancer l'environnement de développement après installation pour intégrer InstallShield aux fonctionnalités supportées.

Le programme d'installation procède dans un premier temps, et si nécessaire, à l'installation des dépendances d'InstallShield.

Il est ensuite nécessaire d'accepter le contrat de licence et choisir le répertoire dans lequel seront copiés les fichiers constituant le logiciel avant de passer à l'installation à proprement parler.

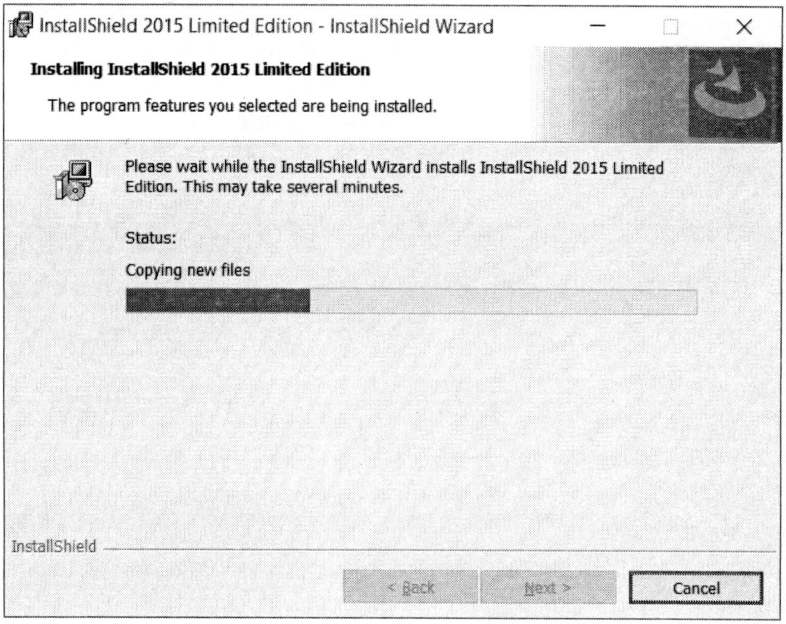


Une fois l'opération d'installation terminée, la liste des modèles de projet de Visual Studio contient un élément supplémentaire : **InstallShield Limited Edition**.

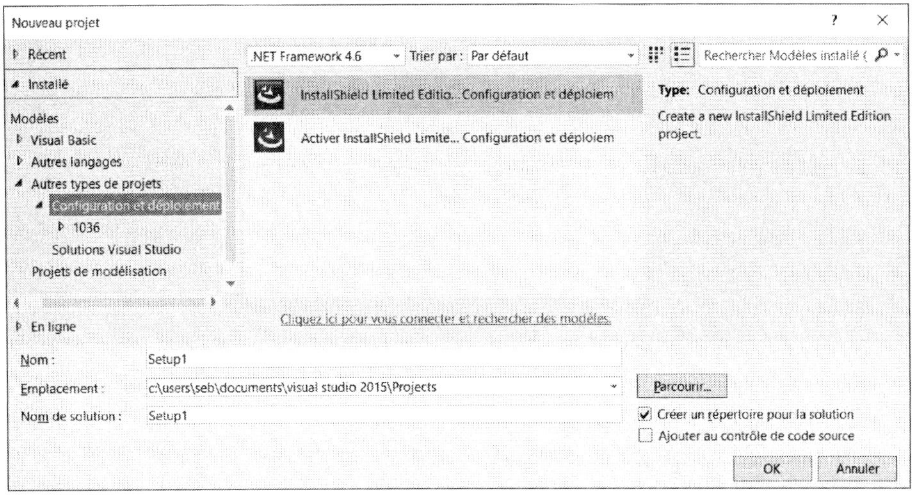


## 2.2 Création d'un projet d'installation

Les projets d'installation sont créés de la même manière que tout autre type de projet dans Visual Studio. Dans la boîte de dialogue **Nouveau projet**, sélectionnez la section **Autres types de projets - Configuration et déploiement** puis sélectionnez **InstallShield Limited Edition**.

Il est parfaitement possible de générer un programme d'installation pour une application ne faisant pas partie de la même solution, mais il est recommandé de conserver une certaine cohérence en plaçant les projets formant une application et le projet d'installation dans la même solution.

Après la création un assistant de projet est ouvert. Il vous permet de dérouler les différentes étapes de la création du programme d'installation à l'aide de différents boutons situés dans la barre de navigation, dans la partie basse de la fenêtre.

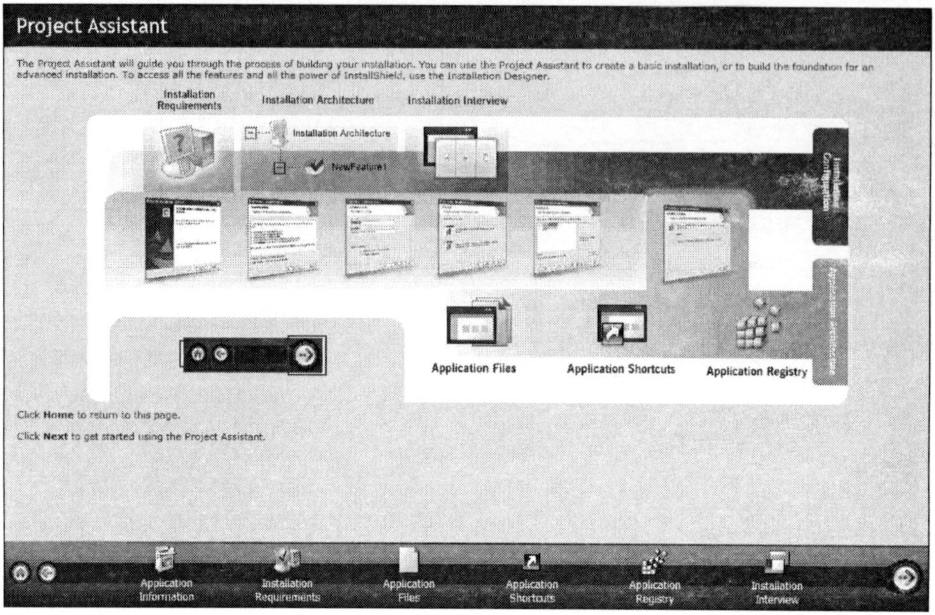


### 2.2.1 Informations sur l'application

La première étape de la configuration d'un projet d'installation correspond à la saisie des informations d'ordre général concernant l'application.

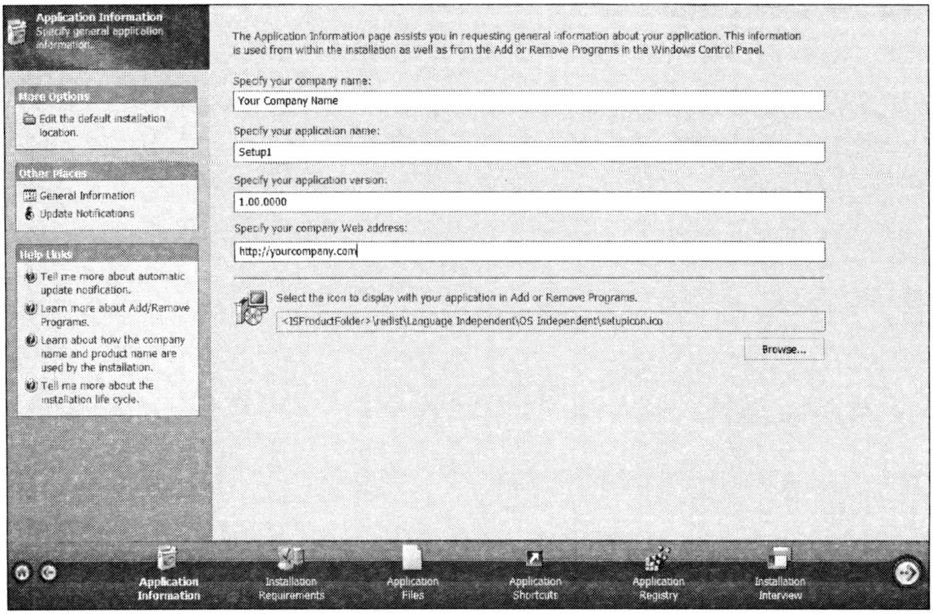


Les informations à fournir sont :

- le nom de l'éditeur (votre nom ou le nom de votre société),
- le nom de l'application déployée,
- la version de l'application,
- l'adresse du site web de l'éditeur,
- l'icône associée à l'application.

Ces informations seront affichées dans la fenêtre principale du programme d'installation ainsi que dans la fenêtre **Ajout/Suppression de programmes** de Windows.

### 2.2.2 Prérequis d'installation

La deuxième étape de l'assistant permet de spécifier une configuration logicielle obligatoire pour le déploiement de l'application.

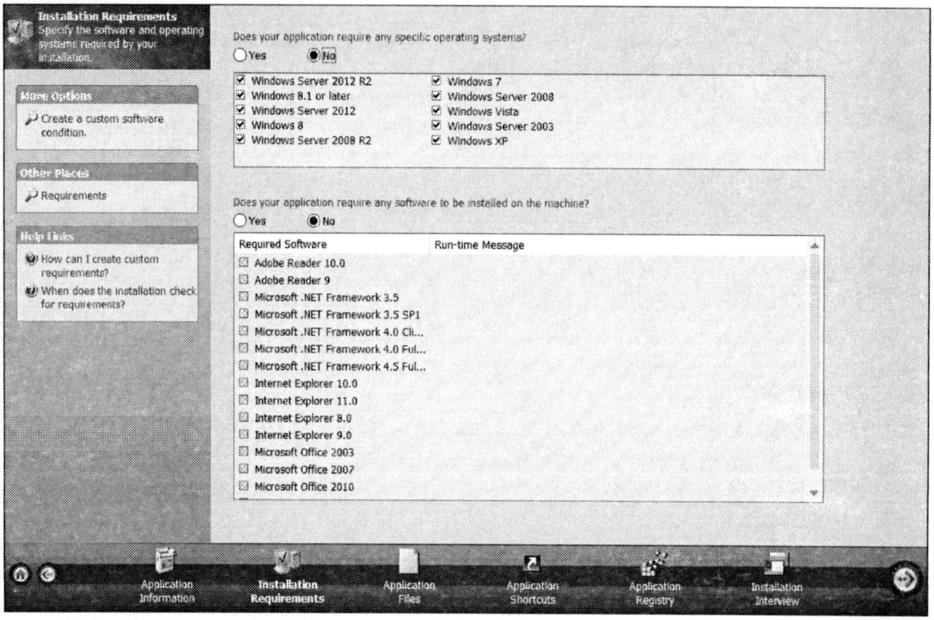


Il est possible de préciser une ou plusieurs versions de Windows supportées par l'application. Le lancement de l'installation sur un des systèmes non sélectionnés mènera à l'affichage d'une boîte de dialogue indiquant que le système n'est pas supporté et l'installation sera arrêtée.

De la même manière, vous pouvez sélectionner une ou plusieurs applications dont la présence est indispensable au bon fonctionnement de l'application que vous allez déployer.

### 2.2.3 Fichiers de l'application

Cette étape est probablement la plus importante de l'assistant puisque c'est elle qui permet de définir les fichiers à installer ainsi que leur emplacement dans le système de fichiers.

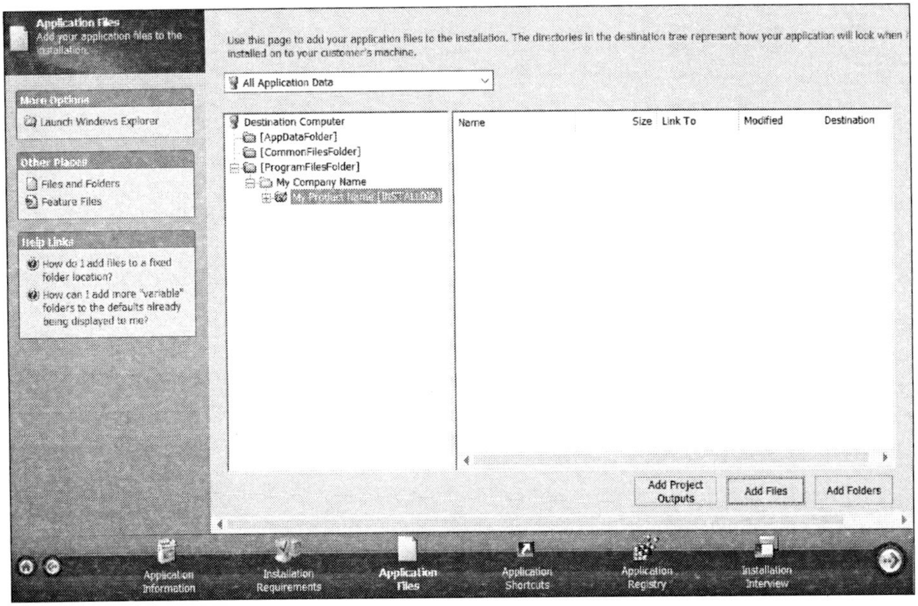


Cette fenêtre présente une structure semblable à celle de l'explorateur de fichiers de Windows. La partie gauche est dédiée à l'arborescence des dossiers de l'application, tandis que la partie droite présente la liste des fichiers contenus dans le dossier sélectionné.

Trois dossiers du système cible sont présents par défaut dans cette arborescence, mais d'autres dossiers peuvent être sélectionnés. Le menu contextuel de l'arborescence affiche dans son sous-menu **Show Predefined Folders** (afficher les dossiers prédéfinis) un grand nombre d'éléments sélectionnables correspondant chacun à un dossier système.

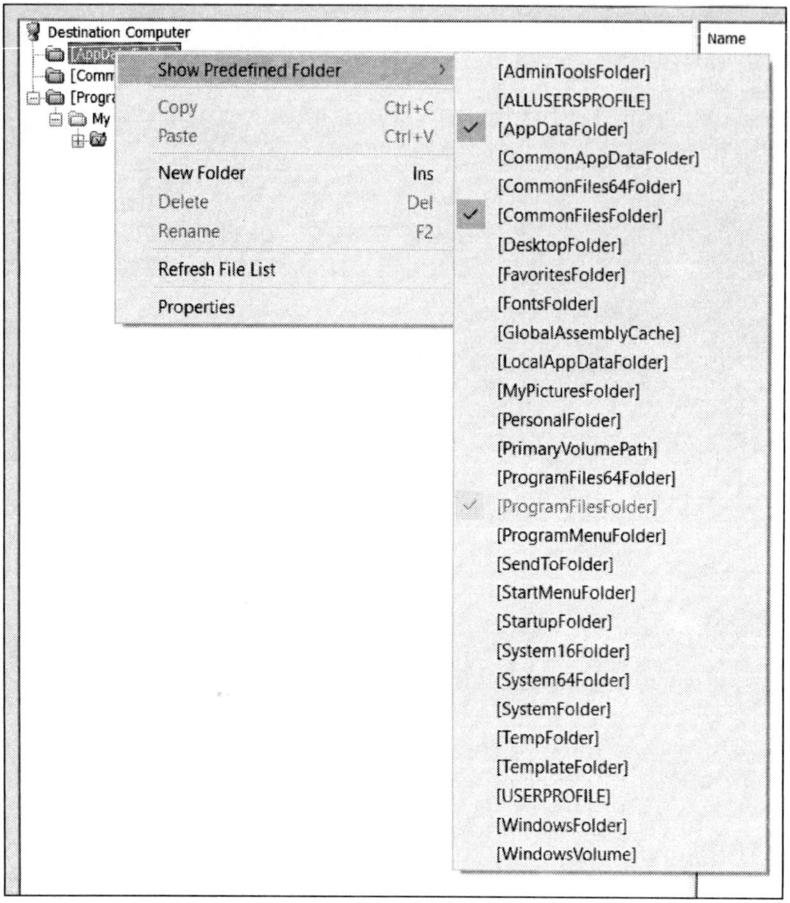


Ce menu contextuel offre également la possibilité d'ajouter, supprimer ou renommer un élément, entre autres.

Les trois boutons situés sous cet explorateur de fichiers permettent l'ajout de fichiers isolés ou d'un dossier complet. Il est également possible d'ajouter les fichiers générés par un projet de la solution active. Cette dernière option, lorsqu'elle est utilisée, affiche la boîte de dialogue suivante :

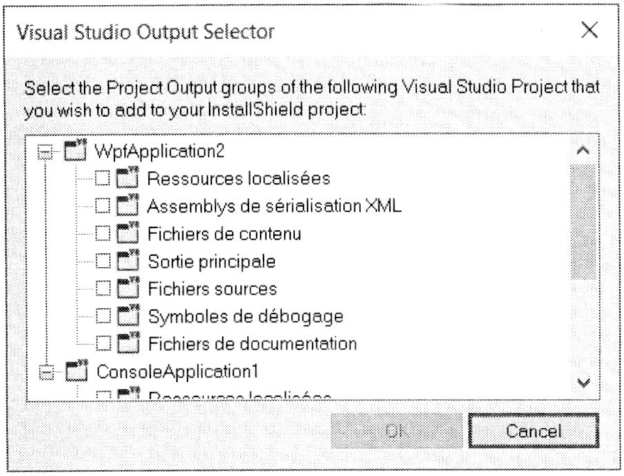


Les différents projets de la solution sont présentés sous la forme d'une arborescence dans laquelle certains choix peuvent être faits. Le choix le plus courant est libellé **Sortie principale**. Il correspond à l'exécutable ou la bibliothèque de classes générés par le compilateur. **Fichiers sources** et **Symboles de débogage** sont quant à eux beaucoup plus rarement utilisés.

### 2.2.4 Raccourcis

Le programme d'installation peut créer un ou plusieurs raccourcis pour votre application. Cette page de configuration permet de définir le fichier pour lequel un raccourci est généré, ainsi que son emplacement sur la machine cliente.

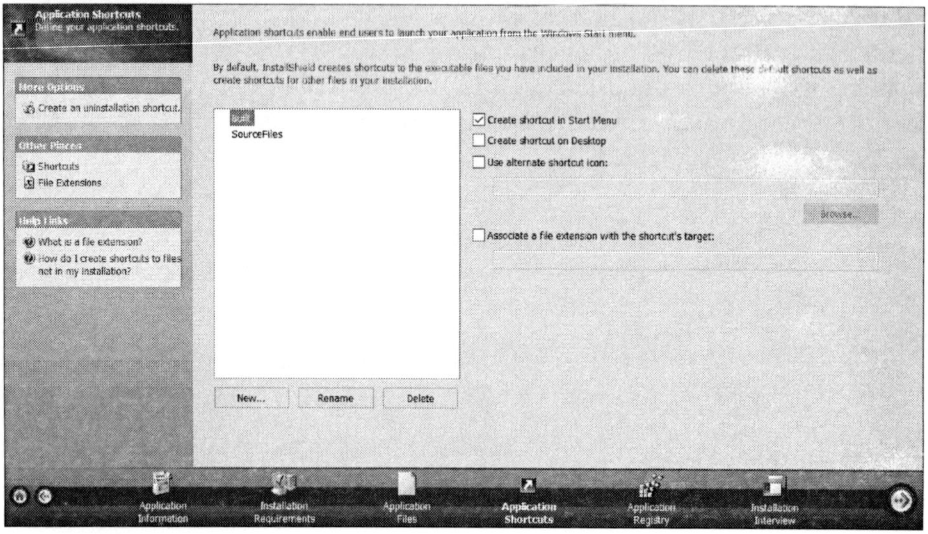


Ces raccourcis ne sont pas obligatoires, mais il est fortement conseillé d'en créer au moins un pour l'exécutable principal de l'application. Il est généralement placé dans le menu Démarrer (ou le StartScreen pour Windows 8) du système d'exploitation, mais peut également être placé sur le bureau de l'utilisateur.

### 2.2.5 Valeurs de la base de registre

La base de registre est un emplacement très souvent utilisé pour stocker des informations de configuration importantes. Cette étape vous assiste dans la création de ces valeurs.

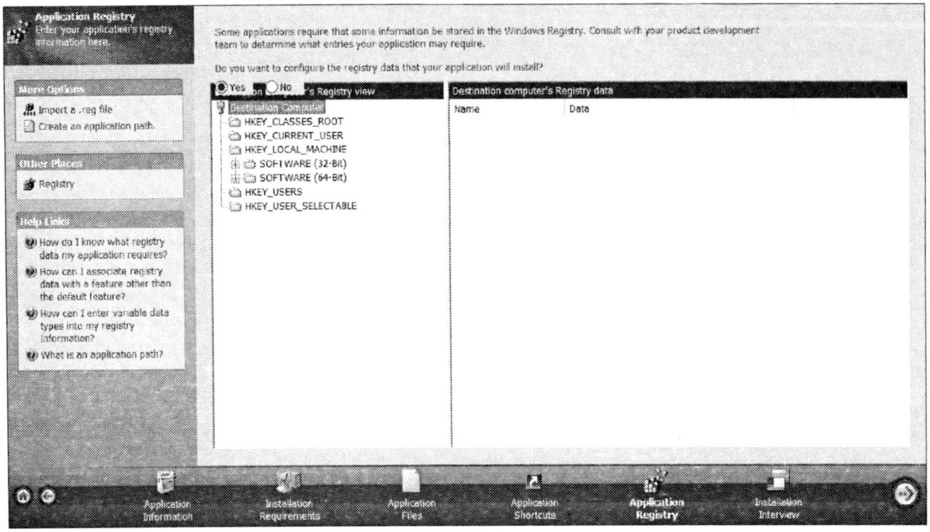


Pour ajouter une clé dans le registre, vous devez sélectionner dans l'arborescence le nœud parent dans lequel cette clé doit être créée, puis utiliser l'option **New** - **Key** du menu contextuel qui lui est associé. Vous pouvez également supprimer une clé et la totalité des clés et valeurs qu'elle contient à l'aide de ce menu contextuel.

Les menus contextuels de l'arborescence et de la liste située dans la partie droite offrent certains choix qui permettent la création de valeurs dans une clé. Ces valeurs peuvent être de type chaîne de caractères, binaire, DWORD, Multi-String et Expandable String.

Lorsque le programme d'installation est exécuté, les valeurs définies dans cette page de configuration sont placées dans le registre de l'utilisateur, en écrasant les données si une même clé ou valeur existe.

### 2.2.6 Boîtes de dialogue

La dernière étape permet de configurer le comportement du programme d'installation lui-même. Différentes boîtes de dialogue peuvent être ouvertes afin d'afficher des éléments importants à l'utilisateur ou de lui demander de fournir une ou plusieurs informations nécessaires au bon déroulement de l'installation.

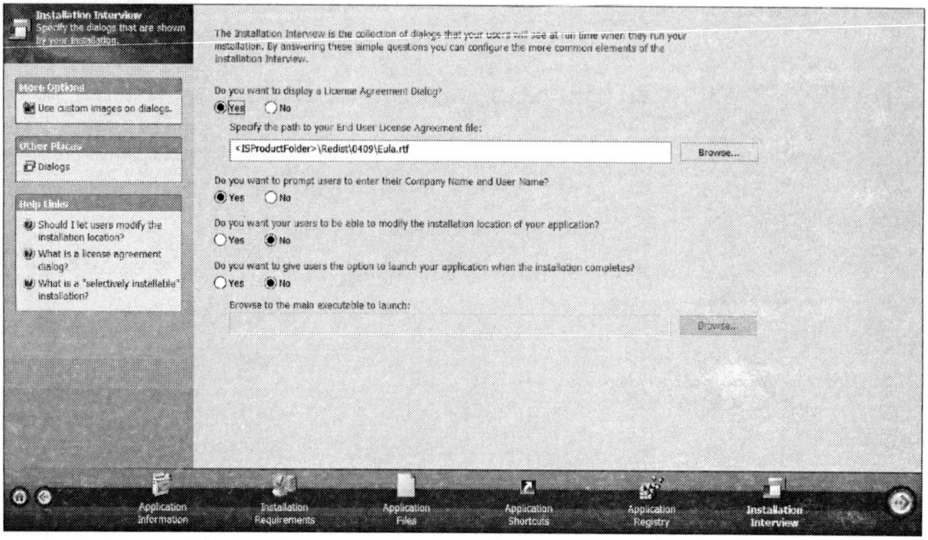


Les différentes options configurables sont les suivantes :

- l'affichage d'une licence d'utilisation que l'utilisateur doit accepter avant l'installation effective de l'application. Un fichier contenant le texte de la licence doit être fourni.
- demander à l'utilisateur son nom et le nom de sa société. Ceci peut être intéressant dans le cas d'un produit utilisant ces données pour la génération d'un numéro de série.
- la possibilité de modifier le répertoire d'installation de l'application.
- la possibilité de lancer l'application à la fin du processus d'installation.

À l'issue de ce processus de configuration, le projet de déploiement est prêt à être généré.

# 3. ClickOnce

ClickOnce est une technologie dont les développeurs peuvent tirer parti pour le déploiement de leurs applications et de leurs mises à jour. Elle simplifie le processus d'installation en ne requérant qu'un minimum d'interventions de la part de l'utilisateur.

## 3.1 La technologie ClickOnce

La technologie ClickOnce est dite "intelligente" car elle permet d'éviter certains écueils rencontrés fréquemment lors des phases de déploiement.

En règle générale, pour pouvoir installer une application, il est nécessaire de se procurer un exemplaire du programme d'installation correspondant sur un support physique ou en le téléchargeant. Dans les deux cas, l'utilisateur est en possession de la totalité des composants du logiciel, le plus souvent sous une forme empaquetée, avant l'installation effective. En plus de ce mode d'installation classique, ClickOnce offre la possibilité de procéder à l'installation de manière distante via Internet ou un partage réseau. Seul un exécutable minimal est requis pour débuter le processus. Celui-ci est généralement disponible sous la forme d'un lien sur une page web ou un intranet et ne pèse que quelques kilo-octets.

La gestion des dépendances partagées par plusieurs applications peut rapidement devenir problématique, notamment en raison de conflits de versions. ClickOnce simplifie cette gestion en isolant les applications de manière à ce qu'elles soient autonomes et ne puissent donc pas rencontrer de situation de conflit.

La mise à jour d'une application déployée de manière traditionnelle passe dans la majorité des cas par une réinstallation de chacun de ses composants. Avec ClickOnce, l'installation de mises à jour passe par une installation incrémentielle : seuls les composants nécessitant une mise à jour sont installés.

Les applications déployées à l'aide de ClickOnce peuvent également être utilisées en mode connecté, c'est-à-dire que les fichiers de l'application ne sont pas installés sur la machine locale mais toujours exécutés à partir de l'emplacement distant. Ce mode de fonctionnement est plus souvent utilisé en entreprise, dans un contexte nécessitant que l'application soit constamment à jour.

### 3.1.1 Principes de fonctionnement

Le principe du déploiement ClickOnce repose sur l'existence de deux fichiers de description au format XML appelés manifestes :

– le manifeste d'application (fichier `.exe.manifest`),

– le manifeste de déploiement (fichier `.application`).

Le premier fournit une description de l'application détaillant ses assemblies, ses dépendances, mais aussi les autorisations administratives qui sont nécessaires à son exécution. Il expose également la localisation des mises à jour qui pourront être mises à disposition pour l'application.

Le manifeste de déploiement décrit comment l'application est déployée ou quelles versions du framework .NET sont compatibles avec elle. Des informations concernant la version de l'application ou son éditeur sont également enregistrées dans ce fichier.

Lors de la publication, ces fichiers, ainsi que les composants de l'application, sont copiés vers un répertoire accessible aux utilisateurs suivant la méthode de déploiement choisie. Le manifeste et les fichiers d'application ne doivent pas nécessairement être stockés au même endroit que le manifeste de déploiement, mais ils doivent être accessibles aux utilisateurs et leur emplacement doit être correctement référencé dans le manifeste de déploiement.

L'ouverture du manifeste d'application, par un clic sur un lien dans un page web ou par un double clic dans l'explorateur Windows, ouvre une fenêtre demandant confirmation de l'action à l'utilisateur. Lorsque celle-ci a été fournie, ClickOnce se charge d'installer ou ouvrir l'application, en fonction du mode de fonctionnement configuré.

### 3.1.2 Méthodes de déploiement disponibles

ClickOnce propose trois stratégies pour le déploiement d'une application. Le choix de cette stratégie dépend essentiellement du type d'application et du public visé.

#### Installation à partir d'un CD-ROM

Cette stratégie correspond à l'installation du logiciel à partir d'un support amovible, comme un CD-ROM, un DVD ou une clé USB. Lorsque l'utilisateur choisit d'installer l'application, un raccourci est placé dans son menu Démarrer et une entrée est ajoutée à la liste **Ajout/Suppression de programmes du Panneau de configuration**.

L'utilisation de cette stratégie est adaptée aux clients dont la connectivité réseau est limitée ou inexistante, à plus forte raison si la taille de l'application est importante. L'utilisation du support amovible ne nécessite en effet aucune connectivité. Toutefois, la recherche de mises à jour au démarrage de l'application reste dépendante des accès réseau disponibles pour la machine.

#### Installation à partir du Web ou d'un emplacement réseau

Cette stratégie installe l'application sur le disque dur du client, en ajoutant un raccourci dans le menu Démarrer ainsi qu'une entrée dans la liste **Ajout/ Suppression de programmes** du **Panneau de configuration**, mais l'installation doit être exécutée à partir d'un emplacement web ou réseau. Dans le premier cas, l'utilisateur clique généralement sur un lien dans une page web, tandis que l'installation à partir d'un emplacement réseau est plus généralement effectuée à l'aide d'un double clic sur le manifeste de déploiement déposé dans un partage réseau.

Ce type d'installation nécessite une connectivité réseau adaptée à la taille de l'application, et est généralement parfaite pour le déploiement d'une application d'entreprise. Elle est également parfois utilisée lorsque l'application doit être distribuée à un public nombreux et très dispersé géographiquement.

**Démarrage à partir d'un site web ou d'un emplacement réseau**

Cette stratégie ne déploie pas l'application localement sur les machines clientes. Elle se comporte globalement comme une application web, c'est-à-dire que lors d'un clic sur un lien web, l'application est téléchargée et exécutée, et lors de sa fermeture, elle n'est plus disponible localement. Comme aucune installation n'a lieu, aucun raccourci n'est créé pour l'application et celle-ci n'apparaît pas dans la liste **Ajout/Suppression de programmes**.

Une condition nécessaire à l'utilisation de cette stratégie est l'existence d'une connexion Internet adaptée chez tous les clients. Ce type de déploiement est utilisé lorsque les applications sont rarement exécutées, ceci afin de ne pas utiliser de ressources de stockage lorsque l'application n'a pas d'utilité.

### 3.1.3 Les mises à jour d'applications avec ClickOnce

Le processus de mise à jour peut être automatisé par le moteur d'exécution de ClickOnce. Les informations liées à la stratégie de mise à jour sont stockées dans le manifeste de déploiement lors de l'étape de publication.

L'application installée lit périodiquement les informations enregistrées dans ce manifeste de déploiement pour vérifier la disponibilité de mises à jour. Si une nouvelle version est disponible, ClickOnce télécharge uniquement les fichiers nécessaires pour maintenir l'application à jour et les installe. Si la source des mises à jour n'est pas accessible ou disponible, l'application est exécutée sans vérification.

Trois grandes stratégies sont disponibles pour gérer ces mises à jour :

- la vérification automatique au démarrage de l'application ;
- la vérification automatique pendant l'exécution de l'application, en arrière-plan ;
- l'affichage d'une interface destinée aux mises à jour.

Il est également possible de configurer la fréquence de recherche des mises à jour ou de forcer une mise à jour obligatoire.

## Vérification au démarrage

Lorsque l'utilisateur demande l'exécution de l'application, ClickOnce lit le manifeste de déploiement et recherche les mises à jour disponibles pour l'application. Si une nouvelle version est disponible, elle est téléchargée et installée. Une fois l'installation terminée, l'application est exécutée.

## Vérification pendant l'exécution

Par défaut, ClickOnce vérifie l'existence de mises à jour pendant l'exécution de l'application. Cette recherche est effectuée en arrière-plan, d'une manière transparente pour l'utilisateur. Si une nouvelle version est disponible, l'utilisateur est invité à la télécharger et à l'installer. Le lancement suivant de l'application exécutera la version mise à jour.

## Intervalle de mise à jour

Il est possible de spécifier la fréquence des recherches de mises à jour d'une application. L'intervalle entre les vérifications peut être défini en termes d'heures, de jours ou de semaines. Si aucune connexion réseau n'est disponible au moment de cette recherche, cette dernière est reportée à l'exécution suivante de l'application.

## Mises à jour obligatoires

Il est parfois souhaitable que les utilisateurs soient forcés d'utiliser la dernière version de l'application, notamment en cas de modifications importantes susceptibles d'entraîner des dysfonctionnements dans les anciennes versions de l'application. Il est dans ce cas possible de marquer la mise à jour comme étant obligatoire et de ce fait empêcher l'exécution des versions plus anciennes.

## 3.2 La publication ClickOnce

Le déploiement d'une application avec ClickOnce est facilité par la présence d'un assistant dans Visual Studio. Celui-ci présente la saisie des informations nécessaires sous la forme d'une suite d'étapes.

Le démarrage de l'**Assistant Publication** est effectué par l'utilisation de l'option **Publier** dans le menu contextuel du projet à déployer.

La première étape permet de définir l'emplacement dans lequel doit être publié le projet.

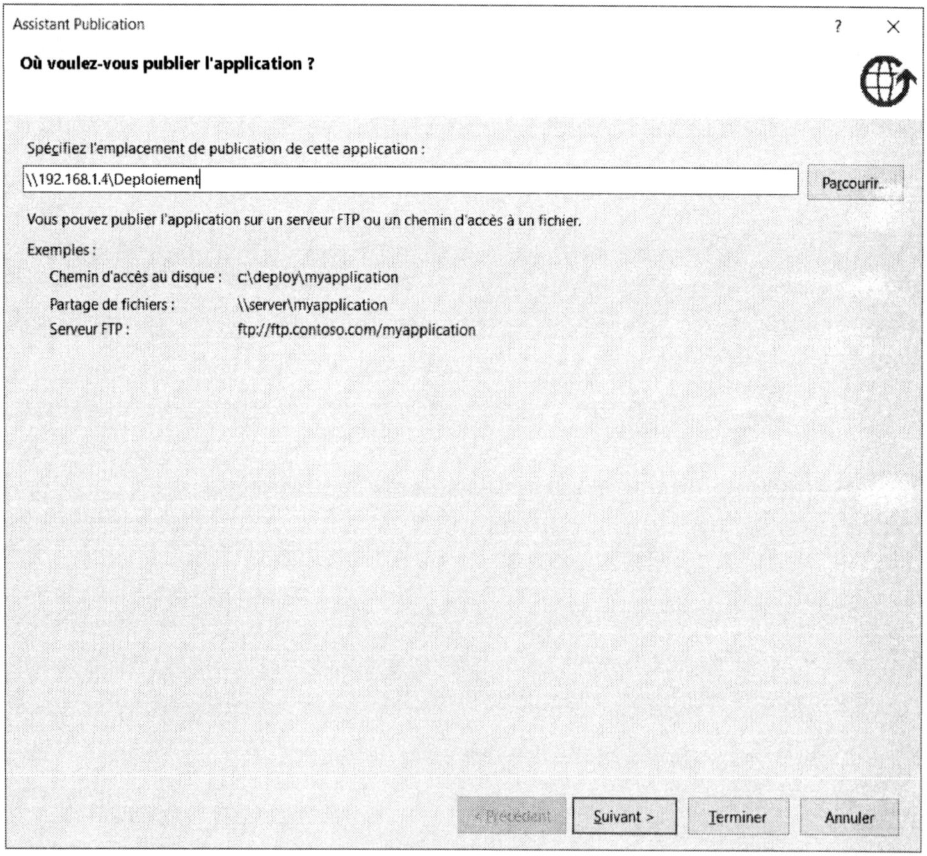

Cet emplacement peut être :

- un répertoire de la machine locale ;
- un répertoire partagé situé sur une autre machine. Il doit être fourni sous la forme d'un chemin UNC, et l'utilisateur courant doit avoir les droits d'écriture sur ce dossier ;
- un serveur FTP pour lequel il est nécessaire de fournir certaines informations de connexion. Celles-ci peuvent être saisies dans la boîte de dialogue illustrée ci-dessous, ouverte après la validation de la dernière étape de l'**Assistant Publication**.

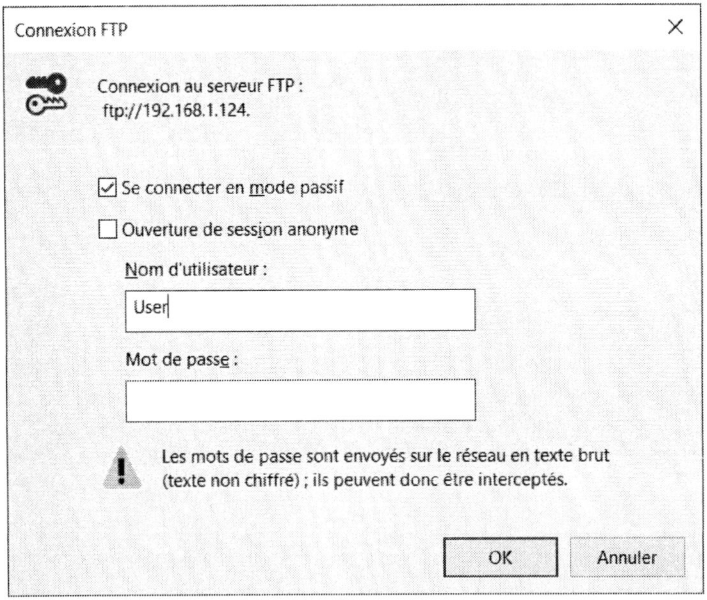


L'étape suivante permet d'indiquer la méthode de déploiement qui doit être utilisée pour l'application.

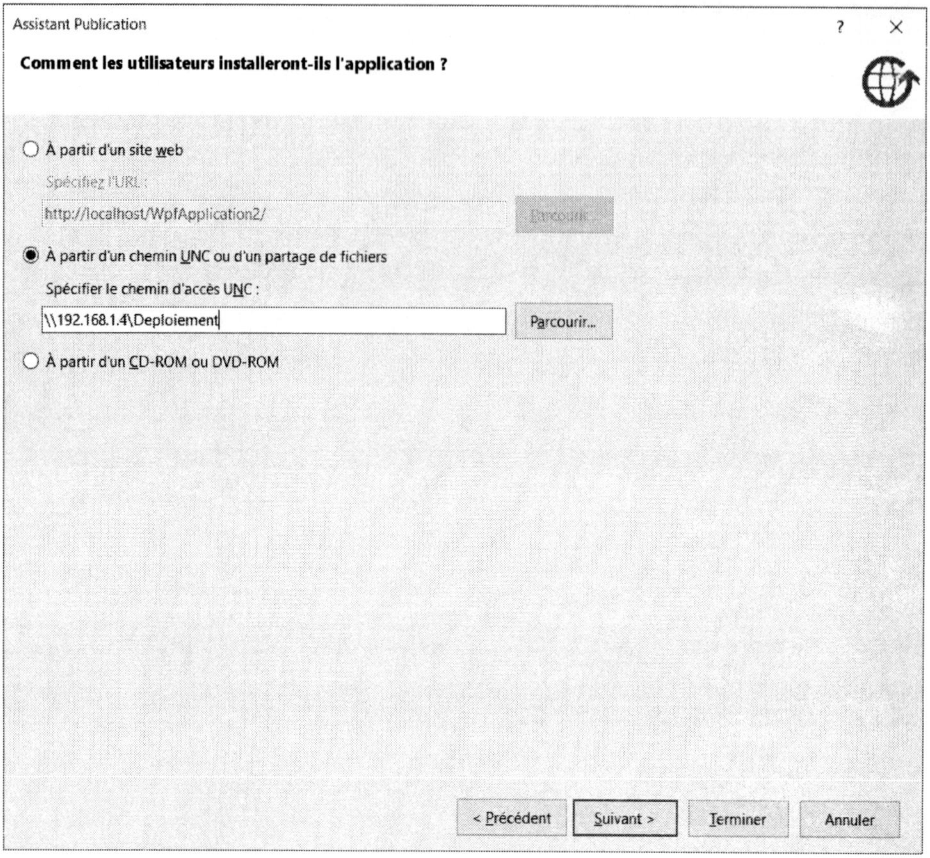


La sélection des options **À partir d'un site web** ou **À partir d'un chemin UNC ou d'un partage de fichiers** nécessite de fournir une URL ou un chemin UNC à partir duquel l'application sera installée.

L'écran suivant permet de choisir le mode d'exécution de l'application :

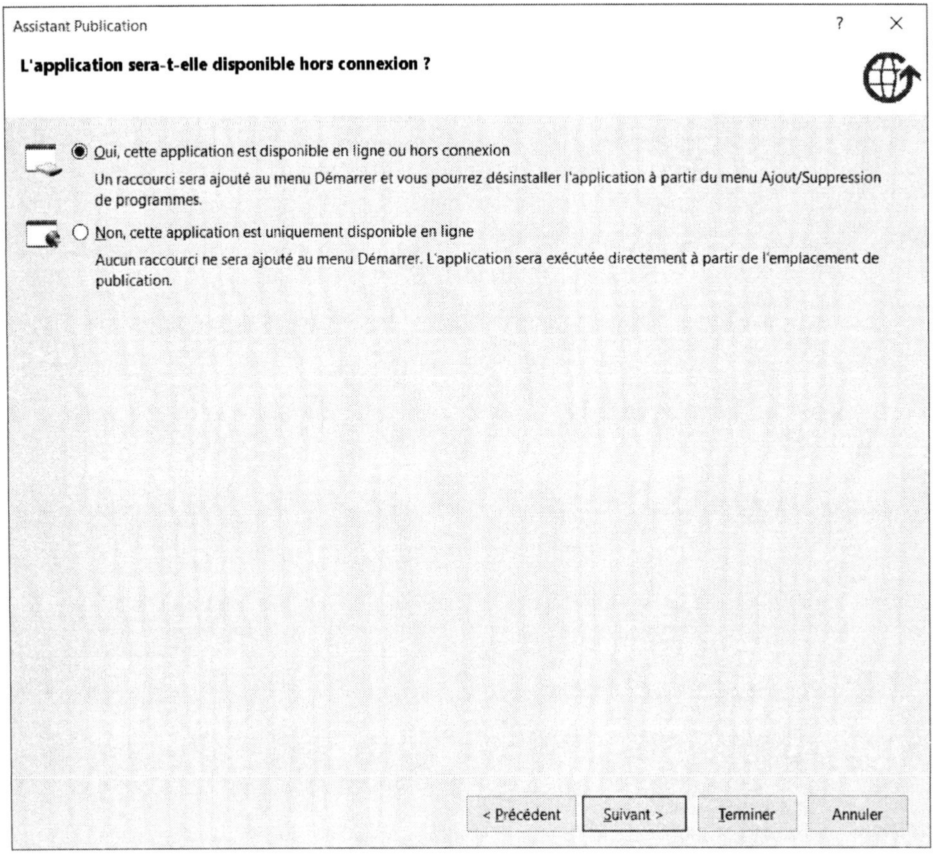

Après validation de cette étape, un nouvel écran rappelle l'emplacement de destination de la publication. Un clic sur le bouton **Terminer** lance l'exécution effective de la publication.

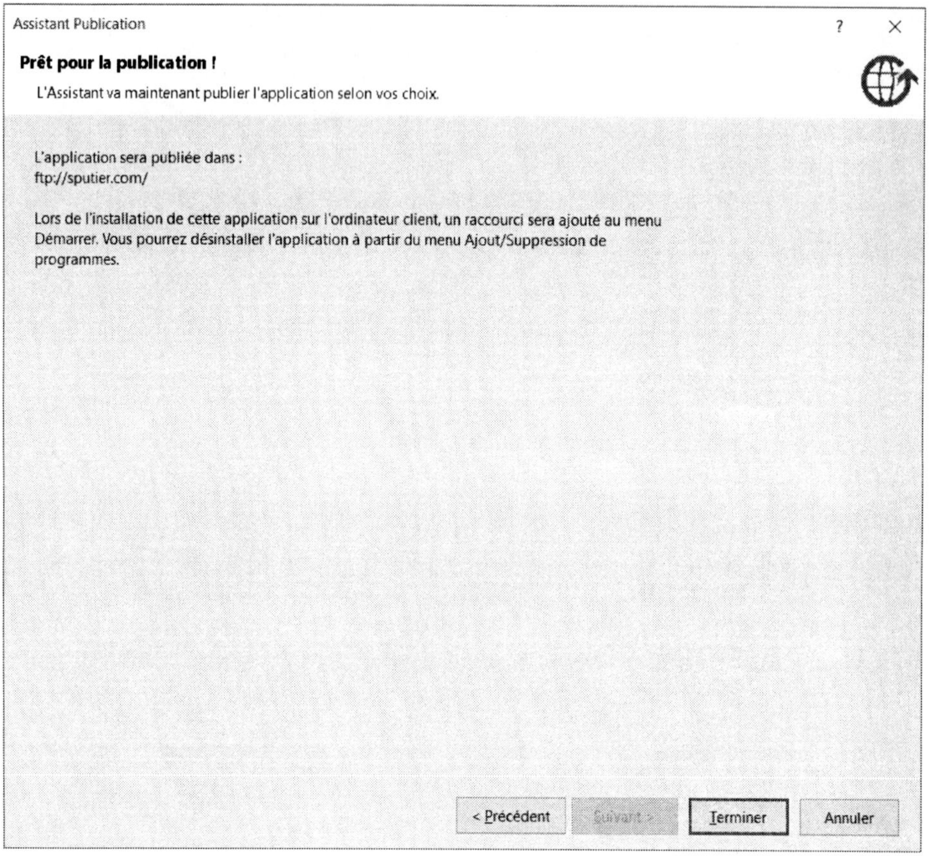

D'autres options de publication sont disponibles dans la section **Publier** des propriétés du projet.

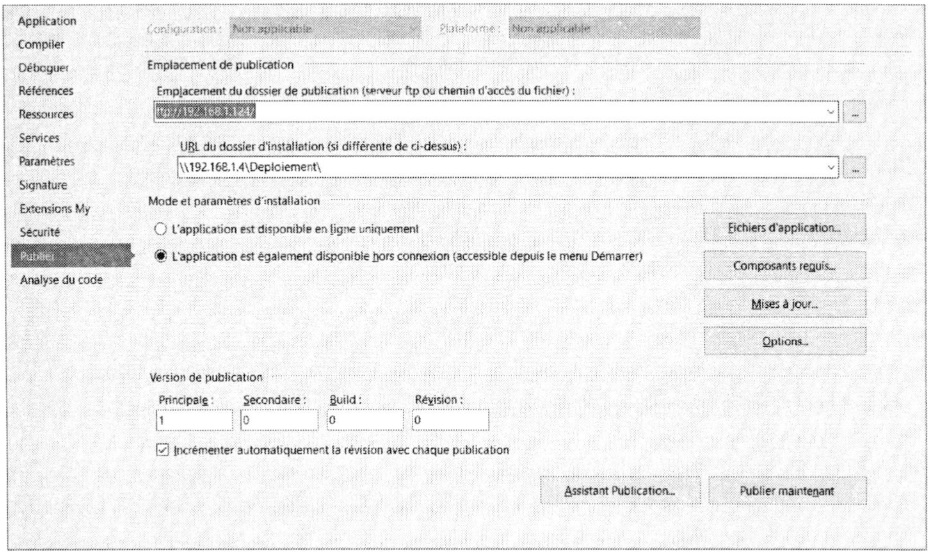


Le bouton **Fichiers d'application** ouvre une fenêtre permettant d'indiquer les fichiers à déployer. Les fichiers générés par la compilation du projet sont automatiquement inclus. D'autres fichiers peuvent être inclus en tant que **Fichiers de données**.

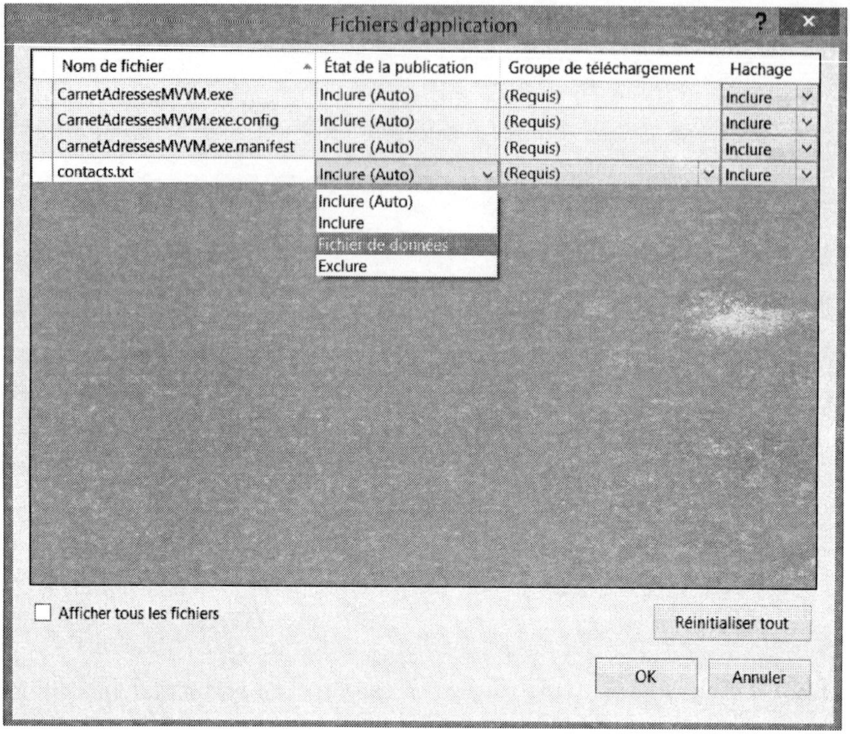


Le bouton **Composants requis** permet de sélectionner certains composants indispensables au bon fonctionnement de l'application.

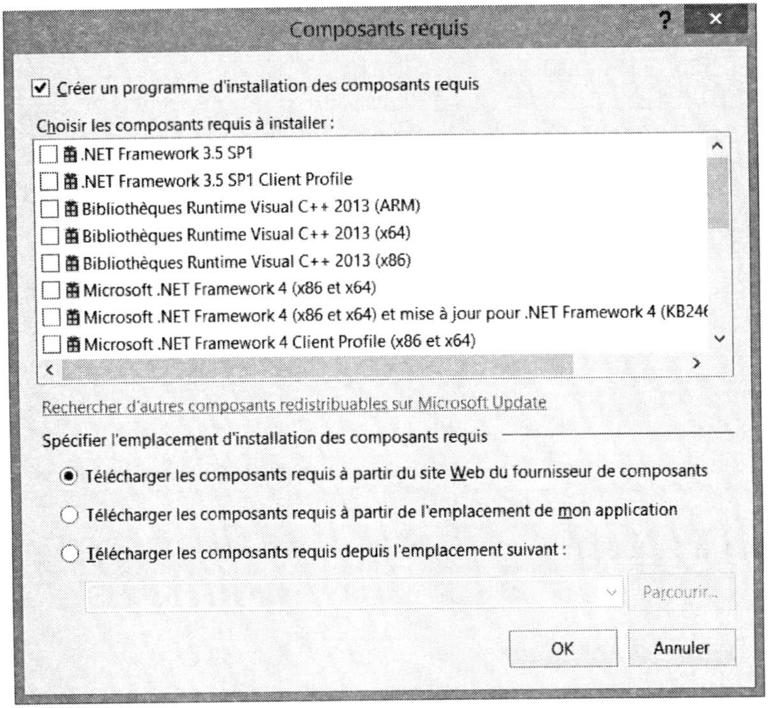


Il est possible de générer un programme d'installation pour les composants requis en cochant la case **Créer un programme d'installation des composants requis**. La source d'installation des composants requis doit être précisée à l'aide d'une des options situées dans la partie basse de cette fenêtre.

Le bouton **Mises à jour** permet d'indiquer certains paramètres relatifs notamment à la fréquence de vérification des mises à jour ou à leur mode de recherche.

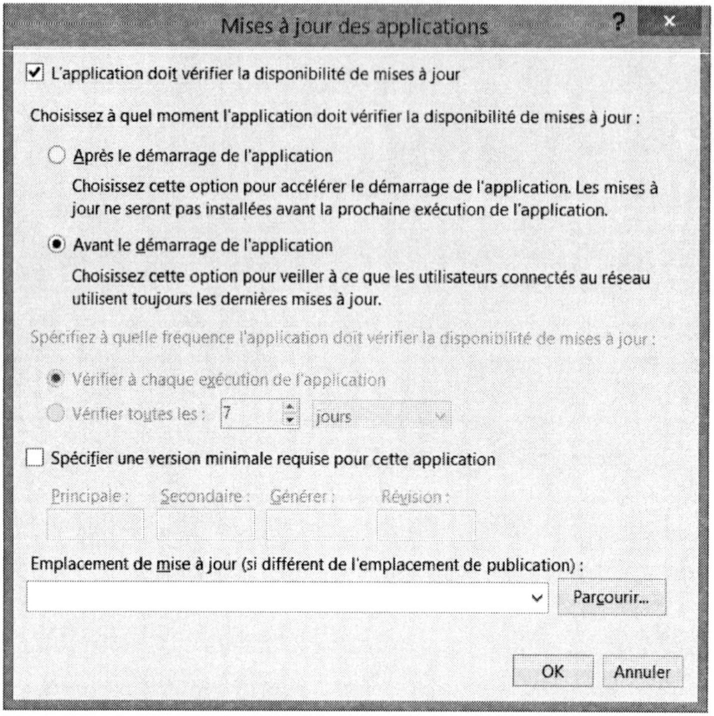


Le dernier bouton, nommé **Options**, ouvre une fenêtre de configuration de différents paramètres liés au déploiement.

## Langue de publication

Indique la langue dans laquelle l'application doit être publiée.

## Nom de l'éditeur

Spécifie le nom du développeur ou de la société éditrice de l'application. Si cette valeur n'est pas fournie, une valeur par défaut est utilisée.

## Nom de la suite

Indique le nom de la suite logicielle dont fait partie l'application. Ce nom est utilisé pour nommer le dossier dans lequel l'application est installée.

### Nom du produit

Ce paramètre correspond au nom de l'application. Lorsque ce paramètre n'a pas de valeur, le nom de l'assembly est utilisé pour le valoriser.

### URL du support technique

Ce paramètre indique un site web qui peut fournir des données d'assistance pour l'application.

### Page web de déploiement

La valeur de ce paramètre correspond au nom de la page web de déploiement.

### Utiliser l'extension de fichier ".deploy"

Les serveurs web sont souvent configurés pour bloquer le téléchargement de fichiers dont l'extension n'est pas autorisée. Les exécutables et les bibliothèques de classes sont notamment régulièrement filtrés. Pour cette raison, le déploiement ClickOnce peut suffixer le nom de chacun des fichiers de l'application par l'extension `.deploy`. Ainsi, seules trois extensions doivent être autorisées dans la configuration du site web pour que l'application puisse être exécutée :

- `.application`
- `.manifest`
- `.deploy`

### Bloquer l'activation de l'application via une URL

Lorsque cette option est cochée, l'application ne peut pas être démarrée à partir de l'URL associée à son manifeste de déploiement. Il est obligatoire de passer par le menu Démarrer de la machine.

### Autoriser le transfert des paramètres d'URL vers l'application

Si cette option est activée, l'application peut accéder aux paramètres de l'URL utilisée pour lancer l'application. Elle peut ainsi les traiter et fournir un comportement particulier en fonction de ces paramètres.

### Utiliser le manifeste d'application pour les informations d'approbation

La sélection de cette option vous permet de signer de nouveau le manifeste de l'application à l'aide d'un certificat contenant des informations vous concernant.

# Chapitre 12
# Aide-mémoire

Vous trouverez ici un récapitulatif des mots-clés de Visual Basic .NET traités dans cet ouvrage, triés par ordre alphabétique. Chacun est accompagné d'un rapide descriptif et d'un exemple simple d'utilisation.

## AddHandler

Permet d'ajouter un gestionnaire pour un événement.

```
AddHandler boutonValider.Click, AddressOf MethodeGestionnaire
```

## AddressOf

Permet de fournir une référence vers une méthode. Notamment utilisé pour la gestion d'événements.

## As

Utilisé pour spécifier le type d'une variable ou d'un paramètre de méthode.

```
Dim chaine As String
```

Dans la définition d'un élément générique, permet de définir une ou plusieurs contraintes de types.

```
Class Liste(Of T As { New })

End Class
```

## Ascending

Définit un tri par ordre croissant lorsqu'il est utilisé avec le mot-clé `Order By` dans une requête LINQ.

```
Dim requete = From c In ListeClients
              Order by c.Nom Ascending
              Select c
```

## Async et Await

`Async` marque une méthode comme pouvant être exécutée de manière asynchrone. Les méthodes asynchrones doivent être des procédures (`Sub`) ou des fonction (`Function`) dont le type de retour est `Task` ou `Task(Of TResult)`.

`Await` permet d'attendre la fin de l'exécution d'une tâche asynchrone avant d'exécuter la suite du code de la méthode.

```
public Async Function ExecuterAsync() As Task(Of String)
    Return Await Task.Run(Function() "Coucou !")
End Function
```

## Boolean

Alias Visual Basic du type de données `System.Boolean`. Une variable de ce type a pour valeur `True` ou `False`.

```
Dim estAffiche As Boolean = True
```

## ByRef

Définit un paramètre de méthode comme étant passé par référence. Permet de modifier la valeur passée lors de l'appel à partir du corps de la méthode.

```
Private Sub ParametreByRef(ByRef parametre As Integer)
    parametre = 5
End Sub
```

## Byte

Alias Visual Basic du type `System.Byte`. Une variable de ce type contient un numérique entier compris entre 0 et 255.

```
Dim number as Byte = 42
```

## ByVal

Définit que le paramètre de méthode est passé par valeur. La variable passée lors de l'appel est copiée pour l'utilisation dans le corps de la méthode. Par défaut, les paramètres sont tous passés par valeur.

```
Private Sub ParametreByVal(ByVal parametre As Integer)

End Sub
```

## Case

Associe un bloc d'instructions à une ou plusieurs valeurs numériques ou d'énumération dans un bloc `Select`.

```
Dim age As Integer = 29
Select Case age

    'Cette première étiquette gère les valeurs inférieures à 18
    Case < 18
        Console.WriteLine("Encore un peu jeune...")

    'Cette étiquette gère le cas où la variable age vaut 18
    Case 18
        Console.WriteLine("Enfin adulte !")

    'Cette étiquette gère le cas où la variable age vaut 19 ou 20
    Case 19, 20
```

```
        Console.WriteLine("Fin de l'école, début de la vie active")

    'Cette étiquette gère les valeurs comprises entre 21 et 65
    Case 21 To 65
        Console.WriteLine("Encore {0} ans avant la retraite !", 65 - age)

    'Cette étiquette gère les valeurs supérieures à 65
    Case > 65
        Console.WriteLine("Profitons de la retraite !")
End Select
```

## Catch

Définit un bloc de gestion d'exception à la suite d'un bloc `Try`.

```
Try
    System.IO.File.Open("C:\\fichier.txt", System.IO.FileMode.Open)

Catch ex As System.IO.FileNotFoundException
    //Gestion des exceptions de type FileNotFoundException

Catch ex As Exception
    //Gestion de toutes les exceptions non gérées
End Try
```

## CBool

Convertit une valeur numérique ou alphanumérique passée en paramètre en objet de type `Boolean`.

```
Dim obj = CBool("true")
```

## CByte

Convertit une valeur numérique ou alphanumérique passée en paramètre en objet de type `Byte`.

```
Dim obj = CByte("5")
```

## CChar

Convertit une valeur numérique ou alphanumérique passée en paramètre en objet de type `Char`. Lorsque la valeur est numérique, elle désigne son code Unicode. Lorsque la valeur est de type chaîne, le résultat est son premier caractère.

```
Dim obj = CChar(45)
```

## CDate

Convertit une valeur alphanumérique passée en paramètre en objet de type `Date`.

```
Dim obj = CDate("August 12, 2004 2:07:30 PM")
```

## CDbl

Convertit une valeur numérique ou alphanumérique passée en paramètre en objet de type `Double`.

```
Dim obj = CDbl("5")
```

## CDec

Convertit une valeur numérique ou alphanumérique passée en paramètre en objet de type `Decimal`.

```
Dim obj = CDec("5")
```

## Char

Alias Visual Basic du type `System.Char`. Contient un caractère Unicode.

```
char lettreA = "A"C;
```

## CInt

Convertit une valeur numérique ou alphanumérique passée en paramètre en objet de type `Integer`.

```
Dim obj = CInt("5")
```

## Class

Définit une classe.

```
Class MonType

End Class
```

Peut également être utilisé pour définir une contrainte sur un élément générique. Dans ce contexte, force un type paramètre à être de type référence.

```
Public Class Liste(Of T As { Class })

End Class
```

## CLng

Convertit une valeur numérique ou alphanumérique passée en paramètre en objet de type `Long`.

```
Dim obj = CLng("5")
```

## CObj

Convertit une valeur passée en paramètre en objet de type `Object`.

```
Dim obj = CDbl("5")
```

## Const

Marque une variable comme constante. Les constantes sont des types particuliers de variables partagées, donc accessibles grâce au nom du type auquel elles appartiennent.

```
Public Const PI As Double = 3.14159
```

## Continue

Permet d'interrompre l'exécution d'une itération d'une boucle pour passer à l'itération suivante. Doit être suivi d'un mot-clé désignant le type de boucle :

- Boucle `For ... Next` : `Continue For`
- Boucle `While ... End While` : `Continue While`
- Boucle `Do ... Loop` : `Continue Do`
- Boucle `For Each ... Next` : `Continue For`

```
For i = 0 To 20
    If i = 5 Then
        Continue For
    End If

    'Traitements spécifiques aux nombres différents de 5
Next
```

## CSByte

Convertit une valeur numérique ou alphanumérique passée en paramètre en objet de type `SByte`.

```
Dim obj = CSByte("5")
```

## CShort

Convertit une valeur numérique ou alphanumérique passée en paramètre en objet de type `Short`.

```
Dim obj = CShort("5")
```

## CSng

Convertit une valeur numérique ou alphanumérique passée en paramètre en objet de type `Single`.

```
Dim obj = CSng("5")
```

### CStr

Convertit une valeur numérique ou alphanumérique passée en paramètre en chaîne de caractères.

```
Dim obj = CStr(142)
```

### CType

Convertit une valeur numérique ou alphanumérique passée en premier paramètre en un objet du type passé en second paramètre.

```
Dim obj = CType(maVariable, Personne)
```

### CUInt

Convertit une valeur numérique ou alphanumérique passée en paramètre en objet de type `UInt`.

```
Dim obj = CUInt("5")
```

### CULng

Convertit une valeur numérique ou alphanumérique passée en paramètre en objet de type `ULong`.

```
Dim obj = CULng("5")
```

### CUShort

Convertit une valeur numérique ou alphanumérique passée en paramètre en objet de type `UShort`.

```
Dim obj = CUShort("5")
```

### Date

Alias Visual Basic du type `System.DateTime`.

```
Dim d As Date = #2015-08-12#
```

## Decimal

Alias Visual Basic du type `System.Decimal`. Une variable de ce type contient un numérique décimal compris entre ±1,0e-28 et ±7,9e28.

```
Dim valeurDecimal As Decimal = 42.000042D
```

## Delegate

Type représentant une signature de fonction. Les délégués sont notamment utilisés pour fixer la signature des gestionnaires d'événements.

```
Public Delegate Sub EventHandler(sender As Object, args as EventArgs)
```

## Descending

Définit un tri par ordre décroissant lorsqu'il est utilisé avec le mot-clé `Order By` dans une requête LINQ.

```
Dim requete = From c In ListeClients
              Order By c.Nom Descending
              Select c
```

## Dim

Déclare une variable. Lorsqu'aucun type n'est associé à ce mot-clé, il indique au compilateur qu'il doit déterminer par lui-même le type de la variable.

```
Dim chaine As String = "Coucou !"

Dim autreChaine = "Hello !"
```

## Do

Utilisé pour débuter une structure de boucle `Do ... Loop`. Un prédicat `Until` ou `While` conditionnant son exécution doit être placé après le mot-clé `Do` ou après le mot-clé `Loop` fermant la structure.

```
Dim i As Integer = 0
Do
    Console.WriteLine(i)
Loop While i < 5
```

```
Dim i As Integer = 0
Do Until i > 5
    Console.WriteLine(i)
Loop
```

## Double

Alias Visual Basic du type `System.Double`. Une variable de ce type contient un numérique décimal compris entre ±5,0e-324 et ±1,7e308.

```
Dim valeurDouble As Double = 42.000042
```

## Else

Utilisé dans la structure d'évaluation de condition `If ... Else If ... Else`. Il définit un bloc gérant les cas non vérifiés par la (les) condition(s) précédente(s).

```
If valeur = 5

Else If valeur > 5

Else

End If
```

## Else If

Voir **Else**.

## Enum

Définit une énumération.

```
Public Enum TypePersonne
    Prospect
    Client
End Enum
```

## Error

Permet de traiter des erreurs d'exécution.

```
    On Error GoTo GestionnaireErreur
    Throw New DivideByZeroException()
GestionnaireErreur:
    ' Code de gestion d'erreur
```

## Event

Définit un événement qui peut être généré par sa classe parente.

```
Public Event ExecutionTerminee as EventHandler
```

```
Public Event UnAutreEvenement(sender As Object, valeurAPasser as String)
```

## False

Une des deux valeurs pour le type `System.Boolean`.

```
Dim estActif As Boolean = False
```

## Finally

Utilisé dans l'écriture d'une structure `Try ... Catch ... Finally`. Définit un bloc de code exécuté même si le blog `Try` génère une exception.

```
Try

Finally
    'Lot d'instructions à exécuter si le bloc Try est
    'exécuté convenablement ou si une exception est déclenchée
End Try
```

## For

Définit une boucle pour laquelle sont spécifiées une instruction d'initialisation ainsi qu'une limite définissant une condition de sortie. Son nombre d'itérations est généralement connu avant son exécution.

```
For i = 0 To 5
    Console.WriteLine(i)
Next
```

## For Each

Définit une boucle parcourant tous les éléments d'une collection implémentant l'interface `IEnumerable` ou sa version générique `IEnumerable(Of T)`.

```
Dim tableau(10) As Integer
For Each element As Integer In tableau

Next
```

## Friend

Modificateur de visibilité permettant de rendre un élément accessible par tous les types définis dans le même assembly.

```
Friend Class ClasseInterne

End Class
```

## From

Définit une source de données utilisée dans une requête LINQ.

```
Dim requete = From c In ListeClients
              Select c
```

## Function

Définit une fonction.

```
Function MaFonction() As String
    Return "Coucou !"
End Function
```

## Get

Définit un bloc de code exécuté à la lecture d'une propriété. Si ce bloc n'est pas défini, la propriété est en écriture seule.

```
Public Property Message As String
    Get
        Return "Un message";
    End Get
End Property
```

## GetType

Retourne un objet de `Type` à partir d'un nom de type.

```
Dim typeString = GetType(String)
```

## GoTo

Définit un saut de l'exécution du code vers une étiquette.

```
        Console.WriteLine("Exécutons du code...")

        GoTo etiquette
        Console.WriteLine("entre le GoTo et l'étiquette")

etiquette:
        Console.WriteLine("après la définition de l'étiquette")
```

## Handles

Définit l'événement géré par une méthode. La variable source de l'événement doit être déclarée avec le mot-clé `WithEvents` et doit être membre d'une classe ou d'un module.

```
Class MaClass
    'Le type Personne définit l'événement Parle
    Private WithEvents maVariable As Personne

    Sub GestionnairePersonne_Parle(paroles As String) Handles
maVariable.Parle

    End Sub
End Class
```

### If

Définit un bloc de code exécuté uniquement si l'évaluation de la condition associée renvoie `True`.

```
If i = 5
     Console.WriteLine("i vaut maintenant 5")
End If
```

### If()

Opérateur conditionnel. Utilisé avec deux paramètres, renvoie le premier paramètre différent de `Nothing`. Utilisé avec trois paramètres, renvoie une valeur en fonction de l'évaluation d'un prédicat.

```
Dim ville As String
Dim libelle As String = If(ville, "non définie")
```

```
Dim nbClients As Integer = 98
Dim libelle As String = If(nbClients < 100, "Moins de 100 clients",
"Au moins 100 clients")
```

### In

Utilisé dans la définition d'une structure `For Each` ou dans une requête LINQ pour indiquer la collection source d'une variable.

```
For Each element As Integer In tableau

Next
```

```
Dim requete = From client In context.Clients
              select client.Nom
```

### Implements

Indique qu'un type implémente une ou plusieurs interfaces. Les éléments du type indiquent à l'aide de ce mot-clé les éléments d'interface qui leur sont associés.

```
Public Class MaClass
    Implements IComparable

    Public Function CompareTo(obj As Object) As Integer
Implements IComparable.CompareTo

    End Function
End Class
```

## Imports

Placé en en-tête de fichier. Il permet d'importer un espace de noms dans le fichier courant.

```
Imports System.Data.SqlClient
```

## Inherits

Indique qu'un type est dérivé d'un autre type.

```
Public Class MaClass
    Inherits DependencyObject

End Class
```

## Integer

Alias Visual Basic du type `System.Int32`. Une variable de ce type contient un numérique entier entre -2 147 483 648 et 2 147 483 647.

```
Dim nombreOiseaux As Integer = 123
```

## Interface

Définit une interface. Le nom d'une interface commence, par convention, par un i majuscule. Ses membres n'ont pas d'implémentation et sont automatiquement `Public`.

```
Public Interface ITestable

End Interface
```

## Is

Renvoie `True` si deux références d'objets sont identiques.

```
Dim obj1 As New Object
Dim obj2 = obj1
Dim sontIdentiques As Boolean = o1 Is o2
```

## IsNot

Renvoie `True` si deux références d'objets sont différentes.

```
Dim obj1 As New Object
Dim obj2 = obj1
Dim sontIdentiques As Boolean = o1 IsNot o2 And obj1 IsNot Nothing
```

## Join

Permet d'effectuer une jointure entre deux collections de données dans une requête LINQ.

```
Dim requete =
    From c in ListeClients
    Join comm In ListeCommandes On c.IdClient = comm.IdClient
    Select New With
    {
        .IdClient = c.IdClient,
        .IdCommande =  comm.IdCommande }
```

## Like

Retourne `True` si une chaîne de caractères est similaire à une autre chaîne de caractères.

```
Dim chaine As String = "Visual"
Dim similaire = chaine Like "Vi*ual"
```

## Long

Alias Visual Basic du type `System.Int64`. Une variable de ce type contient un numérique entier compris entre -9 223 372 036 854 775 808 et 9 223 372 036 854 775 807.

```
Dim nombreOiseaux As Long = 123
```

## Loop

Mot-clé fermant une structure `Do ... Loop`. Voir **Do**.

## Me

Référence l'instance actuelle de la classe contenant le code.

```
Dim objetActuel = Me
```

## Mod

Retourne le reste d'une division entière.

```
Dim reste = 5 Mod 2
```

## Module

Définit un module.

```
Module MonModule

End Module
```

## MustInherit

Utilisé avec une classe, définit que la classe ne peut pas être instanciée.

Utilisé avec une fonction/propriété; il indique que son implémentation devra être fournie par un type dérivé.

```
Public MustInherit Class Automobile

End Class
```

### MustOverride

Indique qu'une méthode ou propriété d'une classe abstraite (`MustInherit`) n'a pas d'implémentation, et que celle-ci doit être fournie par les classes dérivées.

```
Public MustInherit Class Automobile
    Public MustOverride Function Afficher()
End Class
```

### MyBase

Fournit un accès à un membre de la classe de base.

```
Public Class MonType
    Public Function Afficher() As String
        Dim texte As String = base.ToString()
        Console.WriteLine(texte)
    End Function
End Class
```

### Namespace

Définit un espace de noms.

```
Namespace MonApplication.ViewModel

End Namespace
```

### New

Opérateur d'instanciation.

```
Dim client As Client = new Client()
```

Peut également être utilisé pour définir une contrainte sur un élément générique. Dans ce contexte, il force un type paramètre à avoir un constructeur sans paramètre.

```
Public Class Liste(Of T As { New })

End Class
```

## Next

Mot-clé fermant les structures d'itérations `For` et `For Each`. Voir **For** et **For Each**.

## Not

Opérateur de négation. Il permet d'inverser une valeur booléenne.

```
Dim notTrue As Boolean = Not True
```

## Nothing

Valeur spéciale indiquant que la valeur d'un objet est la valeur par défaut de son type. Pour un type référence, `Nothing` représente une valeur nulle.

```
Dim client
if client Is Nothing
    client = New Client()
```

## NotInheritable

Indique qu'une classe ne peut pas être utilisée comme classe de base dans une relation d'héritage.

```
Public NotInheritable Class ClasseScellee

End Class
```

## Object

Alias Visual basic du type `System.Object`. C'est la classe de base de tous les types .NET.

```
Dim obj As Object = "Chaîne de caractères enregistrée dans une
variable de type object"
```

## Of

Utilisé dans la définition d'un élément générique, avant la liste des types paramètres.

```
Class Liste(Of T)

End Class
```

## On

Utilisé avec le mot-clé `Error`. Voir **Error**.

## Operator

Permet de définir ou redéfinir un opérateur.

```
Public Shared Operator +(collection1 As CollectionDeTimbres,
collection2 As CollectionDeTimbres) As CollectionDeTimbres
    Dim resultat As CollectionDeTimbres
    resultat.nombreDeTimbres = collection1.nombreDeTimbres +
collection2.nombreDeTimbres
    resultat.prixEstime = collection1.prixEstime +
collection2.prixEstime

    Return resultat;
End Operator
```

## Option

Permet de définir localement les options associées à la compilation d'un fichier de code Visual Basic.

```
Option Strict Off
```

## Optional

Permet de définir un paramètre de méthode optionnel.

```
Sub MaProcedure(Optional parametre As String = "valeur par défaut")
```

## Order By

Définit que les résultats d'une requête LINQ doivent être triés selon une ou plusieurs colonnes.

```
Dim requete = From c In ListeClients
              Order By c.Nom Descending
              Select c
```

## Overridable

Marque une méthode, une propriété ou un événement comme pouvant être redéfinis dans une classe dérivée de la classe courante.

```
Public Overridable Sub Methode()

End Sub
```

## Overrides

Dans une classe dérivée, indique qu'une méthode est redéfinie.

```
Public Overrides Function ToString() As String
    Return "Coucou !"
End Function
```

## ParamArray

Indique qu'un paramètre de méthode peut contenir un nombre variable d'éléments.

```
Sub Main(ParamArray args() As String)

End Sub
```

## Partial

Définit qu'une classe ou une méthode peut avoir plusieurs parties.

```
Public Partial Class ClassePartielle

End Class
```

## Preserve

Permet de conserver les éléments d'un tableau lors de l'utilisation d'une instruction ReDim.

```
Dim tableau(5) As Integer
Tableau(1) = 42
ReDim Preserve tableau(10)
```

## Private

Modificateur de visibilité permettant de rendre un élément visible uniquement par celui qui le contient (module, classe ou structure).

```
Private chaine As String = "valeur"
```

## Property

Définit une propriété qui peut être en lecture/écriture, lecture seule ou écriture seule.

```
Public Property Nom As String
    Get
        Return _nom
    End Get
    Set(value As String)
        _nom = value
    End Set
End Property
```

## Protected

Modificateur de visibilité permettant de rendre un élément visible uniquement par la classe qui le contient ainsi que ses classes enfants.

```
Protected chaine As String = "valeur"
```

## Public

Modificateur de visibilité permettant de rendre un élément visible par tous les types.

```
Public chaine As String = "valeur"
```

## RaiseEvent

Déclenche un événement défini dans le type courant.

```
Public Class MaClass
    Public Event MonEvenement(texte As String)

    Sub DeclencheMonEvenement()
        RaiseEvent MonEvenement("Coucou !")
    End Sub
End Class
```

## ReadOnly

Permet de définir qu'une propriété ou une variable membre est en lecture seule. Lorsqu'une variable membre est en lecture seule, elle peut toutefois être initialisée dans le constructeur du type qui la contient.

```
Private ReadOnly maVariableMembre As String = "Coucou !"
```

## ReDim

Permet de redimensionner un tableau. Les éléments du tableau redimensionné ont la valeur par défaut de leur type, sauf si l'option `Preserve` est utilisée.

```
Dim tableau(5) As Integer
ReDim tableau(10)
```

## RemoveHandler

Permet de supprimer un gestionnaire pour un événement.

```
RemoveHandler boutonValider.Click, AddressOf MethodeGestionnaire
```

## Resume

Permet de continuer l'exécution normale du code lors de la gestion d'erreurs avec `On Error`.

```
On Error Resume Next
```

## Return

Dans une procédure, force le retour à la méthode appelante. Dans une fonction, force le retour à la méthode appelante en renvoyant une valeur.

```
Public Sub Procedure()
    Return
End Sub
```

```
Public Function Fonction() As Integer
    Return 42
End Function
```

## SByte

Alias Visual Basic du type `System.SByte`. Une variable de ce type contient un numérique entier compris entre -128 et 127.

```
Dim nombreOiseaux As SByte = 123
```

## Select

Utilisé avec le mot-clé `Case`, exécute une portion de code en fonction d'une valeur numérique ou d'énumération. Chacun des cas traités est défini par un bloc `Case`.

```
Dim nombre As Integer = 1
Select Case nombre
    Case 0
        Console.WriteLine("Cas 0")
    Case 1
        Console.WriteLine("Cas 1")
    Case Else
        Console.WriteLine("Ni le cas 0, ni le cas 1")
End Select
```

Utilisé dans une requête LINQ, indique quel résultat doit être retourné.

```
Dim requete = From c In ListeClients
              Select c
```

## Set

Définit un bloc de code exécuté à l'écriture d'une propriété.

```
Public WriteOnly Property Message As String
     Set(value as String)
         this._message = value
     End Set
End Property
```

## Shadows

Indique qu'un élément de code (propriété, méthode, opérateur) masque les éléments du même nom de sa classe parente. Principalement utilisé pour surcharger un élément non marqué comme `Overridable`.

## Shared

Indique qu'un membre de classe est lié au type plutôt qu'à une instance du type.

Les membres partagés sont utilisés avec la syntaxe `NomDeClasse.Membre`.

```
Public Shared Sub MethodeStatique()

End Sub
```

## Short

Alias Visual Basic du type `System.Int16`. Une variable de ce type contient un numérique entier compris entre -32768 et 32767.

```
Dim nombreOiseaux As Short = 123
```

## Single

Alias Visual Basic du type `System.Single`. Une variable de ce type contient un numérique décimal compris entre ±1,5e-45et ±3,4e38.

```
Dim valeur As Single = 42.000042
```

## String

Alias Visual Basic du type `System.String`. Une variable de ce type contient une chaîne de caractères.

```
Dim nomClient As String = "MARTIN"
```

## Structure

Définit une structure.

```
Public Structure MaStructure

End Structure
```

Peut également être utilisé pour définir une contrainte sur un élément générique. Dans ce contexte, force un type paramètre à être de type valeur.

```
Public Class Liste(Of T As { Structure })

End Class
```

## Sub

Définit une procédure.

```
Public Sub MaProcedure()

End Sub
```

## Then

Utilisé après le prédicat d'un bloc `If`. Voir **If**.

## Throw

Permet de générer une exception.

```
Throw new Exception("Ceci est une exception !")
```

Utilisé seul dans un bloc `catch`, relance l'exception en cours de traitement.

```
Try

Catch ex As Exception
    Throw;
End Try
```

## To

Utilisé dans une structure `For` pour l'incrémentation (ou la décrémentation) de la variable de boucle. Voir **For**.

## True

Une des deux valeurs pour le type `System.Boolean`.

```
Dim estActif As Boolean = True
```

## Try

Définit un bloc d'instructions pouvant générer une exception. Un bloc `Try` doit obligatoirement être suivi d'un bloc `Catch` et/ou `Finally`.

## UInteger

Alias Visual Basic du type `System.UInt64`. Une variable de ce type contient un numérique entier compris entre 0 et 18 446 744 073 709 551 615.

```
Dim nombreOiseaux As UInteger = 123
```

## ULong

Alias Visual Basic du type `System.UInt64`. Une variable de ce type contient un numérique entier compris entre 0 et 18 446 7440 73 709 551 615.

```
Dim nombreOiseaux As ULong = 123
```

### UShort

Alias Visual Basic du type `System.UInt16`. Une variable de ce type contient un numérique entier compris entre 0 et 65 535.

```
Dim nombreOiseaux As UShort = 123;
```

### Using

Permet de définir un bloc nettoyant automatiquement les ressources d'un objet implémentant l'interface `IDisposable` à la fin de son utilisation.

```
Dim chaineConnextion As String = "..."

using connexion As new SqlConnection(chaineConnexion)

End Using
```

### When

Ajoute un filtre à une clause `Catch`.

```
Dim i As Integer = 0
Try

Catch When i < 3

Catch

End Try
```

### Where

Permet de filtrer un jeu de données dans une requête LINQ.

```
Dim requete = From c In ListeClients
              Where c.Pays = "France"
              Select c
```

## While

Définit une boucle dont le nombre d'itérations dépend de la valeur retournée par l'évaluation d'une condition.

```
While i < 50

End While
```

## With

Exécute une série d'opérations référençant un même objet. L'accès aux membres de cet objet utilise alors une syntaxe simplifiée.

```
Dim variable As Personne = New Personne()
With variable
    .Nom = "John"
    .Prenom = "Smith"
End With
```

Également utilisé pour initialiser un objet, anonyme ou non.

```
Dim obj As New With { .Nom = "John", .Prenom = "Smith" }
```

## WithEvents

Permet de s'abonner automatiquement à l'ensemble des événements générés par une variable lorsqu'un gestionnaire est défini. Utilisable uniquement pour une variable membre d'une classe ou d'un module.

```
Private WithEvents obj As Personne
```

## WriteOnly

Permet de définir qu'une propriété est en écriture seule.

```
Private WriteOnly Property Nom As String
    Set(value As String)
        _nom = "John Smith"
    End Set
End Property
```

## !



## A



## B

# D

# E

# F



# G

## H



## I

# L

# M

# N



# O



# P

## Q



## R

# S

## T

# U



# V



# W





# X